GÜNTHER BINDING
ARCHITEKTONISCHE FORMENLEHRE

27. XI. 82

GÜNTHER BINDING

ARCHITEKTONISCHE
FORMENLEHRE

WISSENSCHAFTLICHE BUCHGESELLSCHAFT · DARMSTADT

CIP-Kurztitelaufnahme der Deutschen Bibliothek

Binding, Günther:
Architektonische Formenlehre / Günther Binding. —
Darmstadt: Wissenschaftliche Buchgesellschaft, 1980.
ISBN 3-534-07861-6

345

wb Bestellnummer 7861-6

© 1980 by Wissenschaftliche Buchgesellschaft, Darmstadt
Satz: Maschinensatz Gutowski, Weiterstadt
Druck und Einband: Wissenschaftliche Buchgesellschaft, Darmstadt
Printed in Germany
Schrift: Linotype Garamond, 9/11

ISBN 3-534-07861-6

INHALT

M. Viollet-le-Duc: Dictionnaire raisonné de l'architecture Française du XIᵉ au XVIᵉ siècle. 10 Bde. Paris 1858–1868. – F. Kugler: Geschichte der Baukunst. Abgeschl. von W. Lübke. 5 Bde. Stuttgart 1856–1872. – G. Dehio, G. v. Bezold: Die kirchliche Baukunst des Abendlandes historisch und systematisch dargestellt. 2 Textbde., 5 Tafelbde. Stuttgart 1884–1901 (Reprint Hildesheim 1969). – G. Bandmann: Die Bauformen des Mittelalters. Bonn 1949. – H. Lützeler: Vom Sinn der Bauformen. Freiburg i. Br. 1938, ²1953, neubearbeitet als Europäische Baukunst im Überblick. Freiburg i. Br. 1969. – G. Gollwitzer: Augen auf für Architektur. Ratingen 1973.

N. Pevsner: Europäische Architektur. Dt. Ausgabe München 1963, ³1973. – N. Pevsner, J. Flemming, H. Honour: Lexikon der Weltarchitektur. Dt. Ausgabe München 1971. – H. Koepf: Bildwörterbuch der Architektur. Stuttgart 1968, ²1974. – F. Hess: Konstruktion und Form im Bauen. Stuttgart 1943, ²1946.

VORWORT

Das vorliegende Buch will einen Überblick über die Typen und die Entwicklung der wichtigsten Bauformen in der europäischen Architektur von den Merowingern bis zum 19. Jh. geben, wobei in den Beispielen das Schwergewicht auf deutsche und französische Formen gelegt ist. In den letzten Jahren sind mehrere vorzügliche, die einzelnen Bauformen bezeichnende und auch definierende Bücher (N. Pevsner, H. Koepf, J. M. Pérouse de Montelo, C. M. Harris; siehe Glossar) erschienen, die sich erfolgreich mit der Klärung der Bezeichnung von Bauformen für den deutschen, englischen und französischen Sprachraum befassen; ihnen fehlen aber zumeist regionale, zeitliche und entwicklungsgeschichtliche Hinweise, so daß sie keine Formenlehre, sondern nur ein Glossar sind.

„Die Arbeit kann in ihrem beschränkten Umfang nicht die großen Kompendien, die in der Zeit von etwa 1860–1920 erschienen sind, ersetzen. Diese bilden, neben der hier in den einzelnen Abschnitten erwähnten Spezialliteratur, die Grundlagen eingehenden Studiums. Da es aber an Arbeiten in deutscher Sprache mangelt, die die Ergebnisse der späteren Forschung berücksichtigen, hat die vorliegende Arbeit wohl ihre Berechtigung." Die von G. Bandmann 1948 seinen ›Bauformen des Mittelalters‹ vorangestellten Worte haben auch heute, 30 Jahre danach, wieder ihre Bedeutung, denn die Forschung ist weitergegangen und die von G. Bandmann gewählte Beschränkung auf das Mittelalter sollte wenigstens mit Ausblicken auf alle historischen Stile bis zur Wiederaufnahme historischer Formen im 19. Jh. ausgeweitet werden; Bandmanns Buch ist vorbildlich und auch für unsere Darstellung grundlegend. Für die Renaissance und besonders für den Barock fehlen bisher ähnliche Vorarbeiten, eine Forschungslücke, die zu füllen der Zukunft vorbehalten bleiben muß.

Die beigegebenen Literaturangaben stellen eine Auswahl dar, die einen Einstieg zu weiterer Beschäftigung ermöglichen soll. Die Hauptmasse der Abbildungen wurde architekturgeschichtlichen Werken des 19. Jh. entnommen; nur wenn entsprechende Beispiele dort nicht gefunden werden konnten oder die Vorlagen zu fehlerhaft waren, wurde auf jüngere Publikationen zurückgegriffen. Der Reiz der alten Zeichnungen mag über manche kleine Ungenauigkeit in der Darstellung oder über fehlende Maßstäbe hinwegtrösten. Es sei nicht verschwiegen, daß viele Zeichnungen in neueren Werken nur Umzeichnungen der Pläne des 19. Jh. sind, wodurch sie auch nicht richtiger oder schöner wurden. So soll dieses Buch zugleich eine Erinnerung an die schätzenswerten Zeichnungen des 19. Jh. sein und deutlich machen, daß gerade sie zumeist für baugeschichtliche Publikationen wichtiger und anschaulicher sind als die heute so beliebten, weil leicht zu beschaffenden, Fotos mit all ihren Nachteilen, die die Vorzüge nicht aufzuwiegen vermögen. Auch der Kunsthistoriker, der sich mit Architektur befaßt, sollte wie der Architekt ein räumliches Vorstellungs- und Erinnerungsvermögen besitzen, ohne das nun einmal dreidimensionale Architektur nicht vorstellbar und erlebbar ist.

Der Begriff Architektur stammt aus dem Griechischen, ist aber bei uns aus dem Lateinischen entlehnt und hauptsächlich durch das Werk ›De architectura‹ des römischen Architekturtheoretikers Vitruv übermittelt, zunächst auf das frühe Mittelalter beschränkt, dann wieder in der Renaissance bis ins 17. Jh. gebraucht; jedoch wurde erst im 19. Jh. die Bezeichnung „Baukunst" von dem nicht wertenden Begriff „Architektur" verdrängt.

Für die kritische Durchsicht von Teilen des Manuskriptes danke ich meiner Frau und den an der Abteilung Architektur mitarbeitenden Studenten, besonders Fräulein cand. phil. B. Löhr. Die Wissenschaftliche Buchgesellschaft, der die Idee zu diesem Buch verdankt wird, hat von Anfang an die Entstehung beraten und mit großem Verständnis alle Fragen beantwortet und auftretende Probleme gelöst.

Köln, im Juli 1978   Günther Binding

Handbuch der Architektur. II. Teil. Darmstadt 1881 ff. – Handbuch der Kunstwissenschaft. Wildpark-Potsdam 1915–1930. – Epochen der Architektur. Frankfurt a. M. 1968–1969: E. Adam: Vorromanik und Romanik; W. Gross: Gotik und Spätgotik; E. Hubala: Renaissance und Barock; H. Voss: Neunzehntes Jahrhundert. – Kunst der Welt. Baden-Baden 1963–1971. – Universum der Kunst. München 1968 bis 1973. – Weltgeschichte der Architektur. Hrsg. P. L. Nervi. Mailand. Dt. Ausgabe Stuttgart 1971 ff.: H. E. Kubach: Romanik; L. Grodecki: Gotik; P. Murray: Renaissance; Ch. Norberg-Schulz: Barock. – W. Hansmann: Baukunst des Barock. Köln 1978. – RDK = Reallexikon zur deutschen Kunstgeschichte. Stuttgart 1937 ff. – Reallexikon zur byzantinischen Kunst, hg. K. Wessel, Stuttgart 1966 ff.

H. Bauer: Kunsthistorik. München 1976, mit Lit. – D. Frey: Kunstwissenschaftliche Grundfragen. Wien 1946 (Reprint Darmstadt 1972). – H. Sedlmayr: Zum Wesen des Architektonischen. In: H. Sedlmayr, Epochen und Werke. 2. Bd. Wien-München 1960, 203–210. – H. Bauer: Architektur als Kunst. In: Kunstgeschichte und Kunsttheorie im 19. Jh. Berlin 1961, 133 bis 171. – D. Grötzebach: Der Wandel der Kriterien bei der Wertung des Zusammenhanges von Konstruktion und Form in den letzten 100 Jahren. Diss. Berlin 1965. – K. Schwager: Kunstgeschichte? In: Attempto 59/60, 1977, 64–69.

A. EINLEITUNG

1. Die Methode

Das Urteil ist das Ziel jeder kritischen Kunstgeschichte. Da nach Kant die Anschauung ohne Begriffe blind und die Begriffe ohne Anschauung leer sind, so findet das Denken über Kunst im Urteil seinen Niederschlag. Schon seit dem Quattrocento gibt es Versuche, begriffliche Urteilsinstrumente zu finden. Der Stilbegriff – von H. Wölfflin und besonders von A. Riegl in die Geschichte der bildenden Kunst eingeführt – ist unentbehrlich, weil er bei der Feststellung einer auf wesentlichen Eigenschaften beruhenden Gleichartigkeit künstlerischer Werke Unterscheidungen möglich macht. Ohne diese ist weder der für den Historiker unabdingbare Vergleich möglich, noch Geschichte darstellbar. Nach B. Schweitzers Formulierung von 1939 „bezeichnen wir als Stil die Summe von Eigenschaften, welche eine zusammengehörige Gruppe von Werken unter sich gemeinsam hat. Stil ist keine tatsächliche Eigenschaft der Kunstwerke, sondern eine Hilfskonstruktion der Formuntersuchung. Sein jeweiliger Inhalt ist abhängig von dem gewählten Standpunkt des Betrachters". Der Stil ist die Einbindung des Individuellen ins Allgemeine: die Eigenheit einer Künstlerpersönlichkeit (Individualstil), einer Landschaft (Raum-, Nationalstil), einer Zeit (Zeitstil wie Romanik, Gotik, Renaissance, Barock) oder eines Materials (Materialstil). Nach L. Dittmann ist die Bedeutung des Stilbegriffs ästhetisch-normativ, historisch-deskriptiv, individuell und generell.

Gegenüber dem Begreifen der Gegenstände in Relation zu anderen Gegenständen unter einem übergeordneten Stilbegriff geht es bei der von H. Sedlmayr eingeführten Strukturanalyse um „innere" Relationen, d. h. um Einsichten in strukturale Gesetze, die im Kunstwerk selbst liegen. Nach W. Dilthey stellt sich der Strukturzusammenhang durch die Regelmäßigkeit in der Beziehung der Teile zu einem Ganzen dar; es handelt sich also um strukturelle Einheiten, deren Regelmäßigkeiten begreifbar sind. Die Teile werden aber nicht selbständig, sondern durch ihre Stellung im Ganzen definiert.

In der Symbolanalyse, der Ikonologie (1912 von A. Warburg eingeführt), werden Denkkonstanten, Bildkonstanten und Symbolkonstanten erforscht. Die Ikonologie der Architektur ist das umfassende Verstehen des Bauwerks als Sinnträger. Sie untersucht die Bedeutung der Form für den damaligen Menschen und die damit verbundenen Folgen für das Kunstwerk als Ganzes. Dagegen sind für die Ikonographie bei ihren primär sachlichen Interessen die Kunstwerke nur Belege neben anderen für den Darstellungsinhalt; die Ikonographie ist damit im wesentlichen auf die darstellenden Künste, Malerei und Plastik, beschränkt.

Die Allegorie meint „den Bedeutungsbezug zwischen Präfiguration und Erfüllung wie zwischen dem Alten und dem Neuen Testament. Diese im heilsgeschichtlichen Denken verankerte typologische Denkform hat das Geschichtsbewußtsein des Mittelalters stark geprägt, unter anderem indem sie auf das Verhältnis zwischen Antikem als Präfiguration und Christlichem als Erfüllung übertragen zu werden vermochte und dadurch das Hochgefühl des Bewußtseins, in einer der Antike überlegenen Zeit zu leben, in einem Maße steigert, daß gerade diesem Bewußtsein tiefe Antriebe zur künstlerischen Überwindung der Antike im Mittelalter verdankt wurden" (F. Ohly, S. 14). Diese aus der mittelalterlichen Literatur entnommene Vorstellung gilt auch für die Architektur und führt in der Interpretation der gewählten Bauformen weiter. Wie z. B. das Wort Jerusalem geschichtlich eine Stadt auf Erden, allegorisch die Kirche, tropologisch die Seele der Gläubigen und anagogisch die himmlische Gottesstadt meint, so kann auch die bildliche Darstellung oder die gebaute Form gleiche Bedeutungsstufen haben. So wie nach mittelalterlicher Auffassung das Wort der Bibel neben dem historischen oder Buchstabensinn, den es mit der heidnischen und profanen Literatur gemein hat, einen höheren, einen geistigen Sinn, einen sensus spiritualis, hat, so sind auch den architektonischen Formen an christlichen Gebäuden höhere, hinweisende Bedeutungen zuzuerkennen. Nach Richard und Hugo von St. Victor, Petrus von Poitiers u. a. hat jedes mit dem Wort gemeinte Ding selbst eine Menge von Bedeutungen, deren Zahl mit der Summe der Eigenschaften des Dinges identisch ist. Welche Bedeutung das Ding jeweils hat, bestimmt sich nach der in Betracht gezogenen Eigenschaft des Dinges und nach dem Kontext. Diese mittelalterlichen Vorstellungen reichen bis in das 18. Jh. und haben die geistige Auseinandersetzung mit der Umwelt bestimmt, also auch die Architektur, das gebaute Abbild des Kosmos und der Ideen des Bauherrn.

Die Interpretation des Einzelkunstwerkes und seine Einbindung in ein normatives System ist der zunächst letzte Schritt der neueren Kunstgeschichtsschreibung, die in den 20er und 30er Jahren ihren Höhepunkt erreichte und nach einem kurzen Wiederaufleben in den 50er Jahren

Zur „Bedeutung der Bauformen", auf die in der Formenlehre nicht eingegangen werden kann:
R. Krautheimer: Introduction to an Iconography of Mediaeval Architecture. In: Journal of the Warburg and Courtauld Institutes 5, 1942, 1–33. – G. Bandmann: Ikonologie des Ornaments und der Dekoration. In: Jb. f. Ästhetik u. allg. Kw. 4, 1958/59, 232 bis 258. – G. Bandmann: Ikonologie der Architektur. In: Jb. f. Ästhetik u. allg. Kw. 1951, 67–109 (Reprint Darmstadt 1969). – B. Smith: Architectural Symbolism of imperial Rome and the Middle Ages. Princeton 1956. – G. Bandmann: Mittelalterliche Architektur als Bedeutungsträger. Berlin 1961, ⁵1978. – O. v. Simson: Die gotische Kathedrale. Dt. Ausgabe. Darmstadt ²1972. – S. v. Moos: Turm und Bollwerk. Beiträge zu einer politischen Ikonographie der italienischen Renaissancearchitektur. Zürich 1974. – A. Reinle: Zeichensprache der Architektur. Zürich-München 1976. – F. Ohly: Schriften zur mittelalterlichen Bedeutungsforschung. Darmstadt 1977. – Jeweils mit Lit.

stagniert. H. Bauer sieht die große neue Aufgabe darin, die Modalitäten zu untersuchen, unter denen das Historische ästhetisch wird, um so diese Ästhetisierung historisch zu bewältigen.

Die wissenschaftliche Erforschung der Architektur ist in der allgemeinen Entwicklung der Kunstgeschichte zur Kunstwissenschaft im Laufe des 20. Jh. auf der Basis der vorzüglichen Grundlagenwerke aus der zweiten Hälfte des 19. Jh. (Viollet-le-Duc, de Lasteyrie, Enlart, Kugler, Lübke, Otte, Dehio, von Bezold) aufgebaut worden. Die entwicklungsgeschichtlich-stilistische und ikonologische Ausdeutung der Architektur befindet sich auf einem verhältnismäßig hohen Stand (siehe nebenstehende Literatur-Liste); nun ist es notwendig, wieder zurückzukommen auf eine Grundlagenforschung unter besonderer Berücksichtigung der Formanalyse, Terminologie und historischen wie ästhetisch-künstlerischen Eingliederung.

Da ein Bauwerk sich erst in seiner anschaulichen Formulierung konstituiert, erschließt sich auch seine besondere Bedeutung letztlich nur aus der Analyse seiner Erscheinung. Da es nicht sinnvoll sein kann, ohne Unterschied alle Objekte mit gleicher Intensität zu behandeln, stellt sich das Problem der Auswahl; diese kann sich letztlich nur an der substantiellen und historischen Überzeugungskraft der Werke orientieren. Der Kunsthistoriker muß hier werten und das damit gegebene Risiko des Irrtums eingehen. Schließlich ist sowohl die Feststellung der historischen Bedeutung als auch der Einschätzung eines künstlerischen Ranges – wie alle auf Geschichtliches bezogenen Urteile – relativ, zeitgebunden und von der betrachtenden Person abhängig.

Eine architektonische Formenlehre sollte frei sein von der Unterscheidung zwischen „höheren" und „niederen" Sphären innerhalb des Bauens, wie sie in den Architekturtheorien des 19. Jh. von Goethe, Schlegel und Schopenhauer bis hin zu Ruskin, dem meistgelesenen Architekturschriftsteller des 19. Jh., entwickelt wurden und bis heute noch in fast allen Baugeschichten nachwirken. „Niemand würde die Gesetze architektonisch nennen, welche die Höhe einer Brustwehr oder die Länge einer Bastei bestimmen. Wird aber an der Steinverkleidung der Bastei etwas Unnötiges angebracht, etwa ein Seilornament, so ist das Architektur." (J. Ruskin: Collected Works. New York 1885, Bd. III, 16.) Vielmehr ist jede gebaute Form Architektur. Ein Blick auf die zahlreichen Widersprüche zwischen Theorie und Praxis des Funktionalismus seit G. Semper zeigt, daß es theoretisch keine reine Funktion gibt; so besitzt z. B. der Wehrbau über die rein technisch-utilitäre Fragestellung hinaus eine Bedeutung und eine

Ausdruckskraft, die entsprechend den vitruvianischen Kategorien von „firmitas" und „utilitas" eine ästhetische Dimension haben, dazu kommen vielfache geistige und symbolische Beziehungen zur kirchlichen Kunst. Das gleiche gilt für die bürgerlichen Bauten und die Stadtbebestigungen.

Eine dringende Aufgabe ist es, die Bauwerke zu definieren, und das ist aufgrund ihrer Eigenschaft als empirische Gegenstände möglich; hierdurch wird ein Eingehen in das Verständnis geleistet. Es müssen zunächst die Bezeichnungen (Grundbegriffe) gefunden werden, die für die Definition und eine kohärente fachsprachliche Terminologie Voraussetzung sind (siehe Glossar, Kap. E). Grundbegriffe sind hier nicht im Sinne Wölfflins, Riegls oder Worringers zu verstehen, die mit der Erstellung von „kunstgeschichtlichen Grundbegriffen" die Abicht verbanden, gesetzhafte Geschichte zu schreiben und Abläufe zu erklären, sondern *die Grundbegriffe bedeuten hier Reduktion der Einzelform auf eine normative Grundform.* Das bringt keine Einschränkung der Allgemeingültigkeit der Erkenntnisse, vielmehr ermöglicht gerade die dann in der Beschreibung erwünschte Relativierung der Form zur Grundform eine ungleich genauere und dabei sehr viel zuverlässigere Beschreibung. Die vergleichende Betrachtung drängt zur Gegenstandsnähe und schärft durch das Abschreiten des Umkreises verwandter Typen den Blick für die Tragfähigkeit der Bezeichnung und des Vergleichs; sie macht in der Relation zur normativen Grundform den Grad der Eigenständigkeit deutlicher.

2. Die Einflüsse auf die Baugestalt

Das Bauwerk wird in seiner Gestalt bestimmt durch
A. Auftraggeber = Bauherr
  1. seine persönliche Bildung und damit gegebene Kenntnisse und Rückgriffe
  2. seine soziale Stellung und dadurch mögliche Beziehungen
  3. sein Organisations- und Finanzierungsvermögen (Bauzeit, Bauablauf)
     a) durch gegebene äußere Umstände
     b) durch persönliche Fähigkeiten
  4. Bereitstellung des Baumaterials
  5. Auswahl des Baumeisters

B. Architekt bzw. Baumeister
  1. persönliche Bildung
  2. fachliche Fähigkeiten und Kenntnisse
     a) persönlicher Ausbildungsgang
     b) konstruktive und techniche Möglichkeiten der Zeit
     c) vorhandenes Baumaterial
  3. Organisationsvermögen
     a) Beschaffung und Auswahl der Handwerker
     b) Auswahl des Baumaterials
C. Funktion
  1. Unterteilung in sakrale und profane Bauten
  2. Bauprogramm
     a) Wahl des Bauplatzes: Lage, Orientierung, Umbauung
     b) Wahl des Typs: religiöse, politische, soziologische und andere Gründe
     c) Patrozinium, Altarstellung
     d) im Bauprogramm angelegte Bedeutung (siehe F)
D. Form
  1. konstruktive Möglichkeiten
  2. Bauteile
     a) Räume
     b) Baukörper
  3. Wand
     a) Öffnungen
     b) Nischen
     c) Vorlagen
     d) Gesimse und Profile
  4. Ornament
     (Muster auf Grund, Rapport von Schmuckformen im gleichbleibendem Rhythmus als Ordnungsprinzip)
     a) Mauerstruktur
     b) Relief (Skulptur, Stuck)
     c) Farbe
  5. Bauskulptur
     a) an Kapitellen
     b) an Archivolten und Gewänden
     c) am Tympanon
     d) in Nischen, Gallerien, Tabernakeln

3. Repräsentation (Monument)
   a) Herrschaftsanspruch
   b) Machtausdruck
   c) persönliche Darstellung
   d) Erinnerung

Grundlagen für die Untersuchung des Bauwerkes sind
1. die erhaltenen und ergrabenen Bauten
2. die direkten Quellen, die über ein Bauwerk und seine Baugeschichte (Entstehungsgeschichte, Bauzeit, Bauablauf) Nachricht geben
   a) Chroniken, Annalen, Erwähnungen in anderen Zusammenhängen
   b) Selbstzeugnisse von Bauherren und Baumeistern
   c) Verträge, Protokolle, Rechnungen, Kostenaufstellungen
   d) Grundsteine, Bauinschriften
3. die indirekten Quellen
   a) Kunstliteratur
   b) Hagiographie und Theologie als Vermittlung der Glaubenswahrheiten
   c) Theologie, Philosophie und Dichtung als Anregung und zeitgenössische Deutung
4. die historischen Informationen (von der Geschichtswissenschaft erarbeitet)

3. Die baugeschichtlichen Perioden

„Periodisierung ist mehr als ein bloßes Ordnungsprinzip. In der Art, wie ich ordne, nach welchen Gesichtspunkten ich unterteile, nehme ich bereits grundsätzlich zu dem zu Ordnenden Stellung. Periodisierung ist aber ein Ordnungsprinzip besonderer Art, das sich von einer systematischen, morphologischen Ordnung grundsätzlich dadurch unterscheidet, daß es Ordnung in der Zeit ist, Ordnung eines zeitlichen Ablaufes. [...] Periodisierung ist nur sinnvoll, wenn sie aus dem geschichtlichen Charakter der Zeit entwickelt wird. Eine Jahrhunderteinteilung, wie sie A. Venturi seiner italienischen Kunstgeschichte zugrunde gelegt hat, gibt zwar einen Zeitraster, aber keine Periodeneinteilung. [...] Auch die Unterteilung und Periodenbezeichnung nach den Regierungszeiten der Landesfürsten, wie sie in Frankreich seit langem üblich ist und sich in letzter Zeit auch in Deutschland (und teilweise auch in England) durchzusetzen beginnt, bedeutet doch einen Verzicht auf ein eigenständiges Periodensystem und zeigt um so eindringlicher den Krisencharakter. Sicherlich hat die Zugrundelegung einer ‚politischen' Periodisierung für die Kunst- oder allgemein für die Geistesgeschichte den Vorteil einer festeren Bindung der geistesgeschichtlichen Erscheinungen an die politischen, staatlichen, sozialen, wirtschaftlichen Vorgänge; man braucht aber nur den Gedanken des Periodisierungsprinzips folgerichtig zu Ende zu denken, um zu einer Kette von Schwierigkeiten, ja letztlich von Unmöglichkeiten zu gelangen. Jede allgemein europäische Betrachtung wäre damit überaus erschwert" (D. Frey: Kunstwissenschaftliche Grundfragen. Wien 1946, 46 f.). Da aber bisher eine andere Periodisierung mit besseren Ergebnissen fehlt, soll in einem Überblick versucht werden, die Bezüge herzustellen und die Grundlage einer Periodisierung für die europäische Architektur zu bieten (siehe beigelegte Falttafel).

Die übergeordneten Periodenbezeichnungen sind heute allgemein verständlich und benutzt, in ihrer Entstehung aber recht unterschiedlich:

Romanik: um 1820 von französischen Gelehrten aufgebracht für den Rundbogenstil, der bis dahin byzantinisch, auch griechisch, genannt wurde; Hinweis auf die Verwandtschaft zur römischen Architektur, von der sie den Rundbogen, den Pfeiler, die Säule und den Gewölbebau übernahm;

Gotik: seit der Mitte des 16. Jh. von italienischen Kunsttheoretikern, besonders von Giorgio Vasari, abwertend für den nordischen, barbarischen Spitzbogenstil verwendet;

Renaissance: im Anfang des 19. Jh. von französischen Forschern eingeführt gemäß dem italienischen rinascità = Wiedergeburt, das bereits von den Gelehrten jener Zeit verwendet wurde, um auf das Wiederaufleben der römischen Antike hinzuweisen;

Barock: im ausgehenden 18. Jh. von italienischen Klassizisten als Schmähname für die voraufgegangene Epoche mit ihrem Schwülstigen und Absonderlichen aufgebracht, seit dem ausgehenden 19. Jh. für die Architektur zwischen 1675–1735 benutzt; der Name kommt aus dem Goldschmiedehandwerk, wo barocco eine schiefrunde Perle bezeichnet;

Rokoko: abgeleitet von Rocaille (frz. Muschelwerk), dem beliebtesten Ornament des Spätbarock (1720–1770);

Klassizismus: in Deutschland allgemein gebräuchliche Bezeichnung für die Stilstufe, die in der zweiten Hälfte des 18. Jh. als Gegenbewegung zum Barock entstand.

1 Angoulême, Kathedrale, 1110 bis 1128, Grundriß (1:1600), links Schnitt durch nördl. Querhaus, rechts Schnitt durch Langhaus mit Blick auf südl. Querhaus (1:400), Westansicht siehe Abb. 189.

Fig. 2.

Fig. 3.

9

2   Rom, St. Peter, Langhaus mit Blick
nach Osten, von C. Maderna nach
1607–1626 an den 1506–1573 erbauten
Zentralbau angefügt.

Plan und Bauwerk. Katalog München 1957. – D. Frey: Architekturzeichnung. In: RDK 1, 992–1013. – H. Koepf: Die gotischen Planrisse der Wiener Sammlungen. Köln-Graz 1969. – P. Pause: Gotische Architekturzeichnungen in Deutschland. Diss. Bonn 1973, mit Lit. – K. Hecht: Zur Maßstäblichkeit der mittelalterlichen Bauzeichnung. In: Bonner Jahrbücher 166, 1966, 253–268. – F. Ostendorf: Die deutsche Baukunst im Mittelalter. I. Aufnahme und Differenzierung der Bautypen. Berlin 1922.

B. DER GRUNDRISS UND DIE BAUTEILE

Der Grundriß ist eine zeichnerische Darstellung eines waagerechten Gebäudeschnittes in Brusthöhe, etwa 1,0 m über dem Fußboden; zur Vervollständigung der Aussage können in senkrechter Projektion auch Gewölbe, Stürze und hochliegende Fenster als dünne oder gestrichelte Linien eingetragen werden (Abb. 3, 7). Die zeichnerische Darstellung steht zum Original in einem bestimmten Verkleinerungsverhältnis, dem Maßstab, der möglichst in glatten Verhältnissen gewählt werden sollte: 1:2000 oder 1:1000 (Lageplan), 1:500 oder 1:200 (Typenplan), 1:100 oder 1:50 (Plan mit Einzelheiten), 1:20 oder 1:10 (Details).

Der maßstäblich gezeichnete Grundriß stellt die Größe und Zuordnung der Räume und die Dicke der Mauern und Wände dar; er ist eine zweidimensionale Abstraktion des dreidimensionalen Gebäudes, weshalb der Grundriß häufig nicht als „Form" zu sehen ist. Die Wahl und Anordnung der Räume sind im wesentlichen durch das Bauprogramm bestimmt; die Art der Ausformung der Räume ist jedoch zumeist künstlerischer Ausdruck. Somit ist der Grundriß ein wichtiges Hilfsmittel zur Deutung der Bauabsicht, stilistischen Einordnung und zeitlichen Bestimmung.

Neben dem Grundriß, der einen vorhandenen Bau abbilden oder einem geplanten Gebäude als Grundlage für die Ausführung (Visierung) dienen kann, gibt es Idealpläne, die nur Räume und ihre Anordnung ohne Realbezug und Mauerdicke wiedergeben, und Skizzen, die ohne Maßstab, aber proportionsgerecht, dem Bauherrn die Vorstellungen des Architekten vorführen sollen.

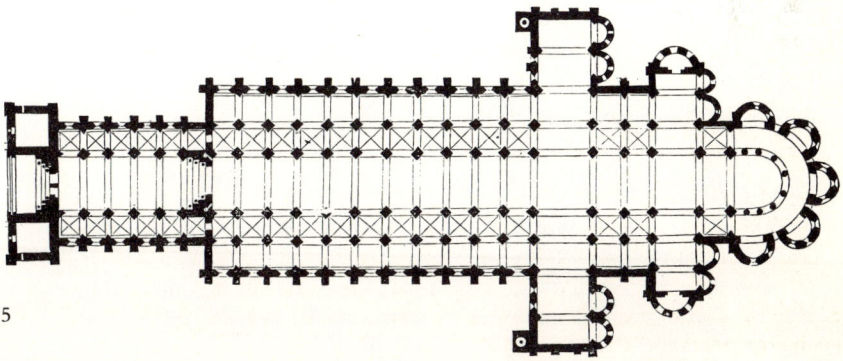

3 Cluny, Abteikirche, Bau III, 1085 bis 1130 (1:600).

1. Der Saal

Der Saal ist ein nicht unterteilter Raum in der kirchlichen und profanen Architektur.

a) Die Saalkirche
ist zumeist ein längsgerichteter, geosteter Raum als bescheidene Pfarrkirche, Kapelle oder Memorialbau; zumeist mit offenem Dachstuhl oder flacher Holzdecke (Abb. 4, 5), seit dem 12. Jh. mit Tonne (Provence,

H. Wentzel: Aula. In: RDK 1, 1937, 1277–1279. – E. Bachmann: Kunstlandschaften im romanischen Kleinkirchenbau Deutschlands. In: Zs. d. dt. Ver. f. Kw. 8, 1941, 159–172. – E. Rogge: Einschiffige romanische Kirchen in Friesland und ihre Gestaltung. Diss. Stuttgart 1943. – W. Boeckelmann: Grundformen im frühkarolingischen Kirchenbau des östlichen Frankenreiches. In: Wallraf-Richartz-Jb. 18, 1956, 27–69. – E. Lehmann: Saalraum und Basilika im frühen Mittelalter. In: Formositas Romanica. Festschr. J. Gantner. Frauenfeld 1958, 129–150. – E. Lehmann: Zum Typus von Santo Stefano in Verona. In: Stucchi e mosaici alto mediaevali. Mailand 1962, 287–299. – H. Sedlmayr: Mailand und die Croisillons Bas. In: Arte in Europa, scritti di storia dell'arte in onore di E. Arslan. Mailand 1966, 113–128. – G. Binding: Bericht über Ausgrabungen in niederrheinischen Kirchen 1964–1966. In: Bonner Jb. 167, 1967, bes. 380–387, mit Lit.

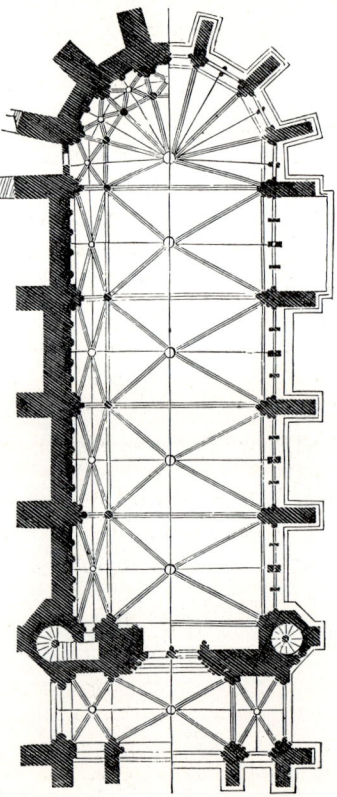

6, 7 Paris, Sainte-Chapelle, 1243 bis 1248 von Pierre de Montereau als königliche Hofkapelle erbaut, Querschnitt und Grundriß, linke Hälfte Untergeschoß, rechte Hälfte Obergeschoß (1:400).

4 Saalkirche mit eingezogenem, abgeschnürtem Chorquadrat u. um Mauerdicke eingezogener Apsis, Westturm.

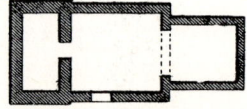

5 Saalkirche mit eingezogenem, abgeschnürtem Rechteckchor und leicht vorspringendem, querrechteckigem Westbau.

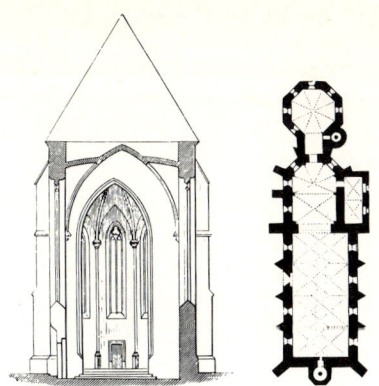

8, 9 Frauenthal bei Pohled am Sa-
zawa/Böhmen, Klosterkirche, um 1265
und Ende 15. Jh., Querschnitt und
Grundriß.

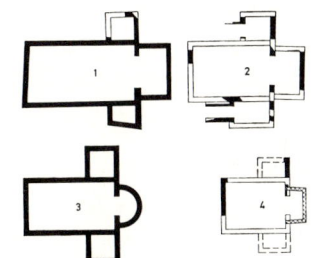

10–13 Saalkirchen mit Annexbauten
(1:1000).
(1) Speyer, St. German, 1. Hälfte 4./
5. Jh., 7. Jh. erneuert.
(2) Dietkirchen an der Lahn, St. Lu-
bentius, Bau I, Anfang 9. Jh.
(3) Romainmôtier, Münster, Bau I, 5./
7. Jh. und um 753.
(4) Rheinhausen-Hochemmerich, St. Peter, Bau III, 8./9. Jh.

Hérault seit Mitte 11. Jh.) oder Kreuzgratgewölbe, in Aquitanien mit
flachen Halbkreiskuppeln über Pendentifs (Abb. 1 und 14), seit der zweiten Hälfte des 12. Jh. mit Kreuzrippengewölbe (Abb. 6, 8, 112). Der Saal
kann durch Anbauten (Apsiden, Abb. 4, 78–84; Chor, Abb. 7, 9; Querhaus, Abb. 62; Vorhalle; Turm, Abb. 4) erweitert sein. Im Verlauf des
12. Jh. wird die Saalkirche als Pfarrkirche von der Basilika und später
von der Hallenkirche verdrängt, aber von reformerischen Bewegungen
(Bettelorden, Kartäuser) immer wieder aufgenommen als ein Versammlungsraum ohne Hervorhebung sakraler Hierarchie; er wird zum bevor-
zugten Typus des protestantischen Kirchenbaus, aber auch anderer Kirchen
(Abb. 37).

b) Die Zellenquerbauten
sind Saalkirchen mit zumeist quadratischen Annexen; in Oberitalien, besonders in Mailand im 5. Jh., ausgebildet, im 8./9. Jh. in kleineren Abmes-
sungen wieder aufgenommen (Abb. 10–13) und in der zweiten Hälfte
des 10./Anfang 11. Jh. monumental ausgebildet (Abb. 6, 180); entweder
fluchten die Annexe mit der Ostmauer des Saales oder sind zurückgesetzt;
mit zwei seitenschiffähnlichen, westlich an die Annexe anschließenden
Anräumen erst nach 815 (Inda, Steinbach; Abb. 86–90).

c) Die Passagenkirche
ist ein in Mittelfrankreich im ausgehenden 11. und in der ersten Hälfte
des 12. Jh. verbreiteter Bautyp, bestehend aus einem auf Weiträumigkeit
angelegten, flachgedeckten, längsrechteckigen Saal und einem zumeist über
die Flucht der Seitenmauern ausladenden Querhaus mit einem stets über-

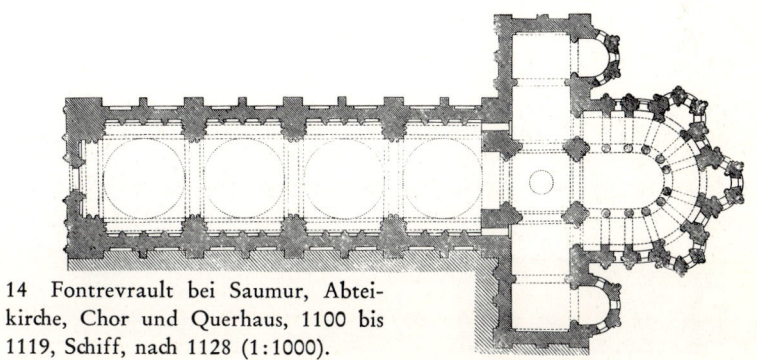

14 Fontrevrault bei Saumur, Abteikirche, Chor und Querhaus, 1100 bis
1119, Schiff, nach 1128 (1:1000).

13

wölbten und turmüberhöhten Mitteljoch, dessen beide westliche Pfeiler durch schmale seitliche Durchgänge von den Seitenmauern gelöst sind (Abb. 14); vorgeprägt in dem frühromanischen Bauschema der Saalkirche mit eingestelltem Querhausturm.

d) Die Wandpfeilerkirche

zeichnet sich dadurch aus, daß die Strebepfeiler nach innen gezogen werden und hohe, gewölbte, mehr oder weniger tiefe Einsatzkapellen bilden, die in Arkaden zum Kirchenschiff geöffnet sind (Abb. 15, 17, 141); die Form kann gelegentlich auch auf den Chor übergreifen (Abb. 15). Die Belichtung des Schiffes erfolgt durch die Einsatzkapellen (Abb. 17). Wandpfeilerkirchen treten erstmalig um die Mitte des 15. Jh. in Süddeutschland und Österreich auf, nachdem um 1430/40 in Südostbayern und Salzburg im Kreise der Stetheimer-Nachfolge Saalkirchen mit einfachen Wandpfeilern entwickelt waren. Der Typus der echten Wandpfeilerkirche mit schiffshohen Streberäumen ist in der Spätgotik neben der Hallenkirche verbreitet (Abb. 15, 141) und auch in der Renaissance, beginnend mit der Jesuitenkirche St. Michael in München, 1583–1597 (Abb. 17), und im Barock sehr beliebt, besonders in der Vorarlberger Bauschule (Ende 17./Anfang 18. Jh.), die einem tonnengewölbten Schiff mit Einsatzkapellen und Emporen ein schmales Querschiff und einen dem Langhaussystem entsprechenden, etwas eingezogenen Langchor anfügte.

e) Der profane Saal

als Repräsentationsraum im Palas von Pfalzen (Abb. 526, 529) und Burgen (Abb. 469, 524) oder in Rathäusern (Abb. 16) ist zumeist quergerichtet und bei der aula regia karolingischer Pfalzen um Konchen erweitert (Abb. 526). Ferner findet er sich in Wohn- und Schloßbauten mit unterschiedlicher Proportion und Verwendung (Abb. 450, 551).

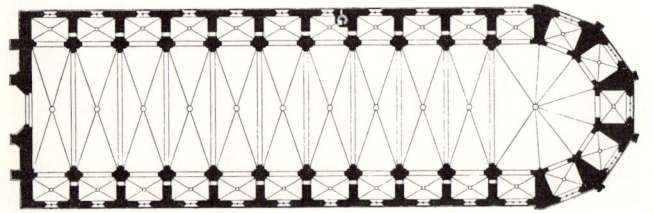

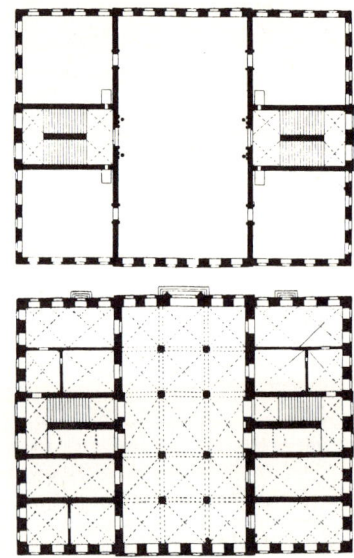

V. Konerding: Die „Passagenkirche". Berlin 1976. – J. Büchner: Die spätgotische Wandpfeilerkirche Bayerns und Österreichs. Nürnberg 1964, mit Lit. – N. Lieb, F. Dieth: Die Vorarlberger Barockbaumeister. München-Zürich ³1976.

16 Augsburg, Rathaus, 1615–1620 von Elias Holl erbaut, Obergeschoß und Erdgeschoß (1:1000).

15 Toulouse, Kirche der Cordeliers, 15. Jh. (1:1000).

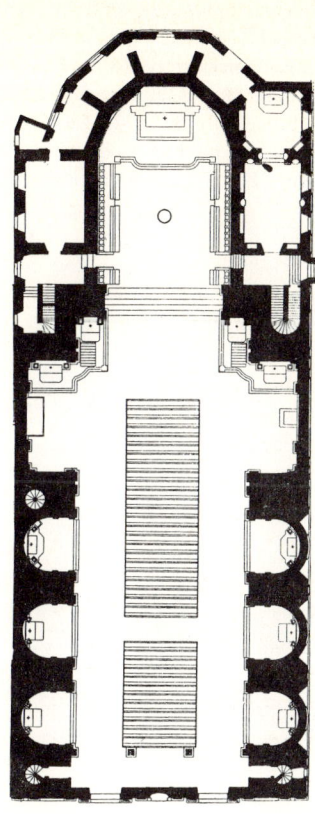

17 München, Jesuitenkirche St. Michael, 1583–1597, Grundriß (1:900), Inneres nach Osten.

2. Die Basilika

Basilika bezeichnet in Italien eine überdeckte, meist mehrschiffige öffentliche Amts-, Markt- und auch Kulthalle, im Kirchenrecht eine mit bestimmten Privilegien ausgestattete Kirche; typologisch-baugeschichtlich ist sie eine drei- (Abb. 22) oder fünfschiffige (Abb. 23, 24), längsgerichtete Kirche mit überhöhtem Mittelschiff, das durch Fenster im Obergaden (Lichtgaden) belichtet wird (Abb. 18, 23). Ein Triumphbogen trennt den Chorraum (Presbyterium, Sanktuarium) ab. Seit dem 4. Jh. schon haben

15

die großen Basiliken Querhäuser mit östlich anschließenden Apsiden (Querhausbasilika, Abb. 64) und später mit Chören (Kreuzbasilika, Abb. 21, 62–66). Im Westen sind der Basilika ein Vorhof (Atrium, Abb. 170–173), eine Vorhalle (Narthex) oder Türme (Westbau, Abb. 152) vorgelagert. Die Scheidemauer zwischen Mittelschiff und Seitenschiff (auch Abseite genannt) wird von Arkaden auf Säulen (Säulenbasilika, Abb. 18) oder Pfeilern (Pfeilerbasilika, Abb. 70, 71) durchbrochen, auch können Emporen über den Seitenschiffgewölben eingesetzt sein (Emporen- basilika, Abb. 340). Die Breite des Mittelschiffs verhält sich zur Breite der Seitenschiffe normalerweise wie 2:1 (Abb. 19, 20). Bis zur Mitte des 11. Jh. sind die Kirchen entweder mit einer flachen, hölzernen Decke ab- geschlossen oder in Frankreich und Italien mit einem offenen Dachstuhl. Seit dem zweiten Viertel des 11. Jh. werden in Frankreich südlich der Loire die Kirchen mit Tonnen überdeckt (Abb. 428–432), nördlich nach zögernden Anfängen mit Kreuzgratgewölben. In Deutschland zeigen gleichzeitig zunächst nur die Seitenschiffe größerer Kirchen Kreuzgrat- gewölbe, die erst mit Speyer II nach 1083 auch auf die weiter gespannten Mittelschiffe übergreifen. Seit der Mitte des 12. Jh. sind die Kirchen all- gemein gewölbt, nur einzelne Zisterzienserabteien halten noch am offenen Dachstuhl fest. In der Renaissance kommt die Flachdecke in Anlehnung an antike Vorbilder für kurze Zeit wieder zur Anwendung.

J. Hecht: Basilika. In: RDK 2, 1948, 1480–1488, mit Lit. – A. Masser: Die Bezeichnungen für das christliche Got- teshaus in der deutschen Sprache des Mittelalters. Berlin 1966. – E. Lang- lotz: Der architekturgeschichtliche Ur- sprung der christlichen Basilika. Op- laden 1972. – P. Zanker: basilica. In: Reallex. d. Germ. Altertumskunde 2, 1976, 81–86. – J. Christern: Die Grund- rißtypen der frühchristlichen Basiliken in Algerien und Tunesien. Diss. Bonn 1960. – K. Ohr: Die Form der Basilika bei Vitruv. In: Bonner Jahrbücher 175, 1975, 113–127. – Reallexikon zur byzantin. Kunst 1, 81–86.

22, 23 Köln, Dom St. Peter, 1248 be- gonnen, Chor 1322 geweiht, 1842–1880 vollendet, Grundriß (1:1000) und In- neres nach Osten.

18, 19 Limburg auf der Haardt, Klosterkirche, 1025/30–1042, West- Ost-Schnitt (1:1000) und Grundriß (1:1000).

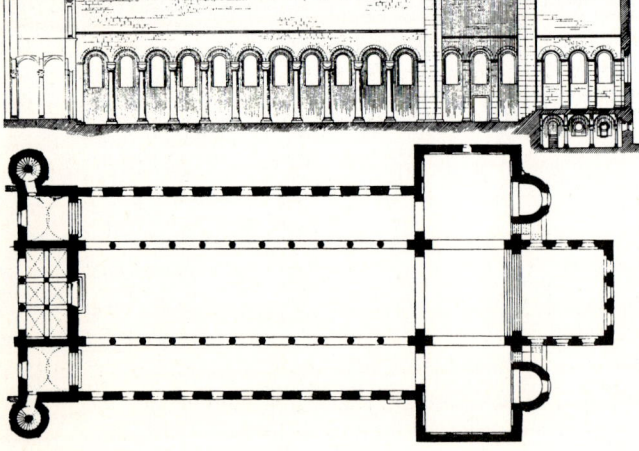

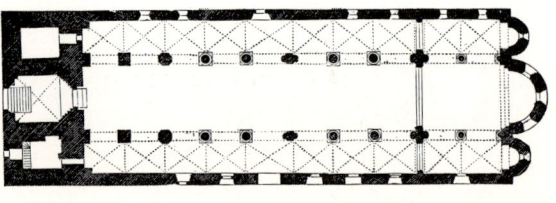

20 Seckau/Steiermark, Stiftskirche/ Dom, 1150–1164 (1:1000).

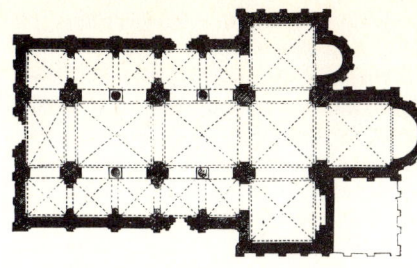

Die Basilika bestimmt seit dem 4. Jh. allgemein den abendländischen Großkirchenbau; sie wird nur in der Spätgotik durch die Halle und im Barock durch zentralisierende Kirchentypen zeitweise etwas zurückgedrängt. In Rom wird mit Ausbreitung des nachtridentinischen Kultus die Basilika mit Querschiff und Kuppel entwickelt, ein Typus, der aus der Verschmelzung von Richtungs- und Zentralbau erwächst und in vielfältigen Variationen zum Hauptthema des barocken Sakralbaus wird.

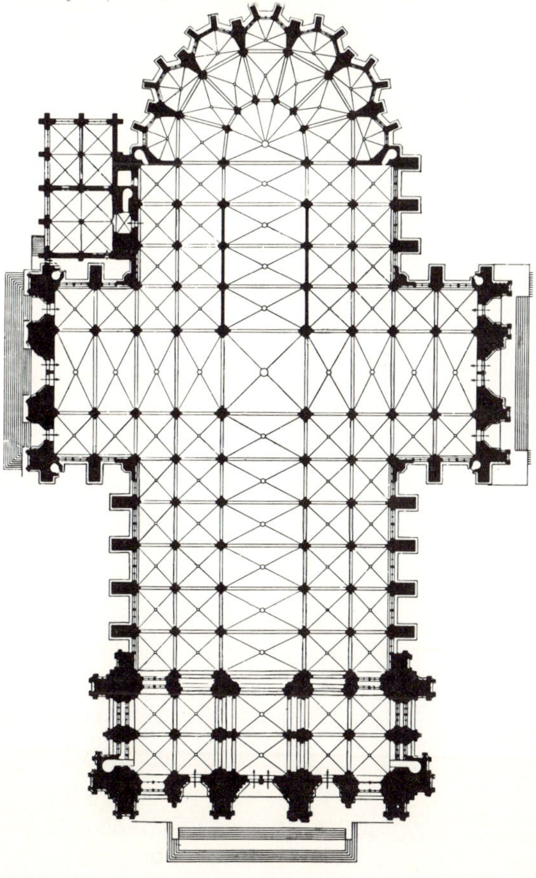

21 Rosheim/Elsaß, Pfarrkirche, 3. Viertel 12. Jh. (1:700).

3. Die Halle

Die Hallenkirche ist im Grundriß identisch mit der Basilika, jedoch wird das Mittelschiff nicht selbständig belichtet; die Decke oder die Gewölbe sind in allen drei Schiffen normalerweise gleich hoch (Abb. 24, 29); sind die Gewölbe der Seitenschiffe etwas niedriger als das des unbelichteten Mittelschiffs, so spricht man von einer Stufenhalle (auch Staffelhalle oder Pseudobasilika). Die Hallenkirche entwickelt sich nach Vorstufen in der Hallenkrypta (Abb. 160–167, 433) im beginnenden 11. Jh. in Katalonien/Spanien und in Südwestfrankreich; in der Auvergne als ton-

H. Rosemann: Die Hallenkirche auf germanischem Boden. Diss. München 1924. – K. Gerstenberg: Deutsche Sondergotik. Darmstadt ²1969. – H. Peters: Das Aufkommen der Hallenkirche in Westfalen. Ms. Diss. Tübingen 1930. – E. Fink: Die gotischen Hallenkirchen in Westfalen. Diss. Münster 1934. – H. Rosemann: Die westfälischen Hallenkirchen in der ersten Hälfte des 13. Jh. In: Zs. f. Kg. 1, 1932, 203 bis 227. – E. Mundt: Die westfälischen Hallenkirchen der Spätgotik (1400 bis 1550). Diss. Münster 1958, Lübeck-Hamburg 1959. – H. Thümmler: Westfälische und italienische Hallenkirchen. In: Festschr. M. Wackernagel. Köln-Graz 1958, 17–36. – S. Thurm: Norddeutscher Backsteinbau. Gotische Backsteinhallenkirchen mit dreiapsidialem Grundriß. Berlin 1935. – J. Michler: Gotische Backsteinhallenkirchen um Lüneburg, St. Johannis. Eine Bautengruppe im nordöstlichen Niedersachsen. Diss. Göttingen 1965. – L. Stoltze: Die romanischen Hallenkirchen in Alt-Bayern. Diss. Leipzig 1929. – E. Ringling: Die Hallenkirchen der Spätgotik in Altbayern. Ms. Diss. Freiburg 1951. – H. Meuke: Anmerkungen zur Gestalt der sächsischen Hallenkirchen um 1500. In: Aspekte zur Kunstgeschichte von Mittelalter und Neuzeit. K. H. Clasen zum 75. Geb. Weimar 1971, 167–189. – P. Schotes: Spätgotische Einstützenkirchen und zweischiffige Hallenkirchen im Rheinland. Diss. Aachen 1970. –

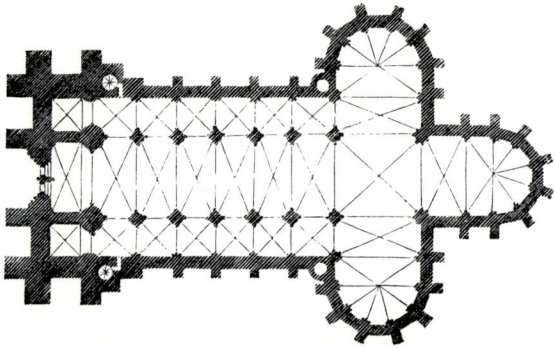

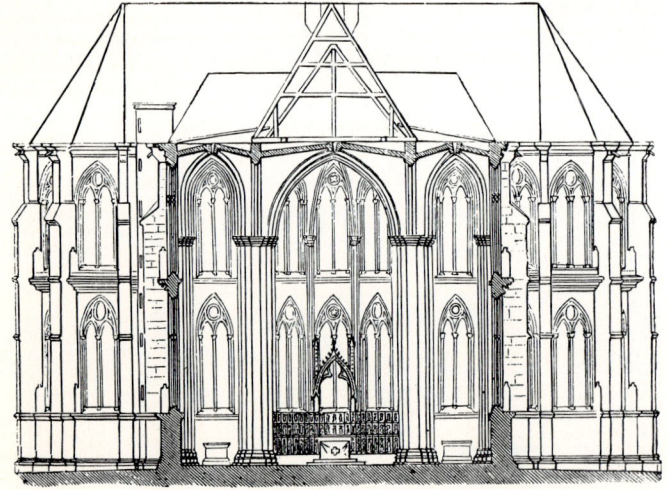

24, 25 Marburg, Elisabethkirche, 1235 bis 1283, Langhaus-Querschnitt (1:500) und Grundriß (1:1000).

H. Thümmler: Vorstufen der zwei-schiffigen Hallenkirchen Gotlands. In: Acta Visbyensia III, Visby 1969, 189 bis 220. – R. Krautheimer: Lombardische Hallenkirchen. In: Jb. f. Kw. 6, 1928, 176–188. – W. Krönig: Hallenkirchen in Mittelitalien. In: Kg. Jb. d. Bibliotheca Hertziana 2, 1938, 1–142. – R. Wagner-Rieger: Die italienische Baukunst zu Beginn der Gotik. 2 Bde. Graz-Köln 1956/57. – R. Wagner-Rieger: Italienische Hallenkirchen (Zur Forschungslage). In: Mitt. d. Ges. f. vgl. Kforsch. in Wien 12, 1960, 127 bis 135. – G. Weise: Die Hallen-Kirchen der Spätgotik und Renaissance im mittleren und nördlichen Spanien. In: Zs. f. Kg. 4, 1935, 214–247.

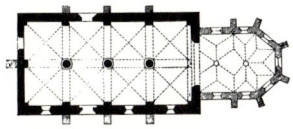

26 Bechin/Böhmen, St. Matthias, 14. und 15. Jh.

27 Kammern/Steiermark, Pfarrkirche St. Johann d. T., um 1500.

28–30 Schwaz/Tirol, Pfarrkirche, Nordhälfte, 1460–1478, Südhälfte, 1490–1510, Grundriß (1:1200), Langhaus-Schnitt (1:800), Westansicht (1:1600).

nengewölbte Stufenhalle mit Emporen (Abb. 428, 429). In Italien entstehen seit dem Ende des 11. Jh. in der Lombardei Hallenkirchen; in der Mitte des 12. Jh. führen die Zisterzienser die burgundische tonnengewölbte Halle ein, aber auch ungewölbte Bauten finden sich; im 13./14. Jh. sind Hallenkirchen in Italien allgemein verbreitet. In Deutschland verwenden zunächst Westfalen und Hessen seit dem späteren 12. Jh. die Halle (Abb. 24, 25); im Unterschied zu Frankreich, das langgestreckte Kirchen bevorzugt, sind die westfälischen Hallen nur zwei bis drei Joche lang (Abb. 95). Von Westfalen und Hessen dringt die Halle nach West- und Mitteldeutschland vor, im 13. Jh. auch nach Böhmen und im 14. Jh. nach Schlesien und in das norddeutsche Backsteingebiet. Sie findet besondere Verbreitung in der deutschen Sondergotik (zweite Hälfte 14./15. Jh.), hier in letzter Konsequenz unter Fortfall von Querschiff und Choraussonderung (Abb. 111, 452). Dreischiffige Hallenräume finden sich auch in Profanbauten (Abb. 16, 186), Hospitälern (Abb. 183) und Klöstern (Abb. 175).

Als eine Untergruppe sind die zweischiffigen Räume zu bezeichnen, entwickelt in der Profanarchitektur zunächst als Holzbauten, später in Stein bei Pfalzen und Burgen (Palas, Abb. 520–523, 530), Klosteranlagen (Refektorium, Abb. 176, 179), Hospital- (Abb. 184) und Universitätsbauten (Abb. 186), nach der Mitte des 12. Jh. bei Synagogen (Abb. 188) und kleinen Kirchen im deutschen Sprachraum und in Gotland verbreitet. Besonders beliebt werden sie in der Spätgotik. Die Anzahl der Stützen beträgt meist zwei (Abb. 26, 27). Durch Kombination zweier zweischiffiger Hallen entsteht vereinzelt auch eine vierschiffige Halle (Abb. 28–30).

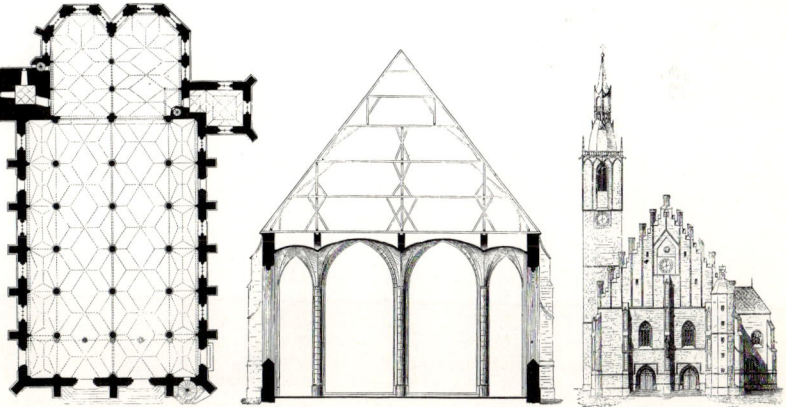

4. Der Zentralbau

Grundformen des um einen Mittelpunkt symmetrisch angelegten Zentralbaus sind Kreis, Quadrat und regelmäßiges Vieleck, an die Nischen, Konchen (Tetrakonchos und Trikonchos) oder rechteckige Räume (kreuzförmiger Zentralbau) anschließen können. Im Idealfall handelt es sich um eine unbetonte, nicht gerichtete Raumform, die durch den Eingang allerdings eine Richtung erhält, die im christlichen Kultbau auch noch durch eine angefügte Apsis verstärkt werden kann. Ferner können im Innern Stützen einen Umgang bilden; dieser oder der ganze Bau können mehrgeschossig sein. Der Zentralbau ist mit einer Kuppel oder einem Klostergewölbe, seltener flach überdeckt. Er dient als Grabeskirche, Memorialbau oder Karner (Untergeschoß als Ossarium, Obergeschoß als Kapelle), Taufkirche (Baptisterium) und Brunnenhaus, Krypta, Heilig-Grab-Kapelle, Chorscheitelkapelle, Herrscherkapelle (Eigenkirche in Pfalzen oder Burgen) oder Kapitelsaal (Chapter House), seltener Pfarr-, Stifts- oder Klosterkirche (Spätgotik, Renaissance, Barock). Der Zentralbau wird zu allen Zeiten und in allen Gegenden verwendet, besonders am Ende der Romanik in Deutschland, in der Spätgotik und schließlich in der Renaissance von Brunelleschi und Alberti bis Leonardo, Bramante, Michelangelo und Palladio, im Barock bei Guarini und Fischer und im Klassizismus bei

31–33 Deutsch Altenburg/Niederösterreich, Karner, Mitte 13. Jh., Ansicht, Längsschnitt und Grundriß.

H. Biehn: Ein Beitrag zur Geschichte des deutschen Zentralbaus bis zum Jahre 1500. Diss. Heidelberg 1932, Worms 1933. – S. Guyer: Grundlagen mittelalterlicher abendländischer Baukunst. Einsiedeln 1950. – C. Gross: Der frühgotische Zentralbau in Altbayern. Ms. Diss. Erlangen 1952. – W. Götz: Zentralbau und Zentralbautendenzen in der gotischen Architektur. Berlin 1968, mit Lit. – B. Dietrich: Die architekturgeschichtliche Stellung des quadratischen stützenlosen Kapellenraumes im spanischen Sakralbau des 14. Jh. Diss. München 1973. – W. Lotz: Die ovalen Kirchenräume des Cinquecento. In: Röm. Jb. f. Kg. 7, 1955, 35–54. – J. H. Müller: Das regulierte Oval. Diss. Marburg 1966, Bremen 1967. – G. Mörsch: Der Zentralbaugedanke im belgischen Kirchenbau des 17. Jh. Diss. Bonn 1965. – J. Weibezahn: Geschichte und Funktion des Monopteros, Untersuchungen zu einem Gebäudetyp des Spätbarock und des Klassizismus. Hildesheim 1975. – I. Dollinger: Zentralbauten in Tirol. Innsbruck 1975. – R. Wittkower: Grundlagen der Architektur im Zeitalter des Humanismus. München 1969. – S. Sinding-Larsen: Some functional and iconographical aspects of the centralized church in the Italian Renaissance. In: Acta ad archaeologiam et artium historiam pertenentia 2, 1965, 203–255.

K. Gallwitz: Untersuchungen zum italienischen zentralen Grab- und Memorialbau des 15. und 16. Jh. Ms. Diss. Göttingen 1957. – E. H. Lemper: Entstehung und Bedeutung der Krypten,

Unterkirchen und Grufträume vom Ende der Romantik bis zum Ende der Gotik. Ms. Habil. Leipzig 1963 (Zentral-Krypten). – W. Erdmann, A. Zettler: Zur Archäologie des Konstanzer Münsterhügels. In: Schrr. d. Ver. f. d. Gesch. d. Bodensee 95, 1977, 19–134. – A. Khatchatrian: Les baptistères paléochrétiens. Paris 1962, mit Lit. – W. Horn: Das Florentiner Baptisterium. In: Mitt. d. Kunsthist. Inst. Florenz 5, 1938, 99–151. – G. Bandmann: Die Vorbilder der Aachener Pfalzkapelle. In: Karl der Große III. Düsseldorf 1965, 424–462. – A. Verbeek: Zentralbauten in der Nachfolge der Aachener Pfalzkapelle. In: Das erste Jahrtausend. Düsseldorf 1964, 898–947. – A. Veerbeek: Die architektonische Nachfolge der Aachener Pfalzkapelle. In: Karl der Große IV. Düsseldorf 1967, 113–156. – A. Wolff: S. Johannis in curia, Die erzbischöfliche Pfalzkapelle auf der Südseite des Kölner Domes und ihre Nachfolgebauten. In: Kölner Domblatt 23/24, 1971, 125 bis 175. – W. Schadendorf: Grillenburg, Weißkirchen und Prag, Zentralbauten im 12. Jh. In: Beitr. z. Kg. Festg. f. R. Rosemann. München-Berlin 1960, 33–52. – W. Götz: Senones – Honcourt – Metz, Drei verschwundene romanische Zentralbauten. In: Aachener Kunstbll. 32, 1966, 97–105.

H. Koethe: Frühchristliche Nischenrundbauten. Marburg 1928. – A. Merhautová-Livorová: Einfache mitteleuropäische Rundkirchen. Praha 1970. – V. Gervers-Molnar: Romanische Rundkirchen im mittelalterlichen Ungarn. Budapest 1972 (ungarisch mit

Juvarra und Boullée gleichgewichtig zu den Langhausbauten. Die Renaissancesymbolik des Zentralbaus basiert auf neoplatonischem Gedankengut, ausgehend von einer geometrischen Bestimmung Gottes durch das Symbol des Kreises, wonach diesem Kreis als vollkommenster geometrischer Figur und allen von ihm abgeleiteten Formen die höchste Bedeutung zukommt. Alberti preist den Zentralbau als vornehmste Bauaufgabe, die dann nicht nur im Sakralbau, sondern auch als Raumeinheit in barocken und klassizistischen Schlössern bestimmend wird; hier werden die Raumgrenzen durch aufgelegte oder vorgestellte Gliederungen und Nischen verändert oder aufgelöst.

a) Der Rundbau (Rotunde)
ist der einfachste Typ des Zentralbaus, der allgemein gewölbt ist (Abb. 31 bis 35). Die Mauern sind im Innern häufig durch halbrunde (Abb. 37) oder eckige Nischen (Abb. 38, 172) gegliedert. Der Bautyp ist in der römischen Antike (Abb. 172), in der Renaissance und im Barock bis zu eindrucksvollen Großbauten gesteigert (Abb. 39, 40, 43). Die einfache

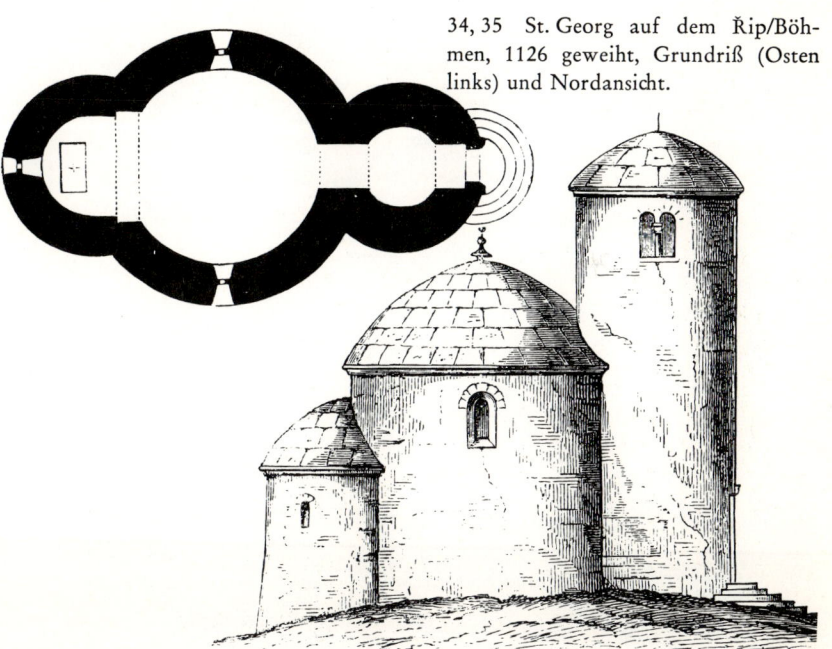

34, 35 St. Georg auf dem Řip/Böhmen, 1126 geweiht, Grundriß (Osten links) und Nordansicht.

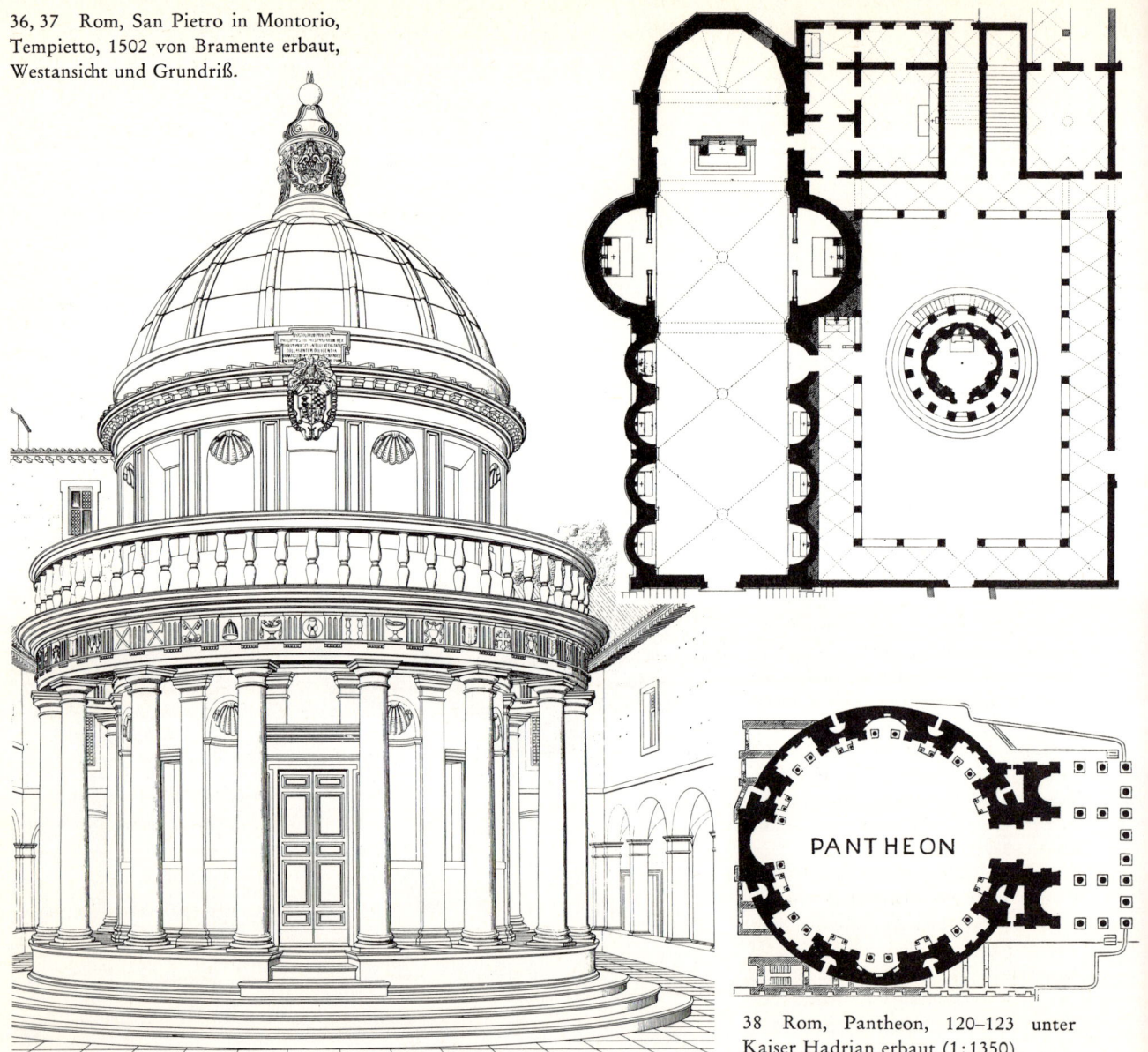

36, 37 Rom, San Pietro in Montorio,
Tempietto, 1502 von Bramente erbaut,
Westansicht und Grundriß.

PANTHEON

38 Rom, Pantheon, 120–123 unter
Kaiser Hadrian erbaut (1:1350).

engl. Zusammenfassung). – H. Küas, M. Kobuch: Rundkapellen des Wiprecht von Groitzsch. Berlin 1977. – J. Hawrot: Die Problematik der vorromanischen und romanischen Rotunden auf dem Balkan, in Böhmen und in Polen. In: Biuletyn Historii Sztuki 24, Warschawa 1962, 255–283 (poln. mit franz. Zusammenfassung).

J. Hubert: Les églises a rotonde orientale. In: Frühmittelalterliche Kunst in den Alpenländern. Lausanne 1954, 309–320. – A. Reinle: Die Rotunde im Chorscheitel. In: Discordia Concors, Festschr. f. E. Bonjour. Basel-Stuttgart 1968, 727–758. – A. Reinle: Zeichensprache der Architektur. Zürich-München 1976, 161–173 (Chorscheitelrotunde), 127–131 (Heilig-Grab-Bau). – G. Binding: Burg und Stift Elten am Niederrhein. Rhein. Ausgrabungen 8, Düsseldorf 1970, 72–77. – G. Bandmann: Zur Bestimmung der romanischen Scheitelrotunde an der Peterskirche zu Löwen. In: Beiträge zur Rhein. Kg. u. Denkmalpflege II, Düsseldorf 1974, 69–79. – W. Schlink: Saint-Bénigne in Dijon. Berlin 1978.

G. Schwering-Illert: Die ehemalige französische Abteikirche Saint-Sauveur in Charroux (Vienne) im 11. und 12. Jh. Diss. Bonn 1960, Düsseldorf 1963. – U. Zänker-Lehfeld: Die Matthiaskapelle auf der Altenburg bei Kobern. Diss. Bonn 1970. – M. Capra: Die Karner Niederösterreichs. Ms. Diss. Wien 1926. – F. Hula: Mittelalterliche Kultmale. Wien 1970 (Karner). – F. Zoepfl: Beinhaus. In: RDK 2, 1948, 204–214, mit Lit. – O. Heck-

39, 40 Maria Birnbaum/Oberbayern, Wallfahrtskirche St. Maria, 1661–1665 von Konstantin Pader unter oberitalienischem Einfluß erbaut, Ost-West-Schnitt ohne Laterne (1:500) und Grundriß (Osten links, 1:1000).

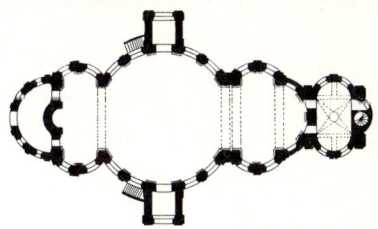

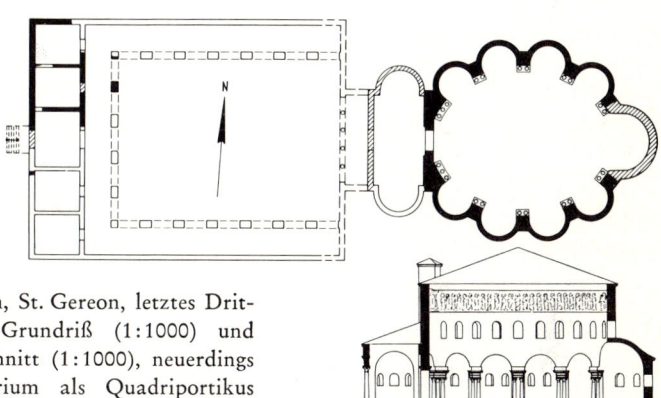

41, 42 Köln, St. Gereon, letztes Drittel 4. Jh., Grundriß (1:1000) und West-Ost-Schnitt (1:1000), neuerdings ist das Atrium als Quadriportikus nachgewiesen.

Rotunde mit oder ohne Apsis wird als Heilig-Grab-Kapelle (bis Anfang 13. Jh., Abb. 88) freistehend oder östlich anschließend (Chorscheitelrotunde, besonders in Burgund, dann im deutschen Sprachraum, in Italien und Spanien, Abb. 50, 90), als Burgkapelle (besonders in Böhmen und Mähren 9. bis Mitte 13. Jh., Abb. 34, 35) oder als Karner (Abb. 31–33, 141) verwendet. Das Gewölbe des Rundbaus kann auf einer mittleren Stütze ruhen. Bei dem Rundbau mit innerem Stützenkranz wird der mitt-

23

lere Raumteil über den niedrigeren Umgang hochgezogen und wie bei der Basilika mit Fenstern versehen. Die Stützenkränze können auch verdoppelt oder verdreifacht sein. In diese Gruppe gehören vor allem Nachbildungen der Grabeskirche in Jerusalem und einige Templerkirchen und Baptisterien. Eine Untergruppe ist der Ovalbau mit Apsis und Nischen oder außen vortretenden Konchen (Abb. 41, 42), besonders bei barocken Bauten (Abb. 40, 115).

Der in der Antike geprägte Bautyp des Monopteros, eines offenen, säulengetragenen Rundtempels, ist erstmalig in der Renaissance als Gartenpavillon anzutreffen. Die eigentliche Verbreitung setzt um 1720 in England ein und greift um 1760 auf den Kontinent über, wo der Monopteros bis etwa 1825 in unterschiedlicher Nutzung in Gärten Verwendung findet und um 1900 kurz wieder auflebt.

b) Der polygonale Zentralbau
ist weiter verbreitet als der runde; auch ihn gibt es als einfachen Raum zumeist achteckig (Oktogon, Abb. 9, 46, 49) in der Nachfolge spätantiker Vorbilder mit Mauernischen (Abb. 52) oder mit angebauten Konchen oder Rechteckräumen; seltener mit mittlerer Stütze (Abb. 65) oder Umgang, der zweigeschossig sein kann (Abb. 44, 45). Die Seitenbrechung kann zwischen Stützenkranz und Außenmauer des Umgangs unterschiedlich sein (Abb. 437). Der polygonale Zentralbau ist verbreitet bei Tauf- und Grabkapellen, Karnern (12.–15. Jh., Abb. 46, 47), Heilig-Grab-Kapellen, gotischen Krypten (Abb. 48), Chorscheitelkapellen (Abb. 50) und bei Herrscherkapellen (Ende 8. bis 11. Jh., Abb. 437, 438), bei Brunnenhäusern (Abb. 176) sowie bei englischen Chapter Houses, hier häufig mit Mittelstütze (Abb. 65). Er wird unter Rückgriff auf antike Bauten in der italienischen Renaissance u. a. von Brunelleschi 1434 und Michelozzo 1444 wieder aufgenommen als überkuppeltes Oktogon mit acht nischengegliederten Kapellen in der dicken Umfassungsmauer oder als Oktogon mit acht außen vortretenden Konchen (Abb. 52).

c) Der quadratische Zentralbau
ist im kirchlichen Bereich als Sonderform fast ausschließlich auf die italienische Frührenaissance beschränkt. Die außen quadratisch erscheinenden, freistehenden, kirchlichen Bauten sind häufig innen achteckig und mit Nischen ausgebildet (Baptisterien des 5./6. Jh.). Profane Räume (Abb. 520), Kapitelsäle, kleinere, besonders gotische, Kapellen (Abb. 124,

mann: Romanische Achteckanlagen im Gebiet der mittleren Tauber. Diss. Berlin 1940 (Freiburger Diözesanarchiv N. F. 41, 1941). – R. Wesenberg: Wino von Helmarshausen und das kreuzförmige Oktogon. In: Zs. f. Kg. 12, 1949, 30–40.

K. Hoffmann: Zur Deutung klösterlicher Brunnenhäuser des Mittelalters. In: Schülerfestg. f. H. v. Einem. Bonn 1965, 102–111. – P. A. Wagner: Brunnenhaus. In: RDK 2, 1948, 1310 bis 1318. – G. Webb: Architecture in Britain. The Middle Ages. London ²1965, 58–63, 153–156 (Chapter House).

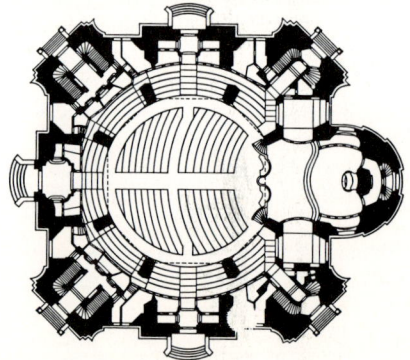

43 Dresden, Frauenkirche, 1722–1743 von Georg Bähr erbaut (1:1000).

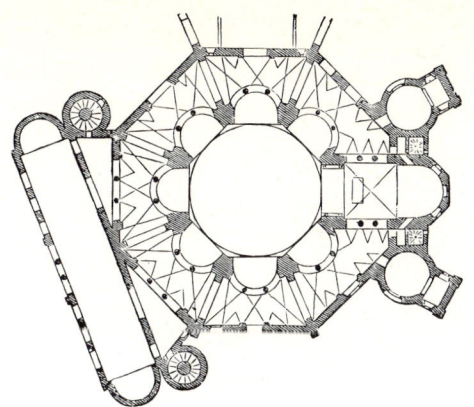

44, 45   Ravenna, San Vitale, nach 526 bis 547, Ost-West-Schnitt, Grundriß (1:1000).

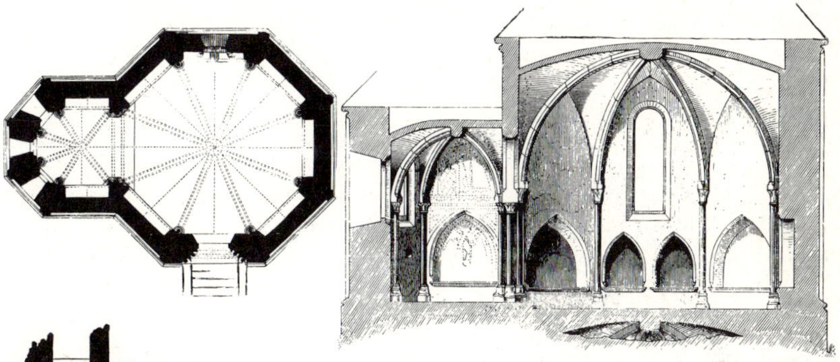

46   Ödenburg/Ungarn, Karner, zweite Hälfte 13. Jh., Längsschnitt und Grundriß.   ▶

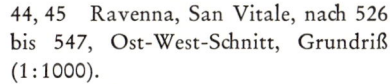

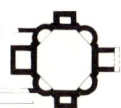

47   Köln, St. Pantaleon, Benediktinerklosterkirche, Memorial- oder Reliquienkapelle westl. der Kirche, 965 erbaut von Erzbischof Bruno, Bruder Ottos d. Gr. (1:100).

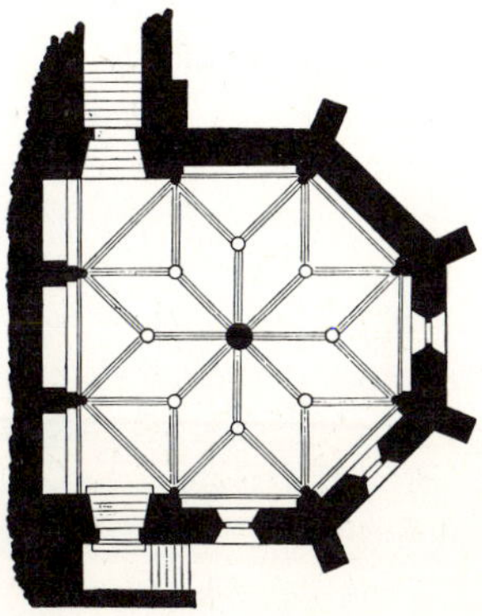

48   Lienz/Tirol, Pfarrkirche St. Andreas, Krypta, Mitte 15. Jh.

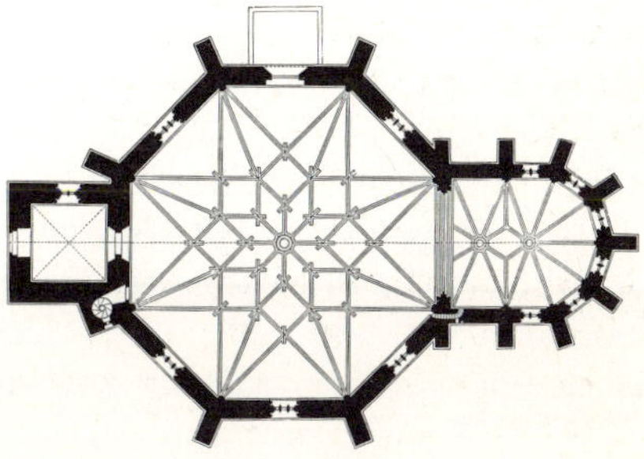

49   Prag, Karlshofer Kirche, Augustinerchorherrenstift, um 1360–1377, Gewölbe rekonstruiert, ursprünglich wohl auf Mittelstütze (ca. 1:900).

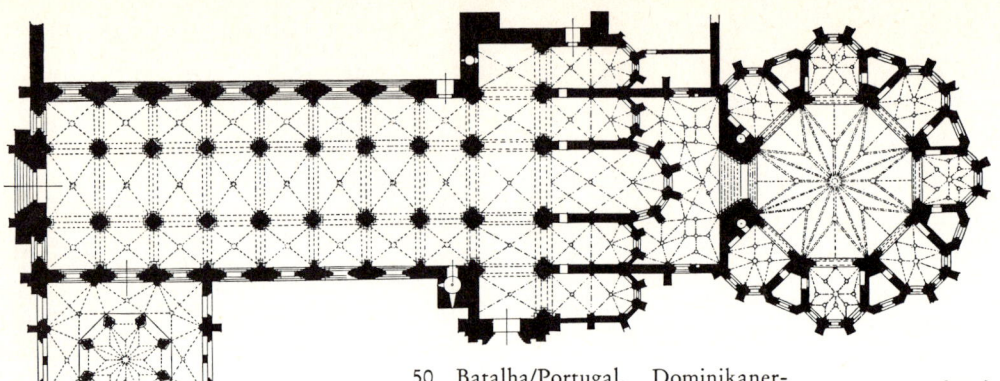

50 Batalha/Portugal, Dominikaner-
klosterkirche Santa Maria da Victoria,
1388 begonnen, östl. Mausoleum „Ca-
pellas imperfeitas", ca. 1435/38 begonnen, nach 1491 fortgesetzt, im Süd-
westen „Capella da fundator", um
1426 begonnen (1:1000).

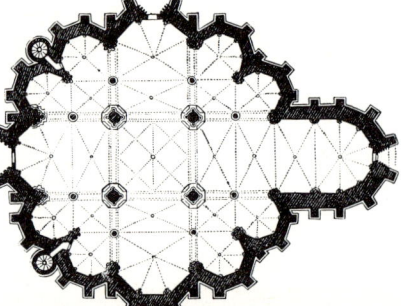

51 Trier, Liebfrauenkirche, nach 1235
bis vor 1265 (1:1000).

184), Sakristeien des 12. bis 16. Jh. und Brunnenkapellen (Abb. 177, 178)
sind zumeist über einer Mittelstütze gewölbt. Bei Kapitelsälen (Abb. 175)
und Krypten (Abb. 159, 162) werden Gewölbe auf vier Stützen bevorzugt. Es treten auch Sonderformen auf wie eine achteckige Stützenstellung
in einem quadratischen Raum (Abb. 50).

d) Der kreuzförmige Zentralbau

wird bei der Rotunde durch Anfügen von vier Konchen erreicht, beim
Oktogon durch rechteckige oder halbrunde Annexräume (Abb. 53); oder
einem quadratischen Raum werden vier rechteckige (Abb. 57) oder ebenfalls quadratische Räume (Abb. 56) oder Konchen (Abb. 55) angefügt,
häufig jeweils mit einer Kuppel überhöht (Abb. 56). Wird letzterer Typ
basilikal gestaltet, d. h. mit Umgängen versehen, die sich durch freistehende Stützen abtrennen, so ergibt sich eine besonders reiche Form
der Kreuzkuppelkirchen, wie sie, ausgehend von Byzanz, in Spanien und
auch in Frankreich bei den aquitanischen Kreuzkuppelkirchen (Abb. 56)
zu finden sind. Auch können vier oder drei Konchen kleeblattförmig zu
einer kreuzförmigen Gestalt zusammengesetzt werden (Tetrakonchos,
Abb. 55; Trikonchos, Abb. 112); vereinzelt haben sie in den Ecken zu-

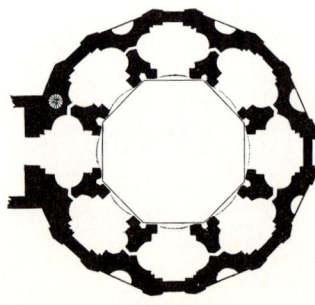

52 Florenz, Santa Maria degli Angeli,
1424 von Brunelleschi begonnen
(1:1000).

26

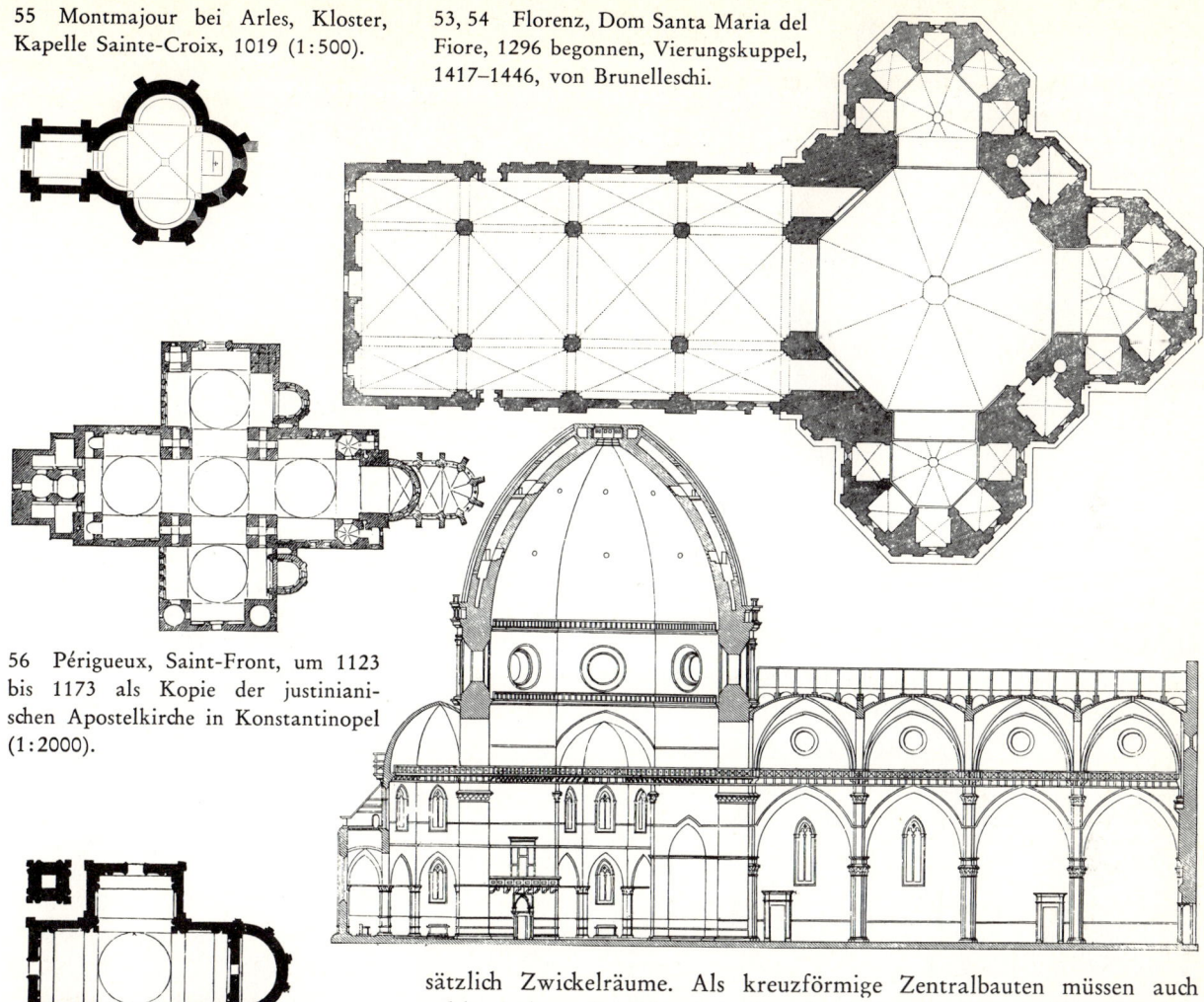

55   Montmajour bei Arles, Kloster, Kapelle Sainte-Croix, 1019 (1:500).

53, 54   Florenz, Dom Santa Maria del Fiore, 1296 begonnen, Vierungskuppel, 1417–1446, von Brunelleschi.

56   Périgueux, Saint-Front, um 1123 bis 1173 als Kopie der justinianischen Apostelkirche in Konstantinopel (1:2000).

57   Montepulciano, San Biagio, 1518 bis ca. 1545 von Antonio da Sangallo d. Ä. (1:1360).

sätzlich Zwickelräume. Als kreuzförmige Zentralbauten müssen auch solche Anlagen bezeichnet werden, deren einzelne Arme nicht voll gleichgewichtig sind (Abb. 51, 62, 94). Der kreuzförmige Zentralbau ist ein vorromanisch-romanischer Bautyp, der nach 1200 nur noch vereinzelte Nachfolge erfährt und erst wieder in der italienischen Renaissance auftritt und von hier auch auf den Norden übergreift (Abb. 58–60). Im Barock verschmilzt dieser Typ mit der Basilika und wird zu einem neuen,

27

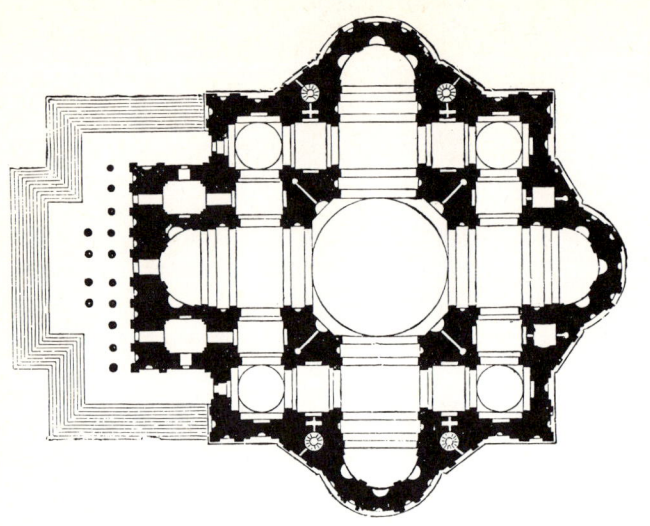

58 Rom, San Pietro, Michelangelos
Entwurf, 1546 (1:2500).

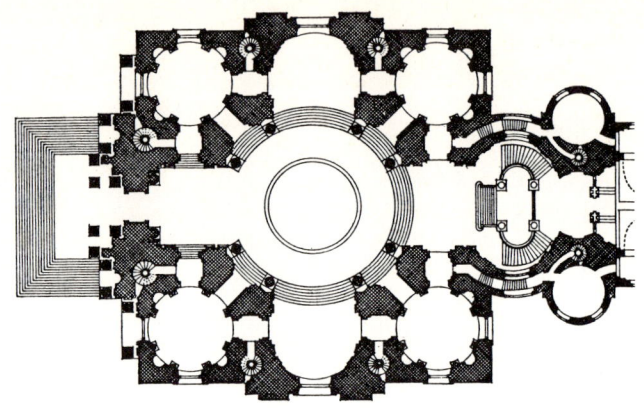

59 Paris, Invalidendom, 1675–1706
von Jules Hardouin-Mansart erbaut
(1:1000).

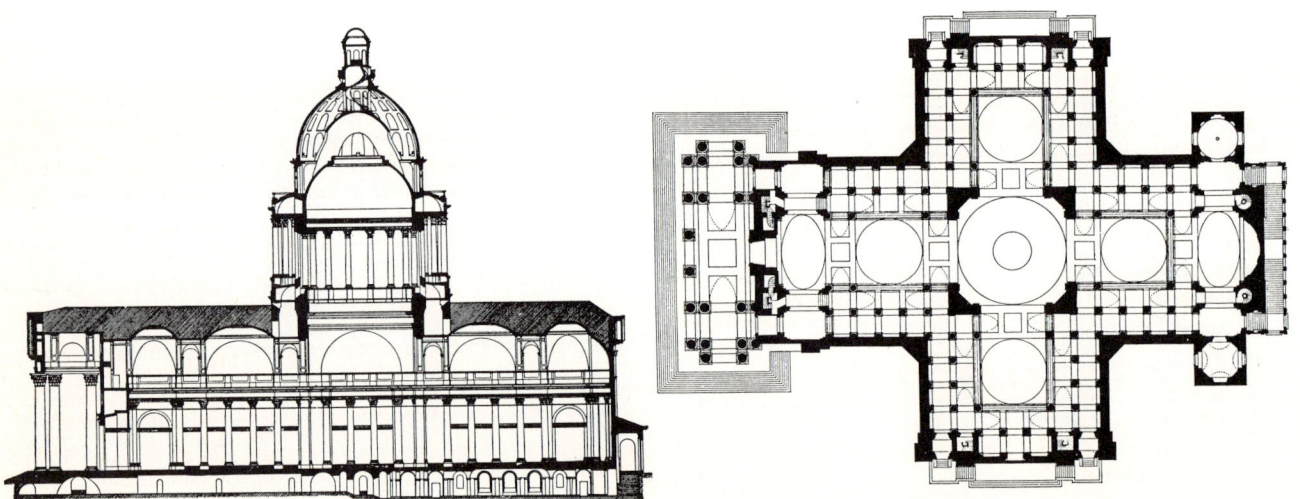

in vielfältigen Variationen ausgebildeten Typ als Verbindung von longi-
tudinalen und zentralen Räumen.

60 Paris, Sainte-Geneviève (Panthéon)
1755–1792 von Soufflot erbaut, Schnitt
und Grundriß (1:3000).

28

S. Guyer: Grundlagen mittelalterlicher abendländischer Baukunst. Einsiedeln-Zürich-Köln 1950. – A. Mann: Doppelchor und Stiftermemorie. In: Westfäl. Zs. 111, 1961, 149–262.

H. Beenken: Die ausgeschiedene Vierung. In: Rep. f. Kw. 51, 1930, 207 bis 231. – C. Pfitzner: Studien zur Verwendung des Schwibbogens in frühmittelalterlicher und romanischer Baukunst. Diss. Bonn 1932, Düren 1933, 44–47. – G. Urban: Der Vierungsturm bis zum Ende des romanischen Stils. Ms. Diss. Frankfurt 1953. – W. Boeckelmann: Die abgeschnürte Vierung. In: Neue Beitrr. zur Kg. d. 1. Jt., B. 2: Frühmittelalterliche Kunst. Baden-Baden 1954, 101–113. – G. Noth: Frühformen der Vierung im östlichen Frankenreich. Diss. Göttingen 1967.

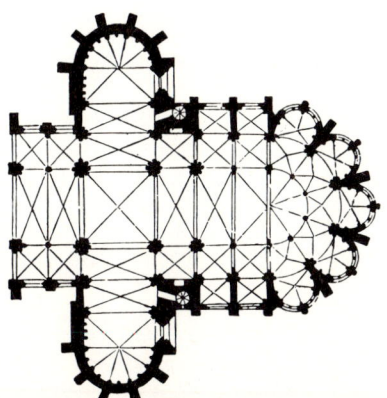

61 Noyon, Kathedrale Notre-Dame, Chor und Querhaus, 1150–1185 (ca. 1:1000).

5. Das Querhaus

Schon bei den großen frühchristlichen Basiliken in Rom findet sich das Querhaus als ein zwischen Langhaus und Chor bzw. Apsis eingefügter Querriegel zur Aufnahme der Kleriker und der wachsenden Zahl der Altäre (Abb. 172). Eine Kirche kann im Westen ein zweites Querhaus besitzen (Abb. 72), auch im Osten ist ein zweites möglich (Cluny III, Abb. 3; England, Abb. 65), oder nur im Westen in bewußtem Rückbezug auf die frühchristlichen Kirchen in Rom (Abb. 71, 142, 172). Liegen Flachdecke oder Gewölbe im Querhaus auf der gleichen Höhe wie im Mittelschiff, so spricht man von einem Querschiff. Das Querhaus kann auch dreischiffig sein (Abb. 22, 65, 66, 102–104). Die Querarme überragen die Flucht der Seitenschiffe um Mauerdicke (Abb. 77) oder normalerweise um ein größeres Maß (Abb. 76). Den durch Schranken abgeteilten nördlichen Querhausflügel nennt man Transept, im Plural auch für das ganze Querhaus gebraucht. Zumeist teilen Bogen das Querhaus in drei quadratische (Abb. 19, 21) oder querrechteckige Joche (Abb. 100), denen halbrunde Konchen (Abb. 104, 105) oder polygonale (Abb. 25) als Nord- und Südabschluß angefügt sein können (Dreikonchenchor). Die Nord- und Südgiebel des Querhauses können wie die Westfront der Kirche reich gegliedert sein (Abb. 67–69).

a) Das römische Querschiff
schließt unmittelbar an die drei bzw. fünf Schiffe des Langhauses an und wird selbst nicht durch Bogen unterteilt (Abb. 63, 64, 172). In die Querschiffenden können Arkaden (mit Empore?) eingestellt sein (Abb. 172). Das in den frühchristlichen Kirchen in Rom ausgebildete Querschiff findet im 8. bis 11. Jh. nördlich der Alpen reiche Wiederaufnahme durch den Einfluß des Benediktinerordens (Abb. 63, 64) und verdeutlicht – besonders wenn es im Westen liegt – unmittelbar den beabsichtigten Rombezug (Abb. 142, 172).

b) Die Vierung
ist der in der Kreuzung von Mittelschiff, Querhaus und Chor gelegene mittlere rechteckige Raum des Querhauses, der mit den anschließenden gleich breiten Räumen durch weite Bogenöffnungen über Pfeilervorlagen oder Mauerzungen verbunden ist.
Die *ausgeschiedene Vierung* erhebt sich über quadratischem Grundriß; ihre

Vierungsbogen sind gleich hoch und ruhen auf Pfeilervorlagen, deren Tiefe geringer ist als ihre Breite (Abb. 18, 19, 72, 76, 113); alle vier angrenzenden Räume fluchten mit den Vierungsseiten; das Vierungsquadrat ist häufig das bestimmende Maß für Langhaus, Querhaus und Vorchor (Abb. 19, 21, 171). St. Michael in Hildesheim 1010–1022/33 ist das früheste gesicherte Beispiel für die ausgeschiedene Vierung (Abb. 72).

Die *abgeschnürte Vierung* erhebt sich über rechteckigem Grundriß (Abb. 62, 70, 71); ihre Vierungsbogen auf Mauerzungen müssen gleich hoch sein; daraus folgt, daß die an die Vierung anschließenden Räume in ihrer Höhe nicht wesentlich voneinander abweichen; die Bogenöffnungen nach den

62 Querfurt, Burgkapelle, Anfang 11. Jh., Vierungsturm, 2. Hälfte 12. Jh., Grabkapelle, Ende 14. Jh. (1:500).

65 Wells, Kathedrale, 1175/85–1239, Chapter House, um 1306 (1:1200).

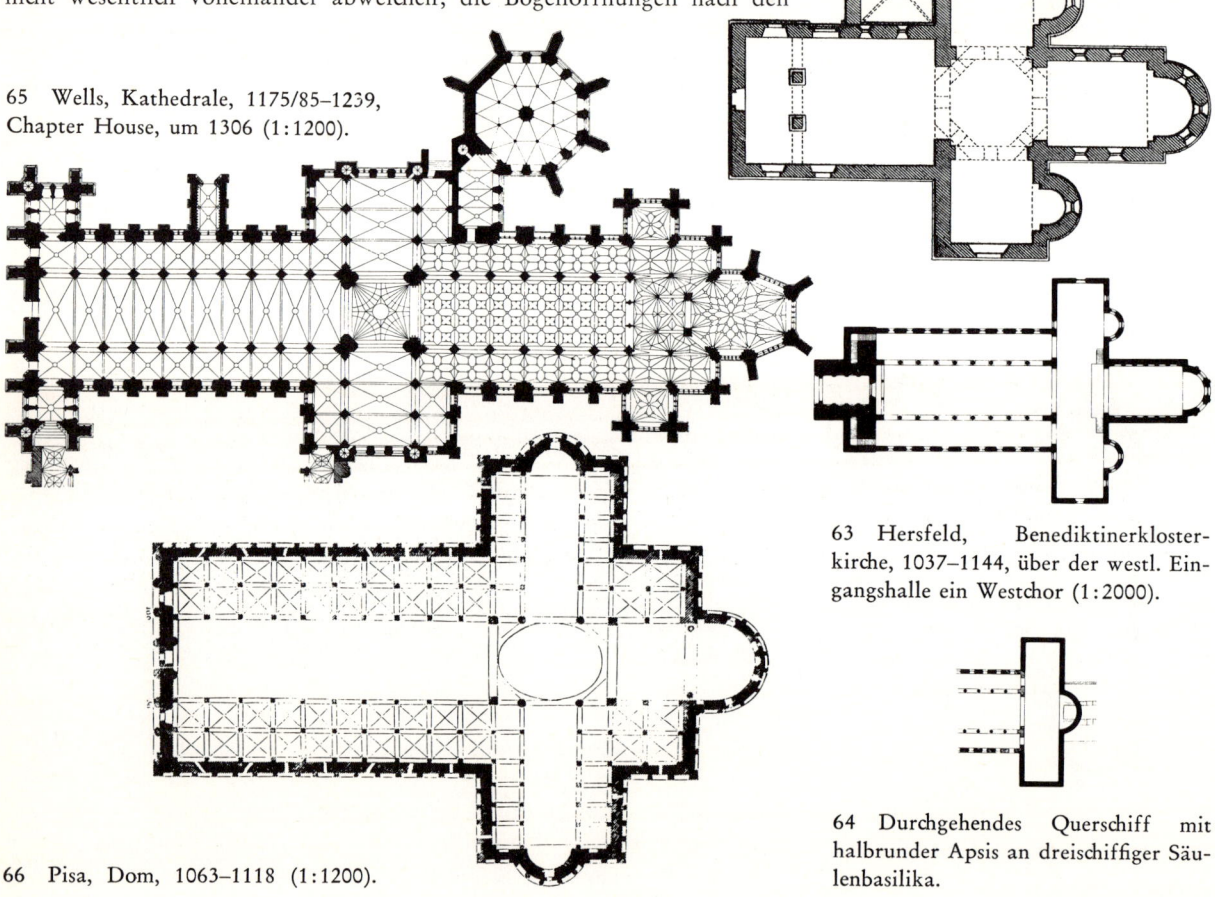

63 Hersfeld, Benediktinerklosterkirche, 1037–1144, über der westl. Eingangshalle ein Westchor (1:2000).

64 Durchgehendes Querschiff mit halbrunder Apsis an dreischiffiger Säulenbasilika.

66 Pisa, Dom, 1063–1118 (1:1200).

30

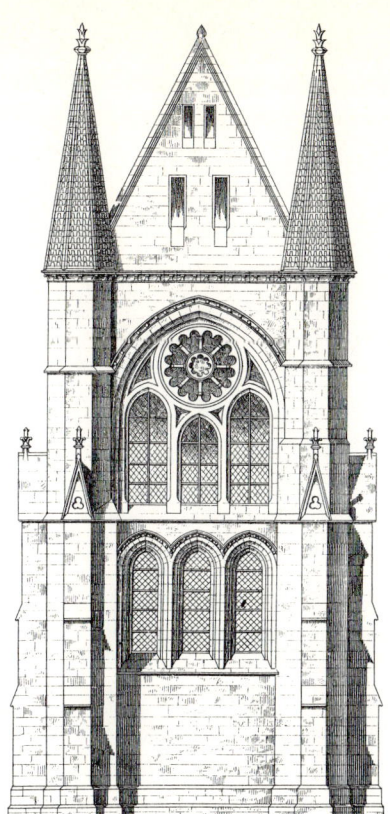

67 Soissons, Saint-Léger, Abteikirche, nördl. Querschiffront, 13. Jh.

68 Straßburg, Münster, südl. Querschiffront, 1220/30.

Querhausarmen können aus der Vierungsachse versetzt sein.
Die *virtuelle Vierung* besitzt keine Mauerzungen oder Pfeilervorlagen und findet sich bei Kreuzbauten mit unbetonter Mitte (Abb. 56).
Die Vierung ist in der Frühzeit wie das Langhaus flachgedeckt (Abb. 72), dann kreuzgewölbt oder durch ein Klostergewölbe oder eine Kuppel

31

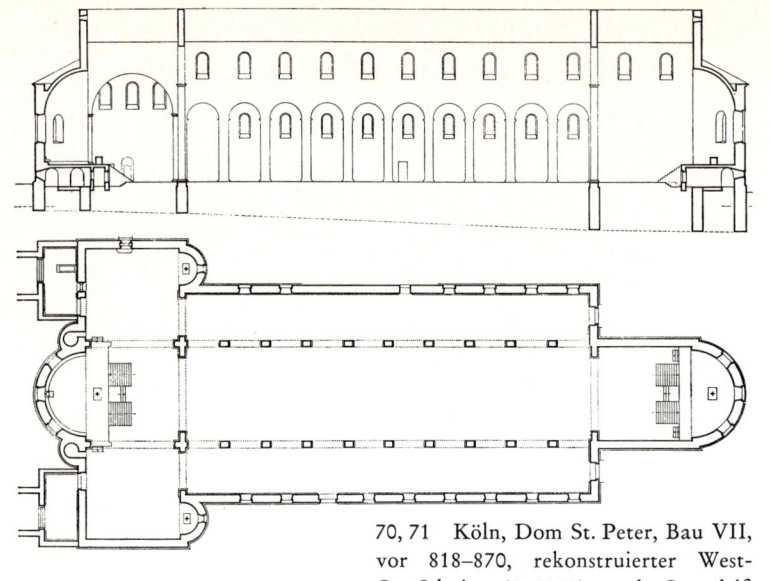

70, 71 Köln, Dom St. Peter, Bau VII, vor 818–870, rekonstruierter West-Ost-Schnitt (1:1000) und Grundriß (1:1000).

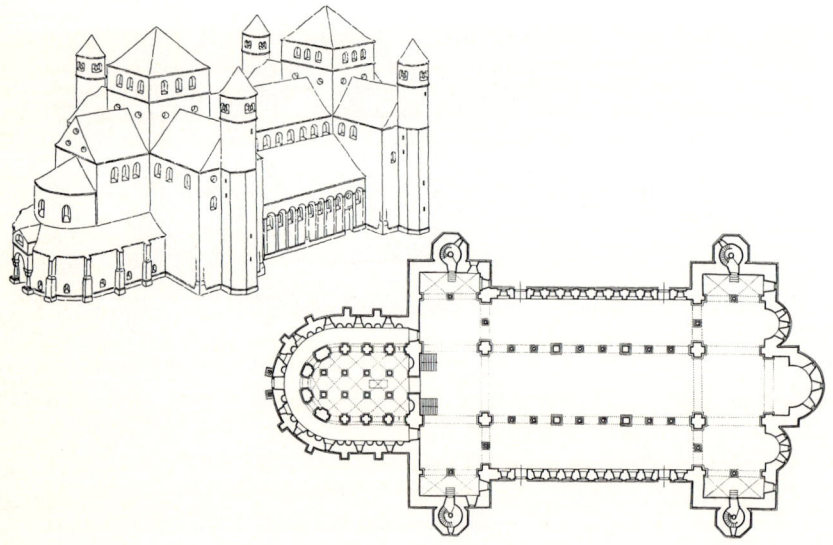

69 Wetzlar, Stiftskirche St. Maria, südl. Querschiffront, 1250/60.

◄ 72 Hildesheim, St. Michael, 1010 bis 1022/33 unter Bischof Bernward erbaut, Südwestansicht und Grundriß (1:1000).

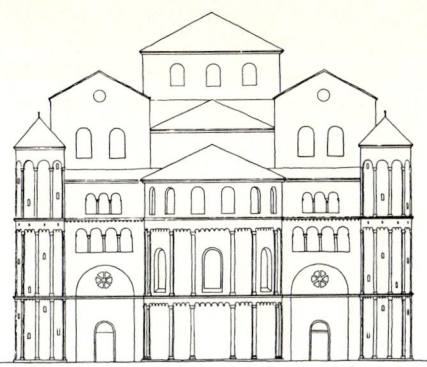

73 Trier, Dom, Westansicht, 1040 bis
1044 (1:1000).

74 Reims, Kathedrale, Chor, 1211 bis
1241 von Jean d'Orbais erbaut.

(Abb. 100) ausgezeichnet, die auf einem belichteten Tambour ruhen können. In barocken Kirchen tritt an die Stelle der Vierung häufig ein ovaler
überkuppelter Zentralraum.

6. Der Chor

Der Chor ist der für den Chorgesang (chorus psallentium) und das Gebet der Geistlichen und Mönche bestimmte Raum vor dem Hochaltar in Mönchs-, Stifts- und Domkirchen; erst seit der Mitte des 14. Jh. wird gelegentlich das ganze Altarhaus (Sanktuarium, Presbyterium) mit seinen Nebenräumen Chor genannt und die Bezeichnung auch auf Pfarrkirchen übertragen. In der frühchristlichen Basilika war der Sängerchor (schola cantorum) durch niedrige, feste Schranken vom Gemeinderaum abgesondert. In karolingischer Zeit erfolgte eine Anhebung des Sanktuariums um eine oder mehrere Stufen und eine Abtrennung durch Chorschranken. Seit dem 13. Jh. werden diese durch einen Lettner ersetzt, eine übermannshohe, mit zwei Durchgängen versehene, gegliederte Mauer mit einer über Treppen vom Sanktuarium zugänglichen Bühne (Doxal) zur Verlesung des Evangeliums und zur Aufstellung von Chören (Abb. 75). Im Barock übernehmen Chorgitter die Trennung, in der orthodoxen Kirche die Ikonostasis, eine Bilderwand. Seit karolingischer Zeit wird zwischen Kirchenschiff und Apsis ein rechteckiges Joch eingefügt (Vorchorjoch, Chorquadrat). Dieses Joch gestattet eine mehrräumige und auch gestaffelte Gestaltung des Presbyteriums, des Bereiches, in dem sich der Altardienst vollzieht; im 11. Jh. hat der Vorchor zuweilen eine außerordentliche Länge (Abb. 63), eine Erscheinung, die man auch bei den gotischen Chören wiederfindet. Der Chor kann beim Vorhandensein eines Querhauses bis in die Vierung vorgezogen werden; bei Hirsauer- und Cluniazenserkirchen reicht er noch um ein Joch in das Langhaus hinein (chorus minor), wo er durch eine Pfeilerstellung betont wird.

Die einfachste Form des Chorschlusses sind die Apsis und der Rechteckchor, üblich bei Saalkirchen, ebenso bei dreischiffigen Kirchen, deren Seitenschiffe dann gerade enden. Besonders in karolingisch-ottonischer Zeit und dann in Rückbesinnung darauf in staufischer Zeit werden im Osten wie im Westen der Kirche Chöre angefügt (Doppelchoranlagen, Abb. 70–73, 116, 153, 171). Die Entwicklung der Chorformen wird bestimmt aus dem in karolingischer Zeit erwachsenen Bestreben, die Zahl der Altäre zu vermehren und die ursprüngliche Abschrankung durch zugeordnete Räume zu ersetzen.

a) Die Apsis
auch Abside, ist ein halbkreisförmiger, oft gestelzter, mit einer Halb-

E. Gall: Chor. In: RDK 3, 1954, 488 bis 513. – K. Pilz: Chörlein. In: RDK 3, 1954, 538–546. – E. Gall: Chorumgang. In: RDK 3, 1954, 575 bis 589, mit Lit. – L. Giese: Apsis. In: RDK 1, 1937, 858–881, mit Lit. – L. Andersen: Exedra. In: RDK 6, 1973, 648–671, mit Lit. – G. Bandmann: Die Bedeutung der romanischen Apsis. In: Wallraf-Richartz-Jb. 15, 1953, 28–46. – A. Schmidt: Westwerke und Doppelchöre. In: Westfäl. Zs. 106, 1956, 347–438. – A. Mann: Doppelchor und Stiftermemorie. In: Westfäl. Zs. 111, 1961, 149–262. – G. Adriani: Der mittelalterliche Predigtort und seine Ausgestaltung. Diss. Tübingen 1966, Stuttgart 1966. – E. Lehmann: Bemerkungen zum Staffelchor der Benediktinerkirche Thalbürgel. In: Festschr. J. Jahn. Leipzig 1957, 111 bis 130. – K. H. Esser: Über den Kirchenbau des hl. Bernhard von Clairvaux. In: Arch. f. mittelrhein. Kircheng. 5, 1953, 195–222. – M. F. Hearn: The Rectangular Ambulatory in English Mediaeval Architecture. In: Journal of the Society of Architectural Historians 30, 1971, 187–208. – S. Thurn: Norddeutscher Backsteinbau. Gotische Backsteinhallenkirchen mit dreiapsidialem Grundriß. Berlin 1935. – G. Schade: Der Hallenumgangschor als bestimmende Raumform der bürgerlichen Pfarrkirchenarchitektur in den brandenburgischen Städten von 1355 bis zum Ende des 15. Jh. Ms. Diss. Halle 1963. – H. J. Kunst: Die Entstehung des Hallenumgangschores. In: Marburger Jb. f. Kw. 18, 1969, 1–103. – W. Götz: Zentralbau und Zentralbautendenzen in der gotischen Archi-

tektur. Berlin 1968. – S. Steinmann-
Brodbeck: Herkunft und Verbreitung
des Dreiapsidenchores. In: Zs. f.
schweiz. Archäolog. u. Kg. 1, 1939,
65–95. – H. E. Kubach: Dreiapsiden-
anlagen. In: RDK 4, 1958, 397–403,
mit Lit. – A. Verbeek: Dreikonchenchor. In: RDK 4, 1958, 465–475, mit
Lit. – R. Egger: Diakonikon. In:
RDK 3, 1954, 1382–1387. – G. Bandmann: Über Pastophorien und verwandte Nebenräume im mittelalterlichen Kirchenbau. In: Kg. Studien f.
H. Kauffmann. Berlin 1956, 19–58. –
H. Sedlmayr: Mailand und die Croisillons Bas. In: Arte in Europa, scritti
di storia dell'arte in onore di E. Arslan. Mailand 1966, 113–126. – G. Binding: Burg und Stift Elten am Niederrhein. Rhein. Ausgrabungen 8, Düsseldorf 1970, 104–107, mit Lit. (Zellenquerbauten).

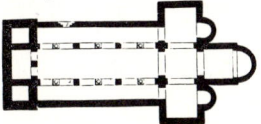

76   Hecklingen bei Staßfurt, Benediktinerinnenklosterkirche, um 1150 bis
1170 (1:500).

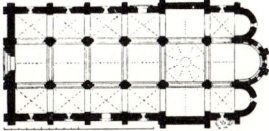

77   Semur-en-Brionais, Saint-Hilaire,
Ende 12. Jh. (1:1000).

▶

75   Paris, Kathedrale, Chor, 1163 bis
1182, mit Rekonstruktion der alten
Ausstattung, Chorschranken, Lettner.

kuppel (Kalotte) überwölbter Raum (Exedra, Konche), der einem übergeordneten Raum (Saal, Querhaus, Vorchor) ein- oder angebaut ist und
sich zu diesem meist in voller Breite und Höhe öffnet (Abb. 4, 19–21, 34,
62, 71, 76, 148, 185). Seltener ist sie durch Mauerzungen abgeschnürt

(Abb. 12), kann hufeisenförmigen, mehr als halbkreisförmigen (Abb. 33) oder oblongen Grundriß haben, vereinzelt auch außen rechteckig (Abb. 82, 88) oder polygonal (Abb. 45) ummantelt sein. Im Profanbau dient sie als Thronnische. Im Kirchenbau ist sie meist um einige Stufen erhöht. Anfangs nimmt sie die Sitze der Geistlichen und die Kathedra des Bischofs (Abb. 172) auf, später auch den Altar. Dieser kann aber auch vor der Apsis stehen. Drei nebeneinander angeordnete Apsiden, deren mittlere oft größer ist, finden sich bei romanischen dreischiffigen Basiliken (Dreiapsidenchor) vor allem in Spanien, Oberitalien und Bayern (Abb. 20, 77). Wieder aufgenommen wird das Motiv in der Gotik. Bei Saalkirchen (Dreiapsidensaal) wird es besonders im 8./9. Jh. in Graubünden angewendet (Abb. 78–84); vereinzelt tritt es bei Zentralbauten auf. Zwei Apsiden kommen sehr selten vor, ebenso mehr als drei (Abb. 80). Bei Westquerhäusern können auch kleinere Apsiden (Apsidiolen) neben den Seitenschiffen östlich anschließen (Abb. 71).

b) Der Rechteckchor

ist ein quadratischer (Abb. 5, 91) oder rechteckiger Raum (Abb. 10, 11, 13), der gegenüber dem Kirchensaal zumeist um Mauerdicke oder mehr eingezogen und entweder voll geöffnet oder mittels Mauerzungen abgeschnürt ist (Abb. 5, 10–13). Hinsichtlich seiner Funktion ist er identisch mit der Apsis. Er findet sich vornehmlich bei den einfachen Saalkirchen, seltener bei großen Kirchen (Abb. 19); später wählen häufig die Reformorden den Rechteckchor (Abb. 175, 176), der auch von rechteckigen Nebenchören begleitet sein kann (Abb. 91).

c) Der Dreizellenchor

findet, aus Syrien und Byzanz kommend, in merowingisch-frühkarolingischer Zeit auch in Spanien, Oberitalien (Mailand 5. Jh.), Süd- und Westdeutschland sowie in Frankreich Eingang und wird hier variiert. An die Saalkirche oder das Vorchorjoch der dreischiffigen Basilika werden rechteckige Räume (Pastophorien, Secretarium) seitlich angefügt; der nördliche Raum (Prothesis) dient zur Vorbereitung des Meßopfers, der südliche Raum (Diakonikon) zur Aufbewahrung der liturgischen Gewänder und Geräte; auch dienen sie zur Aufbewahrung von Reliquien, als Grablege oder als Privatkapellen. Nachdem sich in karolingischer Zeit die einfachere römische Liturgie durchsetzt, die die Vormesse und den Introitus der gallikanischen Liturgie aufgibt, verlieren sich die Pastophorien und

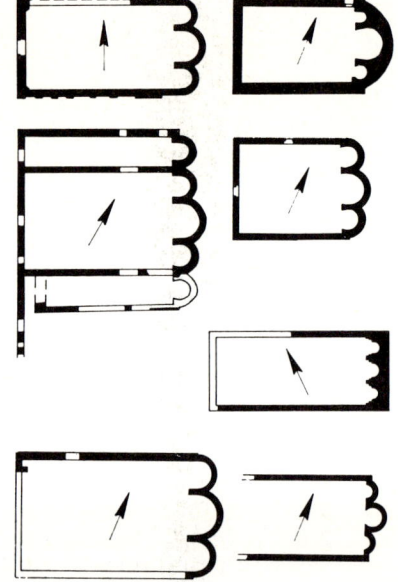

78–84 Dreiapsidensäle (1:1000).
78 Chur, St. Martin, königl. Eigenkirche, 2. Hälfte 8. Jh.
79 Chur, St. Luzi, Memorialkirche, 1. Hälfte 8. Jh.
80 Müstair, St. Johann, Klosterkirche, Ende 8. Jh.
81 Mistail, St. Peter, Klosterkirche, 2. Hälfte 8. Jh.
82 Werden a. d. Ruhr, St. Klemens, Pfarrkirche, 957 geweiht.
83 Disentis, St. Martin, Klosterkirche, um 800.
84 Disentis, St. Maria, Klosterkirche, wohl 10. Jh.

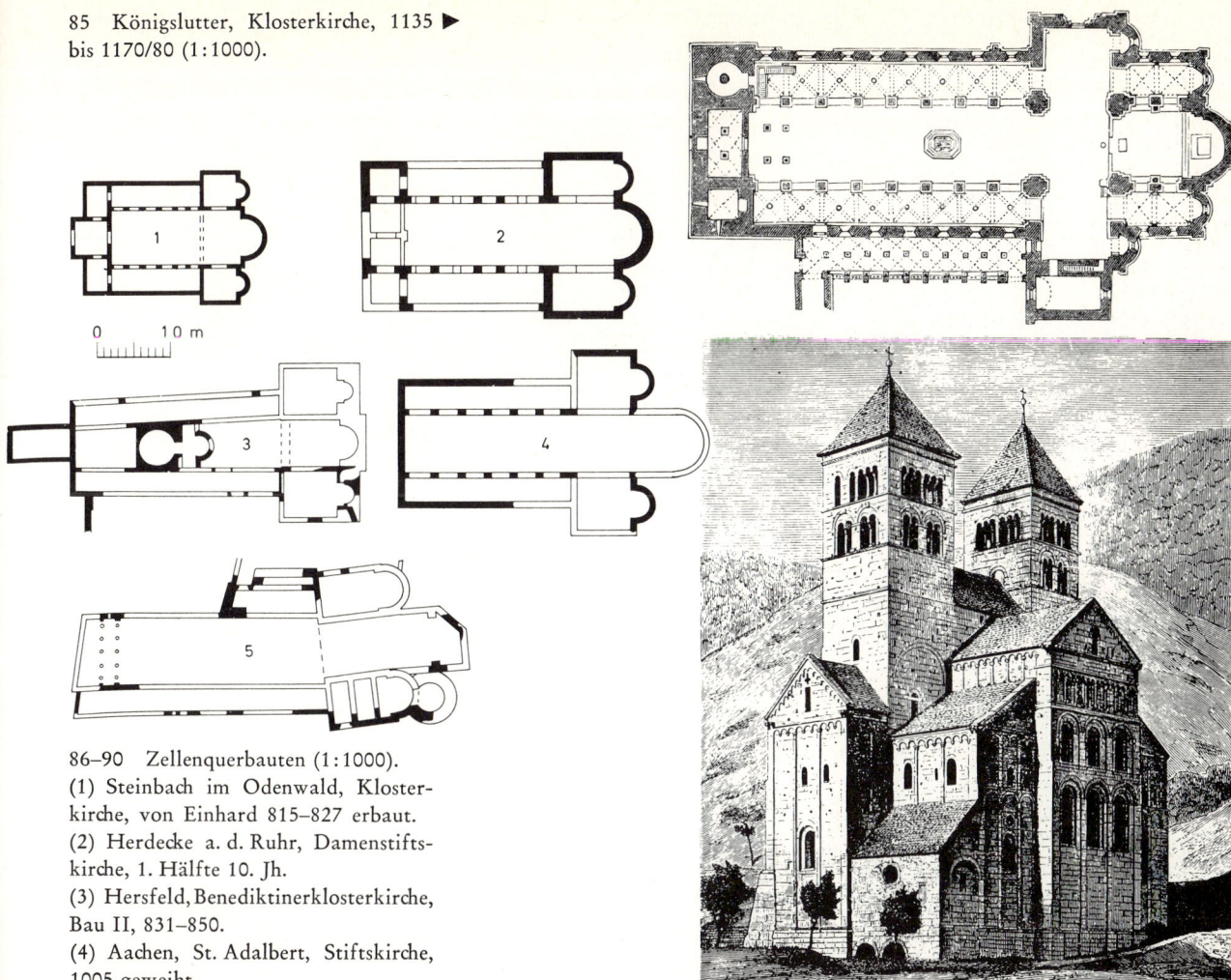

85 Königslutter, Klosterkirche, 1135 ▶
bis 1170/80 (1:1000).

0   10 m

86–90   Zellenquerbauten (1:1000).
(1) Steinbach im Odenwald, Klosterkirche, von Einhard 815–827 erbaut.
(2) Herdecke a. d. Ruhr, Damenstiftskirche, 1. Hälfte 10. Jh.
(3) Hersfeld, Benediktinerklosterkirche,
Bau II, 831–850.
(4) Aachen, St. Adalbert, Stiftskirche,
1005 geweiht.
(5) Elten am Niederrhein, St. Vitus,
Stiftskirche, um 970/80.
                                    ▶
91 Murbach/Elsaß,   Klosterkirche,
wohl um 1145/55, Südostansicht von
Chor und Querhaus.

werden durch die einseitig an den Chor angefügte Sakristei (Almaria,
Almer, Treskammer), ersetzt. Die Seitenräume sind vom Vorchor und
auch von den Seitenschiffen aus zugänglich. Sie können sich in Bögen zum
Chor und zu den Seitenschiffen öffnen, mit Apsiden versehen sein und
schließlich auch so ausladen, daß sie nach außen hin einen querhausartigen

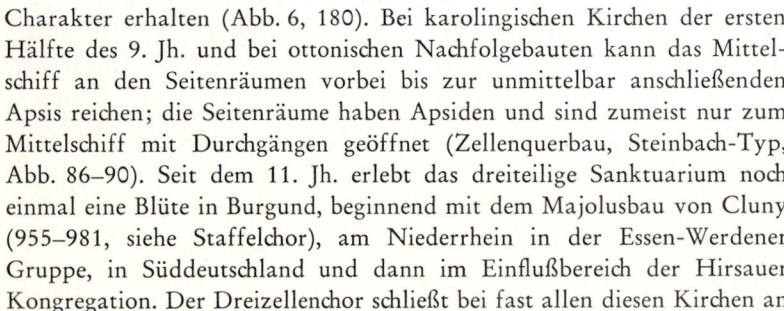

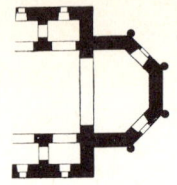

92 Fünfseitiger Polygonchor.

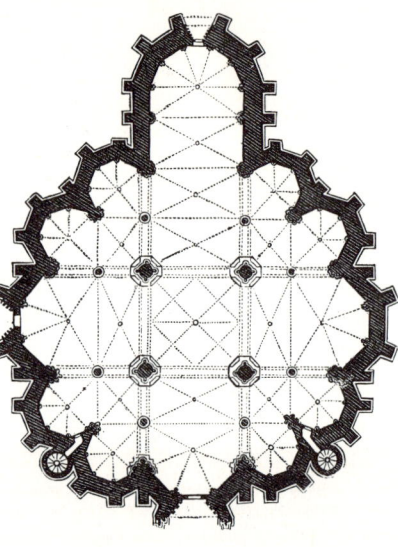

93, 94 Trier, Liebfrauenkirche, nach 1235 bis vor 1265, Innenansicht nach Osten und Grundriß (1:850).

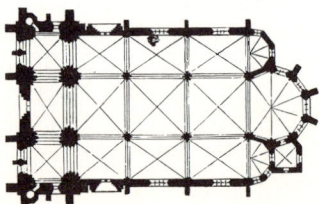

95 Soest, St. Maria zur Wiese, Chor 1331 begonnen, Westbau 1421 begonnen, Abschluß 1529/30 (1:1300).

Charakter erhalten (Abb. 6, 180). Bei karolingischen Kirchen der ersten Hälfte des 9. Jh. und bei ottonischen Nachfolgebauten kann das Mittelschiff an den Seitenräumen vorbei bis zur unmittelbar anschließenden Apsis reichen; die Seitenräume haben Apsiden und sind zumeist nur zum Mittelschiff mit Durchgängen geöffnet (Zellenquerbau, Steinbach-Typ, Abb. 86–90). Seit dem 11. Jh. erlebt das dreiteilige Sanktuarium noch einmal eine Blüte in Burgund, beginnend mit dem Majolusbau von Cluny (955–981, siehe Staffelchor), am Niederrhein in der Essen-Werdener Gruppe, in Süddeutschland und dann im Einflußbereich der Hirsauer Kongregation. Der Dreizellenchor schließt bei fast allen diesen Kirchen an

38

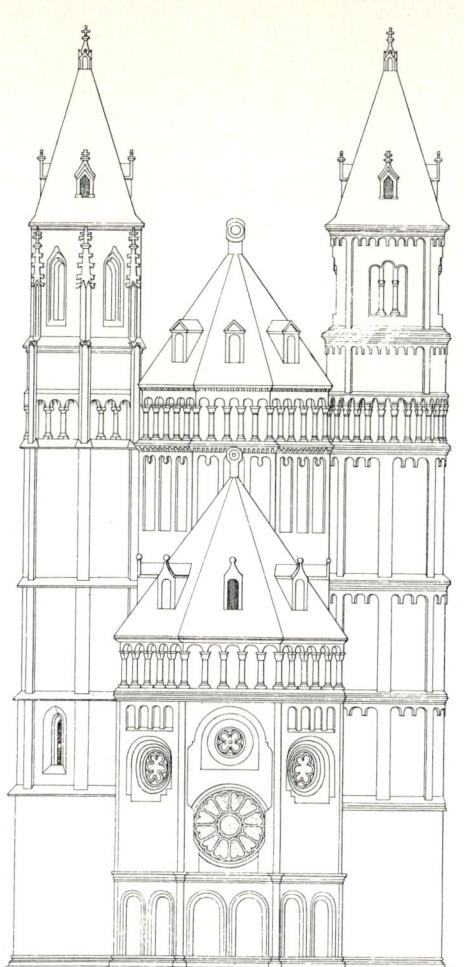

ein Querhaus an, und die Chorräume sind oft durch Säulenarkaden untereinander geöffnet (Abb. 85). Mit der Durchgliederung der staufischen
Kirchenbauten endet dieser Raumtypus. Die an Florentiner Bauten des
13./14. Jh. und an italienischen Renaissance-Kirchen gewählte symmetrische Lage von Kapitelsaal und Sakristei bzw. Mausoleum nimmt
frühchristliche Ordnungen wieder auf, ohne jedoch eine räumliche Verbindung herzustellen.

d) Der Polygonchor
entwickelt sich in der spätromanischen Baukunst (Abb. 96, 97, 151, 153,
467), besonders in Lothringen (Abb. 92), aus der Apsis und wird in der
Gotik zur bestimmenden Form (Abb. 7, 9, 93, 94), aber auch später noch
verwendet (Abb. 16). Er besteht aus mehreren Seiten eines beliebigen
Vielecks und wird bestimmt durch das Verhältnis der Seitenzahl zum je-
weiligen zu ergänzenden Polygon: 5/10 Schluß o. ä. Häufig schließt der
Polygonchor an einen mehrjochigen Vorchor an (Abb. 9, 26–28). Der
Polygonchor kann auch zentralisierenden Charakter erhalten (Abb. 96),
recht zahlreich an gotischen Kirchen (Abb. 95, 98), dann besonders in
Spanien im späten 15. und im 16. Jh., im süddeutschen und französischen
Barock und schließlich vereinzelt im 19. Jh. (Paris).

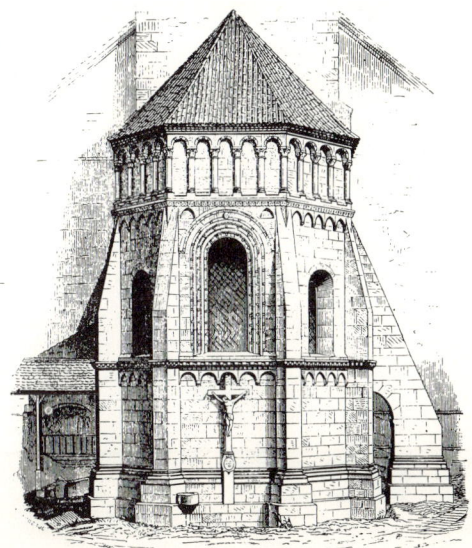

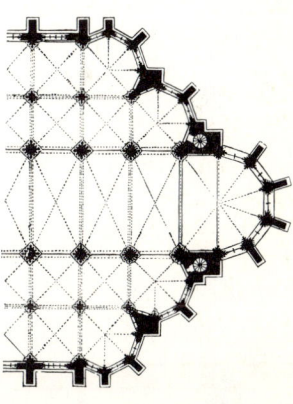

96 Worms, Dom, Westchor 1181, vor
1192 oder um 1200/1220, Nordwest-
turm um 1480 erneuert, Westansicht.

97 Pfaffenheim/Elsaß, Kirche, Ostchor um 1200.

98 Xanten/Niederrhein, Stiftskirche
St. Viktor, Chor 1263 begonnen.

e) Der Umgangschor

entwickelt sich aus der Apsis oder dem Polygonchor, um den ein Umgang (Ambitus, Deambulatorium) geführt ist, der sich in Säulen- (Abb. 75, 99, 105), seltener Pfeilerstellungen (Abb. 339), zum Chor öffnet. Zur Vermehrung der Altarstellungen kann sich an den Umgang ein Kapellenkranz anschließen (Abb. 3, 14, 100–108), bei dem die Scheitelkapelle, häufig Maria geweiht (in englischen Kathedralen Lady Chapel), zumeist um ein oder mehrere querrechteckige Joche hinausgeschoben ist (Abb. 104, 107, 108). Der Umgangschor ist um 1000 erstmalig in verschiedenen Gegenden zu fassen; zusätzlich mit Kapellenkranz eine von Saint-Martin in Tours nach 1014 ausgehende, besonders in der Auvergne, Poitou und Burgund entwickelte Form, die in gotischer Zeit Kennzeichen der großen Kathedralen wird. Das drei- bzw. fünfschiffige Langhaus durchdringt das dreischiffige Querhaus und setzt sich im Vorchor entsprechend fort und geht in den Chorumgang mit Kapellenkranz (Abb. 22, 102–104) oder in einen doppelten Chorumgang (Abb. 109) über (Kathedralchor). Der Altarraum (die Fortsetzung des Mittelschiffs) wird gegen dieses durch einen Lettner (Abb. 75) und vom Umgang durch bemalte oder reliefgeschmückte Chorschranken (Abb. 75) abgetrennt. In der Champagne entstehen um 1180 mit Saint-Remi in Reims zentrierte Chorumgangskapellen (Abb. 106, 107). Indem auf die Basisseite der Kapelle zum Chorumgang hin zwei

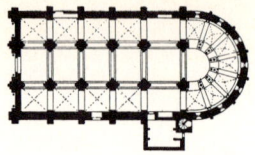

99 Bois-Sainte-Marie/Saône-et-Loire (1:1000).

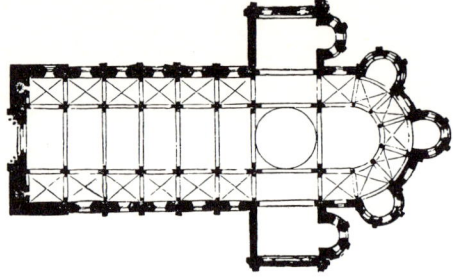

100 Nevers, Saint-Étienne, Propsteikirche, 2. Hälfte 11. Jh. (1:1000).

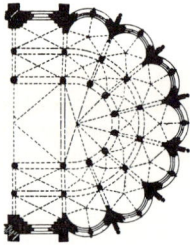

101 Saint-Denis bei Paris, Chor unter Abt Suger 1140–1143 erbaut (1:1000).

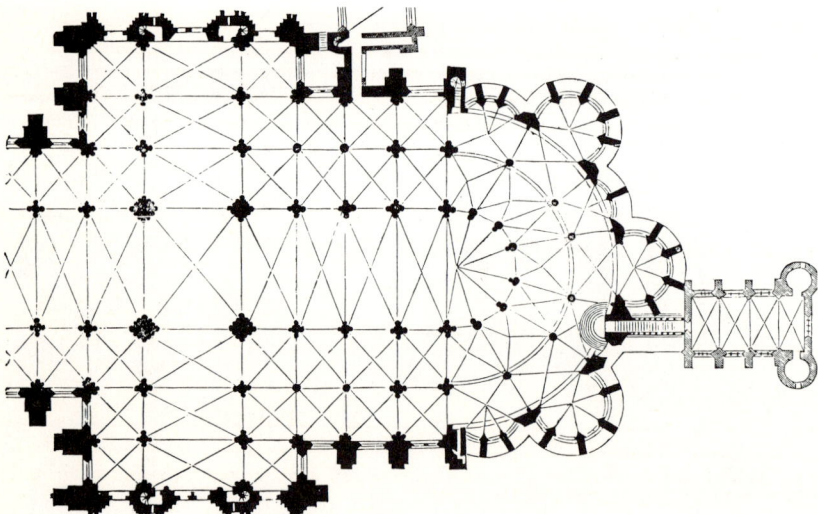

102 Chartres, Kathedrale, Chor und Querschiff 1194–1220 auf Fundamenten von 1020 erbaut, im Osten Kapelle Saint-Piat, 14. Jh. (1:1000).

40

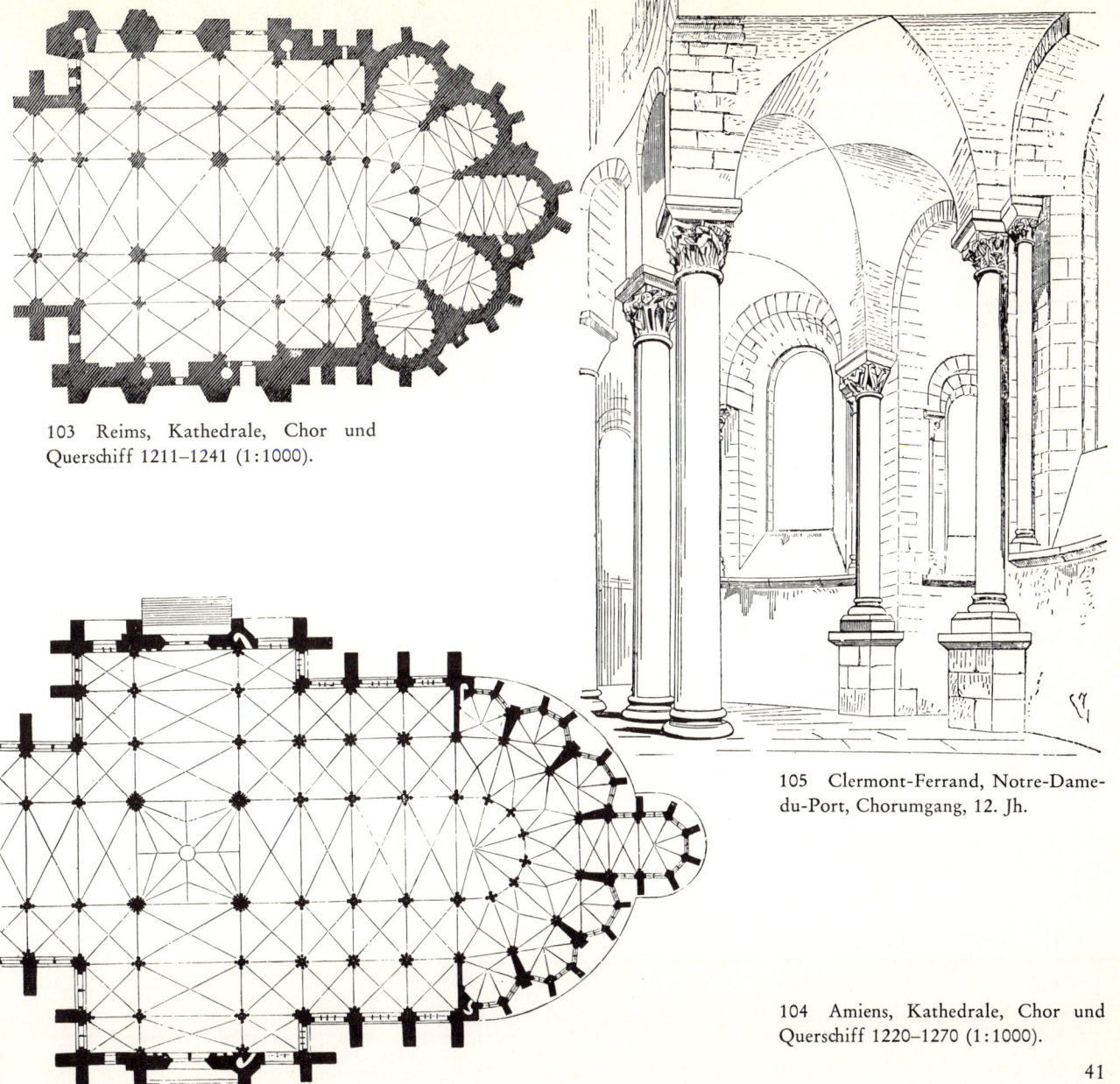

103 Reims, Kathedrale, Chor und Querschiff 1211–1241 (1:1000).

105 Clermont-Ferrand, Notre-Dame-du-Port, Chorumgang, 12. Jh.

104 Amiens, Kathedrale, Chor und Querschiff 1220–1270 (1:1000).

41

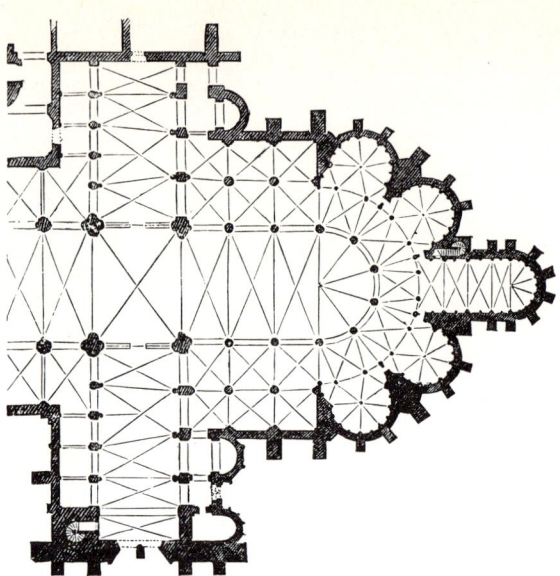

107 Reims, Saint-Remi, Chor, 1170/
1180, Querschiff, 1045/49 (1:1000).

106 Chalons-sur-Marne, Notre-Dame,
Chorumgang, 12. Jh.

Freistützen gestellt werden, erhalten die Kapellen den Charakter eines
achteckigen Zentralbaus. Bald schon breitet sich die Form nach Norden
und Osten aus und findet sich häufig im 13. Jh. Schon mit Saint-Denis
1140/44 und bei hochgotischen Kathedralen wie dann im Verlauf des
14. Jh. werden die Kapellen mehr und mehr mit dem Umgang verschmol-

42

109 Paris, Kathedrale Notre-Dame, ▶
Chor, 1163–1182, Langhaus, 1180 bis
1200, Westbau, um 1200–1240, Kapellenkranz am Langhaus, um 1230, und
am Chor, nach 1265 (1:1000).

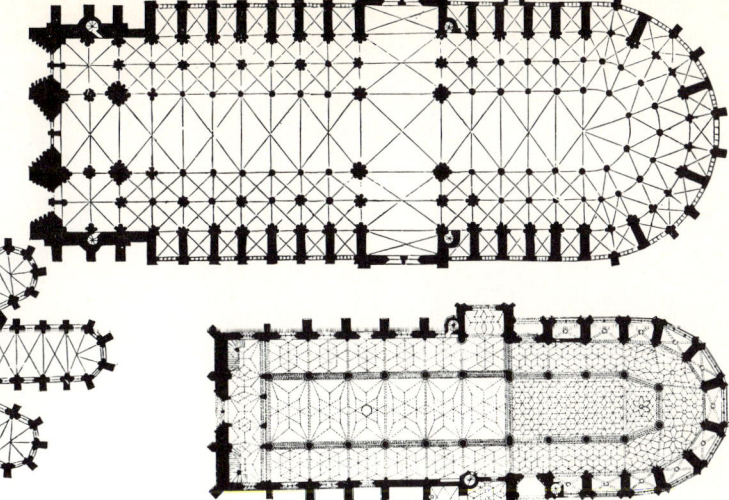

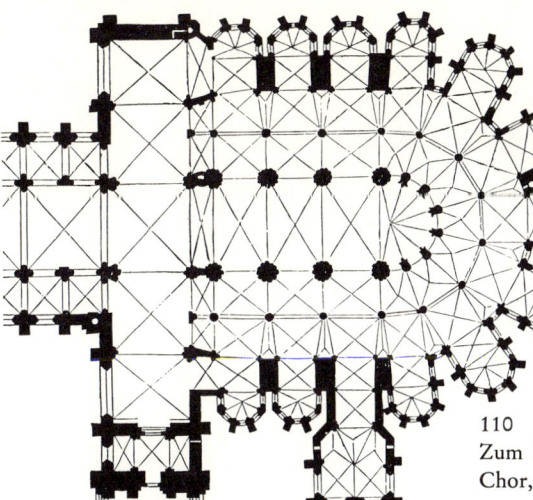

108 Le Mans, Kathedrale Saint-
Julien, Chor 1217–1270, Langhaus
1158 geweiht (1:1000).

110 Schwäbisch Gmünd, Pfarrkirche
Zum Hl. Kreuz, Langhaus, nach 1320,
Chor, ab 1350 (1:1000). ▲

111 Ingolstadt, Pfarrkirche Unserer
Lieben Frauen, 1425 begonnen, Chor
1439 geweiht, Gewölbe im Langhaus,
um 1500, Seitenkapellen, 1. Drittel
16. Jh. (1:1000). ▼

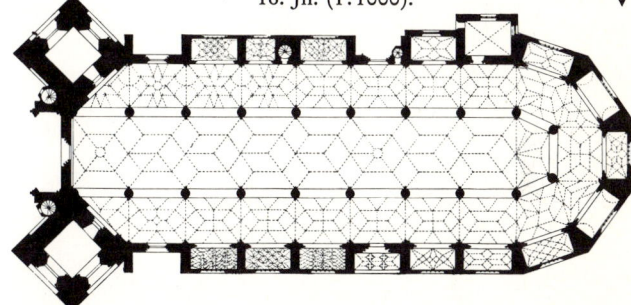

112 Saint-Macaire bei Bordeaux.

zen (Abb. 101, 102) oder fallen weg (Abb. 109) bzw. werden zu Einsatzkapellen (Kapellen zwischen den Strebepfeilern, Abb. 15, 110, 111).
Renaissance und Barock hatten in dem Streben nach vereinheitlichender,
großräumiger Wirkung keine Verwendung für den Umgangschor, nur
einzelne Wallfahrtskirchen hielten besonders in Süddeutschland noch an
ihm fest.

43

113 Roermond a. d. Maas, Liebfrauenkirche, ehem. Zisterzienserinnenkloster,
Vierung, Nordkonche und Chor, 1218
bis 1224.

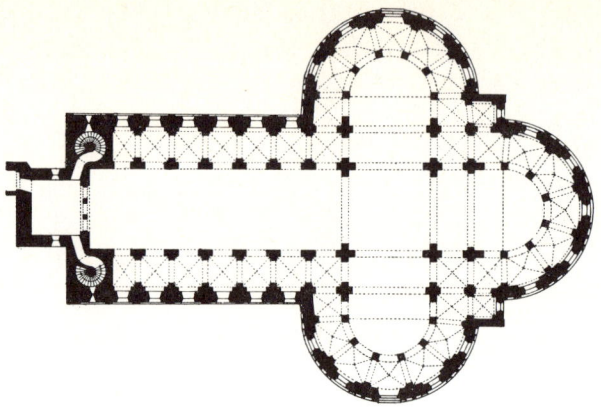

114 Köln, St. Maria im Kapitol, um
1035–1065 (1:1000).

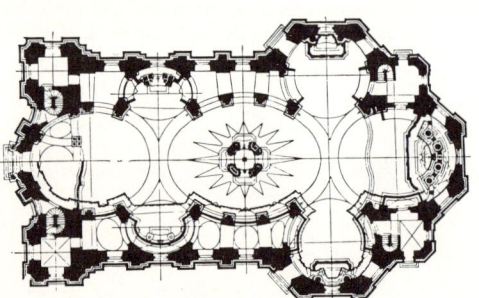

115 Vierzehnheiligen, Wallfahrtskirche Mariae Himmelfahrt, nach Plänen von Balthasar Neumann 1743 bis
1772 erbaut (1:1000).

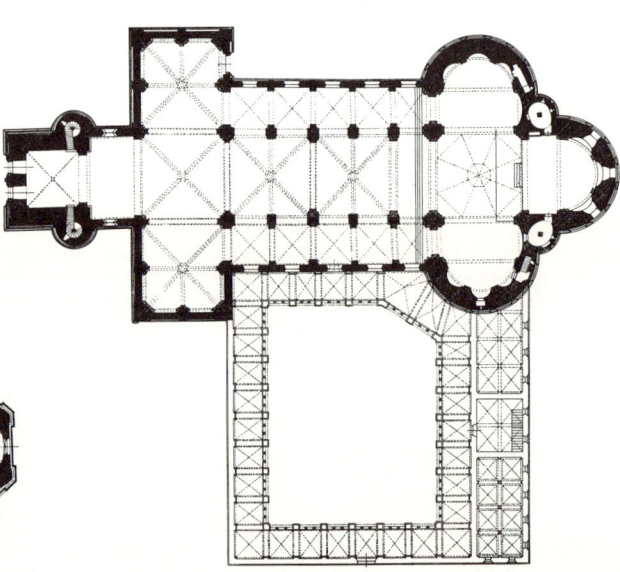

116 Köln, St. Aposteln, um 1200 bis
1220, Westquerschiff und Langhaus,
teilweise 1. Hälfte 11. Jh. (1:1000).
Stiftskirche mit Kreuzgang und Kapitelsaal.

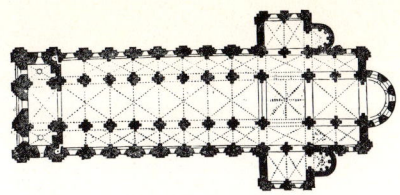

117 Caen, Saint-Etienne, Ende 11. Jh., rekonstruierter Grundriß.

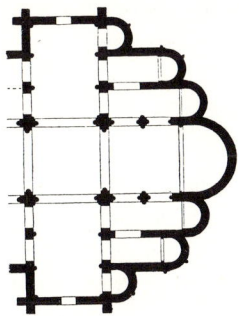

118 La Charité-sur-Loire, Benediktinerklosterkirche Sainte-Croix, letztes Drittel 12. Jh., rekonstruierter Grundriß.

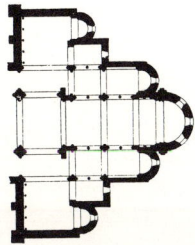

119 Châteaumeillant (Cher), Saint-Genès, 1. Viertel 12. Jh.

f) Der Kleeblatt- oder Dreikonchenchor
ist ein an das Langhaus anschließender, nach drei Seiten gleichgestalteter, zentralisierender Abschluß, der dadurch entsteht, daß Querhausarme und Chor als Konchen (Abb. 112, 113, 116, 142), auch mit Umgang (Abb. 114), ausgebildet werden. Er ist eine auf die Geburtskirche in Bethlehem zurückgehende Sonderform des Niederrhein-Maas-Gebietes, der Normandie und Picardie zwischen 1050 und 1250, die in gotischen Bauten fortgesetzt (Abb. 25) und in Renaissance und Barock in Italien und Deutschland (Abb. 115) zu reichen Lösungen geführt wird.

g) Der Staffelchor
besteht aus Chorquadrat mit Apsis, langrechteckigen Chornebenräumen, die die Seitenschiffe in voller Breite über das Querhaus hinaus fortsetzen und ebenfalls in Apsiden enden, und häufig Apsiden an den Querhausarmen (Abb. 117–119, 143). Dieser Typ geht auf die Majoluskirche in Cluny II (955–981) mit ihrem Dreizellenchor zurück und wurde vom Benediktinerorden über Burgund und die Ile de France in die Normandie und nach Deutschland eingeführt und von einigen Zisterzienserkirchen übernommen. Von Hirsau ausgehend wurden, den oberrheinischen Gewohnheiten folgend, die Apsiden durch Rechteckchöre ersetzt.

h) Der Zisterzienserchor
wurde von den Zisterziensern, die 1098 als Reformorden gegen die Cluniazenser gegründet wurden, entwickelt, indem die Apsis durch einen Rechteckchor ersetzt wurde (Abb. 120) und östlich an das Querhaus eine Reihe rechteckiger Kapellen angeschlossen wurden (Abb. 122, 175, 176). In einer etwas reicheren Form zieht sich um den Hauptchor noch ein Kranz rechteckiger Kapellen, ein vereinfachter Umgangschor (Abb. 120, 121).

i) Das Chörlein
ist ein kleiner Altarraum, der im Obergeschoß eines Bauwerks aus der Mauerflucht auskragt (Abb. 123, 126, 517) und auf Konsolen (Abb. 123) oder einem Stützpfeiler (Abb. 333) ruht. Es kommt vornehmlich an profanen (Burgen, Pfalzen, Kurien, Bürgerhäusern, Rathäusern), vereinzelt aber auch an sakralen Bauten (Karner, Klöster, Spitäler) vor; in romanischer Zeit halbrund, in gotischer Zeit dreiseitig (Abb. 123), seit der Spätgotik auch rechteckig. (Siehe auch C 6 Erker, S. 122 ff.)

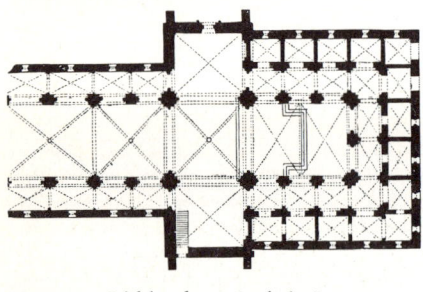

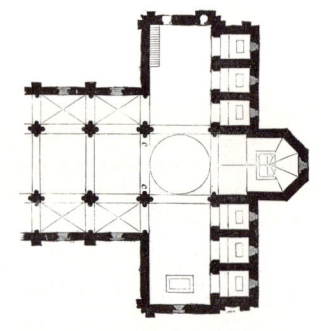

120, 121 Riddagshausen bei Braunschweig, Zisterzienserkloster, 1216 bis
1240/50, Nordostansicht und Grundriß
(1:1000).

122 Obazine (Corrèze), Zisterzienserklosterkirche, 2. Hälfte 12. Jh. (1:1000).

123 Nürnberg, Nassauerhaus, Karo-
linenstr. 2, Ministerialensitz, Untergeschoß, Anfang 13. Jh., Obergeschosse,
1421–1437, Ostansicht (9,90 m breit).

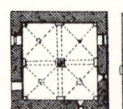
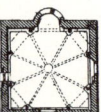

◄ 124–126 Naumburg, Ägidienkurie,
Kapelle, um 1200, Grundriß Untergeschoß und Obergeschoß, Querschnitt.

127 Florenz, Santa Maria Novella,
1470 von L. B. Alberti, Westansicht.

128 Maursmünster im Elsaß, Abteikirche, Mitte 12. Jh., Westansicht.

129 Lincoln, Kathedrale, 1192 – Mitte
13. Jh., Westansicht.

47

7. Der Westbau

Im Westen zeigen die Kirchen eine geringere Variationsbreite ihrer Ausformung als im östlichen Bereich, dennoch haben sich auch hier, besonders vom 9. bis zum 13. Jh., Typen ausgebildet. In der einfachsten Form schließt die Kirche im Westen als Giebel ab, der den Querschnitt des Langhauses – Saal, Basilika, Halle – erkennen läßt (Abb. 30, 127, 173), oder als Querriegel (Abb. 129); siehe Fassade, Seite 152 ff.

a) Die Vorhalle oder der Narthex

ist bei frühchristlichen und romanischen Bauten (Abb. 174) ein vor der Fassade gelegener, mit Pultdach gedeckter Säulengang, Überrest des antiken Portikus (von Säulen getragene Vorhalle) oder des Atriums; der Narthex kann im Norden und Süden in je einer Konche enden (bikonchaler Narthex, Abb. 41, 42, 45). Dieser äußere Narthex kann auch nach innen verlagert sein und als Vorraum die ganze Breite der Kirche einnehmen (Abb. 85). Besitzt die Kirche einen Westturm, so wird sein Erdgeschoß, in das der Haupteingang führt, als innere Vorhalle genutzt. Eine ähnliche Lösung wird geschaffen, wenn der zwischen zwei den Seitenschiffen vorgestellten Türmen verbleibende Raum nach Westen in einem (Abb. 3, 63) oder drei Bogen (Abb. 19) geöffnet wird, besonders bei staufischen Bauten im Elsaß (Abb. 128).

b) Der Dreizellenwestbau

besteht aus einem zumeist quadratischen, die Breite des Mittelschiffs aufnehmenden mittleren Raum (in der altchristlichen Basilika als Aula bezeichnet), der von zwei um Mauerdicke zurückspringenden Räumen vor den Seitenschiffen begleitet ist (Abb. 86, 87). Der Zugang erfolgt durch die Seitenräume oder durch den Mittelraum. Dieser vornehmlich in karolingischer Zeit ausgebildete Bautyp (Steinbach-Typ) erfährt in ottonischer Zeit eine Vereinheitlichung (etwa gleiche Raumgröße, durchlaufende Westmauer, Abb. 87) und mündet ein in die Dreiturmgruppe (Abb. 128).

c) Die Vorkirche

ist eine rechteckige, mit der Kirche verbundene, mehrschiffige, zumeist hallenförmige und auch zweigeschossige Anlage, die in Burgund ausgebildet, von den Cluniazensern verbreitet und in Deutschland besonders von der Hirsauer Kongregation übernommen wurde (Abb. 3, 143).

F. Möbius: Westwerkstudien. Jena 1968, mit Lit. – A. Verbeek: Die architektonische Nachfolge der Aachener Pfalzkapelle. In: Karl der Große IV, Düsseldorf 1967, 113–156, bes. 121 ff. – A. Verbeek: Romanische Westchorhallen an Maas und Rhein. In: Wallraf-Richartz-Jb. 9, 1936, 59–87. – H. J. Dicke: Westbauten im östlichen England. Ms. Diss. Köln 1956. – E. v. Knorre: Die Westanlage von St. Thomas in Straßburg und in St. Georg in Schlettstadt und der Typus des eintürmigen Westquerbaus. In: Jb. d. Staatl. Kunstsammlungen in Baden-Württemberg 2, 1965, 7–48. – E. Reinhardt: Über die Cluniazenser Vorhallen. In: Anzeiger f. Schweiz. Altertumskunde N.F. 6, 1904/05, 222 ff.

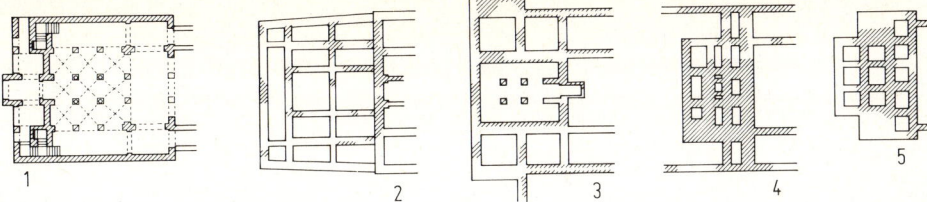

d) Das Westwerk

findet sich an Bischofs- oder Klosterkirchen als architektonisch und liturgisch selbständiger Baukörper. Ein mittlerer, turmüberhöhter Raumschacht wird auf drei Seiten von Emporen umgeben, die über Treppentürme in den westlichen Winkeln zugänglich sind (Abb. 130–132). Der Bau kann auch über einem auf vier Stützen gewölbten Erdgeschoß (sog. Krypta) erhoben sein (Abb. 131–136). Das Erdgeschoß dient als Eingangsraum, für Bestattungen, hier sammeln sich Prozessionen, auch wird hier das Sendgericht abgehalten. Das über dem Eingang liegende Geschoß kann als Gemeindekirche, Nonnenempore oder für Taufen dienen; auf der Westempore findet ein weltlicher Herr, besonders der Kaiser, Platz, um am Gottesdienst teilzunehmen; in den Emporen können Knabenchöre aufgestellt sein; die Altäre sind zumeist den Engeln geweiht. Das Westwerk ist eine karolingisch-ottonische Eigenheit, die im 11. und 12. Jh. noch in reduzierten Formen als Dreiturmgruppe fortlebt.

e) Der Westchor

ist eine dem Ostchor entsprechende Anlage im Westen mit eigener Altarstellung, entweder als Apsis (Abb. 70–73, 153, 171), seltener als quadratischer Chor (Abb. 116), auch mit Turm darüber (Abb. 116, 142) oder, wie der Ostchor, von zwei Türmen flankiert. Westchöre als Gegenchöre finden sich im Herrschaftsbereich der Karolinger, Ottonen und Salier; staufische Bauten erneuern nur örtliche Vorgänger. Vereinzelt kommen auch Sonderlösungen vor wie Chorumgang (Abb. 72, 73) oder die Westchorhalle, ein im Niederrhein-Maas-Gebiet zwischen 1160 und 1190 ausgebildeter, dreiseitig von Emporen umschlossener, dreigeteilter, türmeüberhöhter Rechteckraum ohne Westeingang.

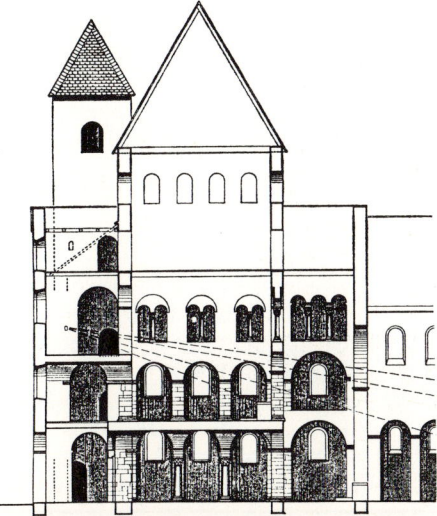

49

8. Der Turm

Die Türme können freistehend oder einem Bau an- oder eingebaut den unterschiedlichsten Zwecken dienen: der Beobachtung und Verteidigung (Burg, Festung), zur Wache und als Glockenturm (Rathaus, Kirche); über den Zweckbau hinaus kommt ihm Symbol- und Repräsentationscharakter zu (Bergfried; Belfried, Abb. 154, 155; Geschlechterturm). Im Kirchenbau unterscheidet man nach der Stellung des Turmes im Bauzusammenhang:

a) Der Campanile
als Einzelturm frei neben einer Kirche oder an diese nur angelehnt, ist in frühchristlicher Zeit und in Italien verbreitet (Abb. 137, 138).

b) Der Chorturm
kann im Osten oder Westen einer Kirche (besonders in Deutschland seit dem 11. Jh.) stehen, überbaut den Altar und hat keinen eigenen Außenzugang; sein Erdgeschoß ist auf einer Seite zum Kirchenraum hin geöffnet. Der Turm steht über dem quadratischen Chor (Abb. 140) oder über dem Vorchorjoch mit anschließender Apsis oder Polygonchor, oder er birgt im Erdgeschoß die Apsis. Er kommt hauptsächlich bei Saalkirchen in Süd- und Mitteldeutschland, aber auch in Frankreich, England und Skandinavien in romanischer und gotischer Zeit vor; in Mittel- und Unterfranken hält er sich bis ins 18. Jh.

c) Der Westturm
ist ein zentraler, axial gelegener, zumeist quadratischer (Abb. 140, 142), seltener runder (Abb. 34) Turm, dem Mittelschiff oder dem Saal westlich vorgelegt. Er enthält einen Eingang oder eine Eingangshalle im Erdgeschoß (Abb. 4, 114), häufig eine Empore oder Kapelle im Obergeschoß. Ende des 11. Jh. beginnend, wächst seine Beliebtheit vor allem bei den Pfarrkirchen der Gotik, besonders im niederdeutschen Raum, aber auch sonst in Europa. Der Westturm ohne Westeingang dient häufig als Westchor (Abb. 140, 142). Der Westturm steht normalerweise frontal und axial vor dem Mittelschiff oder dem Kirchensaal; selten ist er diagonal gestellt (Abb. 141).

d) Die Dreiturmgruppe
besteht aus einem quadratischen Hauptturm mit zwei runden oder ecki-

H. Schnell: Die Entwicklung des Kirchturms und seine Stellung in unserer Zeit. In: Das Münster 22, 1969, 85–96, 177–192. – W. Orth: Fassade und Einzelturm in der kirchlichen Baukunst des deutschen Hausteingebietes in der Zeit von 1250–1550. Ms. Diss. Erlangen 1950. – N. Karger: Der Kirchturm in der österreichischen Baukunst vom Mittelalter bis 1740. Diss. Würzburg 1937. – K. List: Der romanische Kirchturm in Kippenheim (Kr. Lahr). In: Nachrichtenbl. der Denkmalpflege in Baden-Württemberg 5, 1962, 51–58. – R. Liess: Die Braunschweiger Turmwerke. In: Festschr. f. W. Gross. München 1968, 79 bis 127. – H. Kunze: Das Fassadenproblem der französischen Früh- und Hochgotik. Leipzig 1912. – H. Schaefer: The Origin of the Tow-Tower Facade in Romanesque Architecture. In: Art Bulletin 27, 1945, 85–108. – G. Loertscher: Die romanische Stiftskirche von Schönenwerd. Ein Beitrag zur Doppelturmfassade im 11. Jh. (= Basler Studien zur Kg. 5, 1952). – A. Reinle: Die Doppelturmfassade der Vorarlberger Meister. In: Montfort 18, 1966, 342–361. – R. Kleßmann: Die Baugeschichte der Stiftskirche zu Möllenbeck a. d. Weser und die Entwicklung der westlichen Dreiturmgruppe. Diss. Göttingen 1952 (= Göttinger Studien zur Kg. 1). – R. Kleßmann: Dreiturmgruppe. In: RDK 4, 1958, 551–556, mit Lit. – G. W. Holzinger: Romanische Turmkapellen in Westtürmen überwiegend ländlicher Kirchen im südlichen Teil des alten Erzbistums Köln. Diss. Aachen 1962. – E. Bachmann: Chorturm. In: RDK 3,

1954, 567–575. – W. Müller: Die Ortenau als Chorturmlandschaft. Bühl/ Baden 1965. – R. Beyer: Eselstreppe, Eselsturm. In: RDK 6, 1973, 21–24. – G. Urban: Der Vierungsturm bis zum Ende des romanischen Stils. Ms. Diss. Frankfurt 1953. – H. Vogts: Dachreiter. In: RDK 3, 1954, 968–976.

gen Treppentürmen (Abb. 128). Der Hauptturm enthält über einem Durchgangsgeschoß eine Empore und ein oder mehrere Glockengeschosse. Dieser Typ ist in der ersten Hälfte des 10. Jh. aus dem Westwerk hervorgegangen. Mit Beginn des zweiten Viertels des 11. Jh. wird auf das Westportal verzichtet und ein Gegenchor eingebaut. Im ersten Viertel des 12. Jh. wird dieser wieder aufgegeben zugunsten der früheren ottonischen Eingangslösung; im späteren 12. Jh. wird die Dreiturmgruppe allgemein von der Doppelturmfassade abgelöst.

e) Die Doppelturmfassade
flankiert mit ihren beiden Türmen den in das Mittelschiff führenden Haupteingang. Der Giebel des Mittelschiffs kann sichtbar in die Vorderflucht der Türme vorgezogen (Abb. 144, 152) oder durch einen horizontal schließenden Vorbau verdeckt sein (Abb. 129). Die Doppelturmfassade beginnt in Deutschland mit salischen Bauten am Oberrhein um 1025/30 (Abb. 19), etwa gleichzeitig auch in Frankreich, besonders in der Normandie. Sie findet allgemeine Verbreitung im 12. Jh. (Abb. 20, 85, 152) und bei den französischen und von Frankreich beeinflußten Kathedralen der Gotik (Abb. 22, 24, 139, 145, 146, 394). Wenige Kirchen zeigen im 15. Jh. zwei übereck vor die Seitenschiffe gestellte Westtürme (Abb. 111). Im Barock wird die Doppelturmfassade wieder aufgenommen und ihre Front flach, konkav oder konvex gestaltet (Abb. 115, 147).

f) Der Vierungsturm
erhebt sich über der Vierung, zunächst in Holzkonstruktion (5.–9. Jh.) bis zu drei Geschossen (Tristegum), seit Anfang des 10. Jh. in Stein. Der Vierungsturm kann als Zylinder, Kubus (Abb. 72, 170) oder Achteck (Abb. 152, 170) über dem Kirchendach aufragen; er kann mehrgeschossig sein und seinen Querschnitt ändern (Aquitanien, Auvergne, Poitou); sein Oberbau ruht seit dem 10. Jh. (Frankreich, bes. Cluny) auf Trompen. In Deutschland bildet der quadratische, zum Kirchenraum hin mit einer Flachdecke abgeschlossene, eingeschossige Vierungsturm die Normalform bis 1100 (Abb. 72). Dann kommen erste achteckige Vierungstürme auf, wie sie in staufischer Zeit vorherrschend werden (Abb. 142, 151, 170, 395,

137, 138 Florenz, Dom Sta. Maria del Fiore, Campanile, 1334 von Giotto begonnen (Erdgeschoß), von A. Pisano und F. Talente bis 1359 vollendet, Ansicht und Schnitt.

139 Chartres, Kathedrale, Westansicht, Nordturm, ab 1134, Südturm,
ab 1145, Portal, um 1150, Rose, 1210/
1220, Helm des Nordturmes, 1507 bis
1513.

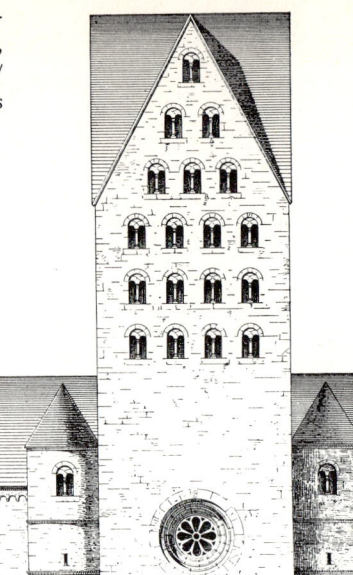

140 Paderborn, Dom, Westansicht
(1:500), Rundtürme, 1015, Einturm,
1058/68.

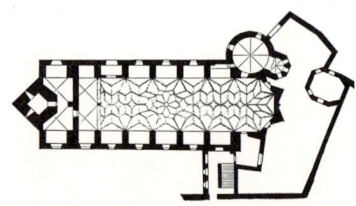

141 Perneg/Niederösterreich, Stiftskirche St. Andreas, Ende 16. Jh., in
der Nordostecke Karner, 1. Hälfte
14. Jh. (1:1000).

142 Köln, Stiftskirche St. Aposteln,
um 1200–1220, Übersicht von Südwest.

143 Paulinzella, Benediktinerklosterkirche, 1112–1124, Vorkirche, Mitte
12. Jh., Übersicht von Nordost.

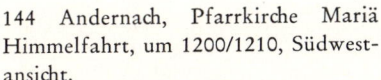

144 Andernach, Pfarrkirche Mariä
Himmelfahrt, um 1200/1210, Südwestansicht.

467). Die über Trompen hochgeführten und belichteten Vierungstürme
finden sich nur bei kaiserlichen Gründungen der Salier und vereinzelt in
spätstaufischer Zeit; allgemein bleibt aber auch der achteckige Turm zur
Vierung hin durch ein Gewölbe geschlossen, um seine Aufgabe als Glok-
kenturm erfüllen zu können. Es bilden sich drei Formen heraus:
1. geschlossener, achteckiger Vierungsturm mit Vierungsgewölbe; Trompen über dem Gewölbe zur Überleitung ins Achteck der Turmgeschosse
   (Abb. 96);

145 Paris, Kathedrale Notre-Dame,
Westansicht, um 1200–1240.

146 Laon, Kathedrale, 1190 bis nach
1205, Turm (1:200).

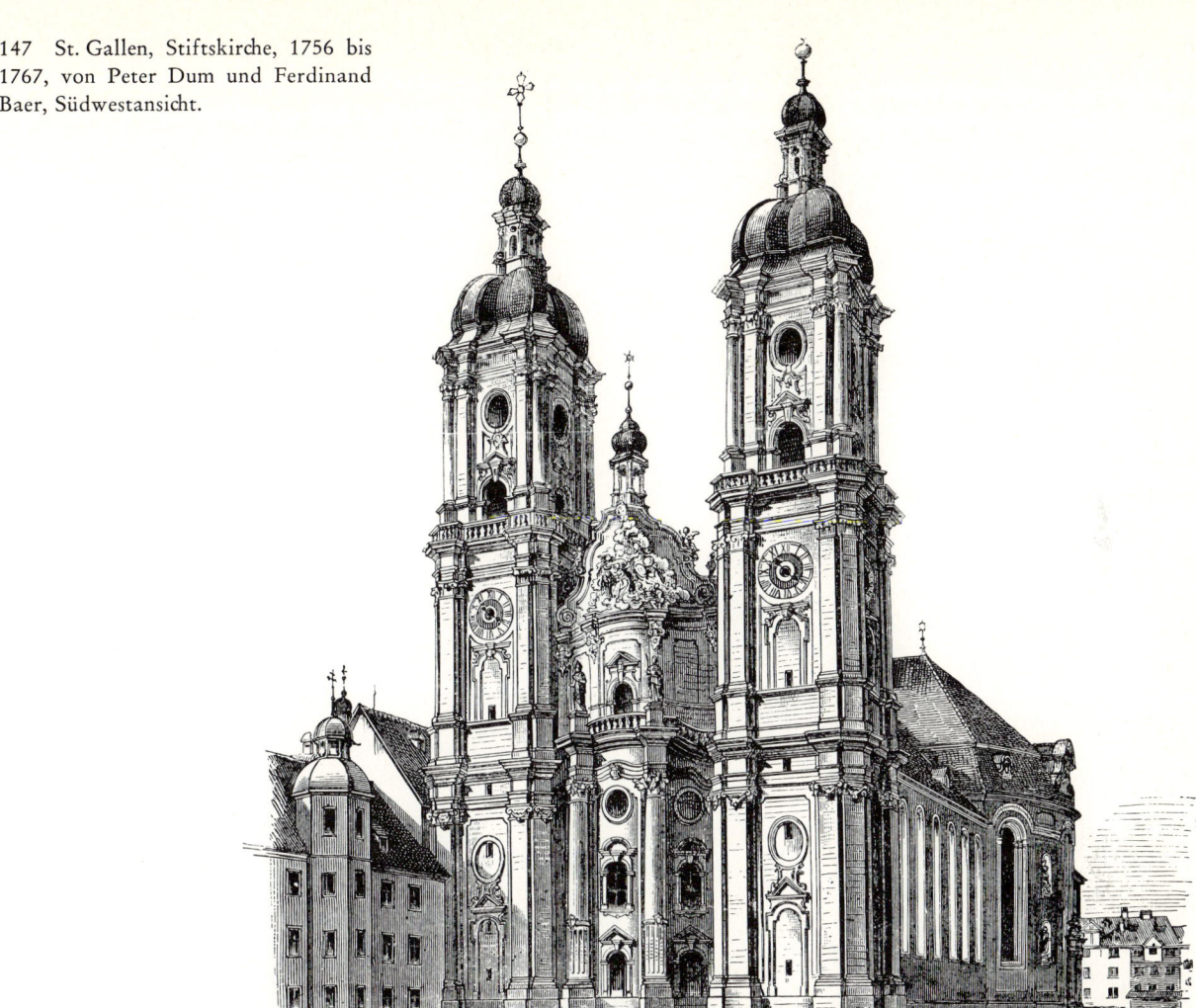

2. offener, achteckiger Vierungsturm; die Trompen leiten zum belichteten
   Tambour über, auf dem das Gewölbe aufsitzt (Abb. 1, 113, 151);
3. achteckiger Vierungsturm ohne Vierungsgewölbe; quadratische Flachdecke in Langhaushöhe oder achteckige Decke in der Dachzone; Trompen zur Überleitung ins Achteck.

148 Maria Laach, Benediktinerklosterkirche, 1093–1230, Nordostansicht.

In der Gotik wird der Vierungsturm vom hölzernen Dachreiter verdrängt (Abb. 24, 150), der bei Zisterzienserkirchen üblich war (Abb. 120).

g) Weitere Türme
können als quadratische, runde oder polygonale Türme an verschiedenen
Stellen des Kirchengebäudes angeordnet sein:
als *Chorflankenturm* seitlich der Apsis oder des Chores, quadratisch, aber
auch rund, seit Anfang des 11. Jh. (Abb. 144, 151, 153);
als *Chorwinkelturm* in den Winkeln, die von Vorchor und Querhausarmen gebildet werden, besonders 11.–13. Jh. (Abb. 142, 148, 170, 171);
als *Querhauswinkelturm* über dem östlichen oder westlichen Joch des Seitenschiffs vor dem östlichen oder westlichen Querhaus (Abb. 143);
als *Querhausturm* an der nördlichen und südlichen Stirnmauer des Querhauses, rund oder polygonal, 11./12. Jh. (Abb. 72, 148, 170, 171);
als *Querhausflankenturm* über dem äußeren östlichen und westlichen Joch
eines dreischiffigen Querhauses, oder auf Mauerecken aufgesetzt, zweite
Hälfte 12. und 13. Jh. (Abb. 67, 69, 152);

149 Esslingen, Frauenkirche, Westturm, Helm 1454–78.

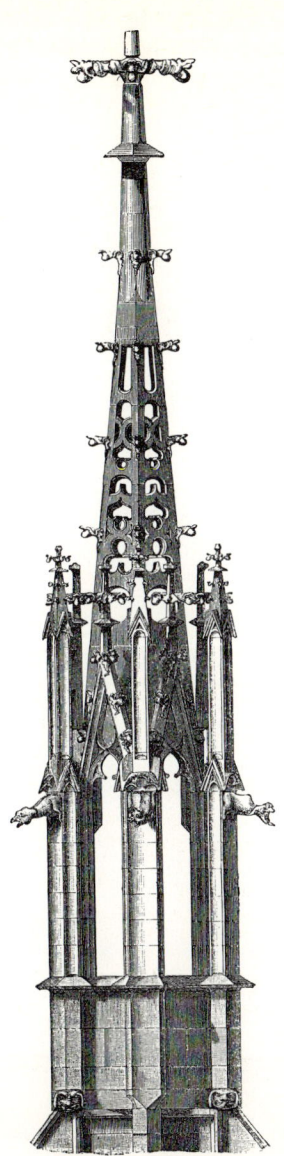

150 Bebenhausen, Zisterzienserkloster, Sommer-Refektorium, Dachreiter, 1410, von Meister Georg von Salem.

151 Mainz, Dom, Westchor und Vierungsturm von Südwest, um 1183 bis 1239.

152 Limburg a. d. Lahn, Stifts- und Pfarrkirche St. Georg, nach 1211–1235, Südwestansicht.

über den Querhausarmen (Abb. 1, 2, 91); als *Fassaden-* (Abb. 9), *Eck-* (Abb. 19, 96) oder *Winkelturm* (Abb. 9, 45, 71) unterschiedlicher Stellung (Abb. 129).

An Schlössern und größeren städtischen Wohn- und Verwaltungsbauten kommen Treppentürme in der Front oder bei mehrflügeligen Anlagen in den Winkeln vor (Abb. 557, 560), in der Spätgotik als Wendeltreppen mit reich gegliederten und durchbrochenen Mauern (Abb. 560).

153 Bamberg, Dom St. Peter und Georg, wohl 1217/19–1237, Nordostansicht.

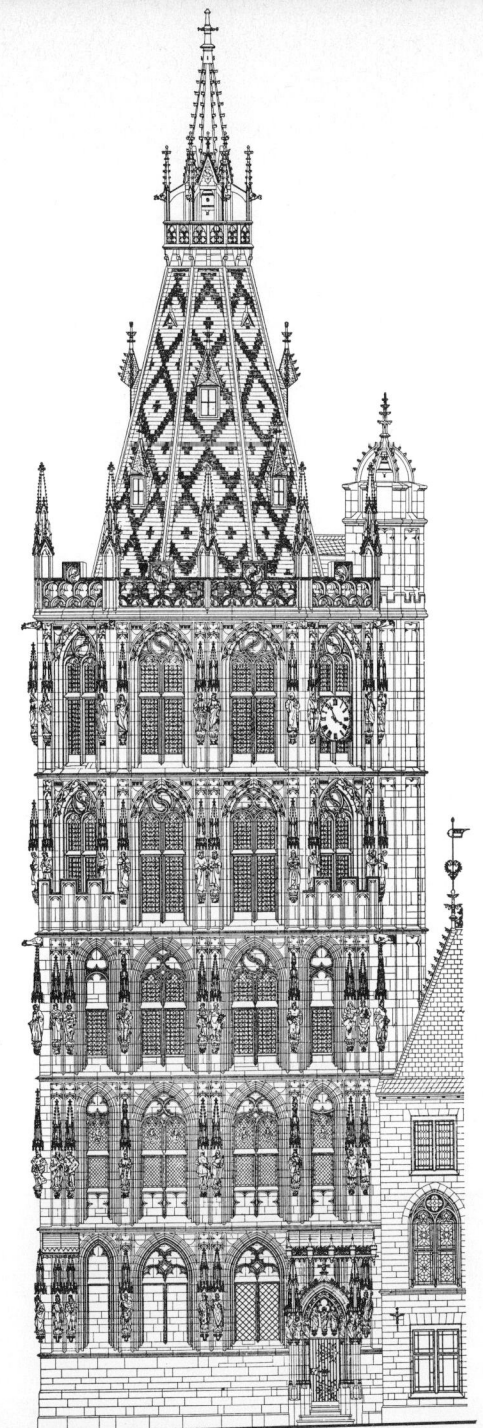

154 Köln, Rathaus, Turm 1407–1414,   155 Ypern, Tuchhalle, 13./14. Jh.
Westansicht (1:300).

59

9. Die Krypta

Die Krypta ist ein gewölbter Raum unter dem Chor; im Mittelalter wird auch ein Neben- oder Eingangsraum, besonders das gewölbte Untergeschoß von Westwerken, oder ein Nebenchor als Krypta bezeichnet. Die Krypta bildet in der Regel einen Bestandteil der Kirchenanlage; sie ist als Raum unter dem Ort der Eucharistie ein wichtiger Bedeutungsträger der zentralen Idee von Tod und Auferstehung. Die Krypta ist eine Synthese aus verschiedenartigen vor- und frühchristlichen Kult- und Bautraditionen, die seit dem frühen Mittelalter durch den Märtyrer-, Reliquien- und Grabkult der römischen Kirche vorwiegend in Mitteleuropa zustande kam. Die Überbauung der Heiligengräber durch Kirchen seit konstantinischer Zeit erbrachte in vielfältiger Weise räumliche und kultische Zusammenhänge von Gemeindegottesdienst, Märtyrerverehrung und Pilgerverkehr. Die im späten 6. Jh. auftretenden Bauformen und ihre Entwicklung – die Anfänge liegen im 5. Jh. in Nordafrika und Spanien – sind nördlich und südlich der Alpen ähnlich.

a) Die Ring- und Stollenkrypta
ist ein halb oder ganz unterirdischer, tonnengewölbter Gang (Stollen), der innen oder außen der Rundung der Apsis folgt, mit zwei Zugängen vom Kirchenraum aus, vereinzelt auch von außen, um den Zugang zum Grab ohne Störung des Gemeindegottesdienstes zu ermöglichen. Im Scheitel der Apsis öffnet sich der Gang mit einem Fensterchen (Fenestella) oder in einem kurzen Stollen zu einer unter dem Hauptaltar gelegenen Kammer (Confessio) mit dem Märtyrer- oder Heiligengrab (Abb. 156). Durch den Grundriß des Chores oder Vorchores bedingt können die Stollen rechtwinklig geführt (Abb. 157) und im Osten auch kammerartig erweitert sein oder, besonders im Westfrankenreich, in parallelen Kammern enden, um Bestattungen von Vornehmen oder Stiftern „ad sanctos" aufzunehmen. Auch können die Stollen, besonders in Anlagen nördlich der Alpen, sich kreuzen, zu mehreren parallel verlaufen und in Höhe und Breite der Gänge variieren. Die Stollen sind gewölbt mit Tonnen und Stichkappen, seit dem 9. Jh. auch mit Kreuzgratgewölben aus zwei sich durchdringenden Tonnen. Werden Confessio-Raum vergrößert und Durchgänge vom Umgang in die Confessio geschaffen, dann entsteht ein Umgang mit freistehenden Stützen, wie wir ihn im 10./11. Jh. in Italien und in reifer Ausbildung seit dem 11. Jh. von französischen Chorbildungen kennen

H. Buschow: Studien über die Entwicklung der Krypta im deutschen Sprachgebiet. Diss. Würzburg 1934. – R. Wallrath: Die Krypta. Ms. Habil. Köln 1944. – H. Claussen: Heiligengräber im Frankenreich. Ms. Diss. Marburg 1950. – L. Hertig v. Rüderswil: Entwicklungsgeschichte der Krypta in der Schweiz. Diss. Zürich 1958. – H. Claussen: Krypta. In: Lex. f. Theol. u. Kirche. 6. Bd. Freiburg ²1961, 651–653, mit Lit. – E. H. Lemper: Entwicklung und Bedeutung der Krypten, Unterkirchen und Grufträume vom Ende der Romanik bis zum Ende der Gotik. Ms. Habil. Leipzig 1963. – A. Verbeek: Die Außenkrypta. In: Zs. f. Kg. 13, 1950, 7–38. – H. Claussen: Spätkarolingische Umgangskrypten im sächsischen Gebiet. In: Karolingische und ottonische Kunst. Wiesbaden 1957, 118–140. – D. Weirich: Die Bergkirche zu Worms-Hochheim und ihre Krypta. Worms 1953 (Vierstützenkrypta). – H. E. Kubach: Das frühmittelalterliche Imperium. Baden-Baden 1968, 23–26, 92–98. – L.-F. Genicot: Les églises mosanes du XIe siècle. Louvain 1972, bes. 116 bis 168. – F. Oswald: Würzburger Kirchenbauten des 11. und 12. Jh. Würzburg 1966, bes. 208–214 (= Mainfränk. Hefte 45). – W. Götz: Zentralbau und Zentralbautendenzen in der gotischen Architektur. Berlin 1968, bes. 236–252.

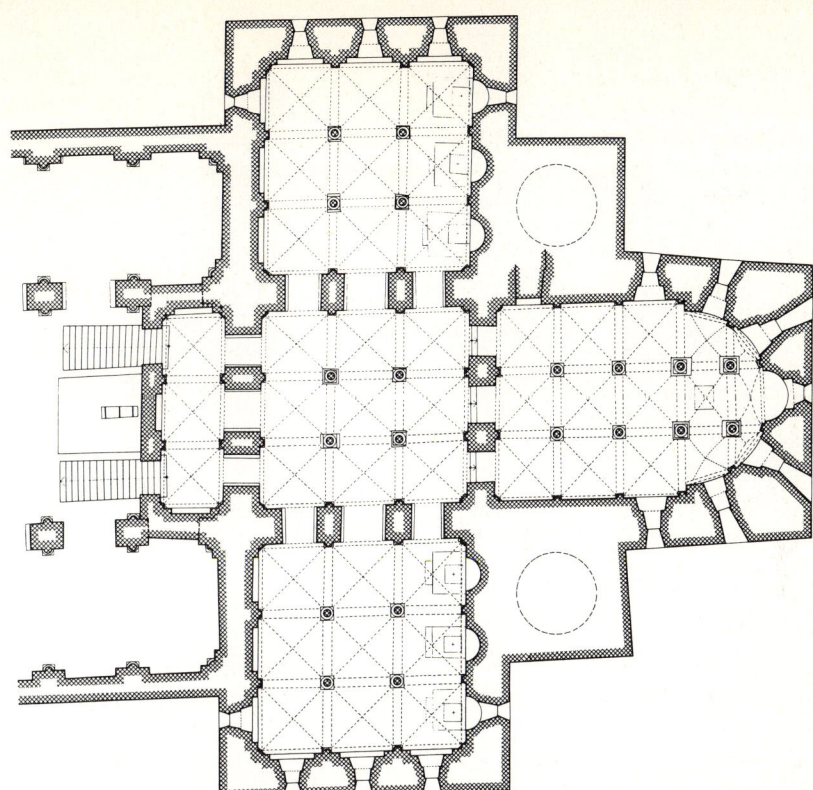

159 Speyer, Dom, Krypta, um 1030 bis 1041 (1:500). ▶

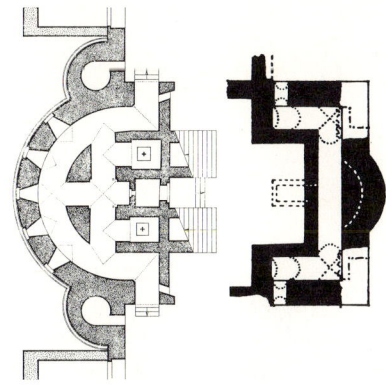

156 Köln, Dom St. Peter, West-krypta, vor 818–870 (1:500).

157 Köln, Benediktinerklosterkirche St. Pantaleon, Ringkrypta unter dem Ostchor, 965–980 (1:500).

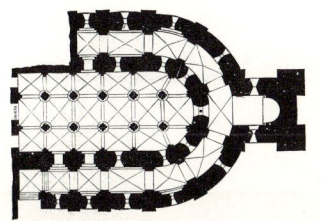

158 Auxerre, Kathedrale Saint-Etienne, Krypta, 11. Jh. (1:500).

(Umgangsstollenkrypta). Seit dem 9. Jh. wird die Confessio durch eine westliche Öffnung („accessus ad confessionem" auf dem St. Galler Plan) mit dem Kirchenschiff verbunden, damit die Gläubigen auch von dort zum Heiligengrab gelangen konnten.

b) Die Hallenkrypta
war ursprünglich ein kleiner Raum vor der Confessio und entwickelte sich dann zu einem eigenständigen Typus, häufig mit vier Stützen (Vier-stützenkrypta, Abb. 18, 162, 163). Seit dem späteren 10. Jh. findet man dreischiffige mehrjochige Säulenhallen (Abb. 73, 160–168), die über zwei seitliche Treppen aus dem Querhaus oder Schiff zugänglich sind. Als Ge-wölbe kommen parallele Tonnen über Architraven, Tonnen verschiedener Höhe und Breite, die sich schneiden und parabelförmige Stichkappen bil-den, vor. In der späteren Entwicklung treten gleich breite und gleich hohe

61

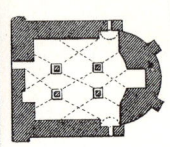

160, 161 Merseburg, Dom, Krypta, kurz vor 1042, Grundriß (1:500) und Blick nach Osten, gewinkelte Zugangstreppen aus den Querarmen, in der Westmauer eine Confessio für die corpora der Nebenpatrone Maximus und Romanus.

162, 163 Gernrode, Stiftskirche St. Cyriacus, Ostkrypta, 960/65, Grundriß (1:500) und Innenansicht nach Osten.

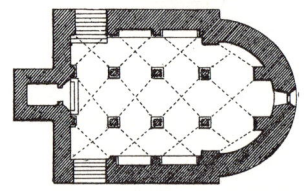

164, 165 Konradsburg bei Ermsleben/Bez. Halle, Klosterkirche, Krypta, Ende 12. Jh., Grundriß (1:500) und Innenansicht nach Norden.

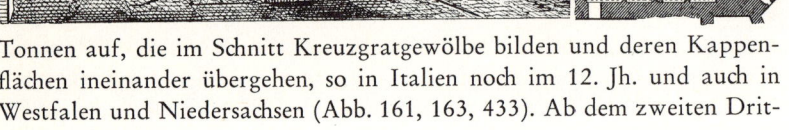

◀

166, 167 Zeitz, Schloßkirche (ehem. Dom), Krypta, Ende 11. Jh., Gewölbe, 12. Jh., Innenansicht nach Osten und Grundriß (1:500).

Tonnen auf, die im Schnitt Kreuzgratgewölbe bilden und deren Kappenflächen ineinander übergehen, so in Italien noch im 12. Jh. und auch in Westfalen und Niedersachsen (Abb. 161, 163, 433). Ab dem zweiten Drit-

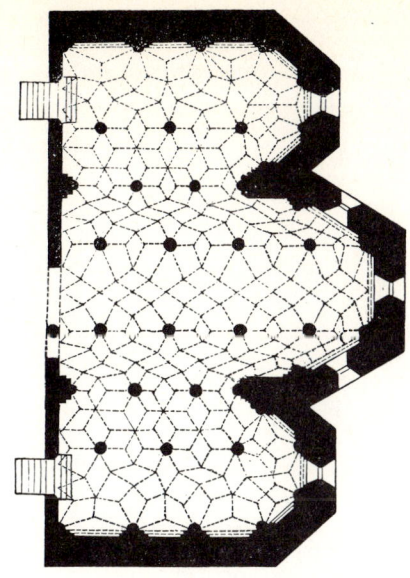

168 Salzburg, Nonnberg, Klosterkirche, Krypta, 1463 (1:200).

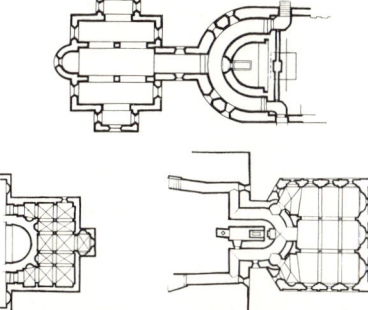

169 Außenkrypten (1:1000).
Regensburg, St. Emmeram, Ringkrypta,
8. Jh., Außenkrypta 978/80.
Süsteren, Stiftskirche, um 1060.
Essen-Werden, Abteikirche St. Lud-
gerus, Ringkrypta um 830/40, Außenkrypta 1059 geweiht.

tel des 11. Jh. werden die Stützen durch Gurtbögen verbunden (Abb. 165,
167) und bilden dadurch quadratische Einheiten, die allerdings durch den
Chorgrundriß der Kirche, besonders der Apsis, abgewandelt sein können
zu trapezförmigen Jochen. Die Krypta kann sich auch unter der Vierung, den Querhausarmen oder ein Stück in das Mittelschiff erstrecken
(Abb. 159). Kombinationen aus Hallen- und Ringkrypta (Abb. 73, 158)
sowie auch außen um bzw. vor dem Chor gelegene Stollen oder Hallen
(Außenkrypta und Chorscheitelrotunde) bilden vielfältige und teilweise
komplizierte Raumfolgen. Die Hallenkrypta hat ihren Höhepunkt im
11./12. Jh., zu einer Zeit, in der kein monumentaler Kirchenbau ohne
Krypta entstand; nur die Reformorden (im 11. Jh. Hirsauer, im 12. Jh.
Zisterzienser und Prämonstratenser) haben auf sie verzichtet.

Das gotische Streben nach Vereinheitlichung des Raumes zusammen mit
dem Wunsch nach Sichtbarmachung der Reliquien führte, beginnend mit
den großen französischen Kathedralen, oft zu einem Verzicht auf die
Krypta. Bei kleineren gotischen Kirchen kann sie durchaus noch vorkommen: häufig als einstütziger Zentralraum (Abb. 48) als Nachbildung des
Grabes Christi, aber auch als mehrschiffige Hallenkrypta (Abb. 168). Die
Krypta wird seit der Hochgotik mehr und mehr vom Kirchenraum abgesondert und erhält in erster Linie ihre Aufgabe als reine Grabeskapelle
mit Außenzugängen. In der Renaissance wurde der Bau von Krypten
aufgegeben, ausgehend von Italien, wo schon seit dem 14. Jh. keine Beispiele mehr vorhanden sind. Erst unter den sich zuweilen der Mystik
wieder nähernden theologischen Ideen des Manierismus und des Barock
gewann der Kryptenbau als repräsentative Totenehrung (Mausoleum)
erneut Gestalt und wurde in entsprechender Bedeutung auch im 19. Jh.
vereinzelt wieder aufgenommen.

c) Die Außenkrypta

ist eine von der Kirche nicht überbaute, frei hinter dem Chor gelegene
Krypta, die auch zweigeschossig sein kann. Sie ist in karolingischer Zeit
als Stollen mit Kammern, dann im 10. und 11. Jh. als mehrschiffiger
Hallenraum reicher ausgestaltet (Abb. 169). Gewöhnlich hat sie keine
eigenen Zugänge von außen, sondern nur von der Kirche zu seiten des
Chores (Abb. 169,2) oder aus der Chorkrypta mit dem Heiligengrab
(Abb. 169,1,3). Außenkrypten finden sich im West- und Ostfränkischen
Reich im 9./10. Jh., im 10./11. Jh. nur an Rhein und Maas mit Ausstrah-
lungen nach Osten; nach 1100 wurden Außenkrypten nicht mehr gebaut.

10. Das Atrium

Der auf allen Seiten durch Säulengänge (Peristyl, auch zweigeschossig) und teilweise auch durch Bauten umgrenzte, nicht überdeckte Hof vor dem zumeist im Westen gelegenen Haupteingang der Kirche, häufig mit einem Brunnen (Kantharus) in seiner Mitte, wird Atrium, auch Paradies (seit dem 6. Jh.), Galilaea (bei den Cluniazensern auch eine gedeckte Vorkirche) und bisweilen Vestibulum (Vorhof) oder Quadriportikus (von vier Säulenumgängen umgeben) genannt; die Bezeichnung Paradies (persisch, heiliger Bezirk = hortus conclusus) leitet sich aus der liturgischen Verwendung her (Bestattungen, Asylrecht). Das Atrium dient rituellen Waschungen vor Eintritt in die Hauptkirche, Taufen, Aufenthalt der Büßer, Sammelort für Prozessionen, Begräbnisstätte sowie als Überleitung vom öffentlichen Raum zum heiligen Bezirk.

Das Atrium kommt als Triportikus oder Quadriportikus an Vorhalle (Narthex) oder Querhaus anschließend vor (Abb. 41, 170–173), auch als

L. Joutz: Der mittelalterliche Kirchenvorhof in Deutschland. Diss. Berlin 1936. – H. Reinhardt: Atrium. In: RDK 1, 1937, 1197–1206. – P. C. Claussen: Chartres-Studien. Zu Vorgeschichte, Funktion und Skulptur der Vorhallen. Wiesbaden 1975.

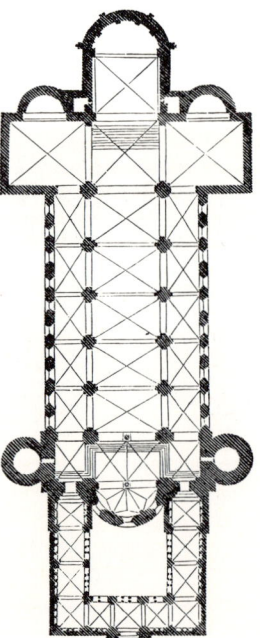

170, 171 Maria Laach, Benediktinerklosterkirche, 1093 – um 1100, Ostapsis und Einwölbung, 1130–1156, Turmaufbauten, um 1160/1200, Paradies, um 1220. Nordwestansicht und Grundriß (1:1000).

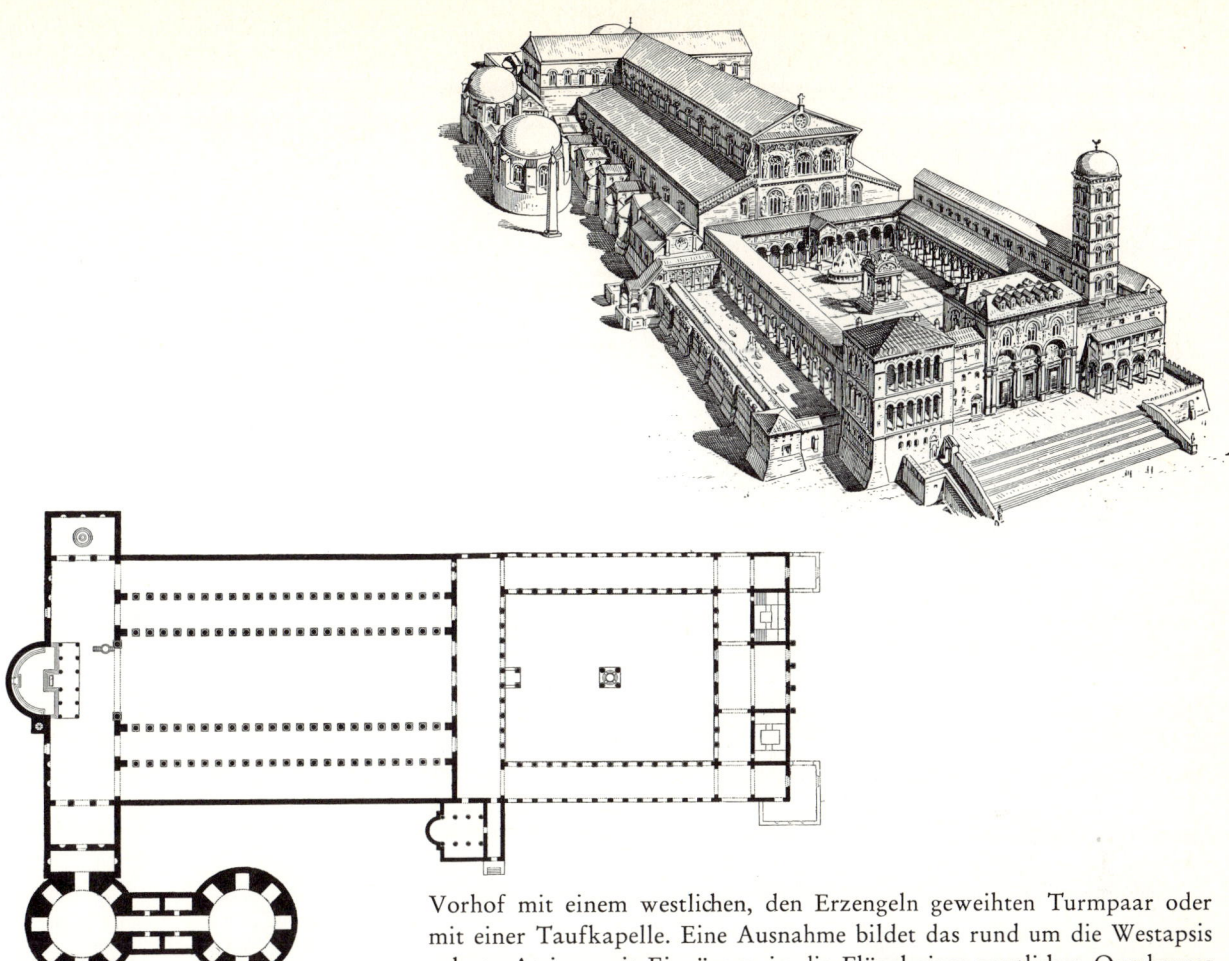

172, 173 Rom, Alt-St. Peter, 324–349, Grundriß (1:2000), Übersicht von Nordwest (Rekonstruktion des mittelalterlichen Zustandes).

Vorhof mit einem westlichen, den Erzengeln geweihten Turmpaar oder mit einer Taufkapelle. Eine Ausnahme bildet das rund um die Westapsis gelegte Atrium mit Eingängen in die Flügel eines westlichen Querhauses (Abb. 182). Das Atrium verbindet als Zwischenhof auch das östliche Querhaus mit einer östlich vorgelagerten Kirche. Schon die altchristlichen Basiliken besitzen ein Atrium, das häufig als Quadriportikus ausgebildet ist (Abb. 172, 173). Vom 8. bis zum 11. Jh. ist das Atrium ausschließlich als Triportikus gestaltet. Es findet sich besonders in Italien, Frankreich und im Rheinland; vereinzelt wird es in der Spätromanik (Abb. 170, 171) und im Barock wiederaufgenommen.

11. Das Kloster

Das Zentrum des Klosters ist der Kreuzgang, ein auf vier Seiten von einem Gang (Ambitus) umgebener rechteckiger Hof, zumeist südlich, aber auch nördlich, seltener westlich oder östlich der Kirche gelegen (Abb. 175, 176, 180, 182). Der Kreuzgang dient häufig als Sepultur (Bestattungsort, Mortuarium) und verbindet die zur Klausur des Klosters gehörenden Gemeinschaftsräume und Zellen; er ist meist gewölbt und in Arkaden über einer Brüstung zum Hof geöffnet, der als Garten angelegt ist und in der Mitte oft einen Brunnen hat. Der an der Kirche gelegene Flügel ist vereinzelt auch zweischiffig (Abb. 85). Die offenen Arkaden werden in der Spätgotik mit Glasfenstern geschlossen und im Barock durch Fenster ersetzt.

An dem Kreuzgang liegt im Ostflügel der Kapitelsaal, der normalerweise quadratisch, über vier Säulen gewölbt und zum Kreuzgang in reichen Arkaden geöffnet ist (Abb. 181). An englischen Kathedralen ist er als runder oder polygonaler, freistehender Bau ausgebildet, mit dem Kreuzgang durch einen Stichgang verbunden (Chapter House, Abb. 65). An den Kapitelsaal schließt das Parlatorium an (Sprechraum in Zisterzienserklöstern); zumeist darüber befindet sich das Dormitorium als mehrschiffiger Schlafraum oder mit Zellen an einem Gang (Dorment). In dem der Kirche abgewandten Flügel liegt das Refektorium, der häufig zweischiffige Speiseraum (Abb. 179, in Deutschordensburgen Remter genannt), die Küche und das Calefactorium (Wärmestube, besonders in Zisterzien-

W. Braunfels: Abendländische Klosterbaukunst. Köln 1969, mit Lit. – ferner: A. Schneider: Die Cistercienser. Köln 1974. – F. Arens: Kapitelsaal und Sepultur bei deutschen Dom- und Stiftskirchen. In: Würzburger Diözesanbl. 18/19, 1956/57, 62–73. – E. Lehmann: Die Bibliotheksräume der deutschen Klöster im Mittelalter. Berlin 1957. – M. Eschapasse: L'Architecture Bénédictine en Europe. Paris 1963. – G. Binding: Burg und Stift Elten am Niederrhein. Rhein. Ausgrabungen 8. Düsseldorf 1970, 109–115. – W. Horn, E. Born: New Theses about the Plan of St. Gall. In: Die Abtei Reichenau. Hrsg. H. Maurer. Sigmaringen 1974, 407–480. – M. Baur-Heinold: Schöne alte Bibliotheken. München ²1974. – Ch. Brooke: Die große Zeit der Klöster. 1000–1300. Freiburg 1976, mit Lit. – B. Grießer: Brüdersaal. In: RDK 2, 1948, 1273 bis

174 Maulbronn, Zisterzienserkloster, Kirchenvorhalle „Paradies", um 1220, Ansicht (1:200).

1278. – K. Hecht: Calefactorium. In: RDK 3, 1954, 308–312. – K. Spahr: Dormitorium. In: RDK 4, 1958, 275 bis 289. – W. Horn und E. Born: The plan of St. Gall. 3 Bde. California 1979 ff.

serklöstern). Der westliche Flügel beherbergt Vorratsräume, Keller (Cellarium) und die Kleiderkammer (Vestiarium). Das runde oder polygonale Brunnenhaus und die Tonsurkapelle liegen zumeist an der Innenseite des Kreuzganges (Abb. 175–178). Nicht an den Kreuzgang angeschlossen sind das Wohn- und Repräsentationshaus des Abtes (Abb. 176, 182), das Noviziat, die Infirmerie (Hospital) und die Pforte mit dem Auditorium (Empfangsraum für Gäste).

Kreuzgänge entstehen als Folge der Bestrebungen des Benedikt von Nursia, die mönchische Einsiedelei unter einer strengen Regel zum Gemeinschaftsleben zu führen (519 in Monte Cassino). Der St. Galler Klosterplan, eine um 820 entstandene Kopie des vermutlich am Hofe Karls des Großen um 800 entwickelten Idealplanes, gibt uns das durchgeformte und für das Mittelalter verbindliche Schema wieder (Abb. 182). Gleiche Anlagen verwandten die Stifte, bis im Verlaufe des 11./12. Jh. zumindest die Zellen als Einzelbauten (Kanonikerhäuser) aus dem Kreuzgangverband gelöst wurden. Die zunächst kargen und zumeist nur in den Kreuzgang-

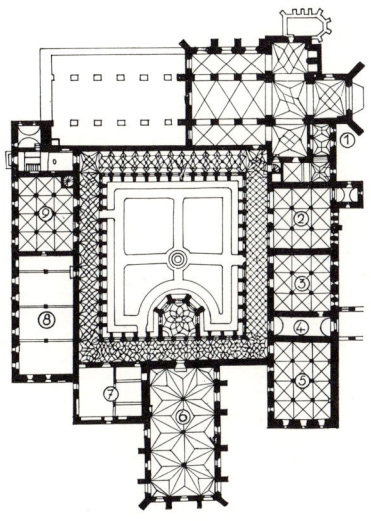

175 Bebenhausen bei Tübingen, Zisterzienserkloster, Grundriß (1:1600), Kirche 1188–1227, Einwölbung des Querschiffs, 1466 und 1522, Kreuzgang, 1471–1496.
(1) Sakristei; (2) Kapitelsaal mit Johanneskapelle, Anfang 13. Jh.; (3) Parlatorium, Anfang 13. Jh.; (4) Durchgang; (5) Brüderhalle, Anfang 13. Jh.;

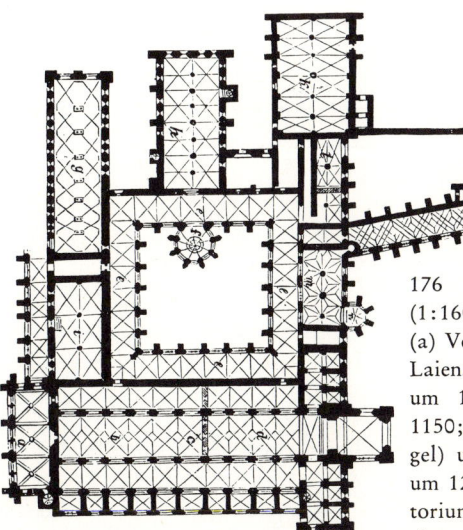

(6) Herren- oder Sommerrefektorium, um 1335; (7) Küche; (8) Winterrefektorium, 1470/1513; (9) Laienrefektorium, um 1530.

176 Maulbronn, Zisterzienserkloster (1:1600)
(a) Vorhalle, „Paradies", um 1220; (b) Laienschiff, 1147–1178; (c) Lettner, um 1170/80; (d) Presbyterium, um 1150; (e) Kreuzgang, 1210/20 (Südflügel) und 1280/1310; (f) Brunnenhaus, um 1220 und 1340/50; (g) Laienrefektorium, 1201/20; (h) Herrenrefektorium, um 1225; (i) Vorratskeller, 1201; (k) Großer Keller, 1201/10; (l) Brüderhalle; (m) Kapitelsaal, 1300/30; (n) Abtskapelle, um 1300; (o) Herrenhaus, 13. Jh. und 1517.

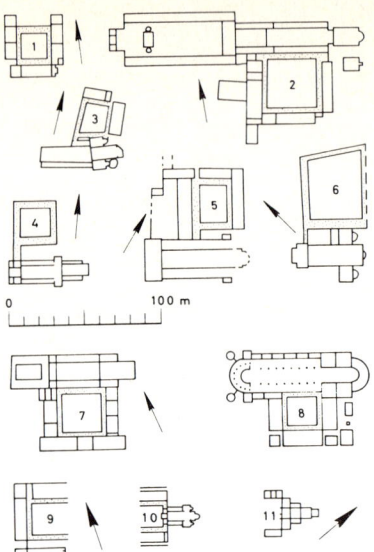

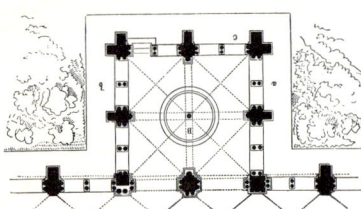

177, 178 Fontenay, Zisterzienserkloster, Brunnenhaus, 12. Jh., Innenansicht und Grundriß (1:400).

179 Maulbronn, Zisterzienserkloster,
Laienrefektorium, 1201–1210. ▼

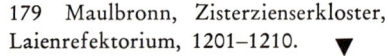

180 Frühmittelalterliche Kreuzgänge
(1:5000).
(1) Lorsch, Altenmünster auf der
Kreuzwiese, 763–765.
(2) Lorsch, St. Nazarius-Kloster, um
774.
(3) Elten am Niederrhein, St. Vitus,
Stift, nach 967.
(4) Neuss, Stift St. Quirin, um 1050.
(5) Xanten, Stift St. Viktor, vor 957/
958.
(6) Köln, Benediktinerkloster St. Pantaleon, um 965.
(7) Paderborn, Abdinghof-Kloster,
1016/31.
(8) St. Galler Plan, um 800/820.
(9) Frauenwörth im Chiemsee, Kloster,
Mitte 9. Jh.
(10) Inda/Kornelimünster bei Aachen,
Kloster, um 814.
(11) Xanten, Stift St. Viktor, vor 800.

181 Zwettl/Niederösterreich, Zisterzienserkloster, Kapitelsaal-Öffnung
zum Kreuzgang, um 1180.

arkaden und im Kapitelsaal reicher ausgestalteten Anlagen entwickeln sich
im Barock zu schloßähnlichen Klosterresidenzen, die in drei Grundformen
auftreten: erstens der vom Mittelalter übernommene Typ mit der Kirche
als beherrschendem Bau und einer im Grundriß und Aufbau unregel-
mäßigen Klausur, zweitens die vom Schloßbau beeinflußten Anlagen, bei
denen in den süddeutschen und österreichischen Reichsabteien die Wohnung des Abtes, der mit Kuriatstimme im Reichstag bzw. im österreichischen Landtag saß, dominiert und die Kirche zurücktritt, und drittens der
hochbarocke Typ, bei dem in strenger Symmetrie die Kirche die Mittelachse einer quadratischen, rechteckigen oder dreiflügeligen, kräftig gegliederten und gestaffelten Anlage bildet.

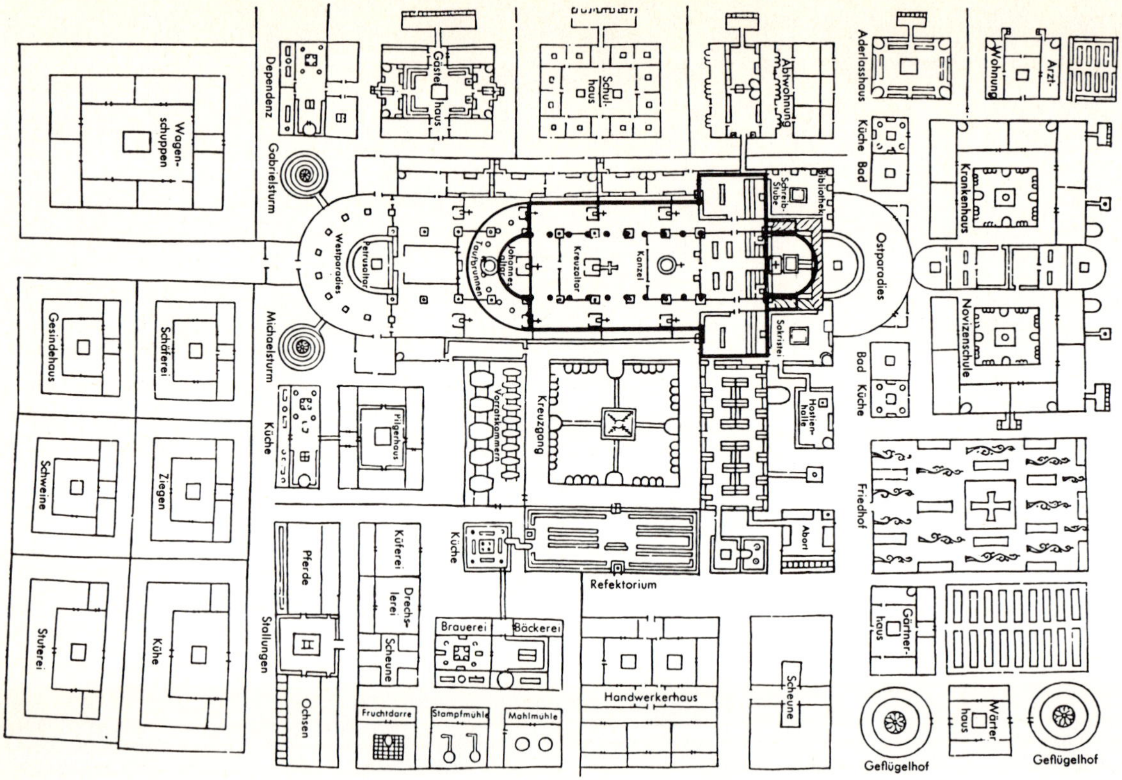

182 St. Galler Klosterplan, um 800/
820, Umzeichnung (Original 77 × 107
cm).
Der Pergamentplan für das Kloster in
St. Gallen, um 820 als Kopie im Rei-
chenauer Kloster hergestellt, ist eine
zeichnerische Fixierung eines Baupro-
gramms für karolingische Klosteranlagen, entweder um 800 am Hofe
Karls des Großen entwickelt oder 817
auf der unter der Leitung des Benedikt
von Aniane (Inda-Kornelimünster bei
Aachen) durchgeführten Aachener Re-
formsynode aufgestellt. Der Plan deu-
tet in einfachen Linien die Umrisse der
Bauten an oder hilft sich mit symbol-
haften Zeichen für Einzelformen. In
die Fläche geklappte Ansichten, Grundrisse des Obergeschosses und Beschrif-
ten erläutern die Darstellung.

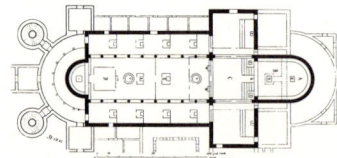

U. Craemer: Das Hospital als Bautyp des Mittelalters. Köln 1963. – D. Leistikow: Hospitalbauten in Europa aus zehn Jahrhunderten. Ingelheim 1967, mit Lit. – E. Grunsky: Doppelgeschossige Johanniterkirchen und verwandte Bauten. Diss. Tübingen 1970. – W. Braunfels: Mittelalterliche Sozialpflege im Spiegel ihrer Bauten. In: Das Münster 26, 1973, 49–60. – D. Jetter: Grundzüge der Hospitalgeschichte. Darmstadt 1973, mit Lit.

12. Das Hospital

Das Hospital bestand im Mittelalter aus einem oder mehreren Unterkunftsräumen für die Spitalinsassen und einer mit den Räumen eng verbundenen Kapelle, damit die Kranken und Hilfsbedürftigen unmittelbar von ihrem Lager aus an den Segnungen der Hl. Messe teilnehmen konnten; häufig sind deshalb Krankensaal und Kapelle in einem Raum oder wie bei den Johannitern übereinander untergebracht. Es gibt mehrere Hospitaltypen: einmal das einem Kloster angeschlossene Infirmarium für die Mönche, das Hospitale pauperum für Arme und Pilger, vereinzelt auch Hospitäler für Novizen, Konversen und Laienbrüder sowie die Leprosie für Ansteckende, weitab vom Kloster gelegen. Zum anderen existieren Hospitäler der Kirche, besonders des Bischofs, und schließlich Stiftungen des Adels und der Ritterorden (Johanniter, Malteser) und der Bürger in den Städten mit ihren Pfründnerhäusern in Deutschland, dem absolutistischen Hôspital général in Frankreich oder den englischen halbprivaten Gründungen.

Der Typ des frühchristlichen Hospitals ist bestimmt durch einen aus der Hospitalklausur entstandenen Kreuzgang mit daran angeschlossenen Gebäuden und der Kapelle. Die Unterkunftsräume waren vorwiegend Einzelzellen, die seit dem 10./11. Jh. aus Gründen der besseren Aufsichtsmöglichkeit und der engeren Verbindung mit dem Altar durch große mehrschiffige Hallen ersetzt wurden (Abb. 183, 185). Die Halle kann basilikalen oder echten Hallen-Querschnitt haben, kann gewölbt, mit offenem Dachwerk oder mit einer Flachdecke auf Stützen überspannt sein. Diese Hospitalhalle tritt – ohne daß bisher Vorstufen nachgewiesen sind – in der ersten Hälfte des 12. Jh. vermutlich unter dem Einfluß der cluniazensischen Reformgedanken in Cluny III auf (52×25 m Innenmaß, dreischiffig). Besonders in England waren im 12. und im frühen 13. Jh. und dann wieder im 14. Jh. große Hallen in Benediktinerklöstern vorhanden, ferner in Zisterzienserklöstern. Auch bei Hospitalgründungen in Städten kommt um die Mitte des 12. Jh. die Halle auf, besonders in England, Frankreich, Flandern und Westdeutschland (Abb. 183, 185). Der Kreuzgang blieb wie auf dem St. Galler Klosterplan von 820 namentlich bei größeren Hospitälern und denen von Mönchsorden bestehen, während vornehmlich Einraumanlagen in den Städten als Armenstube dienten (Abb. 183). In den Hallenanlagen des 11. bis 13. Jh. waren Frauen und Männer meist im gleichen Saal untergebracht, jedoch durch einen Mittel-

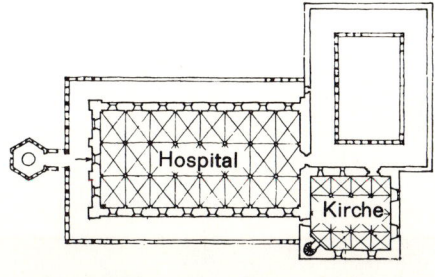

183 Angers, Saint-Jean, Hospital, 1158 gegründet (1:1500).

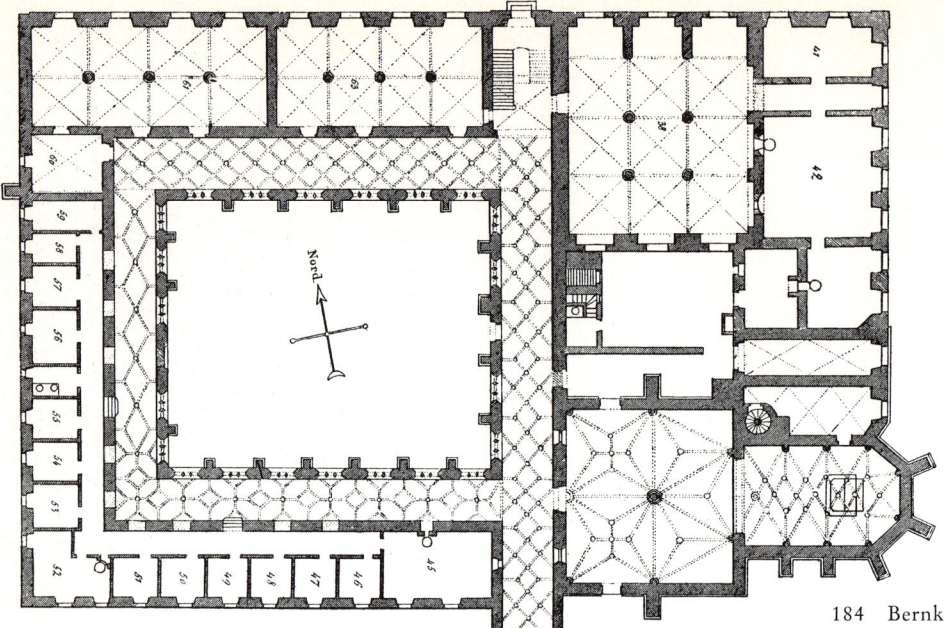

184 Bernkastel-Kues, St. Nikolaus-Hospital, um 1450–1465 (1:500). Nördl. des Chores die Sakristei, darüber die Bibliothek
(42) Konventsaal; (38) Küche; (61) Krankensaal; (63) Refektorium; (41 bis 60) geistl. und adlige Pfründner.

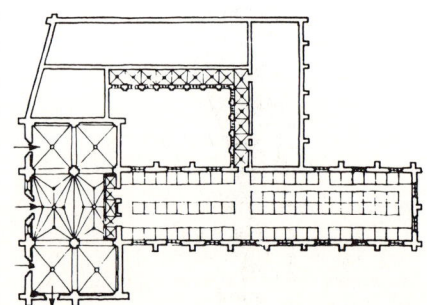

185 Lübeck, Hl. Geist-Spital, 2. Hälfte 13.–15. Jh. (1:1500, Norden oben).

gang getrennt. Besonders im Spätmittelalter entstanden wieder großräumige Anlagen aus mehreren, um einen Kreuzgang gruppierten Gebäuden (Abb. 184).

In Italien entstanden seit dem 14. Jh. Großanlagen, bei denen die Orientierung des Krankensaales auf den Altar der Kapelle zu Schwierigkeiten führte, die durch eine kreuzförmige Anordnung von vier Krankensälen um eine zentralgelegene Kapelle gelöst wurden; die Kreuzhallen konnten auch zweigeschossig sein; die bedeutendsten Anlagen sind das Ospedale di Santa Maria Nuova in Florenz um 1334 und das 1457 von Filarete erbaute Ospedale Maggiore in Mailand.

Der Idealentwurf für ein Hospital von Joseph Furtenbach von 1628 bietet in enger Anlehnung an italienische Vorbilder einen kirchenähnlichen dreigeschossigen Bau mit Querschiffen, im Zentrum der Altar, im Westen der Chor der Hospitalbruderschaft. Der Typ des barocken Hospitals ist bestimmt durch die axiale Anlage mit einer Folge von Höfen, die von oft großartigen Bautrakten im Schloßbaustil eingefaßt sind.

K. Rückbrod: Universität und Kollegium. Baugeschichte und Bautyp. Darmstadt 1977, mit Lit.

186 Würzburg, Universität, 1582–91 von Fürstbischof Julius Echter von Mespelbrunn gegründet und mit Jesuiten besetzt (1:1000).
Östl. der Kirche das Jesuitenkolleg, im Ostflügel für die Stipendiaten Unterkunfts- und Verwaltungsräume, der Nordflügel war der Auditorienbau mit Hörsälen und Verwaltungsräumen, im Westflügel Speisesaal und Wirtschaftsräume, darüber Aula und Bibliothek.

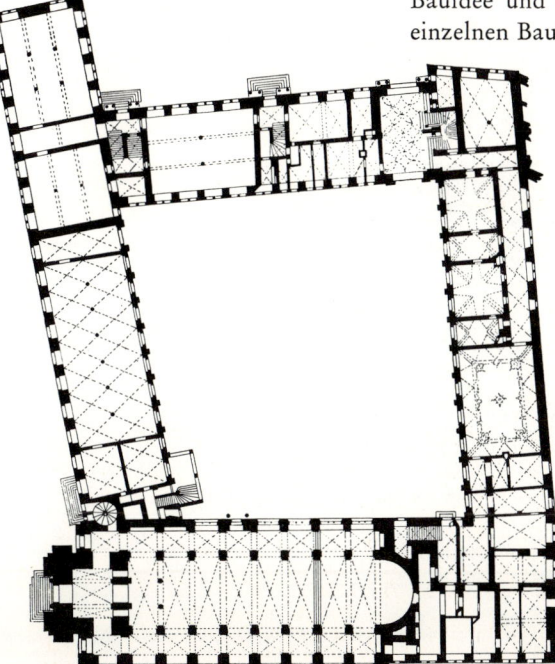

13. Die Universität und das Kollegium

Die mittelalterlichen Universitates besaßen zunächst keine eigenen Gebäude, in denen sich die Universität als Ganzes dargestellt und repräsentiert hätte. Aus Stiftungen für Scholaren entstand in der zweiten Hälfte des 13. und im 14. Jh. eine besondere Einrichtung als Wohnstatt, das Kollegium, das sich wesentlich vom Hospiz dadurch unterscheidet, daß die Stipendiaten durch feste Regeln zu halbklösterlicher Lebensführung und zur Teilnahme an Seelenmessen zum Wohle des Gründers verpflichtet waren. In Deutschland standen die fakultätsgebundenen Kollegien nur graduierten Studenten offen; für die Studienanfänger wurden Bursen gegründet, die ebenfalls der Fakultätsaufsicht unterstanden. Das Bauprogramm der Kollegien bestand zunächst nur aus Schlafraum, Speiseraum und Küche; nach 1250 gehörten zum festen Bestand Kapelle, Lehrräume, Aufenthaltsräume, Bibliothek mit Archiv, Wohnungen für das leitende und bedienstete Personal sowie Wirtschaftsräume und Stallungen. Bauidee und Organisation wurden von den Klöstern übernommen; die einzelnen Baukörper lagen um einen Innenhof. Für die Universitäten sind erst im 16. Jh. Gesamtbauwerke entstanden, die bei der Integration der Institution Kollegium in die Universität der Adaption des Bautyps durch die Universität gefolgt sind (Abb. 186); so auch die Anlagen des 17. Jh., während man sich im 18. Jh. am Schloßbau des Barock orientierte. Im Sinne der Idealentwürfe von Piranesi 1780 und Trouard 1780 waren die Universitätsbauten willkommene Objekte, um Macht, Fortschritt und Größe zu demonstrieren, was ein reiches äußeres Erscheinungsbild bewirkte.

14. Die Synagoge

Gemäß den Forderungen des jüdischen Ritus dient die Synagoge als Versammlungsstätte für Gebet und Lehre und als Aufbewahrungsort des heiligsten Besitzes der Gemeinde, der Tora-Rolle. Es gibt jedoch keine lehrgesetzlichen Vorschriften für die Bauform; allgemein richtet sie sich nach dem zeitlich und örtlich vorhandenen Stil. Die Synagoge ist zumeist ein über zwei (Abb. 188) oder vier Stützen gewölbter Raum oder ein flachgedeckter oder überkuppelter Saal. Der Tora-Schrein (Aron), häufig in einer kleinen Konche, steht vor der auf Jerusalem hin ausgerichteten Längswand (in Europa die Ostwand). Der Eingang, auch mit Vorhalle, liegt zumeist an einer Schmalseite. Der Mittelpunkt ist das zentrale, zwischen den Säulen gelegene Bima oder Almenor, die erhöhte Estrade für den Tisch, von dem aus die Tora-Vorlesung erfolgt. An den Hauptraum angebaut ist die kleinere Frauensynagoge, die zunächst nur durch Fenster, später auch durch Bogen mit dem Hauptraum verbunden ist (Abb. 188).

Zu dem Baukomplex der Gemeindebauten gehört auch die Wohnung des Rabbiners, das rituelle Bad (Mikwe), die Schule, das Gemeindehaus, auch Wirtschaftsgebäude wie Schlachthaus und Bäckerei. Die Mikwe diente ursprünglich nicht nur den Frauen als Wasserbecken, in das sie vor der Hochzeit, nach der Geburt eines Kindes und überdies allmonatlich untertauchen mußten, sondern war allgemein zur Beseitigung „levitischer Unreinheiten" auch für Männer bestimmt. Über Treppen gelangt man auf den Grund des senkrechten Schachtes mit dem vom Grundwasser gespeisten Badebecken, daneben Auskleide- und Leuchternischen (Abb. 187, 188).

A. Grotte: Deutsche, böhmische und polnische Synagogentypen vom XI. bis Anfang des XIX. Jahrhunderts. Berlin 1915. – R. Krautheimer: Mittelalterliche Synagogen. Berlin 1927. – O. Böcher: Die Alte Synagoge zu Worms. Worms 1960 (= Der Wormsgau, Beiheft 18. – O. Doppelfeld: Die Ausgrabungen im Kölner Judenviertel. In: Die Juden in Köln. Hrsg. Z. Asaria. Köln 1959, 71 bis 145. – K. Galling: Synagoge. In: Die Religion in Geschichte und Gegenwart. 6. Bd. Tübingen ³1962, 557–559. – H. Hammer-Schenk: Untersuchungen zum Synagogenbau in Deutschland von der ersten Emanzipation bis zur gesetzlichen Gleichberechtigung der Juden (1800–1871). Diss. Tübingen 1974. – R. Hallo: Almemor. In: RDK 1, 1937, 384–387.

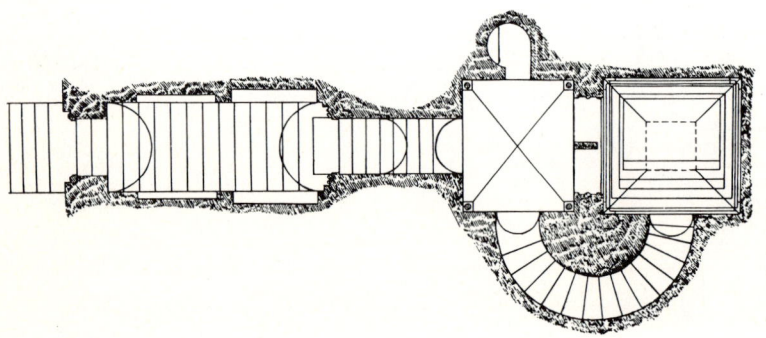

187 Speyer, Judenbad (Mikwe), um 1100 (1:200).

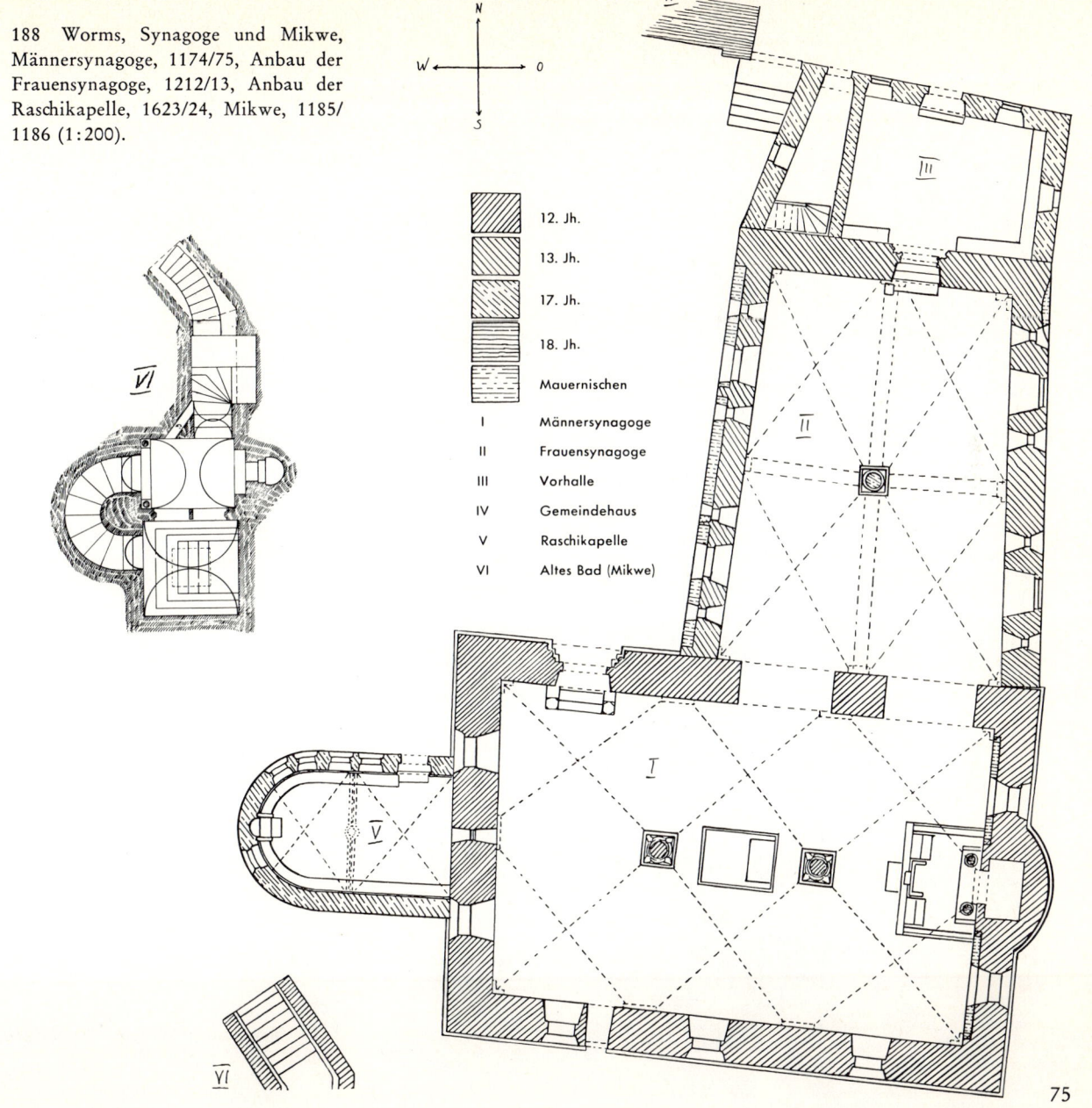

188 Worms, Synagoge und Mikwe, Männersynagoge, 1174/75, Anbau der Frauensynagoge, 1212/13, Anbau der Raschikapelle, 1623/24, Mikwe, 1185/1186 (1:200).

N
W ←→ O
S

▨	12. Jh.
▨	13. Jh.
▤	17. Jh.
▤	18. Jh.
▦	Mauernischen
I	Männersynagoge
II	Frauensynagoge
III	Vorhalle
IV	Gemeindehaus
V	Raschikapelle
VI	Altes Bad (Mikwe)

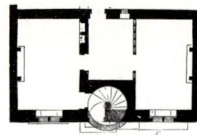

190 Wohnhaus in Burgund, 1. Hälfte
13. Jh. (1:200).

189 Angouléme, Kathedrale, 1110 bis
1128, Westansicht (1:200), 19. Jh. erneuert, Giebel und Türme hinzugefügt.

C. DER AUFRISS UND DIE EINZELFORMEN

Der Aufriß ist die zeichnerische Darstellung einer senkrechten Ansicht eines Gebäudes oder Bauteiles ohne Rücksicht auf perspektivische Verkürzung (Abb. 174, 181, 189, 192, 354). Bei einem Längsschnitt auf der Hauptachse eines Gebäudes oder auf einer dazu parallelen Linie werden die entsprechenden Mauern geschnitten und die Innenansicht als Aufriß gezeichnet (Abb. 18, 39, 54, 70), ebenso bei einem Querschnitt im rechten Winkel zur Hauptachse (Abb. 24). Wie beim Grundriß steht die zeichnerische Darstellung zum Bauwerk in einem bestimmten Verkleinerungsverhältnis, dem Maßstab, der jeweils in glatten Verhältnissen gewählt werden sollte: 1:500 oder 1:200 (Typen), 1:100 oder 1:50 (mit Einzelheiten), 1:20, 1:10 oder 1:3 (Details). Grundriß, Aufrisse und Schnitte zusammen ergeben eine ausreichende Darstellung der dreidimensionalen Architektur.

Die Einzelformen und ihr Verhältnis zueinander im Wandaufriß werden zumeist bewußt gestaltet. Als Rhythmus wird die Aufeinanderfolge immer wiederkehrender Gruppen von Grundelementen gleicher oder unterschiedlicher Länge bzw. Art bezeichnet, als Symmetrie die Ausgewogenheit im Verhältnis des Ganzen zu seinen Teilen (vornehmlich im Mittelalter), in der Renaissance und später nur noch die Spiegelgleichheit auf eine Mittelachse bezogener Teile (Pendant) eines Ganzen. Eine ausgewogene Gestaltung wird erreicht durch feste Maßverhältnisse einzelner

191 Berlin, Französische Kirche, Anfang 18. Jh., Turm, 1780/85, von Carl von Gontard.

192 Rom, Via di Conciliazione, Palazzo Torlonia Giraud, 1496–1504 von Andrea Bregno.

Bauteile zueinander und zum Ganzen (Proportion), ausgehend von dem Grundmaß oder von Grundfiguren. Das Grundmaß ist als Werkmaß die Länge der Grundstrecke bei der Vermessung von Bauten, angegeben als Fuß (röm. Fuß 29,6 cm, karol. Fuß 33,29 cm, stauf. Fuß 30,40 cm u. a.), als Modul (der untere Halbmesser einer Säule als Verhältnismaß für den zu errichtenden Bau) oder eine andere, die Proportion bestimmende Grundstrecke wie der Goldene Schnitt, die Teilung einer Strecke in zwei Teile, die sich zueinander verhalten wie der größere zur Gesamtstrecke (schon seit dem Altertum verwendet). Die Grundfigur ist entweder ein gleichseitiges Dreieck (Triangulatur), ein Quadrat (Quadratur) oder ein Fünfeck (Pentagramm, auch Drudenfuß), denen jeweils eine entsprechende zweite Figur diagonal einbeschrieben ist usw., also jeweils mit entsprechenden kleineren Seitenlängen; auch ein Achtort, Achtspitz oder Achtuhr, zwei einem Kreis einbeschriebene, übereckgestellte Quadrate. (Beim Rückfinden von Proportionsfiguren sollte höchste Vorsicht walten!) Bei der harmonischen Proportion wird die Architektur mit der Musik in Verbindung gesetzt gemäß der antiken Entdeckung, daß bei zwei angezupften Saiten der Unterschied der Tonhöhe eine Oktave beträgt, wenn die eine halb so lang ist wie die andere, eine Quinte, wenn sie zwei Drittel, eine Quarte, wenn sie drei Viertel der anderen Saite beträgt, also Maßverhältnisse 1:2, 2:3 oder 3:4. Palladio baute darauf mit Hilfe venezianischer Musiktheoretiker eine weit umfassendere Stufenleiter von Proportionen auf, die auf der großen und kleinen Terz, dem Verhältnis 5:6 und 4:5, basiert.

Neben der Proportion wirken auch konstruktive Bedingungen gestalterisch auf die Wandgliederung. Im Mittelalter und in der frühen Neuzeit sind es Erfahrungswerte von der Belastbarkeit der Konstruktionen und Kenntnisse vom Verlauf der Kräfte, die von den Meistern und in den Bauhütten weitergegeben werden. Bauhütten sind Werkstattverbände der an großen Bauvorhaben tätigen Bauleute, im Mittelalter mit eigenen Hüttenordnungen (Haupthütten: Straßburg, Köln und Wien). Seit dem 18. Jh. liegen empirische Festigkeitsmessungen vor, wodurch die Statik aufkommt, die Wissenschaft vom Gleichgewicht der Kräfte, die auf feste, starre Körper einwirken und deren Dimensionierung bestimmen.

193 Rom, Santa Maria del Popolo, 1470/80, Capella Chigi nach Entwürfen von Raffael 1516 ausgestattet. ▶

H. Graf: Bibliographie zum Problem der Proportionen. Speyer 1958. – G. Binding: Burg und Stift Elten am Niederrhein. Düsseldorf 1970, 29–52 mit Lit. – K. Hecht: Maß und Zahl in der gotischen Baukunst. In: Abhandl. d. Braunschweig. wiss. Gesellschaft 21, 1969, 215–326; 22, 1970, 105–263; 23, 1971, 25–236. – P. v. Naredi-Rainer: Raster und Modul in der Architektur der italienischen Renaissance. In: Zs. f. Ästhetik u. allgem. Kw. 23, 1978, 139–162.

Länge des Fußes vor Einführung des Meters
O. Lueger: Lexikon der gesamten Technik VI, Stuttgart 1894, Bd. 4, 34 f.

Baden und Schweiz	0,30 m
Bayern	0,2919 m
Braunschweig	0,2854 m
Hessen, Großherzogtum	0,25 m
Hessen, Kurfürstentum	0,2877 m
Oldenburg	0,2959 m
Mecklenburg	0,2910 m
Preußen	0,3139 m
Hannover	0,2921 m
Nassau	0,30 m
Frankfurt a. M.	0,2846 m
Hamburg	0,2866 m
Sachsen	0,2832 m
Sachsen-Weimar	0,2820 m
Württemberg	0,2865 m
Österreich	0,3161 m
England	0,3048 m
Dänemark und Norwegen	0,3139 m
Schweden	0,2969 m
Niederlande	0,2831 m
Frankreich und Belgien	0,3248 m
Spanien	0,2783 m
Italien bracchio fiorentino	0,581 m
br. romano	0,670 m

D·VIRGINI·LAVRETANAE·S

79

1. Das Mauerwerk

Das Mauerwerk ist eine aus natürlichen oder künstlichen Steinen aufgesetzte, massive Konstruktion; dadurch unterscheidet sich die Mauer von der Wand, die aus einem konstruktiven Gerüst (zumeist Fachwerk) und Gefachen besteht, die mit flexiblem Material (Holz, Flechtwerk oder auch Mauerwerk) gefüllt sind; im allgemeinen Sprachgebrauch wird auch die Ansichtsfläche einer Mauer Wand genannt (Wandaufriß, Innenraumbegrenzung durch Wände). Die Dimensionen werden mit Länge, Höhe und Dicke angegeben. Den zumeist mit einem Bindemittel gefüllten Raum zwischen zwei aneinanderliegenden Steinen bezeichnet man als Fuge, die waagerechte als Lagerfuge, die senkrechte als Stoßfuge, die Anordnung der Fugen als Fugenschnitt.

Das Mauerwerk wird nach der Verwendung des Bindemittels unterschieden in:

– Trockenmauerwerk ohne Bindemittel bei primitiven Bauten oder als Begrenzung von Höfen oder Gärten; auch als Futtermauer (meist geböschte Mauer als Stützmauer gegen Erddruck);

– Lehmmauerwerk mit Lehm als Bindemittel bei primitiven oder frühen (bis 9./10. Jh.) Bauten oder als Fundament (Bankett, Grundmauer), wobei der Lehm als Sperre gegen aufsteigende Bodenfeuchtigkeit dient;

– Mörtelmauerwerk mit Kalk, Traß oder Zement als Bindemittel, das mit Sand oder Ziegelsplitt gemagert wird.

Nach dem Steinmaterial, der Bearbeitung und der Versatztechnik (Verband) wird das Mauerwerk weiter unterteilt in:

a) Mauerwerk aus natürlichen Steinen (opus italicum)
Bruchsteinmauerwerk (opus antiquum, incertum) verwendet die Steine, wie sie aus dem Steinbruch kommen (Abb. 194,1); in romanischer Zeit bemühte man sich, in verschiedenen Arbeitshöhen, nach 1,50 bis 2,00 m, waagerechte Ausgleichsfugen zu erhalten. Um mit flachen Steinen höhere Schichten zu erreichen, werden die Steine schräg gestellt; zum Ausgleich des so vorhandenen Schubes wird die nächste Schicht in Gegenrichtung gelegt; so entsteht ein ähren- oder fischgrätförmiges Bild (opus spicatum). Diese Technik wird besonders in der Frühzeit angewandt, findet sich aber durchgehend bis ins 16./17. Jh.;
Feldsteinmauerwerk wird aus Lesesteinen vom Feld oder aus Flüssen bei

A. Kieslinger: Gesteinskunde für Hochbau und Plastik. Wien 1951. – K. Friederich: Die Steinbearbeitung. Augsburg 1932. – F. Rupp: Inkrustationsstil der romanischen Baukunst zu Florenz. Straßburg 1912. – E. Reusche: Polychromes Sichtmauerwerk byzantinischer und von Byzanz beeinflußter Bauten Südosteuropas. Diss. Köln 1971. – A. Clifton-Taylor: The Pattern of English Building. London 1972. – G. Binding, N. Nußbaum: Der mittelalterliche Baubetrieb nördlich der Alpen in zeitgenössischen Darstellungen. Darmstadt 1978, mit Lit. – K. Maier: Mittelalterliche Steinbearbeitung und Mauertechnik als Datierungsmittel. Bibliographische Hinweise. In: Zs. f. Archäolog. d. MA 3, 1975, 209–216.

R. H. C. Davis: A Catalogue of Masons' Marks as an Aid to Architectural History. In: Journal of the British Archaeological Association 3 S. XVII 1954 (1956) 43–75. – W. Wiemer: Die Baugeschichte und Bauhütte der Ebracher Abteikirche. 1200–1285. Kallmünz 1958. – G. Binding: Frühe staufische Steinmetzzeichen. In: Burgen und Schlösser 7, 1966, 44 f. – H. J. Krause: Die spätgotischen Steinmetzzeichen des Domes und der Klausurgebäude. In: P. Ramm: Der Merseburger Dom. Weimar 1977, 184–210. – H. Koppelt: Steinmetzzeichen in Ost-Westfranken. Gerolzhofen 1977.

F. Hart, E. Bogenberger: Der Mauerziegel. München 1967. – R. Haupt: Kurze Geschichte des Ziegelbaus und Geschichte der deutschen Ziegelbaukunst bis durch das 12. Jh. Heide in

Holstein 1929. – O. Stiehl: Backstein. In: RDK 1, 1937, 1340–1345, mit Lit. – E. Neumann: Die Backsteintechnik in Niedersachsen während des Mittelalters. In: Lüneburger Bll. 10, 1959, 21–44. – J. Hollestelle: De Steenbakkerij in de Nederlanden tot omstreeks 1560. Diss. Utrecht 1961. – E. Rupp: Geschichte der Ziegelherstellung. Heidelberg o. J. – G. Binding: Das Aufkommen von Backstein und Ziegel in Deutschland. In: Gebrannte Erde. Stuttgart 1973, mit Lit.

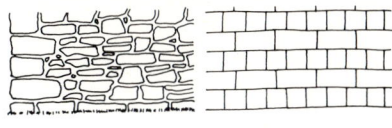

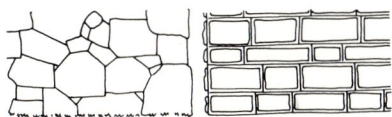

194 Natursteinmauerwerk: Bruchstein-, Quader-, Polygonal- und Bossenmauerwerk.

frühen Bauten oder in Gegenden, die fern von Steinbrüchen liegen, verwandt;

Hausteinmauerwerk besteht aus Bruchsteinen, deren Kanten mit dem Hammer grob beschlagen werden; im 9. Jh. aufkommend und bei bedeutenden Bauvorhaben verwandt, um waagerechte Lagerfugen und durchgehende, aber wechselnde Schichthöhen zu erhalten. Dazu rechnet man auch das in der Antike verwandte Zyklopen- oder Polygonalmauerwerk, bei dem die Steindimension ausgenutzt wird, aber glatte Kanten abgearbeitet werden, denen die des nächsten Steines angeglichen werden (Abb. 194,3);

Quadermauerwerk (opus romanum) wird aus steinmetzmäßig bearbeiteten Natursteinen gemauert, deren Front (Kopf), Lager und Stöße jeweils rechtwinklig zueinander stehen und eine glatte Vorderansicht bilden: in gleich hohen Schichten (opus isodomum, Abb. 194,2), in wechselnden Schichthöhen (opus pseudoisodomum, Abb. 68, 189, 190) oder aus quadratischen Steinen (opus quadratum); nördlich der Alpen seit dem 11. Jh. angewandt. Normalerweise liegt die Ansichtsfläche bündig mit der Mauerflucht und ist glatt bearbeitet mit 1,5 bis 4,0 cm breitem Randschlag und Spiegel, bossiert oder gespitzt (grobes Abarbeiten mit dem Spitzeisen oder der Spitze, einer beidhändig geführten spitzen Hacke), geflächt (feines Abarbeiten mit der beidhändig geführten beilähnlichen Fläche), scharriert (feines Abarbeiten mit einem breitschneidigen Schlageisen, wodurch schmale, parallele Rillen, eine Art Riefelung, entstehen, erst seit dem 16. Jh. üblich), gekrönelt (feines Überarbeiten mit einem Kröneleisen, das aus einer senkrecht angeordneten Reihe von Spitzen besteht) oder gestockt (Überarbeitung mit einem aus vielen Pyramidenspitzen bestehenden Stockhammer). Der Spiegel kann aber auch als Bosse (Rohform) vor dem Randschlag vorstehen (Rustikamauerwerk = opus rusticum). Als Buckelquader- oder Bossenmauerwerk seit frühstaufischer Zeit bei Pfalzen und Burgen besonders beliebt (Abb. 194,4), wird die Bosse um 1200 immer mehr kissen- oder polsterartig abgespitzt (Polstermauerwerk), bis sie um 1250 nur noch gering vorsteht und langsam aufgegeben wird. Erst die italienische Renaissance entdeckt den ästhetischen Reiz und verwendet Rustikamauerwerk (Abb. 195), besonders an Palazzi in der römischen Art mit glatter Fläche und schräger Abkantung oder mit Facettenschnitt (Diamantquader). Seit der Mitte des 12. Jh. finden sich auf der Sicht-

◀ 195 Florenz, Palazzo Strozzi, 1489 von Benedetto da Maiano begonnen.

◀ 196 Florenz, San Miniato al Monte, Fassade, 13. Jh.

a) SPEYER DOM 1080/1106						KUBACH
b) WORMS DOM-OST 1150/1165						KAUTZSCH
c) MURBACH SO. TURM 1155/1160						FRIEDERICH
d) KNECHTSTED. KIRCHE II b 1155-1162						BINDING
e) KÖLN GROSS-ST. MAR. nach 1150-1172						RAHTGENS
f) STEINFELD KIRCHE nach 1150						VERBEEK
g) MAULBRONN KIRCHE III 1155-1178						PAULUS
h) FRANKENBURG BURG ~1160						BINDING
i) MÜNZENBERG BURG 1160/1165					BINDING	G. BINDING 1963
k) GELNHAUSEN PFALZ 1159-1170						BINDING

fläche der Quader meist geometrische, auch monogrammartige Zeichen eingeschlagen, die als persönliches Signum eines Steinmetzen als Gütezeichen und wohl auch zur Abrechnung dienten, in der Spätgotik auch als Meisterzeichen (Abb. 196 a).

b) Mauerwerk aus gemischten Materialien

stellt jeweils einen Rückgriff auf römische Vorbilder dar.

Verblendmauerwerk (opus reticulatum), im westfränkischen Reich seit der Merowingerzeit in der Fortführung römischer Tradition verbreitet (sog. Krypta von Jouarre aus dem 8. Jh., Lorscher Torhalle 774), ist dadurch charakterisiert, daß die dreieckigen, quadratischen, sechseckigen oder rhombenförmigen Steine in das hinterfüllende Mauerwerk unregelmäßig einbinden. Anders beim Füllmauerwerk (opus empletum), bei dem die Einbindung der beidseitigen Verblendschichten nur sehr gering oder kaum vorhanden ist. Diese Technik ist eine durchgehend angewandte Bautechnik. Davon zu unterscheiden ist die Inkrustation (Abb. 137, 196), ein Verkleiden des rohen Mauerkörpers mit verschiedenfarbigen Platten aus edleren Materialien wie Stein, Marmor, Ton, besonders reich von den Cosmaten bei Bauten Oberitaliens angewandt;

Steinfachwerk (opus gallicum) ist eine nur selten und dann in vorromanischer Zeit angewandte Verbindung von waagerecht liegenden und senkrecht stehenden, langformatigen, steinmetzmäßig bearbeiteten Steinen und Gefachfüllungen aus Feld- oder Tuffsteinen;

Schichtmauerwerk (opus mixtum) weist zumeist wechselnde Quader- und Backsteinlagen auf (karolingisch-salisch), verwendet auch Tuffstein und Säulenbasalt (seit dem 13. Jh.).

196a Steinmetzzeichen, 3. Viertel 12. Jh.

197 Backsteinmauerwerk, Mauerver- ▶
bände
(1) Läuferverband; (2) Binderverband; (3) Rollschicht; (4) Sägeverband; (5) Blockverband; (6) Kreuzverband; (7) Gotischer Verband; (8) Holländischer Verband.

82

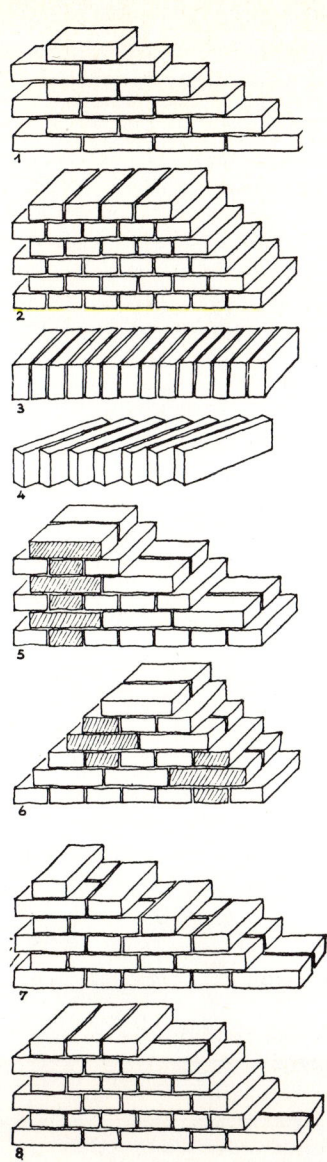

c) Mauerwerk aus Guß- oder Stampfmasse

besteht aus Kalk oder Traß, und als Zuschlagstoff dient Kies oder Stein- bzw. Ziegelsplitt. Diese Masse wird entweder zwischen zwei Holzschalungen gegossen, die nach dem Abbindeprozeß wieder entfernt werden, Beton (opus caementicium), oder sie wird auf einen Boden bzw. in einen Fundamentgraben als Gußwerk (opus fusile) gegeben, oder aber sie dient zwischen zwei Steinschalen als Füllwerk (opus empletum).

d) Mauerwerk aus Backsteinen

hat aus Ton oder Lehm geformte, gebrannte oder ungebrannte künstliche Steine (opus latericium) verarbeitet. In frühmittelalterlicher Zeit nur vereinzelt verwandt, wird der Backstein seit der Mitte des 12. Jh. besonders in steinarmen Gegenden Italiens und Nordeuropas zum bestimmenden Baustoff entwickelt. Das Mauerwerk wird auf Sicht belassen und erst seit der Mitte des 16. Jh. von Kalkputz oder Stuck verdeckt. Auch für Fußboden und Gewölbe wird der Backstein gebraucht. In der Gotik mengte man Gerbersäure bei, die durch den Brennvorgang zerstört wurde, wodurch Hohlräume entstanden; so erlangte man einen besonders leichten und daher für Gewölbe geeigneten Werkstein (Lohstein).

Steine, deren Schmalseite parallel zur Mauerflucht liegen, nennt man Binder; liegen die Langseiten in der Mauerflucht, so spricht man von Läufern; bei einer Rollschicht stehen die Steine auf ihrer Langseite, zumeist dienen sie der Mauerabdeckung; die Anordnung einer Schicht nennt man Schar; die Ordnung in der Schicht und von Schicht zu Schicht ist der Mauerverband (Abb. 197).

Das Mauerwerk wird häufig mit Putz, einem Mörtel aus Zement, Kalk oder Gips mit feinen Zuschlagstoffen, überzogen. Für freitragende Dekorationen und zum Ziehen von Profilen wird ein mit Leimwasser gemischter Gipsmörtel (Stuck) verwendet. Putz und Stuck können bemalt werden, jedoch kann Farbigkeit auch durch verschiedenfarbiges Baumaterial erreicht werden (Polychromie) sowie durch das Verkleiden mit Mosaik, Terrakotta oder Fliesen.

2. Die Stützen

Die Breite eines raumverbindenden Mauerdurchbruchs hängt von der konstruktiven Möglichkeit, die darüber gelegene Mauer abzufangen, ab. Die Öffnungen, z. B. zwischen Mittel- und Seitenschiff, können in einer gleichmäßigen Folge angeordnet werden; die verbleibenden, die Öffnungen trennenden Mauerstücke haben einen rechteckigen oder gar quadratischen Querschnitt. Sie werden als Reststücke der Mauer bezeichnet, wenn sie ohne Unterbrechung in die mit einem Bogen abgefangene Obermauer übergehen.

a) Der Pfeiler

ist ein Mauerstück, das häufig auf einer zumeist profilierten Platte (Sockel, Basis, Abb. 202) steht und am oberen Ende durch eine zwei- (karolingisch/salisch, auch spätstaufisch, Abb. 341) oder vierseitig vorkragende, häufig profilierte Platte (Kämpfer, Abb. 198, 199) gegen den darauf aufsitzenden Bogen (Bogenansatz = Kämpferlinie) abgesetzt ist. Die Reduktion des Pfeilerquerschnittes auf das quadratische Format (Abb. 163) bedingt eine konstruktive saubere Ausführung in Quadern oder Backsteinen. Der Pfeiler kann auf den der Mauerflucht entsprechenden Seiten rechteckige Vorlagen erhalten (Kreuzpfeiler, Abb. 202), auch halbrunde oder dreiviertelrunde Säulen (Pfeiler mit Vorlagen, Abb. 339), oder die Pfeilerkanten werden abgeschrägt (abgefast, Abb. 198) und diesen halbrunde Säulen vorgelegt (kantonierter Pfeiler, auch diagonal gestellt, seit der Mitte des 11. Jh. in Frankreich). Dem Kreuzpfeiler können auch Säulen in die Winkel eingestellt (Abb. 204) und den Stirnflächen Halbsäulen (Abb. 203) oder Pilaster (Abb. 205, 355) vorgestellt werden. Der Querschnitt des Pfeilers kann auch achteckig (Achteckpfeiler, besonders 14./15. Jh.) und rund sein (Rundpfeiler); letzterer unterscheidet sich von der Säule dadurch, daß er kein Kapitell und keine Verjüngung aufweist (in der Gotik auch mit Kapitell, Abb. 201, 246). Auch können mehrere Dienste um einen Kern gestellt den Pfeiler bilden (Bündelpfeiler, Abb. 206, 207, 217). Die Pfeiler sind häufig der Mauer vorgestellt (Wandpfeiler, Abb. 200), auch paarweise (Doppelwandpfeiler) oder betonen ihre Ecken (Eckpfeiler). Grundsätzlich sind sie durch ihre Dimension, ihr Material und ihre Stellung im Bauzusammenhang ein Glied der Mauer.

W. Maurenbrecher: Die Form der Stütze im frühen 12. Jh. Diss. München 1928, Sonneberg 1929. – L. Wilde: Die Entwicklung der Stützenformen in der mittelalterlichen Backsteinarchitektur des Ostseeraumes. Ms. Diss. Greifswald 1960. – G. Humann: Stützenwechsel in der romanischen Baukunst. Straßburg 1925. – E. Braun: Gebrochene Säulen. In: Das Münster 7, 1954, 217–220. – E. Forssmann: Säule und Ornament. Stockholm 1956. – Ders.: Dorisch, Jonisch, Korinthisch, Studien über den Gebrauch der Säule in der Architektur des 16.–18. Jh. Stockholm 1961. – H.-W. Schmidt: Die gewundene Säule in der Architekturtheorie von 1500 bis 1800. Stuttgart 1978. – W. Scriba: Basis. In: RDK 1, 1937, 1492–1506. – W. Herrmann: Abakus. In: RDK 1, 1937, 12–16.

198 Gernrode, Stiftskirche, Langhaus um 965/80.

199 Hecklingen bei Staßfurt, Benediktinerinnenklosterkirche, 2. Hälfte 12. Jh.

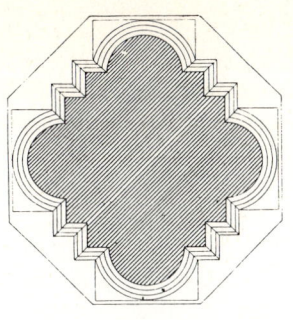

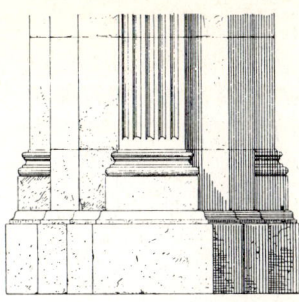

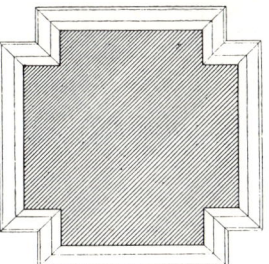

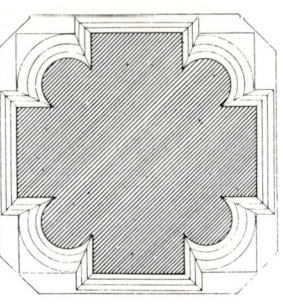

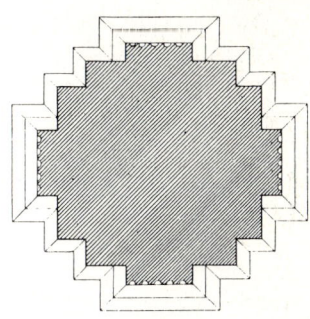

201 Laon, Kathedrale, Langhaus-Ostjoche, 1178–1190.

202 Trier, St. Matthias, Benediktiner-abtei, um 1140/60, Langhaus-Pfeiler, Ansicht und Grundriß.

▲

203, 204 Parma, Dom, 12. Jh., Lang-hauspfeiler, Grundrisse.

205 Autun, Saint-Lazare, um 1120 begonnen, Langhaus-Pfeiler, Ansicht und Grundriß.

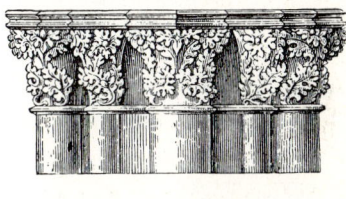
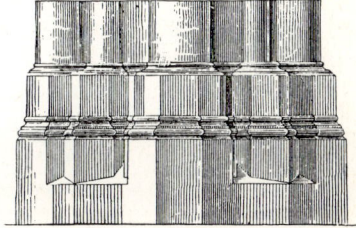

200 Rosheim/Elsaß, Pfarrkirche, 3. Viertel 12. Jh.

206, 207 Köln, Dom St. Peter, Lang-haus-Pfeiler, um 1330, Grundriß und Ansicht.

85

b) Die Säule

dagegen ist ein in sich selbständiges, rundplastisches Bauelement, das der Mauer als Stütze dient. Die Säule besteht aus einer Basis, die auf einem Sockel stehen kann, einem zumeist monolithen und sich verjüngenden Schaft, einem Kapitell und einem Kämpfer (Abb. 166, 208, 209). Basis und Kapitell haben die Aufgabe, von dem rechteckigen Fundament (beim antiken Tempel Stereobat, dessen obere Stufe als Stylobat bezeichnet wird, Abb. 36) bzw. von der entsprechenden Obermauer auf den runden Querschnitt des Schaftes überzuleiten; der Kämpfer dient zumeist zur Verbreiterung des Auflagers für eine darüberliegende dicker dimensionierte Mauer; die Säulen können hierfür auch verdoppelt sein (gekuppelt, Abb. 177, 179, 212, 242). Auch werden vier, seltener drei oder auch mehrere Säulen zu einer engen Gruppe verbunden (Bündelsäulen, Abb. 218). Die Säule kann, wie der Pfeiler, auch als Halb- oder Dreiviertelsäule der Mauer vorgelegt werden (Wandsäule, Säulenvorlage, Abb. 105, 106, 181, 193, 196). Das Interkolumnium bezeichnet den Abstand von Säulenachse zu Säulenachse (nach Vitruv jedoch der lichte Abstand zwischen zwei Säulen). Die Verwendung der Säulen als Stützenreihen in Kirchen reicht bis in die salische Zeit (Abb. 18, 19, 63, 172). In Italien, bei den Cluniazensern und Hirsauern am Oberrhein und in Sachsen bleiben sie bis ins 11. und 12. Jh. beliebt. Im 11. Jh. bildet sich ein regelmäßiger Wechsel von Pfeiler und Säule heraus (Abb. 21, 258–260), in Sachsen auch von Pfeiler und zwei Säulen (sächsischer Stützenwechsel, Abb. 20, 73, 257). In Chorumgängen werden bis in die Gotik vornehmlich Säulen verwendet (Abb. 75, 105, 349). Erst die Renaissance und dann der Klassizismus wählen wieder die Säule als Stützglied auch in Langhäusern und Vorhallen (Abb. 191, 256).

Die *Basis* besteht zumeist aus einer rechteckigen Unterlage (Plinthe), einer Kehle (Trochilus) und einem Wulst (Torus). In romanischer Zeit wird vornehmlich die sog. „attische Basis" verwendet, bei der die Hohlkehle zwischen zwei Wülsten liegt, von denen der obere niedriger und weniger ausladend ist als der untere (Abb. 208–210). In karolingischer Zeit werden im allgemeinen die antiken Proportionen beibehalten. Nach 900 bis 1150 wird die Ausladung zurückgenommen. Nach 1150 wird der untere Wulst höher, erreicht bis zu dreifache Höhe des oberen Wulstes (Abb. 208–210) und tritt teilweise vor die Kante der Plinthe vor (Abb. 212,4). Als Überleitung vom unteren Wulst zur quadratischen Plinthe werden an den vier Ecken seit etwa 1100 die Eckzier, kleine

86

208, 209 Maria Laach, Benediktinerklosterkirche, Ostchor, um 1130/56, und Paradies, um 1220.

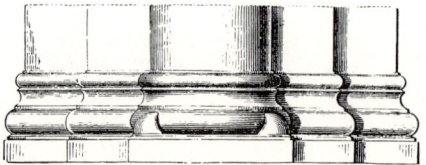

210 Maria Laach, Benediktinerklosterkirche, Langhaus, um 1130/56.

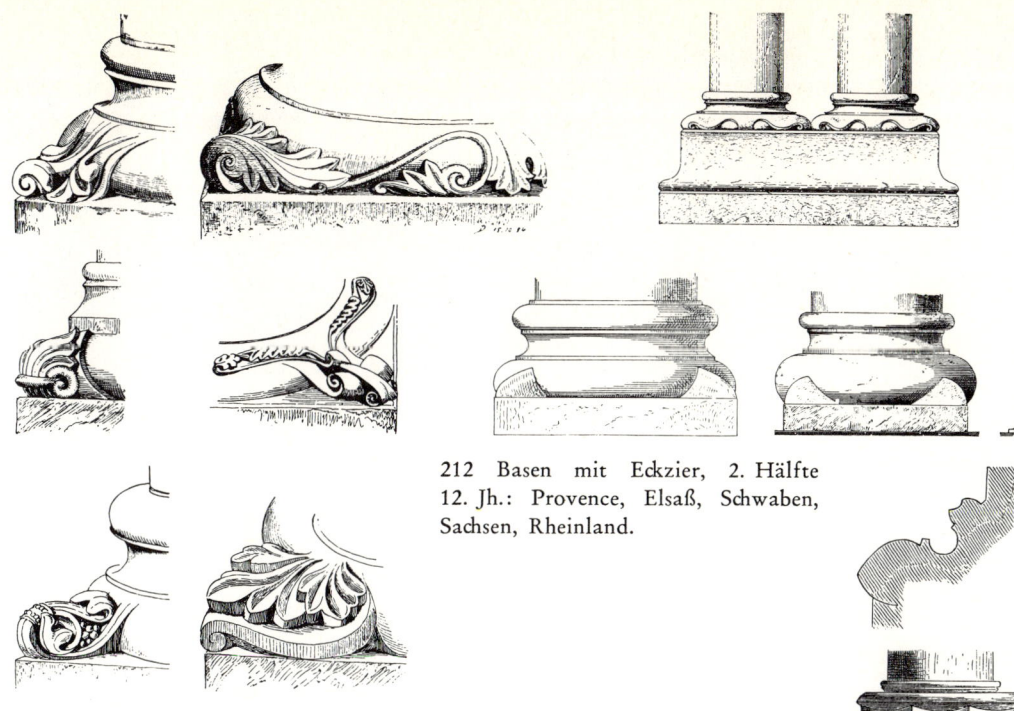

212 Basen mit Eckzier, 2. Hälfte
12. Jh.: Provence, Elsaß, Schwaben,
Sachsen, Rheinland.

211 Basen mit Eckzier, 2. Hälfte
12. Jh.: Oberrhein, Burgund, Böhmen,
Burgund, Paris, Westfalen.

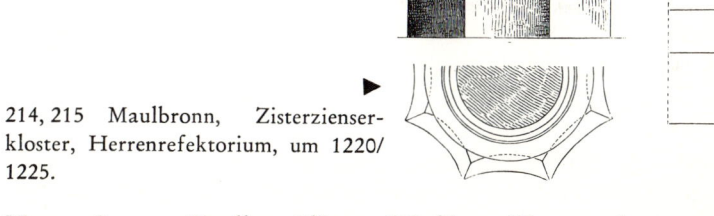

214, 215 Maulbronn, Zisterzienserkloster, Herrenrefektorium, um 1220/
1225.

213 Basen aus Sachsen und Provence,
2. Hälfte 12. Jh.

Nasen, Sporne, Knollen, Blätter, Köpfchen, Klauen oder geometrische
Formen, wie z. B. eingerollte Bänder, angebracht (Abb. 209, 211, 212),
die nach der Mitte des 12. Jh. größer werden und zusammenwachsen
können und den unteren Wulst teilweise überdecken (Abb. 211, 212) oder
eine an den Ecken aufquellende kissenförmige Unterlage für den Wulst
auf der Plinthe bilden (Abb. 223–225). Mit Aufkommen der Gotik steigt

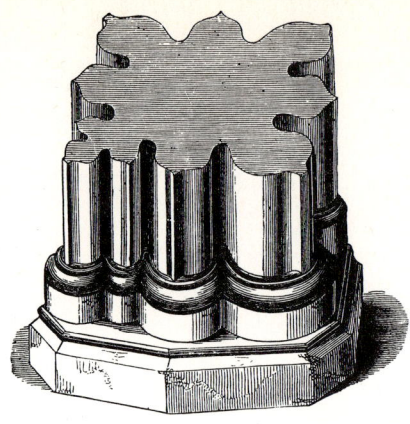
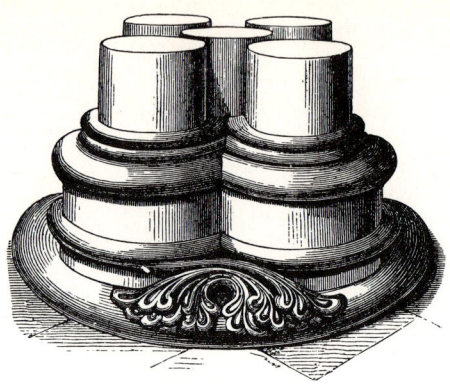

der Sockel an und nimmt häufig polygonale Formen an (Abb. 106, 214, 216), der obere Wulst wird dünner, der untere flacher und tritt zumeist über die Kante der Plinthe vor (Abb. 214, 215). Die Kehle wird schmaler und tiefer und hinterschneidet seit 1240/50 den unteren Wulst (Abb. 214, 215). Seit etwa 1275 läuft der obere Wulst in den unteren über, es entsteht ein flach ausladender Teil (Tellerbasis). In der späteren Gotik ändert sich diese Basis zunächst wenig, nach der Mitte des 14. Jh. verschmilzt der Sockel der einzelnen Dienste mit dem Pfeilersockel (Abb. 216); im 15. Jh. entwickelt sich die Basis zu einem komplizierten Zierglied mit schwierigen Steinschnitten (Säulenstuhl). Seit dem 16. Jh. werden die antiken Basisformen, besonders die attische Basis, wieder aufgenommen und häufig auf mehrstufige Sockel oder hohe Postamente (Piedestal) aus Plinthe, Würfel und Gesims gestellt (Abb. 229). Unter dem Einfluß der italienischen Hochrenaissance werden die Basen vereinfacht zu klassischen Bildungen (Abb. 256), die sich in der ganzen Barockzeit halten. Im 18. Jh. wird die attische Basis bevorzugt. Im Klassizismus wird die Basis ein von den antiken Säulenordnungen bestimmtes Glied.

Der *Schaft,* auch Rumpf genannt, ist normalerweise monolith (Abb. 208, 209, 256), vereinzelt sogar mit Basis und Kapitell aus einem Stein gearbeitet; seltener ist der Schaft aus zylindrischen Einzelstücken (Säulentrommeln) zusammengesetzt (Abb. 220). Der Schaft verjüngt sich nach oben zum Hals mehr oder weniger und hat nur sehr selten (11. Jh. im Elsaß) die von der griechischen Säule bekannte Entasis (Anschwellung in etwa einem Drittel der Höhe). In halber Höhe oder seltener auch mehr-

216 Carcassonne, Saint-Nazaire, Chor und Querschiff, 1270–1320.

217 Salisbury, Kathedrale, 1220 bis 1260.

218 York, St Mary's Abtei, Anfang 13. Jh.

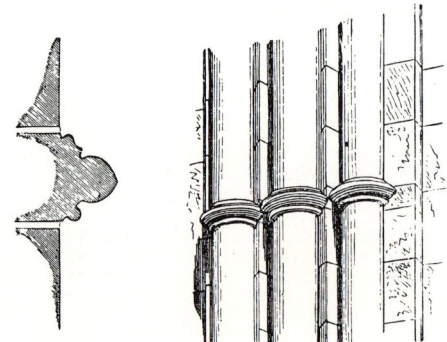

219 Vézelay, Kathedrale, Chor, um 1190–1206.

88

220 Chancelade bei Périgueux, Kirche, 12. Jh.

221 St Albans, Abteikirche, Empore, nach 1077 (?).

222, 223 Würzburg, Dom, Vorhalle, um 1230 (1644 abgebrochen).

224 Goslar, Dom, ehem. Vorhalle, um 1160/80.

225 Magdeburg, Dom, Kreuzgang-Südflügel, um 1170.

226, 227 Freising, Fürstbischöfl. Residenz, Hof, Rotmarmorsäulen von Stefan Rottaler, 1519.

228 München, Altes Rathaus, Portal.

229 Säule mit gebrochenen Kanneluren.

229 a Florenz, Palazzo Vecchio, Salone dei Cinquecento, Pilasterkapitelle aus Holz, um 1540.

fach kann eine ringförmige Unterbrechung eingesetzt sein (Bund, Schaftring, Wirtel, Abb. 219, 221, 282). Der Schaft ist normalerweise rund und glatt (Abb. 208, 209), bisweilen auch achteckig (Abb. 350) oder aus vier dünnen, wulstartigen Schäften gedreht (Abb. 224, 288) oder geknotet (Knotensäule, Abb. 222, 223). Darüber hinaus kann er mit reliefartigen oder aufgemalten Ornamenten verziert sein (Abb. 226–229, 288), in der Romanik häufig mit Rauten und Zickzack (Abb. 225, 288), in der Renaissance mit Roll- oder Beschlagwerk und Blättern (Abb. 229), ferner mit Kanneluren bei romanischen Bauten (Abb. 181, 288), besonders in Burgund, in der Renaissance (Abb. 228) und im Klassizismus. Die Kanneluren können im unteren Teil des Schaftes mit Rundstäben, sog. Pfeifen, gefüllt sein (Verstäbung).

Das *Kapitell* besteht aus dem Wulst (Halsring), dem Körper (Rumpf, Kelch, Kalathos) und der quadratischen Platte (Abakus), die zusammen aus einem Stein gearbeitet sind (Abb. 208, 209). Der Halsring hat die Aufgabe, vom Schaft zum Kelch überzuleiten, welcher seinerseits den runden Querschnitt des Schaftes zum quadratischen des Kämpfers umwandelt; der Abakus leitet dann als glatte, unverzierte Fläche zum Kämpfer über. Die Kapitelltypen sind aus der antiken Architektur übernommen, wobei sich Proportion, tektonische Bildung und ornamentale Behandlung in den einzelnen Perioden ändern. In der mittelalterlichen Baukunst wird das ionische Kapitell (Abb. 231) mit dem Eierstab und den an zwei gegenüberliegenden Seiten schneckenförmig eingerollten Polstern, den Voluten, nur selten (im 9. bis zum 11. Jh.) übernommen. Vornehmlich wird das korinthische Kapitell (Abb. 232) gewählt, das aus drei hintereinander aufwachsenden Blattkränzen (Kalathos) besteht und zwischen den Akanthusblättern aus geriefelten Blatthülsen aufsteigende Stengel (Helices) hat, die in einer Volute enden und auch die Enden des Abakus stützen, dessen profilierte Seiten konkav geschwungen und häufig mit einer Blume oder Rosette (Akanthusblüte) in der Mitte verziert sind (Abb. 230). Das in der römischen Architektur durch stärkere Betonung der Voluten als Verschmelzung des ionischen mit dem korinthischen Kapitell gewonnene Kompositkapitell (Abb. 233) wurde seltener verwendet. Eine formgetreue Nachahmung antiker Grundformen findet man nur bei kaiserlichen Bauten der Karolinger, Ottonen und Salier, die bewußt an die antiken Vorbilder anknüpfen, und in oberitalienischen Städten. Im allgemeinen jedoch wird der antike Formenapparat vereinfacht und verflächigt (Abb. 234,18 bis 24); erst im Laufe des 12. Jh. nimmt die plastische Durchgliederung wieder zu. Neben den antiken Ableitungen entstehen im 10./11. Jh. bemerkenswerte Neuschöpfungen: das Pilzkapitell und das Würfelkapitell.

R. Kautzsch: Kapitellstudien. Beiträge zu einer Geschichte des spätantiken Kapitells im Osten vom 4.–7. Jh. Berlin-Leipzig 1936. – H. Weigert: Das Kapitell in der deutschen Baukunst des Mittelalters. In: Zs. f. Kg. 5, 1936, 17–21, 120–137 (SD Halle 1943). – W. Senf: Das Nachleben antiker Bauformen. In: Wiss. Zs. d. Hochschule f. Architektur u. Bauwesen Weimar 11, 1964, 579–590. – R. Meyer: Karolingische Kapitellplastik in Westfalen und ihr Verhältnis zur Spätantike. In: Westfalen 39, 1961, 181–210 und 41, 1963, 313–334. – R. Meyer: Sonderformen des korinthischen Kapitells im Mittelalter und ihr Verhältnis zur

230 Korinthisches Kapitell.

Abakusblüte — Abakusplatte
Schnecke — Lippe des Kalathos
Kalathos — Helices
— Überfall
— Voluten
Stengel der Abakusblüte
Hüllblatt des Blütenstengels
Caulis Knopf — Caulis
— Hochblatt
— Kranzblatt

231 Ionisches Kapitell.

232 Korinthisches Kapitell.

233 Komposit-Kapitell.

Spätantike. Ms. Diss. Tübingen 1956. – W. Meyer-Barkhausen: Karolingische Kapitellplastik in Hersfeld, Hoechst a. M. und Fulda. In: Zs. f. bildende Kunst 63, N. F. 39, 1929/30, 120–137. – W. Meyer-Barkhausen: Die Kapitelle der Justinuskirche in Hoechst a. M. In: Jb. d. Preuß. Kunstsammlungen 54, 1933, 69–90. – E. Licht: Ottonische und frühromanische Kapitelle in Deutschland. Diss. Marburg 1935. – R. Strobel: Romanische Architektur in Regensburg. Kapitell, Säule, Raum. Nürnberg 1965. – E. Kluckhohn: Die Bedeutung Italiens für die romanische Baukunst und Bauornamentik in Deutschland. In: Marburger Jb. f. Kw. 16, 1955, 1–120. – E. Ahlenstiehl-Engel: Die stilistische Entwicklung der Haupt-Blatt-Form der romanischen Kapitellornamentik in Deutschland. In: Rep. f. Kw. 43, 1922, 135–220. – H.-A. Diepen: Die romanische Bauplastik in Klosterrath und die Bauornamentik an Maas und Niederrhein im letzten Drittel des 12. Jh. Diss. Würzburg 1926. – K. Nothnagel: Staufische Architektur in Gelnhausen und Worms. Göppingen 1971, 59–98. – G. Binding: Die Pfalz Kaiser Friedrich Barbarossas in Gelnhausen und die frühstaufische Baukunst im Rhein-Main-Gebiet. Ms. Diss. Bonn 1963, 109–142. – H. Nickel: Spätromanische Bauornamentik in Mitteldeutschland. In: Wiss. Zs. d. Martin-Luther-Universität Halle-Wittenberg 3, 1953/54, 25–74. – V. Kahmen: Die Bauornamentik des Bamberger Domes. Diss. Würzburg 1966. – R. Hamann: Die Kapitelle im Magdeburger Dom. In: Jb. f. preuß. Kunstsammlungen 30, 1909, 56–138. – W. Schulten: Neue Funde zur Baugeschichte der Abtei Knechtsteden. In Jb. d. rhein. Denkmalpflege 26, 1966, 189–240. – G. Ressel: Schwarzrheindorf und die frühstaufische Kapitellplastik am Niederrhein. Köln 1977 (= 13. Veröff. d. Abt. Architektur d. Kunsthist. Instituts d. Univ. Köln). – G. Wulff: Die Eigenart des spätromanischen Kapitells in Deutschland. Ms. Diss. Erlangen 1952. – A. L. Mayer: Das romanische Kapitell in Spanien. In: Festschr. H. Wölfflin. München 1924, 83–105. – M.-M. Knoche: Das Pilzkapitell. In: Aachener Kunstbll. 41, 1971, 201–210. – H.-G. Evers: Entstehung des Würfelkapitells. In: Festschr. Karl Oettinger zum 60. Geburtstag. Erlangen 1967, 71–72. – R. Strobel: Die Hirsauer Reform und das Würfelkapitell mit Ecknase. In: Zs. f. Württ. Landesg. 30, 1971, 21 bis 116. – D. Großmann: Das Palmetten-Ringbandkapitell. In: Niederdeutsche Beitrr. z. Kg. 1, 1961, 23–56. – H. Weigert: Blattkapitell. In: RDK 2, 1948, 877–867. – K. Nothnagel: Adlerkapitell. In: RDK 1, 1937, 180–187.

E. Alp: Die Kapitelle des 12. Jh. im Entstehungsgebiet der Gotik. Freiburg 1926. – A. Gessner: Die Entwicklung des gotischen Kapitells in Südwest- und Westdeutschland im 13. Jh. Würzburg 1935.

P. Zubeck: Studien zum Kapitell korinthischer und kompositer Ordnung der deutschen Baukunst im Spätbarock und Rokoko. Ms. Diss. Kiel 1966. – W. Rave: Echinos. In: RDK 4, 1958, 700–703. – W. Rave: Eierstab. In: RDK 4, 1958, 939–944.

234 Kapitelltypen

(I) Pyramidenstumpfkapitelle
   (1) Regensburg, Erhards-
      kapelle, Anfang 9. Jh.
   (2) Regensburg, Obermünster,
      1. Viertel 11. Jh.

(II) Kegelstumpfkapitelle
   (3) Füssen, St. Mang, Krypta,
      Ende 10. Jh.

(III) Pilzkapitelle
   (4) Köln, St. Pantaleon,
      Kreuzgang, 3. Viertel
      10. Jh.
   (5) Dietkirchen, Pfarrkirche,
      2. Hälfte 11. Jh.
   (6) Quedlinburg, Wiperti-
      krypta, 1. Hälfte 10. Jh.
   (7) Bonn, Münster, Kreuz-
      gang, Mitte 12. Jh.

(IV) Würfelkapitelle
   (8) Hildesheim, St. Michael,
      1. Viertel 11. Jh.
   (9) Köln, St. Maria im Kapi-
      tol, Mitte 11. Jh.
  (10) Köln, St. Georg, 3. Viertel
      11. Jh.
  (11) Bonn, Münster, 3. Viertel
      11. Jh.
  (12) Paulinzella, Klosterkirche,
      1. Viertel 12. Jh.
  (13) Schwarzrheindorf,
      Kapelle, Mitte 12. Jh.

(V) Polsterkapitelle
  (14) Worms, St. Martin,
      1. Viertel 13. Jh.
  (15) Klosterrath, Abteikirche,
      1. Hälfte 12. Jh.

(VI) Pfeifenkapitelle
  (16) Fulda, St. Michael,
      1. Viertel 9. Jh.
  (17) Regensburg, St. Jakob,
      Kreuzgang, 1. V. 12. Jh.

(VII) Kelchblockkapitelle
  (18) Winkel im Rheingau,
      Wohnhaus, Ende 8. Jh.
  (19) Corvey, St. Vitus,
      3. Viertel 9. Jh.
  (20) Köln, St. Maria im Kapi-
      tol, Mitte 11. Jh.
  (21) Essen, Münster, Krypta,
      2. Viertel 11. Jh.
  (22) Essen, Münster, Westbau,
      2. Viertel 11. Jh.
  (23) Hildesheim, St. Michael,
      1. Viertel 11. Jh.
  (24) Trier, Dom, 2. Viertel
      11. Jh.
  (25) Gelnhausen, Pfalz,
      3. Drittel 12. Jh.
  (26) Gelnhausen, Pfalz,
      3. Drittel 12. Jh.
  (27) Mainz, Dom, 1. Hälfte
      12. Jh.
  (28) Reichenau, Mittelzell,
      4. Viertel 10. Jh.
  (29) Schwarzrheindorf,
      Kapelle, 1151 gew.
  (30) Schwarzrheindorf,
      Kapelle, 1151 gew.
  (31) Köln, St. Aposteln, Ost-
      chor, Anfang 13. Jh.
  (32) Trier, Dom, 2. Viertel
      11. Jh.
  (33) Gelnhausen, Marienkirche,
      1. Viertel 13. Jh.
  (34) Naumburg, Dom, 2. Viertel
      13. Jh.
  (35) Köln, St. Andreas,
      Anfang 13. Jh.

(VIII) Kelchkapitelle
  (36) Seligenstadt, Einhards-
      basilika, 2. Viertel 13. Jh.
  (37) Bacharach, St. Peter,
      2. Viertel 13. Jh.

  (38) Gelnhausen, Marienkirche,
      2. Viertel 13. Jh.
  (39) Marienstatt, Klosterkirche,
      2. Hälfte 13. Jh.
  (40) Aschaffenburg, Stifts-
      kirche, 1. Viertel 13. Jh.
  (41) Gelnhausen, Marienkirche,
      2. Viertel 13. Jh.
  (42) Haina, Klosterkirche,
      2. Viertel 13. Jh.
  (43) Worms, St. Andreas,
      Mitte 13. Jh.
  (44) Aschaffenburg, Stifts-
      kirche, 1. Viertel 13. Jh.
  (45) Naumburg, Dom, West-
      lettner, 3. Viertel 13. Jh.
  (46) Naumburg, Dom,
      3. Viertel 13. Jh.

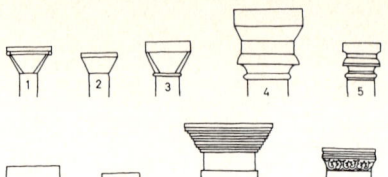
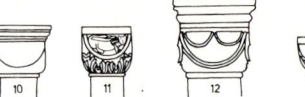
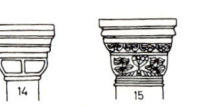

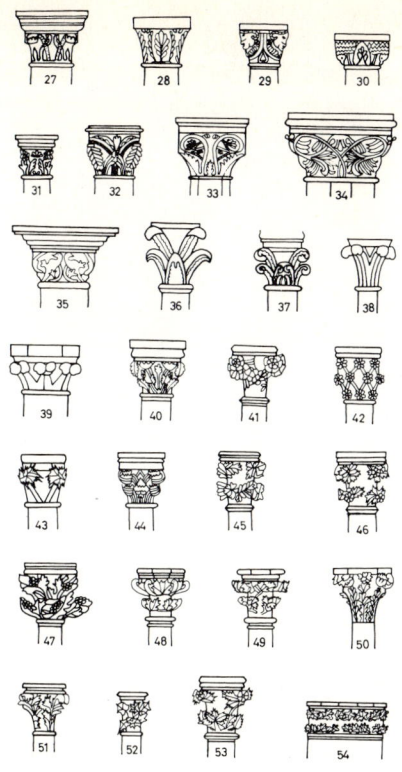

Das zwischen 950 und der zweiten Hälfte des 11. Jh. in Sachsen und im Niederrhein-Maas-Gebiet auftretende Pilzkapitell ist ein einer umgedrehten Basis ähnelnder Rotationskörper, der als Bossenform des korinthischen Kapitells gedeutet werden kann (Abb. 234). In karolingisch-ottonischer Zeit tritt daneben als weitere stereometrische Form das Kegelstumpf-, Trapez- und Pyramidenkapitell, auch gefaltet als Faltenkapitell oder in Korbform als Korbkapitell auf (Abb. 234). Mit St. Michael in Hildesheim 1010/22 erscheint das Würfelkapitell (Abb. 234, 235–237) sogleich in seiner vollendetsten Form: die Durchdringung von Würfel und Halbkugel, wodurch an den Seiten des Kapitells ein halbkreisförmiger Schild gebildet wird, der in der Folge auch gegliedert, ornamentiert oder verdoppelt sein kann (besonders im 12. Jh.). Die reine stereometrische Form verändert sich im Laufe des 11. Jh. zu einer freieren Form und wird bis ins 13. Jh. an nebengeordneten Stellen (Zwerggalerie, Turmarkaden, Fensterarkaden am Palas) weiter verwendet. Im 12. Jh. wird der Würfel aufgelockert und wandelt sich zum Blockkapitell mit kleinen eingeritzten Schilden und pflanzlichen Formen (Abb. 235, 238, 239).

Seit 1150 wird das dem Block aufgelegte Blatt- und Rankenwerk weiter gelockert, der Kern wird eingetieft, so entsteht die reiche Gruppe der Kelchblockkapitelle, die mit Pflanzen, Tieren und Figuren belebt sein können (Abb. 234, 240–242). Hierzu gehören auch die recht zahlreichen Adlerkapitelle mit je einem aufrechten oder stürzenden Adler an den Ecken. Gegen 1200 verdicken sich die Blattenden zu Knospen, die Formen werden einfacher, der Kern wird als Kelchform wieder erkennbar; der Kelch wird höher und schlanker, der Block niedriger. Die Entwicklung setzt sich konsequent fort zum Kelchkapitell, das seit etwa 1220 aus Frankreich kommend zunächst unter Zisterziensereinfluß verbreitet wird und an den Ecken zumeist schlanke, in Knospen endende Blätter (Kelchknospenkapitell, Abb. 234, 243) oder mehrere Blattkränze (Blattkapitell, Abb. 234, 244–246) aufweist. Mit der Ausbildung der Hochgotik endet um 1250 die große Zeit mittelalterlicher Kapitelle; weiterhin sind reiche, fast vollplastische, naturalistische Blattkränze dem Pfeiler- oder Dienstkern aufgelegt (Abb. 247, 248). Erst die Renaissance und der Barock verwenden wieder in bewußtem Rückgriff auf die Antike Kapitelle, hier besonders das Komposit- und korinthische Kapitell (Abb. 193, 228, 229, 251), aber auch das aus der römischen Baukunst übernommene toskanische Kapitell (Abb. 311) (siehe Säulenordnungen, S. 136 ff.), sowie verschiedene, dem Kapitellkern aufgelegte Ornamente (Abb. 226, 227, 249, 252).

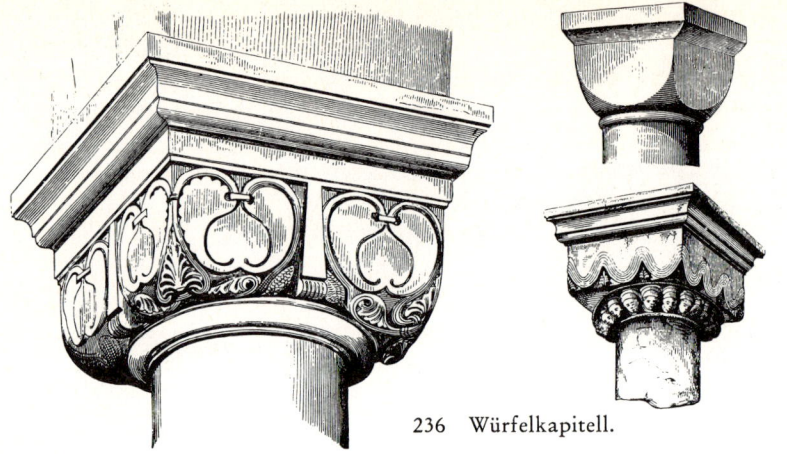

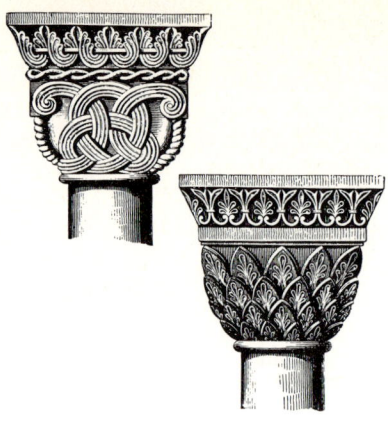

236 Würfelkapitell.

235 Rosheim/Elsaß, Pfarrkirche, Langhaus, 3. Viertel 12. Jh.

237 Rosheim/Elsaß, Pfarrkirche, Langhaus, 3. Viertel 12. Jh.

238, 239 Hildesheim, Benediktinerklosterkirche St. Godehard, Langhaus,
um 1150–1172.

240 Köln, St. Aposteln, Chor, um
1200/20.

241 Köln, St. Gereon, Dekagon, 1219
bis 1227.

242 Köln, St. Andreas, westl. Vorhalle, um 1210/20.

243 Paris, Kathedrale Notre-Dame, Langhaus, um 1180–1200.

244 Saint-Père bei Sully-sur-Loire, Kirche, Dienstkonsole 13. Jh.

245 Köln, Dom St. Peter, Langhaus, um 1330.

246 Amiens, Kathedrale, Langhaus, 1220–1236.

247 Reims, Kathedrale, Langhaus, 1210–1241.

248 Esslingen, Frauenkirche, Turm, 1455/60.

249 Orléans, Hôtel de Ville, 1549–55.

250 Paris, Palais du Louvre, Seine-Flügel, 1564–1572 von Philibert de l'Orme erbaut (französische Säule).

251 Venedig, Dogenpalast, Ostflügel, 1483–1498 von Rizzo erbaut.

Der *Kämpfer* vermittelt zwischen dem Querschnitt des Kapitells und der Dicke der zu stützenden Mauer. Er ist zumeist eine quadratische, mehr oder weniger profilierte Platte, die bündig oder nur wenig vorstehend auf dem Abakus des Kapitels aufliegt und oben zumeist vor der Mauerflucht vorsteht (Abb. 198, 199, 208, 209). Bei karolingischen und salischen Bauten, die antike Formen bewußt wieder aufnehmen, und auch in der Renaissance wird zwischen Kapitell und Kämpfer ein vom antiken Gebälk abgeleiteter, würfelähnlicher Block (Kämpferblock) eingeschaltet, der teilweise wie der ionische Fries in Fascien gegliedert ist (Abb. 234). Um bei größerer Differenz zwischen Kapitell und Mauer, besonders bei Fenster- und Kreuzgangarkaden und Zwerggalerien, den Übergang herzustellen, wird der Kämpfer in Querrichtung zur Mauer stärker ausgekragt (Sattelkämpfer), entweder in Trapezform oder mit ausladender Kehle und untergehängter Rolle (Mitte 12. Jh.).

Säulenordnungen, Pilaster, Dienst und Lisene siehe Kapitel ›Wandgliederungen‹, S. 136 ff.

252 Wolfenbüttel, Marienkirche, Pfeilerkapitell, 1608/18 von Paul Francke erbaut.

253 Kämpfergesimse
(a) Petersberg, Klosterkirche, 1128–84.
(b) Querfurt, Burgkapelle, Anfang 11. Jh.
(c) Paulinzella, Klosterkirche, 1112 bis 1124.
(d) Gernrode, Stiftskirche, 965/80.

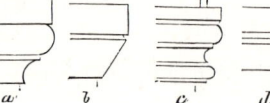

R. Huber, R. Rieth: Bogen und Arkaden. Glossarium artis 3, Tübingen-Strasbourg 1973, mit Lit. – E. Erdmann: Der Bogen. In: Jb. f. Kw. 1929, 100–144. – F. V. Arens: Bogen. In: RDK 2, 1948, 976–994. – L. Giese: Arkade, Arkatur. In: RDK 1, 1937, 1040–1050, mit Lit. – D. Frey: Archivolte. In: RDK 1, 1937, 1018–1025, mit Lit. – E. Fiechter: Architrav. In: RDK 1, 1937, 1014–1018, mit Lit. – H. E. Kubach: Drillingsbogen. In: RDK 4, 1958, 561–566. – R. Beyer: Eselsrücken. In: RDK 6, 1973, 1–21. – C. Pfitzner: Studien zur Verwendung des Schwibbogens in frühmittelalterlicher und romanischer Baukunst. Diss. Bonn 1932, Düren 1933.

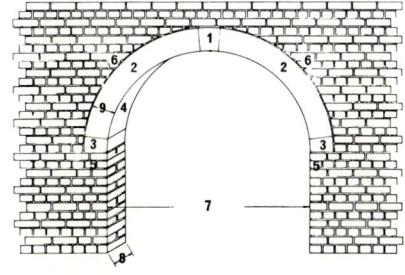

254 Bogen
(1) Schlußstein; (2) Haupt, Stirn; (3) Anfänger; (4) Laibung; (5) Widerlager; Kämpfer; (6) Rücken; (7) lichte Weite; (8) Bogentiefe; (9) Bogendicke.

3. Der Sturz und der Bogen

Der Überbrückung von Maueröffnungen dienen der Sturz und der Bogen; sie müssen die Last des darüberliegenden Mauerwerks auf die die Öffnung begrenzenden Mauerstücke oder Stützen überleiten. Der Sturz ist der waagerechte, obere Abschluß einer Öffnung.

a) Der Architrav (auch Epistyl)
ist ein horizontales Gebälkstück, das über zwei Pfeilern oder Säulen oder einer Säulenreihe (Kolonnade, Abb. 60, 191) liegt. Es ist ein aus der Antike in den frühchristlichen Kirchenbau übernommenes Glied zum Abfangen der Wand zwischen Mittel- und Seitenschiff oder an Vorhallen. Der Architrav kann in drei Fascien gegliedert sein. Er kommt seltener vor und wird um 800 aufgegeben, aber in antikisierenden Phasen vereinzelt wieder aufgenommen, zumeist allerdings dann als Bogen „aufgekröpft", wie z. B. in Speyer. Erst die Renaissance verwendet den Architrav als Glied des antiken Gebälkes weitgehend in den klassischen Formen (Abb. 36) (siehe Säulenordnungen). Im 18. Jh. entstehen Um- und Neubildungen zu großen Gesimsformen, auch verdoppelt oder nur als schmale Leiste; in Frankreich werden die klassischen Formen bevorzugt.

b) Der Bogen
dient zur Überbrückung einer Maueröffnung. Da der Stein wegen seiner geringen Beanspruchbarkeit auf Zug keine größere Spannweite ermöglicht, müssen Einzelsteine so gemauert werden, daß sie, auf Druck beansprucht, zwischen zwei Widerlagern die Öffnung überdecken. Dieses wird durch bogenförmiges Aufmauern erreicht, wobei die Fugen stets zum Krümmungsmittelpunkt gerichtet sein müssen. Die Bogenlinie beginnt in den Kämpferpunkten, die durch Kämpfersteine betont sein können (Abb. 254). Die Kämpfersteine treten häufig vor die Mauerflucht vor und sind wie Kämpfer an Pfeilern und Säulen profiliert. Die Verbindung zwischen den Kämpferpunkten heißt Kämpferlinie; der lichte Abstand der Kämpferpunkte ist die Spannweite. Die Bogenhöhe, der Stich oder der Pfeil, ist der senkrechte Abstand zwischen Kämpferlinie und Scheitel, dem höchsten Punkt des Bogens mit dem Schlußstein. Die Höhe zwischen Fußboden und Scheitel, also die Summe aus Kämpferhöhe und Stich, ist die Scheitelhöhe. Die Innenfläche nennt man Bogenlaibung oder Bogentiefe, die Außenfläche Bogenrücken und über dem Scheitel Bogenhaupt, die vordere Ansichtsfläche heißt Bogenstirn, deren Höhe Bogendicke.

97

Die meisten in der Architektur angewandten Bogenformen sind aus dem Kreis entwickelt oder aus mehreren Kreissegmenten zusammengesetzt (Abb. 255). Der Rundbogen kann als Halbkreisbogen oder aber auch als Flach-, Stich- und Segmentbogen auftreten; der gestelzte Rund- oder Spitzbogen setzt mit beiden Bogenschenkeln zunächst über der Kämpferlinie senkrecht an. Schon vor dem Aufkommen der Gotik wird der Spitzbogen verwandt, um ungleiche Spannweiten mit gleicher Scheitelhöhe zu überspannen (Burgund, Poitou, Westfrankreich, Provence, auch als dekorative Form). Diese seine besondere Eigenschaft macht den Spitzbogen zum wichtigen Konstruktionsglied der Gotik. Beim Kleeblattbogen oder Dreipaßbogen wird die Bogenlinie aus drei sich tangierenden Pässen gebildet (Abb. 280, 303, 426). In der Spätgotik verliert der Bogen seine Straffheit, die Spitze wird nach oben ausgezogen: beim Eselsrücken oder Sattelbogen sind die Bogenschenkel im unteren Teil konvex, im oberen Teil konkav geschwungen; beim Kielbogen entsprechend, nur mehr einschwingend (Abb. 284); oder die Schenkel werden aus Kreisstücken mit außerhalb liegenden Mittelpunkten gebildet als konkave Spitzbogen, bei mehreren konkaven Schwingungen als Vorhangbogen (Abb. 403). Der Tudorbogen ist ein im 15. Jh. in England gebräuchlicher, flacher, von vier Zentren aus konstruierter Spitzbogen. Der Giebel- oder Dreieckbogen, der aus zwei schräg zueinandergeführten Linien besteht, erfüllt konstruktiv die Voraussetzungen eines echten Bogens, obwohl er von zwei Geraden gebildet wird, da seine Steine einen auf den Mittelpunkt ausgerichteten Fugenschnitt aufweisen. Ebenso ist der scheitrechte Bogen trotz seiner waagerechten Unterkante durch die auf einen Mittelpunkt ausgerichteten Fugen konstruktiv ein Bogen. Der scheitrechte Bogen kann auch über Kreissegmenten gestelzt sein (Schulterbogen, Abb. 275, 276). Die Bogenformen der Renaissance und des Barock sind schon von der mittelalterlichen Kunst verwandt worden; an Fenstern und Portalen finden sich neben dem geraden Sturz vornehmlich Rund-, Flach- und Korbbogen, dazu als neue Form der Konvex-Bogen.

Außer der Überspannung von Öffnungen dienen Bogen zur Entlastung von nicht genügend tragfähigen Bauteilen (Entlastungsbogen); sie liegen bündig in der Mauerfläche oder sind in nicht tragender Funktion oder als Bogenfries zur Gliederung der Wand dieser vorgeblendet.

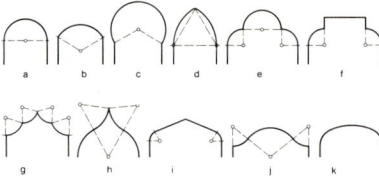

255 Bogenformen
(a) Rundbogen; (b) Segmentbogen; (c) Hufeisenbogen; (d) Spitzbogen; (e) Kleeblattbogen; (f) Kragsturzbogen oder Schulterbogen; (g) Vorhangbogen; (h) Kielbogen; (i) Tudorbogen; (j) Konvexbogen; (k) eliptischer Bogen.

c) Die Archivolte

ist ein profilierter oder dekorierter Bogen, der einen Durchgang überspannt (Abb. 193), auf Mauerwangen oder Stützen aufliegt und in der
Reihung Mittel- und Seitenschiffe trennt (Abb. 75, 256, 257–260). Zunächst als orientalische Schmuckform von der hellenistischen und römischen Architektur übernommen, verliert die Archivolte in karolingisch-
ottonischer Zeit ihre Profilierung, wird aber durch farbigen Steinwechsel
oder Stuckierung weiterhin hervorgehoben. Nach 1000 wird zusammen
mit der Gliederung der Pfeiler die Profilierung der Archivolte wiederaufgenommen, zunächst durch rechteckige, zurückspringende Unterzüge,
auch mit ein- oder untergelegten Rundstäben, vor allem an Portalen
(Abb. 68, 181, 281, 282). Im 12. Jh. setzt im Bereich der Portalzone,
besonders in Oberitalien und Frankreich, die plastische Ornamentierung
ein, gegen Ende dieses Jahrhunderts dann auch mit Figurenreihen auf
Konsolen und unter Baldachinen (Abb. 285, 288). In der Gotik wird die
Profilierung der Archivolten durch Hohlkehlen zwischen Stäben und Ste-
gen erweitert, wodurch die einzelnen Glieder der Archivolte verschliffen
werden. Bei Portalen kann das Bogenfeld der Archivolte durch ein Tympanon, eine entweder glatte, ornamentierte oder reliefierte Steinplatte,
geschlossen werden.

d) Die Arkade

ist eine Bogenstellung, bestehend aus dem Bogen und seinen beiden Stützen; in fortlaufender Reihung dient sie zur Raumunterteilung und Abstützung der darüberliegenden Mauer oder des Daches (im Gegensatz
zur Kolonnade, Folge von Säulen mit Architrav). Neben der einfachen
Säulen- (Abb. 18, 309) oder Pfeilerarkade tritt der Stützenwechsel von
Pfeiler und Säule auf (Abb. 259), auch Pfeiler – Säule – Säule – Pfeiler
(sächsischer Stützenwechsel, Abb. 73, 257). Beim Stützenwechsel kann ein
Blendbogen (Überfangbogen) von Pfeiler zu Pfeiler geschlagen werden,
besonders in den ottonischen Kernlanden (Sachsen) von der zweiten
Hälfte des 10. Jh. bis ins 11. Jh. (Abb. 258, 260). Der Blendbogen kann
seit dem 11. Jh. gelegentlich auch die Fensterzone einbeziehen und beim
„Gebundenen System" (siehe Gewölbe) mit dem Schildbogen des Gewölbes
identisch werden. Hinter Arkaden können auch ein Gang (Triforium,
Zwerggalerie) oder Räume liegen (Fensterarkaden), oder die Arkaden
sind der Mauer nur vorgeblendet (Blendarkaden, Abb. 74, 189, 426, 427).

256 Ferrara, San Francesco, 1494 begonnen.

Sind zwei Arkaden, z. B. bei Fenstern, verbunden, so spricht man von gekuppelter Arkade oder Zwillingsarkade (Abb. 2, 305, 311), die häufig von einem Blendbogen überfangen ist (Überfangbogen, Abb. 2, 140, 144, 303, 307), bei drei Arkaden von Drillingsarkade (Abb. 303). Das „römische Joch" oder „Tabulariummotiv" besteht aus Pfeilerarkaden, denen Halbsäulen auf Postamenten mit Architrav vorgeblendet sind (aus der römischen Antike in die Renaissance übernommen). Ähnlich sehen die Serliana oder die Serlio-Arkaden aus, ein Palladiomotiv, bei dem eine mittlere Arkade, gerahmt von zwei schmalen Öffnungen, welche von einem Architrav in Kämpferhöhe des Mittelbogens abgeschlossen sind, zwischen breiten Pfeilern steht, denen eine Kolossalordnung vorgeblendet sein kann.

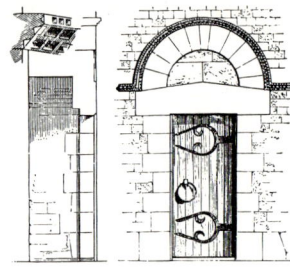

261 Saint-Remi-l'Abbaye (Oise), Kirche, 12. Jh. (1:100).

e) Der Schwibbogen

(auch Querbogen, Transversalbogen) wird zur Übertragung von Horizontalschub und zum Gliedern und Unterteilen von Innenräumen verwendet. Vornehmlich bei holzüberdeckten Kirchenschiffen nach einzelnen Vorstufen im frühen 11. Jh. in der Normandie, Ile de France, Burgund und Lombardei entwickelt und von dort weiter verbreitet, wird er im Laufe der ersten Hälfte des 12. Jh. durch die allgemeine Einwölbung der Kirchenschiffe abgelöst.

Der Strebebogen und die Schild-, Gurt-, Scheid-, Grat-, Kreuz- und Diagonalbogen sind Bestandteile des Gewölbes (siehe Kapitel ›Gewölbe‹).

257 Quedlinburg, Stiftskirche, nach 1070–1129.

259 Hecklingen bei Staßfurt, Benediktinerinnenklosterkirche, 2. Hälfte 12. Jh.

262 Beaune, Kirche Notre-Dame, Südportal, um 1140 (1:100).

258 Echternach, Abteikirche, 1039 geweiht.

260 Huysburg bei Halberstadt, Benediktinerklosterkirche, 1084–1121.

D. Frey: Bogenfeld. In: RDK 2, 1948, 996–1010, mit Lit. – H. Haase: Romanische Kirchenportale vom Ausgang des 12. bis zur Mitte des 13. Jh. Ms. Diss. Hannover 1948. – H. Meckenstock: Portalarchitektur deutscher Spätgotik. Ms. Diss. Innsbruck 1951. – D. Unkenbold: Untersuchungen zur Entwicklung des deutschen Kirchenportals von ca. 1250 bis 1350. Ms. Diss. Göttingen 1955. – R. Hiepe: Prinzipien der Gesamtgestaltung monumentaler Türen von der Antike bis zur Romanik. Ms. Diss. Hamburg 1958. – H. Holländer: Das romanische Tympanon. Diss. Tübingen 1959. – E. Neubauer: Die romanischen skulpierten Bogenfelder in Sachsen und Thüringen. Berlin 1972.

4. Das Portal

Im mittelalterlichen Kirchenbau ist das Portal als Vermittlung von Außen und Innen ein wichtiges bauliches Glied und wird aufgrund seiner hohen Bedeutung reich gestaltet. Die Portale großer Kirchen dienten im Mittelalter als Gerichtsstätte, deswegen wurden die Bogenfelder oft mit Darstellungen des Jüngsten Gerichtes geschmückt und mit erhöhenden Baugliedern wie Säulen, Giebeln und Portallöwen besetzt. Aber auch die Deutung der Kirche als Abbild des Himmlischen Jerusalem erfordert das Durchschreiten des göttlichen Gerichts. Die großen gotischen Portale sind deshalb ein Abbild der hierarchischen Ordnung des Gottesreiches: über allem thront Christus als Weltenrichter oder in der Verherrlichung; an den Gewänden die Vorfahren Christi, die Propheten, besonders verehrte Heilige, auch die Tugenden und Laster; in der Kapitell- und Bogenzone die Passion des Herrn; in den Archivolten die Engelschöre, Kirchenväter, Heilige, Apostel; im Sockel oft Reliefdarstellungen aus dem menschlichen Leben mit Jahreszeiten-, Monats- und Tierkreisbildern. Darüber hinaus findet sich an gotischen Kirchen ein ebenso reich geschmücktes Nordportal mit Relief- und Skulpturenschmuck, zumeist die Klugen und die Törichten Jungfrauen, gewöhnlich überdacht oder mit einer Vorhalle; hier nahm der Priester die Eheschließung und den Ringwechsel vor (Brauttür, Abb. 277).

Die Lage der Portale ist abhängig von der Nutzung. Der Haupteingang der altchristlichen Kirchen war verbunden mit einem Atrium und lag in der Mitte der Giebelfront, so auch bei den doppeltürmigen Westbauten der Romanik und Gotik, zusätzlich auch an den Querhausfronten (Abb. 68, 102, 104). Doppelchörige Anlagen haben das Hauptportal an der Langseite (Abb. 72, 116) sowie Portale von Osten bzw. Westen in die Querhausarme (Abb. 71, 171). Bei Klosterkirchen führt oft das wichtigste Portal aus dem Kreuzgang in die Kirche. Die Entwicklung der Portalformen geht von der einfachen, mit Sturz und Bogen überdeckten, rechtwinkligen karolingischen Maueröffnung über salische Nischen- und Stufenportale zu den reichen spätromanisch-gotischen Säulenportalen. In der Spätgotik und in der Renaissance tritt das Portal in der Regel kaum vor die Wand vor, zeigt als Einfassung einfach profilierte, auch rustizierte, breite Umrahmung und ist gerade oder rundbogig abgeschlossen. Bald schon werden die Profile reicher, mit Ornamenten und Figuren besetzt und von Pilastern und antiken Gebälken umschlossen (Abb. 289). Später

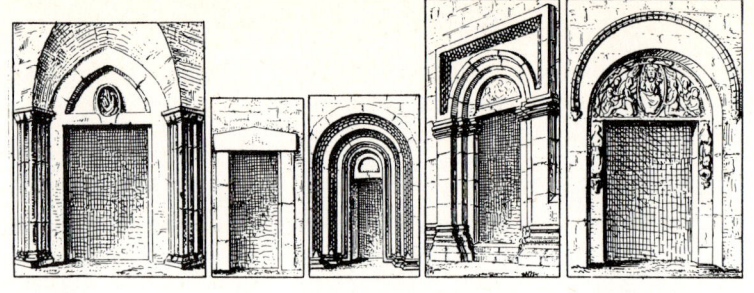

263 Merseburg, frühgotisches Portal.

264 Gernrode, Stiftskirche, 965/80.

265 Leisnig, Kreis Döbeln/Leipzig, Schloß Mildenstein, Martinskapelle, romanisches Portal.

266 Erfurt, Petersberg, Benediktinerklosterkirche St. Peter, 1103–47.

267 Landsberg bei Halle, Doppelkapelle, Nordportal, um 1200.

268 Merseburg, Neumarktkirche St. Thomas, um 1230.

269 Rochsburg, Kreis Rochlitz/Chemnitz, Dorfkirche, 2. Hälfte 12. Jh.

270 Zerbst, St. Nikolai, 2. Hälfte 12. Jh.

271 Petersberg bei Halle, Klosterkirche, 1128–1184.

272 Halle, St. Moritz, 1388–1511, Südeingang, nach 1448, von J. Rode.

273 Rochlitz, Petrikirche, um 1470/1480.

274 Leipzig, Pauliner Kirche, nach 1485.

275 Neustadt/Orla, Rathaus, 1465 bis um 1500.

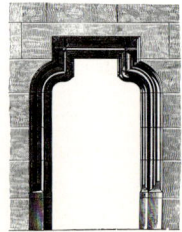

276 Bebenhausen, Zisterzienserkloster, Pforte vom Kreuzgang in die Küche, Ende 15. Jh. (1:100).

277 Nürnberg, St. Sebald, östl. Nord-portal = Brauttür, Mitte 14. Jh. ▶

278 Verona, San Zeno minor, Portal 12. Jh. (1:100).

werden die Pilaster durch Säulen oder Halbsäulen (Abb. 338) ersetzt, die auch verdoppelt und mit aufgesetzten Figuren oder Hermen-Karyatiden auftreten, darüber Dreieck- oder Segmentgiebel (Abb. 289), wobei der Giebel auch durch einen Balkon ersetzt werden kann. Das Bogen- bzw. Giebelfeld ist häufig durch Malerei, Reliefs, Kreismedaillons, Muscheln und Rosetten oder Felderteilung gefüllt oder als Oberlicht geöffnet. Die in der Renaissance ausgebildeten Formen werden vom Barock übernommen, im Umriß und Grundriß schwungvoller und reicher dekoriert, die Giebel häufig gesprengt, in einen Mittelrisalit eingebunden und mit der Gliederung ins obere Geschoß fortgesetzt.

a) Das Sturzpfostenportal

ist die einfachste Portalform, bei der zwei aufrechtstehende Monolithe als seitliche Begrenzung und ein Sturz den hochrechteckigen Durchgang rahmen, eine seit vorgeschichtlicher Zeit übliche und besonders im Profanbau bis heute gebräuchliche Form (Abb. 36, 190, 196, 264, 287, 290, 352). Schon in der griechischen Baukunst nahm der Sturz Giebelform an, um besser die Last der aufgehenden Mauer zu verteilen (Abb. 144). Der gegiebelte Sturz kann auch Umrißritzungen oder flache Reliefs aufweisen. Bald wurde der Sturz selbständig, rückte vor die Mauerflucht vor und wurde von Säulen getragen. So entstand die Ädikula (Abb. 278), ein in der mittelalterlichen Baukunst besonders in Oberitalien beliebtes Motiv (Abb. 354), das auch auf die Fenster übergreifen konnte und bei antikisierenden Bauten am Rhein unter den Saliern und in der Provence bis ins 12. Jh. hinein Verwendung fand. Das reine Rahmenportal kommt nur bei Innentüren oder kleineren Maueröffnungen vor. In der Renaissance werden die Flächen über dem Sturz der Innentüren gerahmt und dekoriert (Supraporten).

b) Das Bogenportal

ist eine zweite, seit römischer Zeit übliche Art einfacher Mauerdurchgänge. In romanischer Zeit ist der Rundbogen oder der Kleeblattbogen (Abb. 152, 518) zu finden. Die Bogenstirn wie auch das Gewände kann mit Reliefs geschmückt sein, in der Renaissance profiliert (Abb. 192, 286, 334) oder rustiziert (Abb. 289). Die Gotik setzt den Spitzbogen ein, die Spätgotik den Eselsrücken, Kielbogen (Abb. 284) und Vorhangbogen, in England ist der Tudorbogen und auch der Schulterbogen (Abb. 275, 276) vertreten.

c) Das Bogenportal mit Sturz

ist eine konstruktive und zugleich gestalterische Neuerung, die sich aus der Verselbständigung des Entlastungsbogens bei einfachen Portalen mit geradem Sturz entwickelt. Der in der Mauerfläche liegende, halbkreisförmige Mauerbogen über Portalen mit horizontalem Sturz hatte reine Entlastungsfunktion (Entlastungsbogen, Abb. 261). Das Bogenfeld war bündig vermauert und der Durchmesser des Bogens entsprach zumeist nicht der Lichtöffnung des Portals (Oberitalien, Frankreich, West- und Süddeutschland). Schon in karolingischer Zeit wird der Entlastungsbogen aus Steinen in wechselnder Farbe oder wechselnden Materialien gemauert und so in der Mauerfläche hervorgehoben. In der weiteren Entwicklung

279 Nevers, Saint-Genest, 12. Jh. (1:100).

280 Verdun, Abtei Saint-Vannes in der Zitadelle, Anfang 13. Jh. (1:100).

281 Nesles-la-Vallée bei L'Isle-Adam (Seine-et-Oise), Kirche, Hauptportal, Ende 12. Jh. (1:100).

282 Riga, Dom, Nordportal (1:100).

wird in salischer Zeit das Bogenfeld nicht mehr vermauert (Abb. 278), dann der Sturz zurückgestuft und das Bogenfeld durch eine Steinplatte (Tympanon) geschlossen (Abb. 263, 354), die im weiteren Verlauf mit Reliefschmuck überzogen wird. In der Gotik wird der Spitzbogen verwandt und das Tympanon in Zonen gegliedert (Abb. 283, 285) oder durchfenstert (Abb. 277). Bei breiten Portalen wird in einigen französischen Bauschulen der Sturz von einem mittleren Pfeiler (Trumeaupfeiler, Abb. 281, 283) abgestützt, der besonders bei gotischen Kirchen mit Reliefs oder einer Figur geschmückt wird (Abb. 285). In der Renaissance und besonders im Barock kann das Bogenfeld als Oberlicht geöffnet (Abb. 127) und mit reichen Schmiedeeisengittern besetzt sein.

d) Das Nischenportal

hat in karolingischer und ottonischer Zeit eine besondere Bedeutung. Eine große Nische, die zwei Geschosse umfassen kann und meist den Grundriß eines Kreissegmentes hat, ist in das aufgehende Mauerwerk eingelassen und kann als abschließende Apsis eines vorgelagerten Platzes oder Atriums aufgefaßt werden (Abb. 437, 438). Das eigentliche, einfache Rechteckportal mit Sturz befindet sich im Grunde der Nische und ist der monumentalen Nischenform untergeordnet. Schon römische Kastelltore kannten diese Form des Portals.

e) Das Stufenportal

ist eine Schöpfung der salischen Baukunst um 1030, hervorgegangen aus einmal gestuften, ungegliederten Bogenportalen. Mehrfache Rücksprünge des Gewändes setzen sich in den Bogen des Portals (Archivolten, Abb. 272 bis 274) fort. In Speyer schließlich finden die fünf äußeren Stufen auch eine Entsprechung auf der Innenseite. In der weiteren Entwicklung werden Tympana eingesetzt (Abb. 265–267) sowie die Gewändestufen und Archivolten ornamentiert (Abb. 265), auch mit Figuren besetzt (Abb. 272).

f) Das Säulenportal

ist mit den in die Gewändestufen eingestellten Säulen die reichste Portalform (Abb. 268). Das Motiv der den Rundbogen tragenden Säulen in einem einfach zurückgestuften Gewände ist seit der Antike bekannt (Abb. 262, 278). In der reichen Form des Säulenportales sind in mehrere Gewändestufen Säulen eingestellt. Die Stufen werden durch Basis und Kämpfer in Pfeiler umgewandelt. Ihre mit den Säulen gemeinsame Basis-

105

und Kämpferzone bewirkt dann später ein Übergreifen des Säulenkapitells auch auf die Pfeiler (Abb. 189). Die Basen entsprechen in Lage und Profilierung dem Mauersockel, so daß eine feste Verklammerung von Portal und Baukörper entsteht.

Erste Säulenportale finden sich im 11. Jh. in der Normandie und in Italien, dann um 1100 in Burgund (Abb. 3). Die frühesten Beispiele in Deutschland treten im ersten Drittel des 12. Jh. auf (Abb. 271). Die reiche Ausgestaltung beginnt um 1150: die Säulen setzen sich als Wülste im Bogen fort (Abb. 31–33, 181, 268–271, 280) und werden ornamentiert (Abb. 189, 262, 279, 288) oder mit Figuren besetzt (Abb. 285, 288). Das Tympanon wird mit Reliefs reich geschmückt (Abb. 145, 279), seit der Mitte des 13. Jh. auch durch Maßwerkfenster ersetzt. Ab dem 12. Jh. werden in Frankreich die Säulen zunehmend durch Figuren ersetzt; der Säulenschaft wird unterbrochen, auf einem eingeschobenen Sockel steht die Figur, die von einem Baldachin beschirmt wird (Abb. 153, 277, 285, 288, 394). Seit der Mitte des 13. Jh. können die Baldachine wie die Kapitell-Kämpfer-Zone zu einem ornamentalen Fries zusammenwachsen (Abb. 277, 282). Im Verlauf des 14. Jh. werden Säulen und Figuren aufgegeben und durch Wülste, Kehlen und andere Profile ersetzt, die sich in die Archivolten fortsetzen. Seit dem späten 12. Jh. werden an den West- und Querhausfassaden zwei oder drei Portale in ihren Gewändestufen so nahe zusammengerückt, daß eine zusammenhängende Portalzone entsteht (Abb. 68, 139, 174). Die Portale werden von Wimpergen bekrönt und überschneiden mit ihrem Umriß das nächste Geschoß.

g) Das Trichterportal
ist eine seltene Abwandlung des Säulenportals bzw. eine Frühform. Vor ein trichterförmig sich verengendes Gewände werden Säulen gestellt, deren Kapitelle und Kämpfer die Archivolten tragen (besonders um 1100).

283 Tours, Kathedrale Saint-Gatien, Portal, Ende 15. Jh. (1:100).

284 Portal mit spätgotischem Astwerk.

284 a   Paris, Kathedrale Notre-Dame, linkes Westportal „Marienportal", um 1220. Im Tympanon oben die Krönung Mariens durch einen Engel vom Segen des Sohnes begleitet, darunter der Marientod im Beisein der Apostel und thronende Propheten und Könige; in den Archivolten Kerzen und Weihrauchfaß haltende Engel, Könige, Patriarchen und Propheten; die Gewändefiguren (Konstantin, zwei Engel, St. Denis und Johannes d. T., St. Etienne, Ste. Geneviève, Papst Silvester) und die Marienfigur am Trumeaupfeiler wurden von Viollet-le-Duc seit 1841 erneuert.

286 Florenz, Palazzo Gondi, 1490 bis 1494 von Giuliano da Sangallo erbaut.

287 Rom, Palazzo del Governo Vecchio, 1473–1477.

◀

285 Straßburg, Münster, mittlerer Teil der Westfassade, 1276–1298 von Meister Erwin von Steinbach erbaut.

288 Freiberg in Sachsen, Dom, Goldene Pforte, um 1230.

289 Brüssel, Wohnhaus, um 1680. ▶

5. Das Fenster

Das Fenster ist eine Maueröffnung zur Belichtung und Belüftung von Innenräumen. Es wird oben begrenzt durch den geraden Sturz oder durch einen Bogen, unten durch die waagerechte, nach außen zumeist abgeschrägte Sohlbank und seitlich durch das senkrecht oder schräg eingeschnittene Gewände (Laibung). Unter dem Fenster liegt die Brüstung, die dann eine Fensternische bildet, wenn sie schwächer dimensioniert ist als die Mauer. Die Fensteröffnung (auch Fensterfläche genannt) kann unterteilt sein: durch einen hölzernen oder steinernen, waagerechten Stock (Kämpfer), durch einen senkrechten Stock (Pfosten, Abb. 290) oder durch einen Kreuzstock (Fensterkreuz, Abb. 292, 308–310), an den die Fensterflügel oder die feste Verglasung anschlagen bzw. in einen Falz einschlagen, auch durch eine (gekuppeltes Fenster, Zwillingsfenster, Abb. 290) oder mehrere eingestellte Säulen (Drillingsfenster, Fensterband, Fensterarkaden), oder sie kann durch Stäbe und Maßwerk gegliedert werden. Die Öffnungen wurden anfangs durch Tücher/Teppiche, geölte Leinwand, gegerbte Häute, durchbrochene oder dünngeschliffene Marmorplatten, dann durch Glas und Holzläden geschlossen. Während die Fenster in der antiken Baukunst verhältnismäßig groß waren, sind sie im Frühmittelalter klein, nehmen aber seit dem 12. Jh. bis hin zum 16. Jh. an Größe fortschreitend zu; besonders in gotischer Zeit wird der obere Teil des Bauwerks weitestgehend in Fenster aufgelöst. Bei den Kirchenfenstern in Deutschland, Oberitalien und Burgund fällt die Sohlbank allgemein nach innen wie nach außen schräg ab, um einerseits den Lichteinfall zu vergößern und andererseits Regen leichter abfließen zu lassen; in Spanien, Frankreich und England ist die Sohlbank meist nur nach innen abgeschrägt.

a) Die Fensterformen
sind von großer Variationsbreite. Üblich ist in der romanischen Baukunst das einfache, hochrechteckige, rundbogig abgeschlossene Fenster (Abb. 257 bis 260, 293), das auch gekuppelt (Abb. 35, 128, 140, 181, 290, 298) oder mit ein, zwei, drei oder mehr Zwischensäulchen vorkommt (Abb. 301, 303). In Frankreich und von dort beeinflußt an der Mosel und am Oberrhein tritt auch das gekuppelte hochrechteckige Fenster auf (Abb. 190, 304). Die gewölbte Basilika mit dem gebundenen System macht ein Zusammenrücken der Fenster zu Gruppen notwendig, damit diese nicht von den Schildbögen überschnitten werden. Die Zweiergruppen können in der

M. Simon: Das Fenster. Diss. Darmstadt 1933. – M. Kroh: Die spätromanischen Fensterformen im Kirchenbau des Rheinlandes. Diss. Mainz 1958, Mainz 1960. – W. Mersmann: Die Bedeutung des Rundfensters im Mittelalter. Ms. Diss. Wien 1944. – W. Ranke: Frühe Rundfenster in Italien. Diss. Berlin 1968. – H. G. Franz: Die Fensterrose und ihre Vorgeschichte in der islamischen Baukunst. In: Zs. f. Kw. 10, 1956, 1–22. – H. G. Franz: Les fenêtres circulaires de la cathédrale de Cefalù et le problème de l'origine de la « rose » du Moyen Age. In: Cah. arch. 9, 1957, 252–270. – A. Reinle: Zur Geschichte des Fensterladens. In: Festschr. W. Drack. Zürich 1977, 264 bis 267. – F. Hula: Mittelalterliche Kultmale. Wien 1970 (Friedhofsoculus). – W. Schlombs: Untersuchungen über die Verwendung niedrig liegender Fenster an der Hofkapelle St. Ägidius in Frechen-Hücheln. In: Vom Bauen, Bilden und Bewahren. Festschr. W. Weyres, Köln 1963, 121–129 (Beichtfenster).

G. Ungewitter: Lehrbuch der gotischen Konstruktionen. Leipzig ³1892, 503 bis 537. – L. Behling: Gestalt und Geschichte des Maßwerks. Halle 1944. – L. Behling: Dreipaß. In: RDK 4, 1958, 526–537. – G. Kiesow: Das Maßwerk in der deutschen Baukunst bis 1350. Ms. Diss. Göttingen 1957. – R. Becksmann: Die architektonische Rahmung des hochgotischen Bildfensters. Berlin 1967.

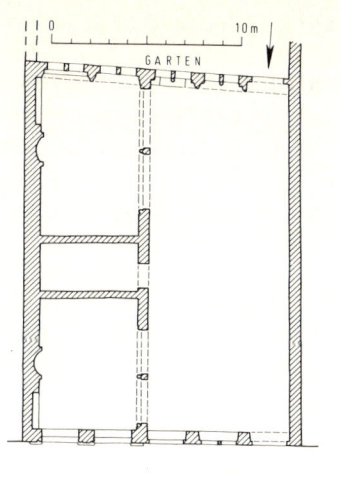

290, 291 Köln, Rheingasse 8, Wohn-
und Kontorhaus der Overstolzen, um
1230, Ansicht (1:200) und Grundriß
(1:400).

292 Antwerpen, Wohnhaus, um 1580.

111

Spätromanik durch ein drittes überhöhtes Fenster (Abb. 120, 300, 303) bereichert sein (besonders im Rheinland). Diese pyramidale Anordnung wird auch erreicht durch ein mittig unter dem Scheitel des Schildbogens über den zwei Fenstern eingesetztes Rundfenster (Okulus, Abb. 1, 54, 127, 129, 351), eine von der karolingischen Baukunst übernommene Fensterform. In Frankreich kann sich an dieser Stelle ein Radfenster ausbilden. Wird die Zweiergruppe durch einen Blendbogen zusammengefaßt bei gleichzeitiger Vergrößerung der Fensterflächen, entsteht eine Vorstufe des Maßwerkes (Abb. 318, 346).

Am Oberrhein und in der Lombardei, aber auch in Sachsen und in Frankreich, beginnt man im späteren 11. Jh., die äußeren Fenstergewände zu stufen, zu profilieren (Abb. 97, 296, 297) und plastisch zu verzieren oder Säulen einzustellen (Abb. 189, 290, 294, 295, 302). Auch erhalten die Fenster vorspringende Rahmen und werden von einem vorstehenden Bogen (Abb. 395) oder Giebel überdacht (Verdachung, auch als Ädikula).

In der staufischen Zeit entwickelt sich eine Vielzahl von Fensterformen. Das einfache, hochrechteckige Rundbogenfenster wird durch große Streckung zum Lanzettfenster, dessen Abschluß unter gotischem Einfluß spitzbogig sein kann. Auch kann der Rundbogen in drei Bogenteile aufgelöst werden (Kleeblattbogenfenster, Abb. 174, 303, 305, 353). Konkav und konvex geführte Kreissegmente bilden ein Lilien- bzw. Glocken- oder Schlüssellochfenster (seit 1150 im Rheinland). Aus dem Paßfenster wird durch Teilung in der Horizontalen das fünf-, sieben- oder neunpaßförmige Fächerfenster entwickelt (nur im Rheinland nach 1210, Abb. 299, 409, 410). Häufige Anwendung findet das Drei- (Abb. 303) oder Vierpaßfenster (Abb. 303, 426), das in Großform mit sechs, acht oder zwölf Pässen vorkommt (zweite Hälfte des 12./13. Jh.). Das Dreipaßfenster kann auch halbiert sein, auf einem geraden oder konischen Schaft aufsitzen oder einem Quader einbeschrieben sein. Das kleine Rundfenster (Abb. 399) wird besonders in Frankreich und Italien seit der Mitte des 12. Jh. mit speichenförmig angeordneten Stäben zum Radfenster erweitert, die Vorstufe zu der aus Maßwerk gebildeten Fensterrose der Gotik. Der durchgängige Gebrauch von Kreuzgewölben und die erweiterten konstruktiven Möglichkeiten gestatten seit dem 12. Jh. in der Gotik größere Fenster, deren Glasflächen durch steinernes Stab- und Maßwerk unterteilt werden.

In der Renaissance werden die Fenster wieder kleiner (Abb. 192), durch profilierte oder vortretende Gewände und reichgestaltete Verdachungen

112

293   Gernrode, Stiftskirche, 965/80.

294   Wechselburg, Stiftskirche, um 1160/80.

295   Schulpforte, Zisterzienserklosterkirche, Mitte 12. Jh.

296   Naumburg, Dom, östl. Querhaus, um 1210–42.

297   Steinbach bei Querfurt, Pfarrkirche, 2. Hälfte 12. Jh.

298   Naumburg, Dom, östl. Chorwinkeltürme, um 1210–1242.

299   Neuss, St. Quirin, Langhaus, 2. Viertel 13. Jh.

300 Fenster-Dreiergruppen
unten: Münster, Dom, Langhaus-Obergaden, um 1240.

▲ 302 Fontgombault bei Le Blanc/Poitiers, 1091–1141.

303 Fensterformen
oben links: Maria Laach, Benediktinerklosterkirche, Paradies um 1220; *oben rechts:* Riga; *unten links:* Fischbeck, Stiftskirche, Kreuzgang, 3. Drittel 13. Jh., mit älterer Säule; *unten rechts:* Königslutter, Benediktinerklosterkirche, um 1170/80.

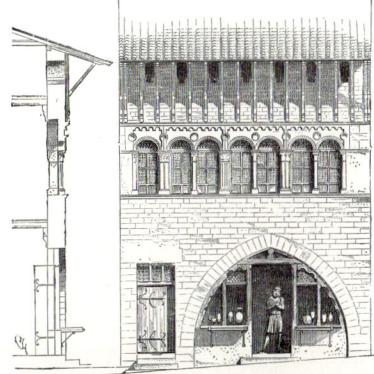

301 Cluny, Rue d'Avril 15, Haus, 12. Jh., Ansicht und Querschnitt (1:200).

304 Saint-Antonin-Noble-Val bei Montauban/Toulouse, Rathaus, 12. Jh. *oben:* Außenansicht der Obergeschoßarkaden; *unten:* Innenansicht; *rechts:* Querschnitt (1:100).

305 Tivoli bei Rom, Piazza San
Croce 26, Haus, 15. Jh.

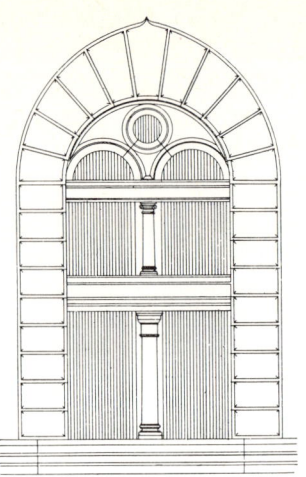

306 Arezzo, Palazzo della Cassa di
Risparmio.

307 Florenz, Palazzo Pazzi-Quara-
tesi, wohl von Brunelleschi begonnen
und 1462–1472 von Giuliano da
Maiano vollendet.
◄

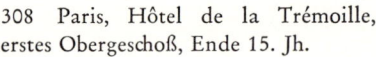

308 Paris, Hôtel de la Trémoille,
erstes Obergeschoß, Ende 15. Jh.

310 Orléans, Rue Pièrre Percèe, Wohnhaus, 2. Viertel 16. Jh.

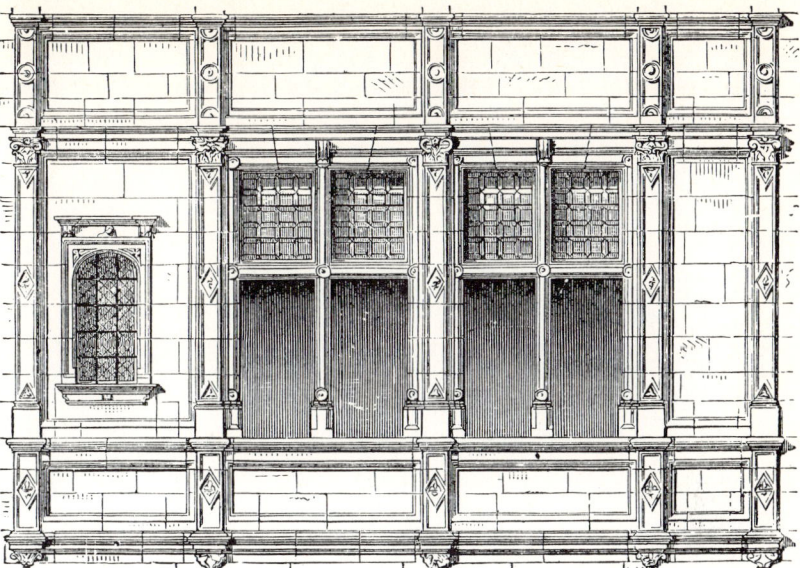

309 Lüttich, Justizpalast, ehem. Bischöfl. Palast, Hof, 1526–1540.

311 Konstanz, Neues Rathaus, 1585 bis 1594 als Ratskanzlei ausgebaut.

◀ 312 Breslau, Leinwandhaus neben dem Rathaus, 1521/22 erbaut, 1862 abgebrochen.

313 Gernsbach bei Rastatt, Rathaus, 1617/18 als Wohnhaus erbaut.

betont (Abb. 289). In der Grundform sind sie noch romanischen (Abb. 312, 315) und gotischen gekuppelten (Abb. 305, 311) und mit Überfangbogen versehenen Fenstern (Abb. 305–307) oder Kreuzstockfenstern (Abb. 289, 292, 308, 310) verhaftet, im Detail, aber besonders in der Rahmung, antikisierend (Abb. 192, 310, 311). In Italien entwickelte und in der Folgezeit auch auf den Norden ausstrahlende antikisierende Gestaltungselemente sind: ein einfaches, ringsumgeführtes, gleichartig profiliertes oder rustiziertes Band (Abb. 311, 315), das nach Art des antiken Architravs auch in Fascien gegliedert sein kann (Abb. 316), sowie die Verzierung des Rahmens mit sogenannten Ohren (oben seitlich überstehende Teile, Abb. 289, 316) am Sturze verjüngter oder senkrechter Gewände. Bereichert wird der Rahmen durch Fries und waagerechte Verdachung über dem Sturz (Abb. 289), durch ornamentale Dekoration über dem Fries,

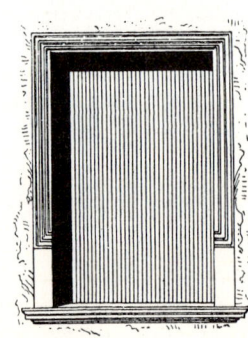

314 Brieg, Haus.

316 Nürnberg, Rathaus, 1616–1622
von Jakob Wolff d. J. erbaut.

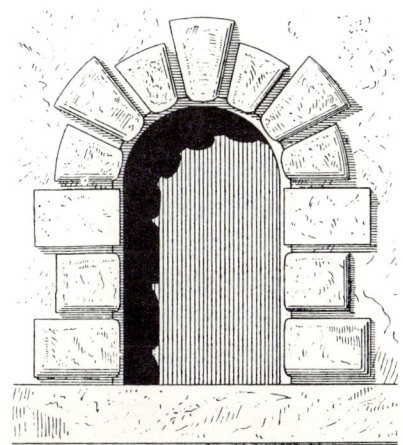

315 Nürnberg, Tuchersche Brauerei,
16. Jh.

sowie dreieckige oder flache Giebelformen (Abb. 356, 370), weiterhin durch die Anordnung von Konsolen rechts und links des Sturzes, die die Verdachung stützen und sich vielfach bandartig längs des Gewändes fortsetzen. Darüber hinaus können die Gewände und Stürze erweitert werden durch Pilaster (Abb. 370), Hermenpfeiler, Halb- oder Dreiviertelsäulen (Abb. 337, 338, 388) oder auch durch Freisäulen, die ein vollständiges antikes Gebälk mit oder ohne Giebel tragen (Abb. 312, 313, 316), welche in der Spätrenaissance und im Barock segmentbogenförmig (Abb. 316), verkröpft, gebrochen oder gesprengt (Abb. 313, 398), auch geschwungen vorkommen. Überhaupt leben die in der Renaissance geformten Fenster in reicherer, bewegterer Form im Barock weiter, bis sie dann im Klassizismus vereinfacht und verfestigt werden. Daneben entwickelt sich im Barock aus dem Okulus (Rundfenster) das Ochsenauge, ein kleines Ovalfenster (Abb. 147, 191, 398). In deutschen Kirchen des 16. Jh. und auch noch im Barock werden die Maßwerkfenster in vereinfachter Form, aber mit teilweise reicherer Dekoration beibehalten.

b) Das Maßwerk

entsteht im beginnenden 13. Jh. aus der Zusammenziehung enggruppierter Fenster unter einem Blendbogen (Abb. 67, 318). Das Maßwerk bildet mit dem profilierten Fenstergewände eine Einheit (Abb. 319, 347). Es besteht aus senkrechten, profilierten, auch mit Rundstab oder schlanken Säulchen besetzten Stäben (Stabwerk) und aus dem Maßwerk oberhalb der Kämpferlinie, das aus Kreisformen (Paß, Abb. 319–321) und später aus geometrischen Figuren (Schneuß, Abb. 322–324) zusammengesetzt ist. Dieser Teil wird auch als Couronnement bezeichnet. An den Chorkapellen der Reimser Kathedrale von 1211–1227 findet sich das erste echte Maßwerk (Abb. 320, 321); ein umgreifender Spitzbogen wird von zwei Spitzbogen auf Säulchen unterteilt, deren Scheitel, auf kurzer Strecke mit ihm verschmolzen, einen Sechspaß im Kreis tragen. Die Fenster können auch durch die Stäbe in zwei, drei, vier oder mehr Bahnen geteilt sein, wobei die Stäbe in ihrer Dicke unterschieden sind in die mittig teilenden, alten Stäbe oder Hauptstäbe und in die dünneren, jungen Stäbe oder Nebenstäbe (Abb. 317, 347). Schon zu Ende des 12. Jh. rücken in England schlanke Lanzettfenster zu Dreier- oder Fünfergruppen zusammen und werden von einem Spitzbogen überfangen, eine zumindest unmittelbare Vorform des Maßwerks als spezifische englische Bildung, die sich bis etwa 1300 fortentwickelt und mit französischen Formen verschmilzt. Das eigentliche, den Spitzbogen füllende Maßwerk wird in der Gotik allgemein mit Kreisen und Dreiviertelkreisen (Pässe, Abb. 317) oder Blättern (spitzbogig abgeschlossenes Element, hauptsächlich in krummlinig begrenzten, sphärischen Dreiecken oder Quadraten) ausgesetzt. Die eine Spitze bildenden Stöße der Pässe können in verdickten, häufig dreiblättrigen Nasen auslaufen (Abb. 325).

In der zweiten Stufe zu Beginn des 14. Jh. wird die Grundkonstruktion linienhafter, freier. Wiederum in Frankreich entwickelt, entsteht eine Gitterstruktur: ein sphärisches Dreieck auf den Scheiteln dreier Spitzbogen, selbst wieder in drei sphärische Dreiecke gespalten, welche spitzbogige Dreipässe lückenlos umschließen. Dem Spitzbogen angeglichene sphärische Drei- und Vierecke, spitzblättrige Drei- und Vierpässe sind ihre Leitformen. Hierzu kommen strahlenartige Gebilde als Vierstrahl in Frankreich, als Dreistrahl in Deutschland. Aus dem Architekturglied wird ein Ornament. In England werden in dieser Zeit Wellenlinien, Zwickelblasen, Dreipässe mit lanzettförmiger Zuspitzung, Kielbögen und komplizierte, netzartige Verflechtungen üblich (flowing tracery).

118

317 Köln, Dom, Chor, 1248–1322.

318 Gemmrigheim bei Ludwigsburg, Pfarrkirche, Turmfenster, um 1240/50 (Vorstufe des Maßwerks). – Hirzenach, Chor um 1250.

319 Naumburg, Dom St. Peter und
Paul, links: Westchor, um 1250; rechts:
Ostchor, 1. Hälfte 14. Jh.

320, 321 Reims, Kathedrale, Chor,
1210–1241.

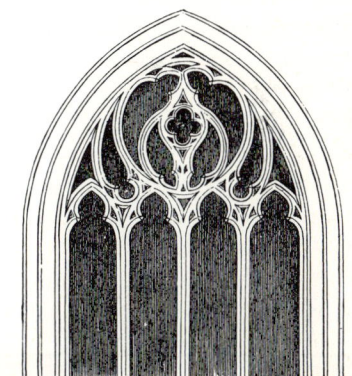

322 Saalfeld, St. Johannis, Westfen-
ster, 1. Hälfte 15. Jh.

323 Münster, St. Lamberti, 1. Hälfte
15. Jh.

324 Soest, St. Maria zur Wiese, Anfang 15. Jh.

119

In der dritten Stufe seit dem letzten Viertel des 14. Jh. wird in Frankreich das Maßwerk züngelnd-bewegt (Flamboyant). In England erstarren die Wellenbewegungen; ein senkrecht-waagerechtes Gitter fängt als Muster des Grundes die hängenden Tropfen und Nasen ein, hinzu kommt ein Rautenornament, das aus der Durchdringung zweier Spitzbogen, gleich der Kreuzung paralleler Bogen, entsteht (Abb. 326–327). Daneben finden sich Fenster, die in Fortführung der dichtgestellten Lanzettfenster nur aus Stabwerk bestehen. In Deutschland wird das Maßwerk mit reicher Erfindungsgabe zu vielgestaltigen Formen geführt. Die ruhige Strahlung wird zur Rotation. Als neue Gestalt kommt das Schneuß auf, eine Art Fischblase, die durch Zusammenbiegen der geraden Schenkel eines Spitzbogens entsteht (Abb. 322–324); drei Schneuße, in einem Kreis zusammengestellt, ergeben eine Wirbelform, das Dreischneuß; zwei Schneuße können auch zusammenwachsen, wobei sich die Mittellamelle auflöst. Das Maß- und Stabwerk wird netzartig ohne Unterscheidung von Haupt- und Nebenstäben (Abb. 323, 324). Bewegungen und Verflechtungen führen zu einem schimmernden Muster, in dem die klaren geometrischen Figuren der Hochgotik (1210–1270/80) und der nachklassischen Gotik (1270/80–1370/80) untergehen.

In der vierten Stufe, im beginnenden 16. Jh., verhaken sich die Schneuße, indem die eingesetzten Nasen sich durchdringen und über ihre ursprüngliche Spitze nach beiden Seiten hinauswachsen, wo sie plötzlich astartig abbrechen; die Muster werden noch reicher und netzartiger.

Der gleichen Entwicklung unterliegen die großen Rosen der Kirchenfronten: aus den zunächst runden Lochscheibenfenstern (Abb. 68, 328) entwickeln sich geometrische Kreisgebilde (Abb. 96, 139, 140), die dann strahlenförmig (Abb. 67, 145, 329, 331) und schließlich netzartig (Abb. 330) überspannt werden.

Das Maßwerk wird auch als Wandverkleidung (Blendmaßwerk) verwendet oder wird der geschlossenen Mauer frei vorgehängt (Schleierwerk).

c) Der Fensterladen

ist gewöhnlich aus Holz, sehr selten aus Steinplatten (Italien), und wird vornehmlich am Profanbau verwendet, häufig bemalt und auch kassettiert. Nach ihrer Anbringung und Öffnungsmöglichkeit sind zu unterscheiden:
1. der Schlagladen mit türähnlich senkrecht in Angeln gefaßten Flügeln, nach außen oder innen gegen den Fensterrahmen oder in einen entsprechenden Falz schlagend (Abb. 335);

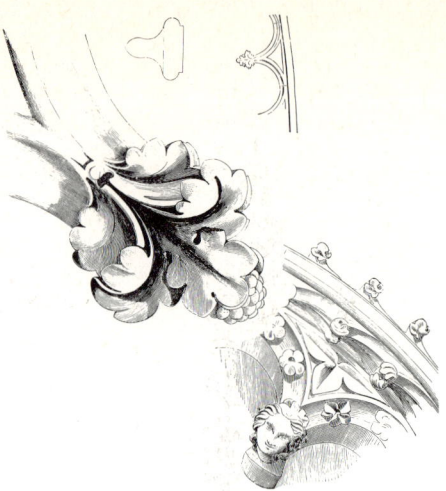

325 Amiens, Kathedrale und Bourges, Kathedrale, 1. Hälfte 13. Jh.

326, 327 Englische Maßwerkfenster des 15. Jh.

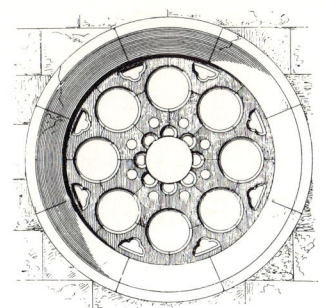

328 Gelnhausen, Marienkirche, Querschiff, um 1230/50.

329 Paris, Kathedrale Notre-Dame,
Westbau, um 1200–1240.

330 Paris, Sainte-Chapelle, 1243 bis
1248.

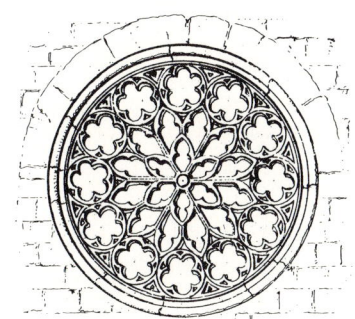

331 Arnstadt, Liebfrauenkirche, um
1275–1300.

2. der Klappladen, entweder über dem Fenstersturz oder unter der Sohlbank befestigt und entsprechend herunter- oder hochzuklappen;
3. der Fall- oder Zugladen über oder unter dem Fenster in einem Rahmen oder Kasten in die Fassade eingelassen; der Laden kann entweder
heruntergelassen oder hochgezogen werden;
4. der Schiebeladen seitwärts vom Fenster in einem Rahmen, in dem er
waagerecht vor die Fensteröffnung geschoben werden kann.

Die seit dem 12. Jh. nachweisbaren Schlagläden sind zunächst nur nach
innen zu klappen und dienen zumeist als einziger Verschluß der Fensteröffnung, im 15./16. Jh. auch mit einer teilweisen Verglasung. Als seit dem
16. Jh. Fensterglas selbstverständlich geworden ist, wird in Frankreich mit
Ausstrahlungen nach Deutschland und Österreich der innere Schlagladen
weiter verwendet, der dann im geschlossenen Zustand die Innenraum-
vertäfelung fortsetzt. Als Außenläden sind im Mittelalter die Schlagläden
seltener, hier finden sich vornehmlich die Klappläden, im Holzbau auch
Schiebeläden. Im 16.–18. Jh. ist im Alpenraum der Fall- oder Zugladen
verbreitet. Äußere Schlagläden scheinen zu dieser Zeit nur an ländlichen
Bauten vorzukommen. Erst im 19. Jh. wird der äußere Schlagladen üblich.

6. Der Erker und die Auslucht

Der Erker ist ein ein- oder mehrgeschossiger, geschlossener Vorbau aus Stein, Holz oder Fachwerk an der Fassade oder Ecke (Eckerker) eines Gebäudes, der in einem oberen Geschoß frei auskragt (Abb. 336), auf Konsolen ruht (Abb. 332) oder von einer Säule abgestützt ist (Abb. 333 bis 335). Er erweitert einen dahinterliegenden Innenraum. Nicht als Erker zu bezeichnen sind die sakralen Zwecken dienenden Chörlein (siehe Kapitel ›Das Chörlein‹) an Kapellen. Der Erker findet sich überwiegend an Bürgerhäusern, aber auch an Rathäusern und anderen öffentlichen Gebäuden als ein der Repräsentation dienendes Baumotiv mindestens seit dem 13. Jh., älteste erhaltene Beispiele aus dem 14./15. Jh. Von der Form des Grundrisses her sind drei Haupttypen zu unterscheiden: Kastenerker über rechteckigem Grundriß (Abb. 332, 334, 335), Polygonalerker über regelmäßigem, vieleckigem Grundriß (Abb. 333) und Runderker über halb- oder dreiviertelrundem Grundriß. Die frühesten bekannten Erker an Bürgerhäusern haben Kastenform, sind aus Stein und kragen nur flach vor, bisweilen auch mehrachsig als Breiterker. Daneben ist bis ins Spätmittelalter der Polygonalerker zumeist als Eckerker weit verbreitet. Die Renaissance brachte vorübergehend in einigen Gegenden eine Vorliebe für den Runderker (Abb. 336). Vom späten 16. bis ins 18. Jh. herrscht der Kastenerker wieder vor (Abb. 332, 334, 335), bisweilen mit konkaven oder konvexen Schwüngen versehen und reich verziert. In der Spätgotik und in der Renaissance kommen bei Burgenausbauten und Schlössern die in der bürgerlichen Architektur gebräuchlichen Erkerformen zur Anwendung, fast immer aus Stein und reich verziert. Eine Sonderform ist der Fenstererker, bei dem die Vorkragung erst in Brüstungshöhe beginnt.

Die Auslucht (Utlucht) ist ein vom Erdboden aufsteigender, meist mehrgeschossiger, durchfensterter, erkerartiger Vorbau an einer oder zu beiden Seiten der Haustür besonders nieder- und norddeutscher Bürgerhäuser (Abb. 337, 338). Ausluchten sind im Gegensatz zu den meisten Erkern fast immer recht flach und haben an der Front große und an der Seite kleine, schlitzförmige Fenster mit Blick auf die Haustür. Ausluchten sind seit dem 16. Jh. nachweisbar und erleben im 18. Jh. eine besondere Beliebtheit, die erst mit dem Aufkommen des Klassizismus endet. Die Auslucht unterscheidet sich vom Risalit (Abb. 338 a) dadurch, daß sie nicht bis zur Dachtraufe reicht.

K. Pilz, M. Fischer: Erker. In: RDK 5, 1967, 1248–1279. – W. Haubenreißer: Der Erker als Architekturmotiv in der deutschen Stadt. Ms. Diss. Tübingen 1959. – M. Cereghini: Der Erker in der alpinen Architektur. Milano 1962. – B. Keller: Der Erker. Studie zum mittelalterlichen Begriff nach literarischen, bildlichen und architektonischen Quellen. Diss. Zürich 1977. – E. Mulzer: Nürnberger Erker und Chörlein. Nürnberg 1965. – Ch.-A. Isermeyer: Balkon. In: RDK 1, 1937, 1418–1423.

332 Urbino, Palazzo Ducale, 2. Hälfte 15. Jh.

333 Prag, Altstädter Rathaus, Kapellenerker, 1381 geweiht.

334 Colmar, Schädelgasse/Rue des
Marchands, Pfisterhaus, um 1535.

123

335 Ensisheim im Elsaß, Gasthaus
Zur Krone, 1610.

336 Leipzig, Fürstenhaus, 1575 von
H. Lotter d. J. erbaut.

338 Hannover, Schmiedestr. 10, Leib-
niz-Haus, 1648–1652 von H. Alfers
erbaut.

338 a Amsterdam, Rathaus, 1653/55
von J. van Campen erbaut, Mittel-
und Eckrisalithe.

337 Hameln, Ritterstr. 1, 1537, Utlucht (1:75).

7. Die Empore

Die Empore ist ein galerie- oder altanähnlicher Einbau oder Raumteil, der sich zu einem Innenraum öffnet, an die Außenmauer anlehnt und über Treppen erreichbar ist. Bei geringer Raumgröße wird er auch Loge genannt. Nicht zu den Emporen rechnet der Laufgang (Triforium, Zwerggalerie) und die nur durch Stufen erhöhten Raumteile (Estrade). Emporen finden sich in Festsälen und besonders in allen Arten von Kirchenbauten: in Zentral- wie in Längsbauten, in Basiliken, Hallen- und Saalkirchen. Innerhalb der Kirche können sie im Langhaus über den Seitenschiffen und Seitenkapellen oder vor der Westwand, im Querschiff, im Chor und in Westbauten errichtet werden. Emporen finden sich in Bischofs-, Stifts- und Klosterkirchen (Mönchs- und Nonnenklöstern) sowie in Pfarrkirchen, Pfalz- und Burgkapellen, Grabbauten und Taufkapellen. Besonders häufig sind Emporen in evangelischen und reformierten Pfarrkirchen. Bei Zentralbauten kommt die Empore nur bei eingestelltem Stützenkranz vor, und zwar dann über dem Umgang.

Man unterscheidet nach der Konstruktion offene und gedeckte Emporen. Die offenen Emporen werden bei Saalkirchen bevorzugt, wo sie auf Stützen, zumeist aus Holz, ruhen oder freitragend der Wand angefügt sind. Die gedeckten Emporen, zumeist über den Seitenschiffen und im Chor, haben Flachdecke oder Gewölbe und öffnen sich zum Kirchenraum in fensterartigen Mauerdurchbrüchen oder Bogenstellungen auf Säulen und Pfeilern oder in großen, das Einzeljoch oder die ganze Empore übergreifenden Bögen. Die geschlossenen Emporen sind zum Hauptraum nur mit vergitterten oder verglasten Wänden geöffnet. Bei der unechten oder Scheinempore führen die Öffnungen in den Dachraum (besonders bei niederrheinisch-maasländischen Bauten in der ersten Hälfte des 12. Jh. sowie bei französischen Kirchen der Mitte des 12. Jh. (Abb. 432) und bei der halbechten Empore in ein Drempelgeschoß (Abb. 428, 429). Bei der Scheinempore (besonders in gotischen Kirchen Frankreichs etwa seit der Mitte des 12. Jh.) liegt die Seitenschiffdecke über der Emporenöffnung, es fehlt also der Boden und damit die Begehbarkeit (Abb. 342, 343).

Im frühchristlichen Kirchenbau, vorwiegend in Kleinasien und Nordafrika, sowie in der byzantinischen Baukunst, hauptsächlich bei Zentralbauten, sind Emporen häufig (Abb. 44, 438), ebenso in Westwerken (Abb. 131). Im Abendland sind die Emporen über den Seitenschiffen zunächst selten, und bei den frühen Beispielen lassen sich Beziehungen zum

P. O. Rave: Der Emporenbau in romanischer und frühgotischer Zeit. Bonn-Leipzig 1924. – H. M. v. Erffa, E. Gall: Empore. In: RDK 5, 1967, 261–322. – W. Haas: Der romanische Bau des Domes in Freising. In: Jb. d. Bayer. Denkmalpflege 29, 1975, 18–34 (Emporenkirchen). – A. Tomaszewski: Romańskie Kościoły z emporami zachodnimi na obszarze Polski, Czech i Węgier. Warszawa 1974. Dt. Resümee (Westemporen). – V. Mencl: Panské tribuny v naší romanské architektuře. In: Umění 13, Praha 1965, 29–62 (Herrschaftsemporen).

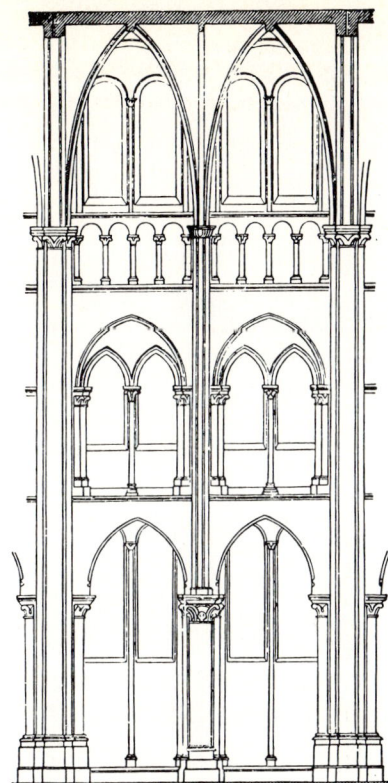

340 a Noyon, Kathedrale Notre-Dame, Langhaus-Aufriß, 1185–1200 (1:200).

◀ ▶

339, 340 Limburg an der Lahn, St. Georg und Nikolaus, Stifts- und Pfarrkirche, nach 1211–1235. Langhaus-Querschnitt mit Blick nach Westen (1:250), Mittel- und Querschiff von Südost.

Osten nachweisen. In Mittelfrankreich und besonders in der Auvergne hat sich aus der Zeit um 1000 eine ganze Gruppe von tonnengewölbten Emporenkirchen erhalten. In der Normandie und in England werden in der zweiten Hälfte des 11. Jh. Kirchen mit offenem Dachstuhl errichtet, deren Emporen über den Seitenschiffen kreuzgewölbt sind. Auch in Italien (Emilia, Apulien) werden seit der zweiten Hälfte des 11. Jh., wohl zumeist unter byzantinischem Einfluß, Emporenkirchen gebaut. Seit dem Beginn des 11. Jh. (Tours, Reims) erscheinen auch im Querschiff umlaufende Emporen oder nur in den Querarmen (Abb. 73). Die konstruktive Bedeutung der Emporen beim Gewölbebau als ein den Gewölbeschub entlastendes und stützendes Element veranlaßt im 12. Jh. das Kerngebiet der gotischen Baukunst (Ile de France, Champagne, Picardie), die Emporen über den Seitenschiffen anzuwenden (Abb. 410–414). Sie dienen zugleich als Element der Aufrißgliederung. In Oberitalien und von dort abhängig am Oberrhein setzen sich in der zweiten Hälfte des 12. Jh. Emporen durch, ebenso zwischen 1150 und 1260 am Mittel- und Nieder-

◄341 Magdeburg, Dom, Chor, 1209 bis
um 1230.

rhein um Koblenz und Köln (Abb. 152, 339, 340, 410). Mit der Ausbildung des hochgotischen Strebesystems endet der Emporenbau. Erst in
spätgotischen Hallenkirchen des 15. Jh., besonders über den Einsatzkapellen, wird er wieder aufgenommen und findet Eingang in Renais-
sance- und Barockkirchen, vorwiegend in solchen, die, mit kommuni-
zierenden Kapellen anstelle der Seitenschiffe (Vorarlberger Bauschule,

128

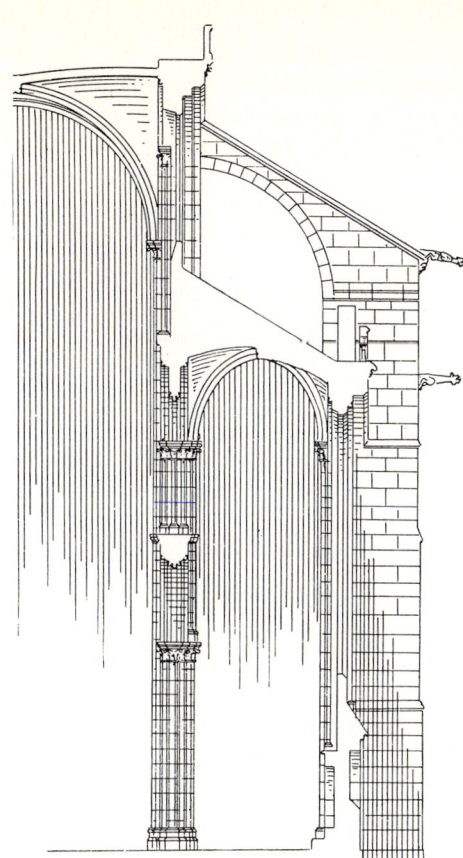

Abb. 17), in Anlehnung an Il Gesù in Rom entworfen worden sind. Im 18. Jh. verschwindet im süddeutschen katholischen Kirchenbau die Empore, während sie sich im protestantischen Kirchenbau Nord- und Mitteldeutschlands bis zu klassizistischen Bauten bewahrt.

Emporen im Westen der Kirche sind im Abendland seit romanischer Zeit nachgewiesen (Abb. 62, 90) und durch alle Jahrhunderte verwandt worden. Emporen in den Querarmen sind selten. Das Herumführen der Seitenschiffemporen durch Querhausarme und über den Chorumgang wird im 12. Jh. in Frankreich ausgebildet und bis in die Mitte des 13. Jh. an einigen deutschen spätromanisch-frühgotischen Bauten fortgesetzt (Abb. 341).

Die Empore ist entstanden aus kultischen und liturgischen Bedürfnissen. Darüber hinaus dient sie der Vermehrung der Sitzmöglichkeiten und zur Aussonderung bestimmter Gruppen. In der Ostkirche ist sie Aufenthaltsraum für die Frauen, in Anlehnung daran auch in europäischen Nonnenkirchen, häufig als Westempore ausgebildet (Nonnenempore). Die Westempore dient aber auch zum Aufenthalt des Herrschers oder des Patrons, in Benediktinerklosterkirchen zur Aufstellung eines Sängerchores, später findet die Orgel hier ihren Platz. Besonders im Barock bilden sich im Emporengeschoß kleine Privatkapellen (Oratorien) für höhere Würdenträger oder den Kaiser aus, die durch ein Fenster mit dem Chor in Verbindung stehen und auch in den Chor eingebaut sein können.

◀ 342, 343 Eu bei Abbeville, Abteikirche Saint-Laurent, 1186–1280, Langhaus-Aufriß und Querschnitt (1:200).

8. Der Laufgang

Der Laufgang ist ein in der mittelalterlichen Architektur weitverbreitetes horizontales Gliederungsmotiv im oberen Bereich von Mauern, bei dem von der Konstruktion her vier Arten zu unterscheiden sind:
a) in der Mauerdicke;
b) auf einem Mauerrücksprung;
c) auf vorkragenden Konsolen;
d) ist einschließlich seiner Rückwand breiter als die Mauer, auf der er aufsitzt (Abb. 340, 347).
Typologisch sind zu unterscheiden:

a) Der einfache Laufgang
auf Mauervorsprung oder Konsolen hat wie das Triforium zumeist keine Brüstung, kennt aber häufig nicht die Arkaden bzw. das Maßwerk des Triforiums. Er dient vornehmlich der Zugänglichkeit der Obergadenfenster (Abb. 344, 345) oder als Verbindung zwischen dem Vierungsturm und Wendeltreppen in den Querschifffronten (Frankreich 11. Jh.). Laufgänge finden sich in der Normandie (« mur épais », zweite Hälfte 11./erste Hälfte 12. Jh.), im Rheinland besonders in Westbauten (12. Jh.) und am Außenbau in Verbindung mit Triforien auch in der Ile de France; in Italien kommen sie vereinzelt auf der Außenseite des Obergadens vor, ebenso in Deutschland (Abb. 340).

b) Das Triforium
ist ein in der Mauerdicke ausgesparter Laufgang zwischen den Arkaden oder der Empore und der Fensterzone einer Basilika in Höhe der Seitenschiffpultdächer und ist zum Mittelschiff in Arkaden (Abb. 410–419) oder Maßwerk (Abb. 420–423) geöffnet. Der Laufgang kann auch entfallen, die Arkaden sind dann nur der Mauer vorgeblendet (Blendtriforium). Das echte Triforium kann in verschiedener Weise konstruiert sein:
1. Zwischen Rückwand und Arkaden entsteht ein Laufgang unter einem von Dienst zu Dienst gespannten Mauerbogen (Abb. 349); der Gang durchbricht nicht die Gewölbedienste; jeder Abschnitt ist vom Dachboden des Seitenschiffs aus zugänglich;
2. Statt des konzentrischen Bogens ist der Laufgang mit Steinplatten oder einer Längstonne gedeckt und die Gewölbedienste werden von dem Laufgang durchbrochen;

130

E. Kubach: Rheinische Triforienkirchen der Stauferzeit. Diss. Köln 1933, Köln 1934. – E. Kubach: Das Triforium. In: Zs. f. Kg. 5, 1936, 275–288. – A. Wolff: Cluny und Chartres. In: Vom Bauen, Bilden und Bewahren. Festschr. W. Weyres. Köln 1963, 199–218 (Triforium). – G. Kahl: Die Zwerggalerie. Würzburg 1939. – J. G. Prinz von Hohenzollern: Die Königsgalerie der französischen Kathedralen. Diss. München 1964, München 1965.

344 Lincoln, Kathedrale, Langhaus, 2. Drittel 13. Jh.

345 Sens, Saint-Jean, Langhaus, 13. Jh.,
Fenstergalerie.

346 Châlons-sur-Marne, Notre-Dame-
en-Vaux, 12. Jh.

347 Amiens, Kathedrale, Langhaus,
Triforium und Obergaden, Querschnitt
und Ansicht (1:200) 1220–1236.

348 Clamecy (Nièvre), Saint-Martin, 13. Jh.

3. Die Rückwand des Triforiums steht nicht mehr auf der Mauer über den Arkaden, sondern ruht auf den Seitenschiffgewölben bzw. auf einem der Mauer über den Seitenschiffen vorgelegten Entlastungsbogen (Abb. 340, 347);

4. Die Rückwand des Triforiums wird durchfenstert (durchlichtetes Triforium, Abb. 422, 424), so daß die Fensterzone bis auf die Seitenschiffgewölbe heruntergezogen scheint (möglich durch die Abwalmung der Seitenschiffdächer), seit 1260.

In der Ansicht sind zu unterscheiden das in Burgund aus antiken Motiven entwickelte Reihentriforium (Abb. 23, 340a, 346, 348, 410, 412, 415, 416), das immer von Dienst zu Dienst reicht, und das in der Normandie ausgebildete Fenstertriforium, bei dem die zumeist unter Blendbogen gekuppelten Zwillings- oder Drillingsarkaden in die Mauer eingeschnitten sind (Abb. 347, 349, 418).

349 Saint-Leu d'Esserent (Oise), Klosterkirche, Chor, 12. Jh.

132

350 Canterbury, Kathedrale, Ende 12. Jh.

351 Lucca, Dom San Martino, Ostansicht, nach 1060.

Das Triforium kann im Langhaus, im Querschiff und auch im Chor auftreten und findet sich vornehmlich in Frankreich und im Raum von Köln und Basel in der Zeit zwischen 1100 und 1260 mit nur wenigen Ausstrahlungen nach Westfalen, Holland, Nürnberg, Assisi und Roskilde. Es ist vorbereitet in Nischengliederungen der Wandzone über den Arkaden des 11. Jh. im Rheinland, in rechteckigen oder radförmigen Öffnungen zum Dachraum in der Ile de France, und in Blendgliederungen in der Normandie und in Burgund um 1100 (Abb. 355). Im Rheinland finden sich echte Triforien erst im zweiten Drittel des 13. Jh., während Blendtriforien seit 1150 auftreten.

c) Die Zwerggalerie
ist ein in der Mauerdicke angebrachter Laufgang unter der Dachtraufe romanischer Kirchen (Abb. 96), deren Arkaden von kleinen Säulen (Zwergsäulen) getragen werden (so 1857 von H. Otte in die kunstwissenschaftliche Literatur eingeführt und verbindlich definiert). Die Säulenreihen können durch Pfeiler rhythmisiert sein (Abb. 153, 354), in der frühen Entwicklung auch durch Mauerreste (Abb. 170). Sie sind mit Bogen oder Architrav (selten) miteinander und durch Quer- oder Längstonnen

133

mit der Rückwand verbunden. Arkadenstellungen, die nicht vollständig
von der Wand gelöst sind, werden als Blendgalerien bezeichnet und sind
in Frankreich Ende des 11./12. Jh. ausgebildet (Abb. 97, 129, 350). Vorstufe der Zwerggalerie sind die Nischenreihen an den Apsiden frühromanischer Bauten des 11. Jh. in Italien, Spanien, Frankreich, Belgien und
Deutschland, deren ästhetische Bedeutung als aufgelockerter Abschluß der
schweren Mauermassen dem spätantiken Attika-Geschoß entspricht, wel-
ches Ausgangspunkt der zur Zwerggalerie führenden Typenreihe ist. Die
eigentliche Zwerggalerie entsteht am Ende des 11. Jh. an Oberrhein und
Mosel (Trier, Abb. 73; Speyer) sowie in Oberitalien (Abb. 351, 352, 354).
Der oberrheinisch-oberitalienischen Zwerggalerie fehlt die Brüstung, und
sie ist mit Quertonnen gedeckt, die auf Architraven zwischen Säule und
Rückwand aufliegen (Abb. 351). Bei der um 1150 (Schwarzrheindorf,
Bonn, Köln) auftretenden niederrheinischen Zwerggalerie stehen die Säu-
len und rhythmisierenden Pfeiler auf einer Brüstungsmauer, häufig mit
Plattenfries (Abb. 576). Der umlaufende Gang ist mit einer Ringtonne

134

353 Amiens, Kathedrale, Westfassade, Königsgalerie, nach 1220 bis vor 1236.

354 Parma, Dom, 2. Hälfte 12. Jh., Westansicht (1:500).

oder mit Kreuzgewölben überdeckt, die über den Arkadenbogen und auf der Rückmauer aufliegen. In seltenen Fällen ist auch der Gang mit Steinplatten abgedeckt, dann sind die Säulen mit einem Architrav verbunden (Trier). Mit dem Aufkommen der Gotik endet die Verwendung der Zwerggalerie, deren jüngste Beispiele an Mittel- und Niederrhein um 1230 entstanden sind (Abb. 151).

d) Die Königsgalerie
ist eine Folge von Königsstatuen unter spitz- oder kleeblattbogigen Blendarkaden auf Säulen, in Nischen oder zwischen Maßwerk an der West- oder Querhausfassade von Kathedralen. Sie tritt in Frankreich (Paris um 1220 bis Rouen in der zweiten Hälfte des 14. Jh.; Abb. 139, 145, 353, 394), England (Wells 1220/39 bis Exeter 1380) und Spanien (Burgos nach 1230) auf.

9. Die Wandgliederung

Während die frühmittelalterliche Architektur Wandgliederungen nur sehr selten anwandte und sich auf einige antike Gliederungselemente oder den Steinwechsel in der Mauerfläche beschränkte, kommt in der Romanik eine reichere Gestaltung der Wand im Innen- wie im Außenbau auf, vornehmlich durch plastisch aufgelegte, waagerechte oder senkrechte Glieder, durch Einnischungen oder seit dem 12. Jh. durch Zweischaligkeit. In der Gotik dagegen wird die Wandfläche aufgelöst in den Bau tragende Strukturglieder und Fensterflächen. In der Renaissance und im Barock wird die Wand dann wiederum durch aufgelegte Gliederungen, vornehmlich in Nachahmung antiker Vorbilder, aber auch durch großflächige Vorlagen (Risalite), gestaltet.

a) Der Pilaster
besteht aus Basis, rechteckiger Wandvorlage, Kapitell und Kämpfer (Abb. 17, 355, 359, 367). Er ist eine der Wand vorgelegte Halbsäule mit „rechteckigem Schaft" oder ein Wandpfeiler mit Kapitell. Er ist abzuleiten aus der Antike und weist auch zumeist antikisierende Kapitelle auf (Abb. 193). Sein „Schaft" kann kanneliert sein (Abb. 193, 205, 355), seltener nach unten verjüngt, besonders in Spanien (Estipite). Pilaster finden sich an allen antike Vorbilder aufnehmenden Bauten: karolingisch-ottonischen, vereinzelt salischen und staufischen, in der französischen Romanik, besonders in der Cluny-Gruppe, ferner in Renaissance, Barock und Klassizismus.

b) Die Säulenordnungen
sind aus dem Studium des einzigen aus der römischen Kaiserzeit vollständig überlieferten, 1414 von P. Bracciolini in der St. Galler Klosterbibliothek wiederentdeckten Architekturtraktates von Vitruv entwickelt. Sie wurden für die Renaissance-Architektur bestimmend, wirkten in die Barock-Architektur noch fort und wurden im Klassizismus mit erneutem Rückbezug auf die Antike wieder aufgenommen. Die Säulen sind verbunden durch das Gebälk, das seit der Antike auf die Säulen abgestimmt und mit ihnen eine feste Ordnung bildet. Die griechische Architektur hat drei Grundtypen geschaffen (dorisch, ionisch, korinthisch), die die Römer übernommen und um zwei Ordnungen erweitert haben (toskanisch, komposit).

136

E. Gall: Die gotische Baukunst in
Frankreich und Deutschland. Leipzig
1925. – H. Sedlmayr: Spätantike Wandsysteme. München 1958 (= Bayer.
Akademie d. Wiss. Phil.-Hist. Klasse
1958, Heft 7). – H. Sedlmayr: Das
erste mittelalterliche Architektursystem.
In: Epochen und Werke. Bd. 1. Wien
1959, 80–139. – H. Reinhardt: Die
Entwicklung der gotischen Travee. In:
Gedenkschr. E. Gall. München 1965,
123–142. – A. Wolff: Cluny und Chartres. In: Festschr. W. Weyres. Köln
1963, 199–217. – H. Lorenz: Zur Architektur L. B. Albertis. Die Kirchenfassa-
den. In: Wiener Jb. f. Kg. 29, 1976,
65–100. – W. Dieseroth: Der Triumphbogen als große Form in der Renais-
sancebaukunst Italiens. Diss. München
1970. – J. Sommerson: The classical
language of architecture. Cambridge/
Mass. 1963. – P. H. Boerli, E. Forss-
man, J. Haug, E. Kubach, W. Prohaska:
Fassade. In: RDK 7, 1978, 536–690
mit Lit. – Th. Straub: Mittelalterliche
Backsteingiebel im Profanbau der
Hansestädte des wendischen Kreises.
Diss. Rostock 1929. – T. Wolff: Mittelalterliche Backsteingiebel der Mark
Brandenburg und ihre Ausstrahlungs-
gebiete. Diss. Rostock 1933. – E. Un-
nerbäck: Welsche Giebel. Stockholm
1971. – Weitere Lit. siehe S. 84.

◀ 355 Autun, Kathedrale Saint-Lazare, 12. Jh., Mittelschiff-Wandaufriß
(1:100).

▲

356 Paris, Louvre, Pavillon du Roi
(westl. Pavillon), 1546/49 von P. Les-
cot erbaut.

Der Florentiner L. B. Alberti (1404–1472) gewann aus Vitruvs Buch
›De architectura libri decem‹ die Anregung für sein Hauptwerk ›De re
aedificatoria‹, das seit etwa 1452 in Künstler- und Humanistenkreisen
bekannt war und 1485 in lateinischer Sprache gedruckt wurde. Seine über
Vitruv hinausgehende Leistung bestand in einer Umgruppierung und
neuen Sinngebung der Angaben Vitruvs über die Bauweise der Tempel,
die er als hellenistische Säulenarchitektur auffaßte und deshalb besonders

auf die Formen und Maße der drei Grundarten der antiken Säulen, der dorischen, ionischen und korinthischen und ihrer beiden Spielarten, der zusammengesetzten, komposten, und der toskanischen, konzentrierte. Alberti übertrug diese Regeln auf christliche Kirchen, Paläste, Land- und Stadthäuser und von den Säulen auch auf Pfeiler und Pilaster. In seiner Nachfolge haben S. Serlio 1537, J. A. Du Cerceau 1559, G. B. da Vignola 1562, J. Bullant 1563, Ph. Delorme 1567 und A. Palladio 1570 die Architekturtheorie weiterentwickelt und ergänzt. So entstand die Lehre von den Säulenordnungen, die schließlich in Frankreich ihre äußerste rationale und kritische Durchbildung erfuhr (F. Blondel, Cours d'Architecture, 1675 bzw. 1698). Die Säulen ordnen, gliedern und erhöhen die Architektur. Zweck und soziale Stellung des Bauherrn bestimmen die Wahl der jeweils angemessenen Ordnung, wobei jede besondere und typische Eigenschaften besitzt (W. Dietterlin, Architectura, Nürnberg 1591): die toskanische naturverbunden für Substruktionen und Kellergeschoß, die dorische einfach, stark, männlich für Erdgeschoß, die ionische schlank, anmutig, heiter, fraulich für erstes Obergeschoß, die korinthische mächtig, stolz, reich, jungfräulich für zweites Obergeschoß, die komposite prächtig, abwechslungsreich, überirdisch für Söller- und Attikageschoß (Abb. 359–361).

E. Gall: Dienst. In: RDK 3, 1954, 1467–1479. – L. Giese: Blende, Blendbogen. In: RDK 2, 1948, 890–907. – F. V. Arens: Bogenfries. In: RDK 2, 1948, 1010–1026. – R. Hussendörfer: Die ehem. Chorherrenstiftskirche in Faurndau. Göppingen 1975, 308–381 (gefüllter Rundbogenfries). – D. Frey: Attika. In: RDK 1, 1937, 1206–1212. – W. Herrmann: Akroterion. In: RDK 1, 1937, 274–282. – C. Uhde: Die Konstruktion und die Kunstformen der Architektur. 4 Bde. Berlin 1902–1905 (Gesimse). – O. Stiehl: Deutsches Band. In: RDK 1, 1937, 1426 f.

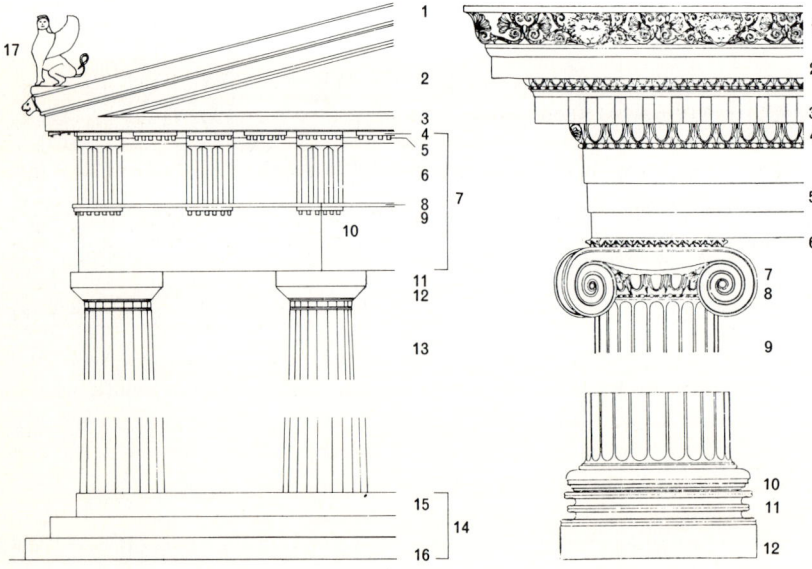

357 Dorische Säulenordnung
(1) Sima; (2) Tympanon; (3) Geison; (4) Mutulus; (5) Guttae; (6) Metopen-Triglyphenfries; (7) Architrav; (8) Taenia; (9) Regula; (10) Architrav; (11) und (12) Kapitell mit Abakus und Echinus; (13) Schaft; (14) Krepis; (15) Stylobat; (16) Euthynterie; (17) Akroterion.

358 Ionische Säulenordnung
(1) Sima; (2) Geison; (3) Zahnschnitt; (4) Ionisches Kyma; (5) Epistyl mit Faszien; (6) Abakus; (7) und (8) Kapitell mit Voluten und Eierstab; (9) Schaft; (10) Torus; (11) Trochilus; (12) Plinthe.

359 Basel, Geltenzunfthaus, 1578.

Die antiken Grundformen werden in der Renaissance und besonders im Klassizismus teilweise abgewandelt übernommen:

Die *dorische Ordnung* (Abb. 357) erhebt sich über dem Stylobat, der obersten Stufe der meist dreistufigen Krepis (einschl. Fundament = Stereobat). Die Säulen haben keine Basis, der Schaft hat 16–20 in scharfen Graten aufeinanderstoßende Kanneluren (konkav eingeschnittene, senkrechte Vertiefungen) und verjüngt sich über einer Entasis (Anschwellung in etwa einem Drittel der Höhe) nach oben. Das Kapitell setzt sich zusammen aus dem wulstartigen Echinus mit den Anuli (scharf eingeschnittene Ringe am unteren Abschluß) und einem quadratischen Abakus (Platte). Der Architrav (auch Epistyl) besteht aus einem glatten, unverzierten Steinbalken und dem Fries mit Triglyphen (Steinplatte mit zwei vollen und zwei äußeren halben Rillen) und Metopen (annähernd quadratisches Feld, häufig mit Reliefs geschmückt), an dessen Unterkante eine Taenia (Tropfenleiste) mit der Regula (Plättchen) und den Guttae (nagelkopfartige Tropfen) unter jeder Triglyphe befestigt ist. Auf dem Fries liegt das Geison (Gesims), an dessen Unterseite die Mutuli (rechteckige Steinplatte mit drei Reihen von je sechs Guttae) hängen. Eine Sima (Traufleiste), die oft mit Akroterien (freiplastische Elemente) besetzt ist, schließt den Aufbau ab.

Die *ionische Ordnung* (Abb. 358) ist gegenüber der dorischen schlanker. Die Säulen haben eine Basis, die in attischer Ausprägung aus zwei Tori (Wülsten) und einem Trochilus (Kehle) und in kleinasiatisch-ionischer aus zwei Trochili und einem Torus besteht und auf einer Plinthe (quadratische Platte) ruht. Der Schaft hat 20–24 Kanneluren, die durch Stege voneinander geschieden sind. Das Kapitell besteht aus Kyma (Eierstab), Volutenpolster und Abakus (Abb. 231). Der Architrav ist zusammengesetzt aus Fascien (drei, seltener zwei übereinandergelegte, vorkragende Streifen) und wird von einem Kymation (Profilleiste aus stilisierten Ovalformen, von schmalen Hohlstegen getrennt; Eierstab) mit Astragal (halbrunder, als Perlschnur gebildeter Stab) abgeschlossen. Der Fries bildet ein zusammenhängendes, oft reliefgeschmücktes Band, darüber das Geison, hier mit Zahnschnittleiste, und Sima.

Die *korinthische Ordnung* unterscheidet sich hauptsächlich durch ihr aus Akanthusblättern gebildetes Kapitell (Abb. 230, 232) von der ionischen Ordnung; hinzu kommen schlankere Proportionen der vertikalen und horizontalen Bauglieder.

360 Venedig, Libreria Vecchia, Bibliothek von San Marco, Fassade, 1537 bis 1554 von J. Sansovino erbaut.

361 Anet bei Dreux/Paris, Schloß, Hof, ab 1543/44 von Ph. Delorme erbaut.

362 Vicenza, Palazzo Valmarana, heute Braga, 1566 von A. Palladio erbaut.

363 Paris, Schloß der Tuilerien, Teil der Gartenfassade, 1570 von Ph. Delorme entworfen.

Die *toskanische Ordnung* ist eine Variante der dorischen; ihre häufig nicht kannelierten Säulenschäfte haben eine Basis, auch legt sich unter den Echinus statt der Anuli ein Halsring um den Schaft (Abb. 36, 359).

Die *komposite Ordnung* vereinigt vor allem in der Ausbildung des Kapitells ionische und korinthische Elemente (Abb. 233).

Die *französische Ordnung* gehört nicht zu den klassischen Säulenordnungen, sondern ist eine von dem französischen Architekturtheoretiker Ph. Delorme im Manierismus erfundene Variante. Die Säulenschäfte werden mit breiten Rustikaringen gegliedert oder aus verschieden ornamentierten Trommeln zusammengesetzt (Abb. 250, 363).

Bei der *Kolossalordnung* übergreifen die Säulen oder Pilaster samt ihrem Sockel mehrere Geschosse einer Fassade (Abb. 362, 546).

141

c) Der Dienst

entwickelt sich aus halbrunden Säulenvorlagen, die romanischen Pfeilern vorgelegt sind und, weiter hochgeführt, die Gurtbogen und Rippen aufnehmen. Die Säulenvorlagen werden immer schlanker und höher, so daß sich ihre Proportion von der Säule entfernt; in dieser Phase spricht man vom Dienst (Abb. 364, 365). Er kann zur Aufnahme von Gurten, Diagonalrippen und Schildrippen zu Dienstbündeln vervielfacht werden und, um Pfeiler gestellt, diese zu Bündelpfeilern umbilden. Die Dienste sind je nach ihrer Funktion unterschiedlich dick, so daß man von alten und jungen Diensten spricht. In der Fortbildung des gotischen Stils werden die Kapitelle immer kleiner und schließlich seit dem 15. Jh. ganz weggelassen (Abb. 442), wie auch das halbrunde Profil zugunsten von Birnstabprofilen o. a. aufgegeben wird. Die Dienste können durch Wirtel oder verkröpfte Gesimse unterteilt und mit der Wandgliederung verbunden sein (Abb. 74, 93, 364). Sie steigen gewöhnlich vom Boden oder von einem Sockel auf (Abb. 341, 342), können aber auch erst über den Arkadenkapitellen aufwachsen (Abb. 349, 364). Der Dienst ist in der gotischen Baukunst das wichtigste senkrechte Wandgliederungselement.

d) Die Lisene

ist ein schwach vorspringender, vertikaler Mauerstreifen, dem Basis und Kämpfer fehlen (im Unterschied zum Wandpfeiler und Pilaster). Sie kann unterer Teil einer Blende oder durch Friese, meist Bogenfriese, mit benachbarten Lisenen verbunden sein (Abb. 91, 96). Sie dient der Wandgliederung, besonders am Außenbau (Abb. 128), betont als Ecklisene die Ecken von Baukörpern, die dadurch als begrenzte, gerahmte, zu Körpern zusammengesetzte Wandflächen aufgefaßt werden (seit ottonischer Zeit). Ebenso betont sie die Grenzen der inneren Gewölbejoche am Außenbau der Seitenschiffe oder der Sargwand, wo in der Gotik Strebepfeiler an ihre Stelle treten können. Normalerweise ist die Lisene aus dem gleichen Material und im Schichtverband mit der anschließenden, zurückspringenden Mauer gemauert, wird aber auch aus Quadern aufgesetzt und mit Rücksprüngen versehen (Burgund) oder von Rundstäben (frühstaufisch) oder Kehlen begleitet. Die Lisene ist ein wesentliches Element der altchristlichen und byzantinischen Baukunst, wird dann allgemein in der zweiten Hälfte des 10. Jh. wieder aufgenommen und bleibt bis zur Auf-

142

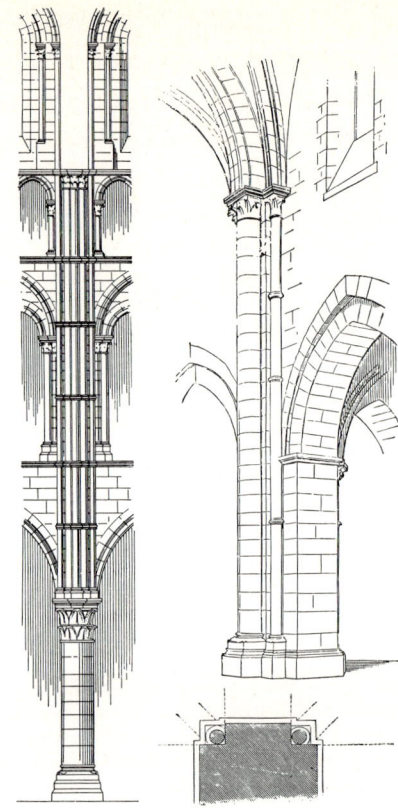

364 Laon, Kathedrale, um 1190, Mittelschiff-Wandaufriß (1:200).

365 Laon, Saint-Martin, Abteikirche, Mitte 12. Jh., Mittelschiff.

366 Rom, Palazzo Farnese, 1514 bis 1546 von A. Sangallo erbaut.
Lodi, Casa Mutagnani, 16. Jh., Terra-cotta-Gurtgesims.

367 Ensisheim im Elsaß, Rathaus, 1532–1547.

lösung der Wand durch den gotischen Skelettbau ein wichtiges vertikales Wandgliederungselement. In der niederrheinischen Baukunst der ersten Hälfte des 12. Jh. erhält die Lisene gelegentlich einen wulstförmigen Kämpfer, der auch nur an den Seiten vorspringen kann; den Lisenen können auch Pilaster (ottonische Fassaden) oder Halbsäulen (besonders an staufischen Apsiden) vorgeblendet sein.

sind waagerechte, plastisch vorstehende, zumeist profilierte und dekorierte Steinreihen, die zwischen Mauerabsätzen vermitteln und Wandflächen gliedern, auch über Wandvorlagen verkröpft sind.

Vorspringende Sockel, die durch ein Sockelgesims abgedeckt sind (Abb. 192, 333), kommen außerhalb antiker Traditionen erst im 11. Jh. auf. Das mit Anlauf versehene Sockelgesims kann gleichzeitig die Basis von senkrecht vorgeblendeten Baugliedern sein (Abb. 189, 574–576). Die Sohlbänke können als Sohlbank- oder Brüstungsgesims über die Wandfläche fortgesetzt sein (Abb. 334, 336, 338, 367). In der Gotik wird das aus Kehle, Schräge und Platte zusammengesetzte Profil vergrößert und häufig auf eine einfache Schräge mit Hohlkehle und Wassernase (Kaffgesims) reduziert (Abb. 321). Dieses Gesims läuft um die Strebepfeiler herum und dient der Überleitung der Strebepfeilerrücksprünge (Abb. 425). In einigen französischen Bauschulen des 12. Jh. läuft ein Gesims in Kämpferhöhe der Fenster (Kämpfergesims) und wird um die Fenster bogenförmig herumgeführt, ähnlich wie das Sockelprofil an Portalen der Hirsauer Bauten in Deutschland (Abb. 271). Weitere waagerechte Gesimse können als Stock- oder Kordongesimse die Wandfläche besonders am Chor und Turm in Geschosse teilen und haben als Profil eine Hohlkehle, einfache Schmiege oder ein Karnies (s-förmig aus einem Stab und einer Kehle).

Im Verlauf des 11. Jh. entwickelt sich ein steinernes, reich profiliertes Kranzgesims unterhalb des Dachansatzes (Traufgesims, Abb. 251, 321, 366). In der Gotik wird diese Zone höher und einfacher profiliert und leitet darauf zunächst nur bei den großen Kathedralen zu einer Attika über. Diese ist entweder als spitzbogige Säulenarkatur oder als Maßwerk ausgebildet, das von Wimpergen unterbrochen und von Fialen oder Figuren bekrönt sein kann (Abb. 317, 368, 371, 425). Schon in der romanischen Baukunst der Toskana (Protorenaissance) wird, von antiken Bauten übernommen, die Attika (eine Bezeichnung aus dem 17. Jh.) als niedrige Aufmauerung zur Verdeckung des Dachansatzes eingeführt, in der Spätgotik häufig als Zinnenkranz (Niederrhein, Flandern, Inn-Salzach-Gebiet, Sachsen, Böhmen, Abb. 369), in der Renaissance als Aufmauerung (Abb. 578) oder Balustrade (Abb. 36, 360, 363, 370, 555). Im Barock entwickelt sich die Attika zu einem durchfensterten Halbgeschoß, das über die ganze Gebäudebreite (Abb. 362, 363) oder nur über den Risaliten durchgeführt wird. Der Klassizismus verwendet eine schwere, meist blockhafte und wenig gegliederte Attika.

144

368 Paris, Sainte-Chapelle, 1243 bis 1248.
(A) alter Stab; (B) Wandstab; (C) junger Stab.

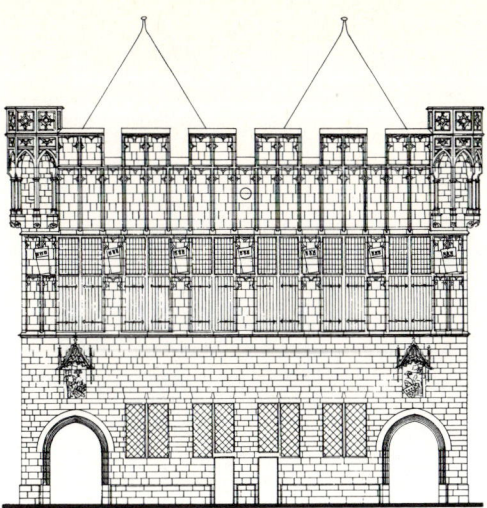

369 Köln, Gürzenich, städt. Tanzhaus, 1437–1444 (1:400).

370 Leiden, Rathaus, 1597, Teil-
ansicht (1:200).

371 Reims, Abteikirche Saint-Nicaise,
1221 begonnen, Westfront, Mittel-
giebel.

Die Gesimse, vor allem das Kranzgesims, sind häufig von Friesen begleitet. Der Fries dient ferner zur Abgrenzung oder Gliederung von
Flächen, vornehmlich waagerecht verlaufend, aber auch die Archivolten
der Portale und Fenster begleitend oder rechteckige Wandfelder rahmend.
Die Friese unterscheiden sich von den leistenartig profilierten Gesimsen
durch die Ornamente, den Rapport (Wiederholbarkeit) von abstrakten und
vegetabilen Schmuckformen in gleichbleibendem Rhythmus (Ordnungsprinzip), wobei die Anwendung des Ornaments auf einem Ornamentträger, hier der Steinleiste, als Dekoration bezeichnet wird (Abb. 256).

145

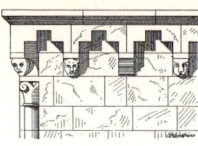

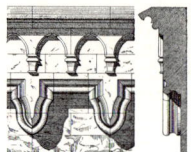

372   Ely, Kathedrale, 12. Jh.

373, 374   Collobrières   bei   Toulon/
Marseille, 12. Jh.

375   Trebitsch in Mähren, Benediktinerklosterkirche, um 1200.

376   Como, San Abondio, 1095 geweiht.

377   Magdeburg, Dom, Chor um 1230.

378   Schöngrabern in Niederösterreich,
Pfarrkirche, Anfang 13. Jh.

381   Bacharach, Pfarrkirche St. Peter,
um 1230/40.

379   Trier, St. Simeon, um 1148–1153.

380   Jáck in Ungarn, Benediktinerklosterkirche, Apsis, um 1220/30.

382   Königslutter, Klosterkirche, Chor
um 1135/40.

383   Saint-Germer-de-Fly bei Beauvais, Klosterkirche, Querhaus, 1150
bis 1159.

384   Friese
(1) Bukranienf.; (2) Akanthusf.; (3)
Anthemion; (4) Mäander; (5) Laufender Hund; (6) Zangenf.; (7) Flechtband; (8) Rautenf.; (9) Diamantf.;
(10) Würfelf.; (11) Rollenf.; (12)

146

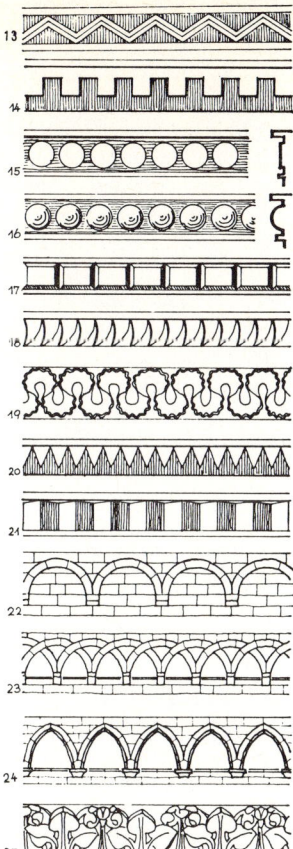

Der Bogenfries ist in Abschnitten von mindestens zwei aufeinanderfolgenden Bogen zwischen Lisenen oder Pilaster gespannt oder verläuft ohne Unterbrechung als Wandgliederung oder Abschluß (Abb. 300), häufig unter Traufgesimsen (Abb. 91, 148, 153), oder der Giebellinie folgend als steigender Bogenfries (staufische Baukunst im Rheinland, Elsaß, Schwaben, Abb. 91, 128, 151), auch an Innenwänden. Außer dem am häufigsten vertretenen Rundbogenfries (Abb. 372, 373) gibt es viele Variationen wie den Spitzbogenfries (13. Jh., Abb. 377), den Kreuzbogenfries aus zwei sich überkreuzenden Bogenfriesen (12./13. Jh., Abb. 383) und den Winkelfries (12./13. Jh.). Später entwickeln sich der Gitter- (Backsteinbau 12./13. Jh.), Treppen- (13. Jh., Abb. 374), Klammer- (13. Jh.) und Kielbogenfries (15./16. Jh.). Der Bogenfries kommt in einfacher Form vor, aber auch in zwei oder mehr Schichten übereinander (Abb. 376), reich profiliert (Abb. 375–378) oder mit Dreipässen (Abb. 380) und Ornamenten (2. Hälfte 12./Mitte 13. Jh. in Italien, Franken, Schwaben, Sachsen, Abb. 380, 382) gefüllt. Die Bogenfüße ruhen häufig auf Konsolen, die zumeist dekoriert sind (Abb. 372–374, 382, 383). Seit dem 10. Jh. erscheint der Bogenfries in der abendländischen Baukunst und hält sich bis ins 13. Jh., in der norddeutschen Backsteinarchitektur auch länger. An kleineren Sakral- und Wehrbauten ist er noch bis ins 18. Jh. in einfacher Form zu finden (Abb. 506). Im Wehrbau dient er häufig zur Auskragung des Wehrganges (Abb. 501).

Der von antiken Bauten beeinflußte Konsolenfries aus Klötzchen, die ein Gesims tragen, findet sich in allen der Antike nahen Schulen (Auvergne, Provence, Rheinland bis ins 13. Jh.). An normannischen Bauten liegt er unter der Traufe (Corbel Table); an profaner Renaissance- und Barockarchitektur bildet er in Verbindung mit dem weit vorkragenden Traufgesims den beherrschenden oberen Abschluß (Abb. 366).

Im 12. Jh. entwickeln sich nach Anfängen im 11. Jh. zahlreiche andere Friesornamente (Abb. 384): Klötzchen, Schachbrett, Flechtband, Mäander bzw. Laufender Hund, Rauten, Schuppen, Zickzack (auch Deutsches Band oder Zahnfries, speziell im Backsteinbau), Zinnen, Kugel, Hundzahn (englische Frühgotik), Stern, Diamant (seit Mitte des 12. Jh.), Palmetten, Tudorblatt (englische Gotik), Rosetten, Voluten, Schnecken, Spirale und viele andere Friesdekorationen zumeist nach vegetabilen Vorbildern. An staufischen Kirchen des Rheinlandes findet sich zumeist unterhalb der Zwerggalerie der Plattenfries (gerahmte, eingetiefte Platten, Abb. 467, 576). In der Gotik werden die Friese vereinfacht und nur noch mit ge-

Schuppenf.; (13) Zickzackf.; (14) Zinnenf.; (15) Scheibenf.; (16) Kugelf.; (17) Plattenf.; (18) Hundszahn; (19) Wolken; (20) Sägezahnf.; (21) Deutsches Band; (22) Bogenf.; (23) Kreuzbogenf.; (24) Spitzbogenf.; (25) Blattwerkf.

147

reihten Blättern oder Knospen dekoriert, in der Spätgotik mit verschlungenen, laublosen Ästen (Astwerk). In der Renaissance werden antike Friesornamente aufgenommen (Abb. 384): Bukranien, Akanthus, Mäander, das ionische Kyma, bei dem Ovalformen durch schmale Hohlstege getrennt sind, das lesbische Kyma, bei dem herzförmige Blätter und Zwischenspitzen ein konkav-konvexes Profil bilden, ferner Eierstab und Astragal sowie abgeleitete oder neue Formen, die auch als Flächendekoration vorkommen. Dazu zählen Motive wie die Arabeske aus stilisiertem Blatt- und Rankenwerk; auch werden vollplastische Köpfe oder Figuren eingefügt, die aus der hellenistischen Kunst in die italienische Frührenaissance übernommen wurden und in der abendländischen Kunst weitverbreitet sind; weniger naturalistisch ist die Maureske aus streng stilisiertem linearen Pflanzenornament (von der Renaissance ausgebildet). Die Groteske besteht aus Rankenwerk mit Blattwerk, Früchten und figürlichen Elementen (16. bis 18. Jh.); das Bukranion aus Stierschädeln mit Girlanden oder mit Rosetten in den Zwischenräumen; oder ähnlich der Feston in Form einer durchhängenden Girlande aus Laub, Blumen, Früchten, oft mit flatternden Bändern an den beiden Enden oder mit Blättern kreuzweise umwunden (Renaissance). Beim Bandelwerk bilden symmetrisch geschwungene Bänder rankenähnliche Ornamente (Ende des 17. Jh. in Frankreich und im ersten Drittel des 18. Jh. über ganz Europa verbreitet); ähnlich das Rollwerk aus verschlungenen und aufgerollten Bandformen (in der norddeutschen und flämischen Kunst des 16. Jh.). Das Beschlagwerk aus symmetrisch angeordneten Bändern und Leisten wird häufig durch angedeutete Nagel- und Nietköpfe betont (nach 1570 in der deutschen und niederländischen Renaissance); das Schweifwerk aus c- und s-förmigen, an zumeist einem Ende anschwellenden und kontrahierten Schweifkörpern, die in der Fläche symmetrisch um eine Mittelachse zu einem durch Stege verknüpften Gerüst geordnet sind (1560–1620). Das Ohrmuschelwerk, ein pflanzenähnliches Ornament, erinnert an Knorpel bzw. Ohrmuscheln (16./17. Jh., in den Niederlanden und Deutschland); ebenso das Knorpelwerk aus knorpelähnlichen Elementen, die manchmal von naturalistischen Formen, wie Fratzen, durchsetzt sind. Das Muschelwerk aus muschelähnlichen Formen (16.–18. Jh.) findet seine Fortsetzung im Rocaille, einem an Muschelformen erinnernden, asymmetrischen Ornament (Mitte 18. Jh.).

D. Debes: Das Ornament. Ein Schriftenverzeichnis. Leipzig 1956. – E. Strauß: Bauornament. In: RDK 2, 1948, 106 bis 131. – M. Braun-Reichenbacher: Das Ast- und Laubwerk. Entwicklung, Merkmale und Bedeutung einer spätgotischen Ornamentform. Nürnberg 1966. – E. Strauß: Akanthus. In: RDK 1, 1937, 262–273. – K. Hinrichsen: Beschlagwerk. In: RDK 2, 1948, 321–327. – H. Bauer: Rocaille. Berlin 1962. – A. M. v. Graevenitz: Das niederländische Ohrmuschelornament. Ms. Diss. München 1972. – B. Wagner: Untersuchungen zur Ornamentgroteske in französischen Vorlageblättern des 16. Jh. Ms. Diss. Graz 1974. – F. Piel: Die Ornament-Groteske in der italienischen Renaissance. Berlin 1962. – G. Irmscher: Das Schweifwerk. Diss. Köln 1978.

385 Brügge, Garenmarkt 5, 2. Hälfte 16. Jh.

387 Hameln, Osterstr. 28, Rattenfängerhaus, 1602/03, Ansicht. ▶

148

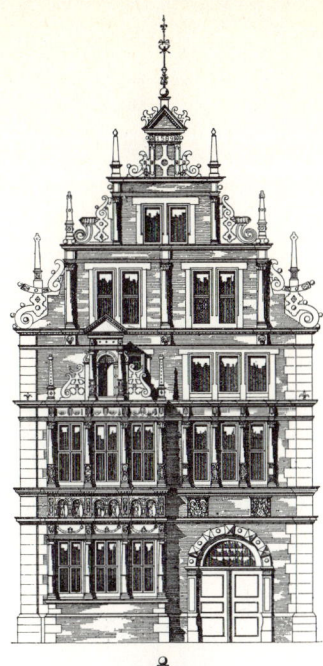

386 Hameln, Osterstr. 9, 1585–1589, Ansicht.

388 Rom, Il Gesù, Fassade um 1576/1584 von G. della Porta erbaut.

f) Die Nische

ist wie die Blende ein Wandgliederungselement, eine in die Mauerfläche eingefügte Vertiefung, im Grundriß halbrund, segmentbogenförmig oder rechteckig. Als antikes Element im Innenbau entwickelt, ist sie vornehmlich im Mauermassenbau aufgenommen worden. Sie dient auch am Außenbau entweder zur Einstellung von Figuren oder als reines Gliederungselement (Abb. 36), besonders an Giebeln (Abb. 576), ebenso zur Aufnahme von Portalen oder Fenstern. Durch Nischen strukturierte Innenräume finden sich vor allem bei Zentralbauten, hier vor allem Baptisterien. Als gliedernde Elemente treten Nischen an Seitenschiffwänden auf, im Querhaus und Chor und in der Triforiumszone, auch in Krypten oder Turmobergeschossen.

149

g) Die Blende

ist ein Gliederungselement, das dem Mauerkern aufgelegt, d. h. vorgeblendet ist (Abb. 385–388). Die Blenden sind entweder von Bögen
(Abb. 148) oder Gesimsen abgeschlossen und ruhen auf Lisenen, Pilastern
oder Halbsäulen (Abb. 144). Je tiefer ihre Stufung und je reicher die
Profilierung, desto mehr erscheinen sie als selbständiges Gliederungssystem
(Abb. 96). Seit dem 12. Jh. werden die Blenden immer kleinteiliger und
mit Kleeblattbögen (Abb. 144) oder Mehrfachbögen (Abb. 576) ausgefüllt
oder auch als Stufenblende ausgebildet. In der gotischen Zeit, besonders
seit dem 14. Jh., bestehen die Blenden aus Maßwerk (Blendmaßwerk),
das auch frei vor der Mauer hängen kann (Schleierwerk, Abb. 145, 277).
In der Renaissance und im Barock kommen Giebelformen und Säulen mit
Gebälken auf. Blenden kommen in allen Perioden vor, sowohl außen
(Abb. 129, 139, 152, 189) wie innen (Abb. 74, 113, 426, 427).

h) Der Wimperg, die Fiale, die Kreuzblume

als giebelförmiger Bauteil bekrönt der Wimperg gotische Fenster, Portale
(Abb. 285, 389, 394) oder Traufgesimse (Abb. 317). Seine Kanten sind
mit Krabben und Fialen besetzt, seine Spitze mit einer Kreuzblume. Die
von den profilierten Kanten gebildete dreieckige Fläche ist mit Maßwerk
gefüllt (Abb. 285).

Die Krabbe oder Kriechblume ist ein plastisches Blatt, das als Reihung
an den Kanten gotischer Bauglieder vorkommt (Abb. 317, 390, 391).

Die Fiale ist ein schlankes, spitz auslaufendes Türmchen. Ihr unterer
Teil, der vier- oder achtseitige Leib oder Rumpf, ist häufig mit Maßwerk
verblendet und über jeder Seite mit einem Giebel abgeschlossen (Abb. 285).
Darüber erhebt sich der pyramidenförmige Helm oder Riese, der an den
Kanten meist mit Krabben besetzt und von der Kreuzblume bekrönt ist
(Abb. 460–463). Fialen kommen an gotischen Bauwerken an Wimpergen,
Strebepfeilern oder auf der Attika vor.

Die Kreuzblume, auch Firstblume, besteht aus einer oder zwei Reihen
um einen Stamm kreuzförmig angeordneter, stilisierter Blätter, oben abgeschlossen mit einem Knauf, einer Blüte oder einer weiteren Reihe kleiner
Blätter (Abb. 362, 392, 393). Die Kreuzblume steht auf der Spitze gotischer Wimperge, Fialen und auch auf Strebepfeilern.

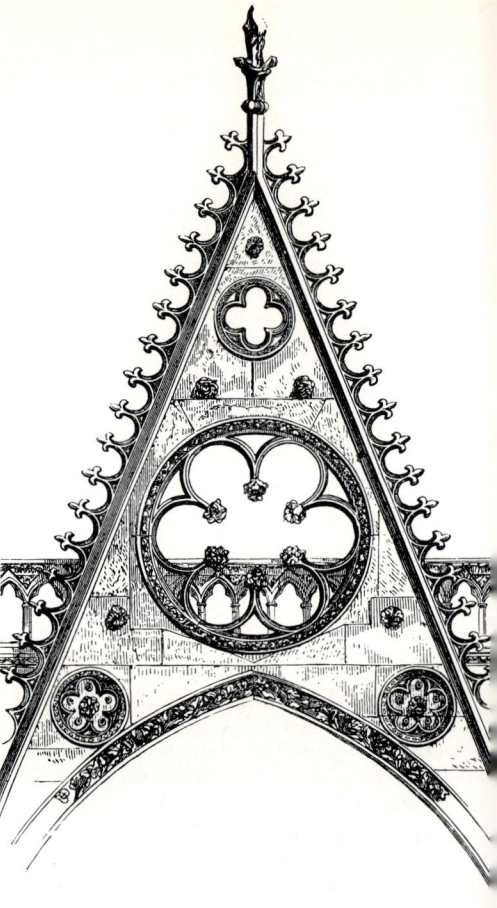

389 Paris, Kathedrale Notre-Dame,
Südportal, Wimperg um 1260/70.

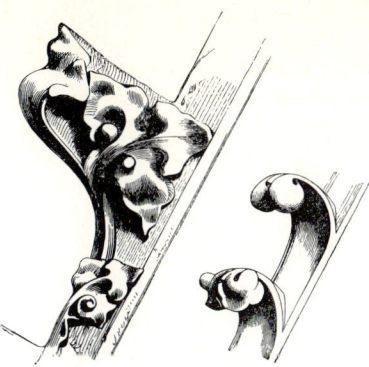

390, 391   Krabben 13./14. Jh.

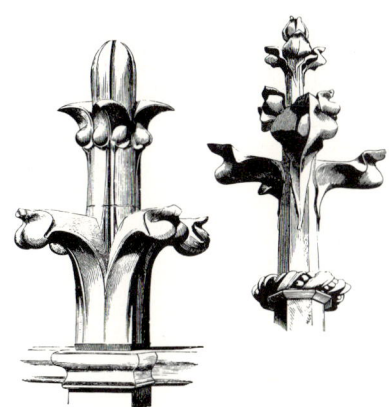

392   Paris, Kathedrale Notre-Dame, Kreuzblume, 1. Hälfte 13. Jh.

393   Troyes, Saint-Urbain, 3. Drittel 13. Jh., Kreuzblume.

394   Reims, Kathedrale, Westansicht, 2. Drittel 13. Jh.   ▶

151

396 Lübeck, Holstentor, 1466–78 durch Ratsbaumeister H. Hemstede erbaut.

395 Maria Laach, Klosterkirche, Ostansicht, um 1130–1156.

i) Die Fassade

ist die Schauwand des Gebäudes, zu deren repräsentativen Gestaltung Formen wie Blenden, Nischen, Lisenen, Pilaster, Halbsäulen, Friese und Gesimse eingesetzt werden. Die Fassade kann in Umriß oder Gliederung den Querschnitt des Baues und seiner Aufteilungen widerspiegeln oder durch einen vorgelegten Bauteil verkleiden. Sie kann offen (mit Eingang

152

397 Berlin, Friedrichstr., Schauspielhaus, 1819–1821 durch F. Schinkel erbaut.

oder Vorhalle) oder geschlossen und ein- oder mehrteilig sein. Auch Trauf-
Langseiten von Bauten können als Fassade aufgefaßt und reich gegliedert
werden (Abb. 192, 338 a, 362, 537, 556 a). Die *Querschnittfassade* gibt
mit ihrem Umriß den Raumquerschnitt wieder. Sie findet sich durch alle
Jahrhunderte an der Westfront von Saal- und Hallenkirchen (Abb. 30)
sowie Basiliken (Abb. 172, 352, 354, 399), an den Querhausarmen
(Abb. 67, 69), am Rechteckchor (Abb. 91), an Palas- und Schloßbauten
(Abb. 522) und giebelständigen Stadthäusern (Abb. 385–387). Die
kubische Fassade wird durch Türme, Querbau oder Apsis zu einem
eigenen Baukörper: an Kirchen als Querbau, der von zwei Türmen bekrönt ist (Abb. 144), oder als Westchorhalle besonders im Rhein-Maas-
Gebiet, als Zweiturmfront mit geradem oder geschwungenem, übergiebel-
tem Mittelteil, der den Querschnitt des Mittelschiffs aufnimmt (Abb. 139,
145, 147, 152), seit dem 11. Jh. bis hin in die Gotik, dann wieder seit
dem Anfang des 17. Jh., oder als Chor mit Flankentürmen, besonders

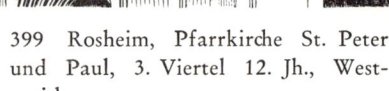

398 Augsburg, Zeughaus, Fassade 1602–07 durch E. Holl erbaut, Skulptur von H. Reichle aus Schongau.

400 Wismar, Wassertor, 3. Viertel 15. Jh., Stadtseite.

154

401 Lübeck, Rathaus, Südflügel Kriegs-
stubenbau, 1440/42 durch N. Peck erbaut.

402 Greifswald, Platz der Freund-
schaft 11, Anfang 15. Jh.

11./13. Jh. (Abb. 73, 153, 576), als westlicher Einturm, seit dem 11. Jh.,
besonders in der Hochgotik bei Stadtkirchen, aber auch weiter im Barock
(Abb. 140, 142). Bei der *Schirmfassade* ist eine flächige, teilweise freistehende Wand (Abb. 127) oder ein Querbau von geringer Tiefe (Abb. 129,
189) unabhängig vom Innenraum diesem vorgebaut. Sie kommt im 12. Jh.
bei italienischen Kirchen und nordischen Stadthäusern auf und entwickelt
sich besonders reich im gotischen Kirchen- und Profanbau (Abb. 290, 292,
369, 400–402).

404 Münster, Prinzipalmarkt 8/9,
Stadtweinhaus, 1615 durch Johann
von Bocholt erbaut (heute Kopie). Die
vorgesetzte Laube, der sog. Sentenz-
bogen, ursprünglich ein zweigeschossiger übergiebelter Vorbau.

156

405 Rosheim, Pfarrkirche St. Peter und Paul, Langhaus, 3. Viertel 12. Jh.

406 Süsteren in den Niederlanden, Damenstiftskirche, Langhaus, 3. Viertel 11. Jh. (1:500).

407 Hildesheim, St. Godehard, 1133 bis 1172, West-Ost-Schnitt durch das Langhaus (1:1000). ▶

k) Der Giebel

ist die von den Dachflächen eines Satteldaches begrenzte Fläche auf der Schauseite eines Gebäudes. Er ist im Mittelalter steiler proportioniert als der Giebel des antiken Tempels, und es fehlt ihm auch das untere horizontale Gesims (Geison) des Giebeldreiecks mit dem Ortgang oder Schräggeison. Erst um 1000 werden wieder antike Formen aufgenommen. Der romanische Giebel kann mit steigenden Rundbogenfriesen und auch mit Akroterfiguren (Elsaß) verziert sein (Abb. 91, 352, 399, 522). In der Spätromanik und Gotik wird der Giebel steiler und abgetreppt (Treppen-, Staffel-, Stufengiebel, Abb. 290, 292, 385, 400), auch aufgeschultert (Schultergiebel). Häufig entspricht der Giebel nicht mehr dem Dachquerschnitt (Abb. 290), er wird zum reich gegliederten und mit Fialen aufgelockerten Blend- oder Ziergiebel (besonders in dem deutschen Backsteinbau, Abb. 386, 387, 401, 402). In der Renaissance und im Barock kann der Giebel in mehreren Winkeln gebrochen (Knickgiebel) oder kurvenförmig geschwungen (Abb. 127, 335, 336), auch mit Voluten geschmückt (Volutengiebel, Abb. 398, 403, 404) oder gar gesprengt werden. Über dem Mittelrisalit (Frontgiebel oder Frontispiz) wird er antiken Vorbildern entsprechend flach proportioniert (Abb. 388) und auch reliefiert, ebenso der klassizistische Giebel (Abb. 191, 397).

l) Die Langhausinnenwand

hat sich in ihrer Gestaltung aus vier in der Spätantike entwickelten Wandsystemen ausgebildet, deren Grundformen mehrere Stilstufen durchlaufen haben:

1. Die *Fenster-Hochwand* mit unten geschlossener Wand und einem darüberliegenden Lichtgaden mit Bogenfenstern findet sich bis ins 12. Jh. bei einfachen Saalkirchen, profanen Räumen und Hallenkirchen;

2. Die *Pfeilerarkaden-Hochwand* mit Pfeilerarkaden und einem Lichtgaden mit Bogenfenstern in der gleichmäßig aufgehenden Wand ist im 5. Jh. in Oberitalien und Nordafrika ausgebildet und gewinnt in karolingischer, ottonischer und frühromanischer Zeit an Bedeutung (Abb. 70);

157

3. Die *Kolonnaden-Hochwand,* wie z. B. an Alt-St. Peter in Rom 324/ 349, findet sich in karolingischer Zeit an einer Gruppe, die deutlich eine „renovatio" des konstantinischen Kirchenbaus beabsichtigt, vereinzelt in der Renaissance und häufig im Klassizismus, der zu Kolonnaden eine Langhauswölbung fügt (Abb. 60);

4. Die *Säulenarkaden-Hochwand* ist die Grundlage fast aller späteren Wandsysteme bis zur Mitte des 11. Jh., z. T. auch noch darüber hinaus, wiederaufgenommen in der Florentiner Frührenaissance (Abb. 18, 40).

Hinzu kommen Mischformen wie der Stützenwechsel, bei dem Säulenarkaden von Pfeilern rhythmisiert werden, entweder im Wechsel (Abb. 405, 406) oder jeweils zwei Säulen zwischen Pfeilern (sächsischer Stützenwechsel, Abb. 407).

In der Mitte des 11. Jh. entwickelt sich in der Normandie ein neues Wandsystem, bei dem die Wand in zwei Schichten zerlegt wird: die innere in Stützen und Arkaden aufgelöst, die äußere, die für den Anblick vom Schiff aus hinter dem Schleier der inneren ganz zurücktritt, nur als Abschluß dienend. Hierzu gehören auch die seit 1000 besonders an Wallfahrtskirchen in der Nachfolge von Saint-Martin in Tours auftretenden Emporen und die seit dem Ende des 11. Jh. in Burgund entwickelten Blendarkaden, aus denen sich in der zweiten Hälfte des 12. Jh. das Triforium entwickelt. Aus der Auflösung der Wand und dem Ersatz der Mauerfläche durch Gliederteile ist die Struktur des gotischen Systems entstanden, erstmals formuliert in Saint-Denis, 1140/44. Die Rippen bilden das eigentlich tragende Gerüst, die Kappen nur leichte Füllungen. Neben den großen Emporenbauten mit dem viergeschossigen Wandaufbau (Arkaden, Empore, Triforium, Fenster; Abb. 341, 410–414) entstehen im königlichen Frankreich nach 1140 dreigeschossige Anlagen (Arkaden, Scheinempore, Fenster). Der dreigeschossige Wandaufbau war in der Spätantike und in Burgund vorgebildet, dort mit einer Blendbogengliederung (Abb. 355). Um 1180 wird die Scheinempore in Saint-Vincent zu Laon und in Canterbury durch ein Triforium ersetzt, nach 1194 in der Kathedrale von Chartres (Abb. 415). Damit ist der Wandaufriß der klassischen gotischen Kathedrale erreicht (Abb. 415–423). Durch die bis auf den Boden reichenden Dienste ist die die Sargwand tragende Arkadenzone angebunden an den Obergaden, und die aus dem sechsteiligen Gewölbe sich ergebende Rhythmisierung wird zurückgedrängt, um dann anschließend in Reims und Amiens ganz zu verschwinden. Die Fensterstäbe des Obergadens werden bis ins Triforium heruntergeführt, wodurch beide Geschosse mitein-

408 Köln, St. Gereon, Dekagon, 1219 bis 1227, Aufriß (ca. 1:550), Innenansicht.

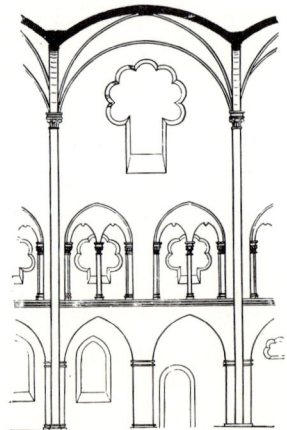

409 Neuss, St. Quirin, Langhaus, 1209 bis 1230 (ca. 1:450).

410, 411 Noyon, Kathedrale Notre-Dames, Langhaus, 1185–1200 (1:500).

412, 413 Laon, Kathedrale Notre-Dame, Langhaus, westl. Joche, 1190 bis 1205 (1:500).

414 Paris, Kathedrale Notre-Dame, Langhaus, links 1182–1200 (rekonstruiert), rechts Umbau 13. Jh. (1:500).

415 Chartres, Kathedrale Notre-Dame, Langhaus, 1194–1220 (1:500).

416 Reims, Kathedrale Notre-Dame, Langhaus, 1211–1220 (1:500).

417 Amiens, Kathedrale Notre-Dame, Langhaus, 1220–1236 (1:500).

418 Bourges, Kathedrale Saint-
Etienne, Langhaus, ca. 1200–1260
(1:500).

419 Rouen, Kathedrale Notre-Dame,
vor 1250 (1:500).

420 Rouen, Saint-Ouen, 1. Hälfte
14. Jh. (1:500).

421, 422 Beauvais, Kathedrale Saint-
Pierre, Chor, 1247–1272, 1284 Gewölbe eingestürzt, Aufbau bis 1347
(1:500).

ander verschmelzen (Abb. 346, 347, 417, 421). 1258–1269 wird dies
konsequent im Chor von Amiens durch die Einführung des durchlichteten
Triforiums (Abb. 421–425) weiterentwickelt, wobei das Brüstungsgesims
des Triforiums auf halber Raumhöhe liegt. Mit der Kathedrale von
Reims werden ab 1211 die Fenster der Seitenschiffe denen des Obergadens
angeglichen und damit beide Fensterzonen optisch zusammengezogen
(Abb. 416). Die Kämpfer- und Brüstungsgesimse werden jeweils über die
Dienste verkröpft, so daß senkrechte und waagerechte Gliederungen miteinander verbunden sind und sich verspannen. Um 1230 wird in Lothringen und Troyes der Wandaufbau auf zwei Geschosse (Arkaden, Fenster)

160

423–425 Köln, Dom St. Peter, Langhaus, 1248–14. Jh., 1842–1880 vollendet (1:500).

reduziert, was vorbildhaft für die frühen deutschen gotischen Kirchen
wird (Abb. 24, 93). Während in Frankreich und bei den von Frankreich
beeinflußten Kirchen der dreigeschossige Wandaufbau bis ins 14. Jh. beibehalten wird (Abb. 420), ist in Deutschland der zweigeschossige durchgehend vorherrschend. Schon die deutsche Spätgotik gibt die Folge von
Wandfeldern, die zwischen Diensten ausgesondert sind, zugunsten der
Arkaden-Hochwand auf, die dann – neben der Kolonnaden-Hochwand –
in der Renaissance weiterbesteht und jeweils durch Pfeilervorlagen oder
Pilaster gegliedert sein kann.

161

427 Souvigny (Allier), Abteikirche, Anfang 12. Jh.

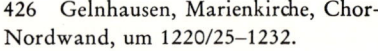

426 Gelnhausen, Marienkirche, Chor-Nordwand, um 1220/25–1232.

R. Huber, R. Rieth: Gewölbe und Kuppeln. Glossarium Artis 6. Tübingen-Strasbourg 1975, mit Lit. – ferner: W. Müller: Birnstab. In: RDK 2, 1948, 768–770. – R. Feuchtmüller: Die spätgotische Architektur und Anton Pilgram. Wien 1951. – H. Meuche: Das Zellengewölbe. Ms. Diss. Greifswald 1959. – H. Lömpel: Die monumentale Tonne in der Architektur. Diss. München 1963. – M. Grassnick: Die gotischen Wölbungen des Domes zu Xanten und ihre Wiederherstellung nach 1945. Diss. Darmstadt 1963. – J. Büchner: Ast-, Laub- und Maßwerkgewölbe der endenden Spätgotik. In: Festschr. K. Oettinger. Erlangen 1967, 265–302. – K. Krauß: Konstruktionsprinzipien gotischer Gewölbe. In: Denkmalpflege in Baden-Württemberg 6, 1977, 60–62. – O. Feld: Der Beitrag des Elsaß zur Geschichte des Kreuzrippengewölbes. In: Les Cahier techniques de l'art 4, 2, 1961, 15–29. – R. Kautzsch: Die ältesten Kreuzrippengewölbe. In: Festschr. P. Clemen. Bonn 1926, 304–308. – G. Fehr und W. Müller in: Die Parler und der schöne Stil 1350–1400. Hdb. z. Ausst. Köln 1978, 45–49 mit Lit. – H. Reuther: Das Platzlgewölbe der Barockzeit. In: Deutsche Kunst und Denkmalpflege 1955, 121–139. – C. Spuler: Opaion und Laterne. In: Das Münster 27, 1974, 16–23.

10. Das Gewölbe und das Strebewerk

Das Gewölbe ist ein krummflächiger Abschluß eines Raumes, der gewöhnlich aus Natur- oder Backsteinen gemauert ist, die sich zwischen Widerlagern verspannen. Wie beim Bogen müssen die Fugen zwischen den Steinen auf einen oder mehrere Mittelpunkte ausgerichtet sein. Gewölbe mit waagerechten Fugen, also mit vorkragenden Schichten, sind unechte Gewölbe (Kraggewölbe). Das Gewölbe besteht aus einer tragenden Gewölbeschale, oder Rippen (Rippengewölbe) übernehmen die Lasten, dazwischen sind die Kappen gespannt. Die Technik der Gewölbekonstruktion ist seit der Antike bekannt und in allen Jahrhunderten auch bei Zentralbauten, Vorhallen, Krypten und Seitenschiffen durchgehend angewandt worden. In bestimmten Zeiten und Landschaften waren allerdings der offene Dachstuhl (frühchristliche Kirchen, Normandie erste Hälfte des 11. Jh., Italien bis zum 14. Jh.) oder die Flachdecke aus Holz (frühchristliche Kirchen, Vorromanik und Romanik teilweise bis 1150, Bettelordensbaukunst seit dem 13. Jh.) bestimmend, auch in der Renaissance verwendet.

a) Das Tonnengewölbe

mit halbkreis-, segment-, spitz- oder parabelförmigem Querschnitt (Rund-, Flach-, Spitz- oder Parabeltonne, Abb. 428–431) kommt auch, besonders in Umgängen, Seitenschiffen und Anräumen, als einhüftiges Gewölbe (Halbtonne, Horngewölbe, Abb. 429) vor. Über kreisförmigem Grundriß (Zentralbau, Chorumgang) ergibt sich eine Ringtonne oder ansteigend ein Spiral-, Spindel- oder Schneckengewölbe (Wendeltreppe). Die Tonne kann durch Gurtbogen in Joche geteilt werden (Gurtgewölbe; Spanien im 8. Jh., Burgund seit Anfang des 11. Jh., Tours mit Pilgerkirchen seit 1050; Abb. 430). Schneiden in das Gewölbe andere Wölbungen ein, deren Scheitel quer zum Hauptgewölbe verlaufen, so nennt man sie Stichkappen, z. B. für die Anbringung von Fenstern in der Gewölbezone (Abb. 431). Häufig liegt der Scheitel der Stichkappen niedriger als der des Hauptgewölbes, dann wird die horizontale Scheitellinie zumeist hochgezogen (die Quertonnen werden angeschiftet).

Das in der römischen Baukunst beliebte Tonnengewölbe lebt in manchen Bauschulen als kennzeichnendes Element weiter (Burgund 11./12. Jh., Poitou 12. Jh., Provence 12. Jh.). Häufig findet es sich bei einschiffigen, aber auch – und hier laufen dann drei Tonnen parallel – bei dreischif-

430   Tonnengewölbe mit Gurtbogen.

428, 429   Clermont-Ferrand, Notre-Dame-du-Port, 1. Hälfte 12. Jh., Blick nach Osten und Querschnitt (1:333).

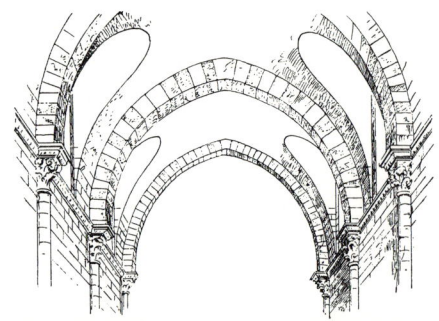

431   Tonnengewölbe mit Gurtbogen und Stichkappen.

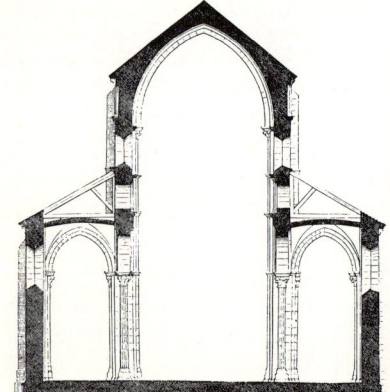

432   Autun, Kathedrale Saint-Lazare, 1131 begonnen, Querschnitt (1:500).

433   Gernrode, Stiftskirche St. Cyriacus, westl. Krypta, 2. Viertel 12. Jh.

164

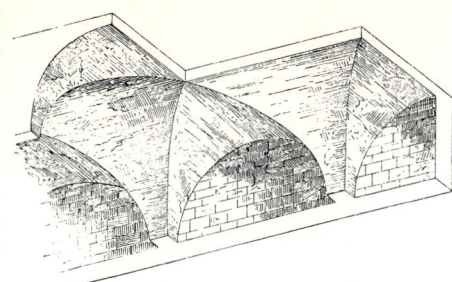

434 Kreuzgewölbe mit horizontalem
Scheitel.

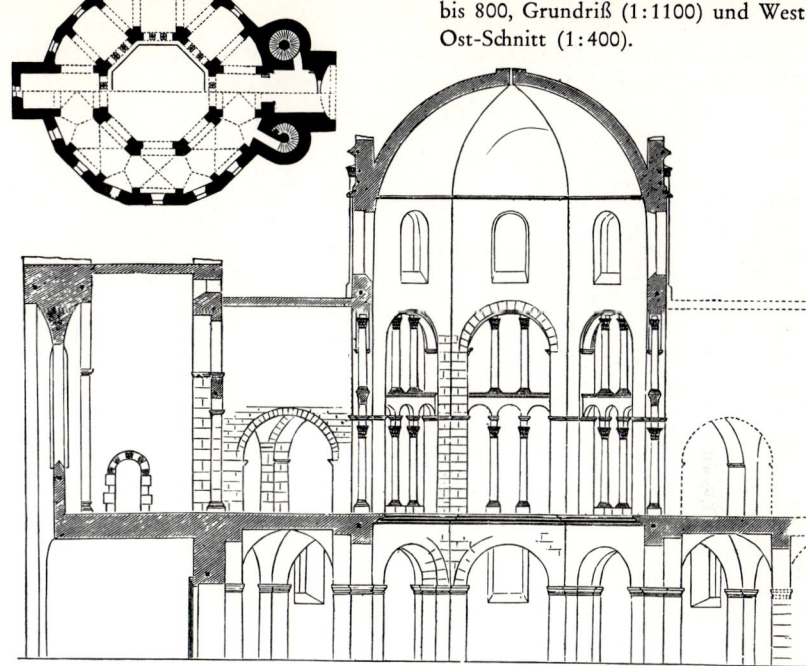

437, 438 Aachen, Pfalzkapelle, 790/94
bis 800, Grundriß (1:1100) und West-
Ost-Schnitt (1:400).

435 Kreuzgewölbe mit Busung.

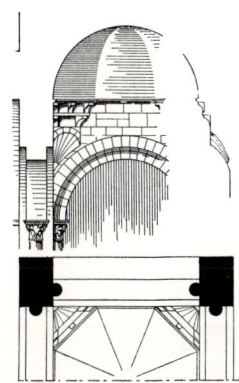

436 Klostergewölbe.

figen Kirchen, entweder in Hallenkirchen (Poitou) oder, in Verbindung
mit Emporen, bei Basiliken, dort auch als stützende Halbtonne (Auvergne,
Abb. 429). Die Verwendung des Tonnengewölbes läuft im 12. Jh. aus;
in Renaissance und Barock wird es wieder aufgenommen und zu enormer
Größe gesteigert (Abb. 17). Werden die Enden ebenfalls gewölbt, so entsteht das Muldengewölbe, bei abgeschnittenem Scheitel ergibt sich das
Spiegelgewölbe mit flachem Deckenspiegel.

b) Das Kreuzgewölbe
bildet sich bei der Durchdringung von zwei senkrecht zueinander stehenden Tonnen von gleicher Höhe (Abb. 433, 434). Wegen der dabei entstehenden eliptisch gekrümmten Grate wird es auch Kreuzgratgewölbe
genannt. Das einfache Kreuzgewölbe kann nur in der römischen Technik
des Mörtelgusses oder bei sehr kleinen Räumen (Krypten des 9./10. Jh.,

165

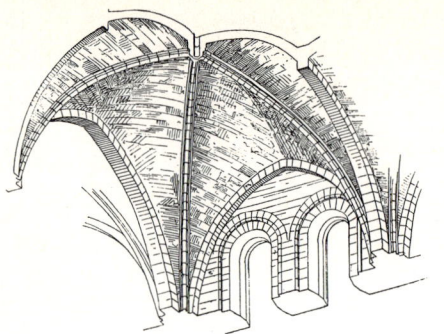

439 Kreuzrippengewölbe.

440 Sechsteiliges Rippengewölbe.

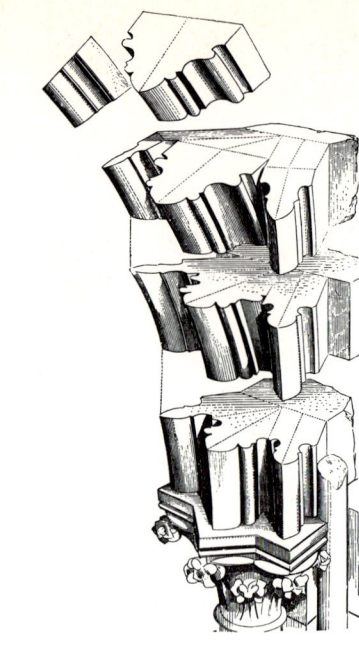

441 Rippengewölbe, Anfängersteine.

Abb. 161, 163, 433) tragen. Wird das Gewölbe gemauert und damit frei-tragend, dann müssen sich die tragenden Teile des Gewölbes über dem nach Abschluß der Maurerarbeiten zu entfernenden Leerbogen selbst stüt-zen. Das ist bei den eliptischen Graten nicht möglich. Man muß versuchen, diese als halbkreisförmige Bogen auszuführen, so daß sie die Last des Gewölbes auf die Eckpunkte ableiten können. Damit liegt aber der Scheitelpunkt höher als die das Gewölbejoch begrenzenden Gurt-, Scheid-bzw. Schildbogen, die Gewölbekappen steigen an (gebustes Kreuzgewölbe, Abb. 435), dadurch entsteht ein Gebilde, dessen Gurt- und Diagonalbogen auf vier Stützen aufruhen und deren Kappen dazwischen gespannt sind (Abb. 165, 166). Diese Form des Gewölbes ist seit dem Beginn des 12. Jh. in der gesamten mittelalterlichen Architektur überall dort verbreitet, wo die zu überwölbenden Joche einen quadratischen Grundriß haben; es ent-sprechen dann einem quadratischen Mittelschiffjoch je zwei quadratische Seitenschiffjoche von halber Seitenlänge (Gebundenes System, Abb. 21). Bei querrechteckigem Jochgrundriß und rundbogigen Schildbogen müssen diese gestelzt werden oder unterschiedliche Kämpferhöhe erhalten; auch ist ein Anschiften der Quertonnen möglich. Erst mit der Einführung des Spitzbogens kann darauf und auf die Busung verzichtet werden (Abb. 105). In den Ostteilen von Krypten, in Chören, in Chorumgängen, auch in Seitenschiffen und Nebenräumen kommen über dreieckigem Grundriß dreistrahlige Gewölbe vor. Neben kleinen Räumen, besonders Krypten (Abb. 165, 166, 435), ist schon der untere Umgang der Aachener Pfalz-kapelle (Ende des 8. Jh., Abb. 438) und das Westwerk von Corvey (873 bis 885, Abb. 132) mit Kreuzgewölben überdeckt, seit der Mitte

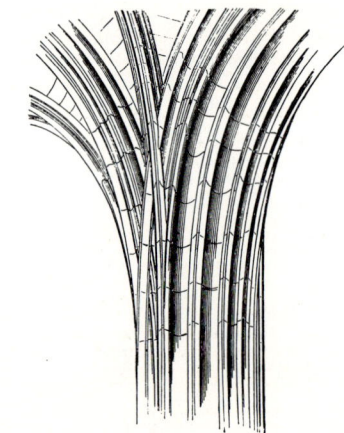

442 Rouen, Saint-Maclou, 2. Hälfte 15. Jh.

166

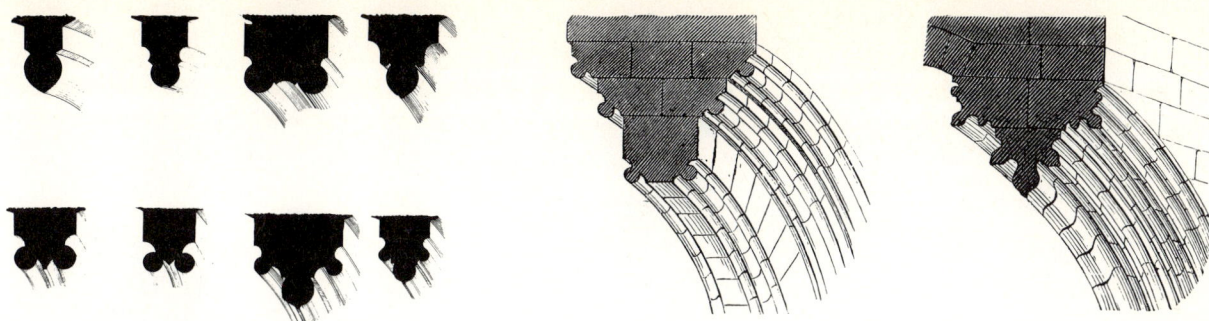

443 Rippen- und Gurtbogenprofile
obere Reihe: Senlis, Kathedrale, Chor, Kreuzrippen, um 1150.
Soissons, Kathedrale, südl. Querschiff, Kreuzrippen, um 1180.
Chartres, Kathedrale, Seitenschiffe, Gurtbogen, um 1210, dgl. Rippen, um 1210.
untere Reihe: Mantes, Kathedrale, Seitenschiffe, Gurtbogen, um 1170.
Laon, Kathedrale, Seitenschiffe, Gurtbogen, um 1180.
Amiens, Kathedrale, Chorumgang, Gurtbogen, um 1240, dgl. Rippen, um 1240.

444 Tours, Kathedrale Saint-Gatien, 14. Jh.

445 Narbonne, Kathedrale Saint-Just, Chor, Anfang 14. Jh.

des 11. Jh. auch Seitenschiffe (Normandie, Burgund, Speyer 1040/50; Abb. 114), seit dem Ende des 11. Jh. auch Mittelschiffe (Oberrhein, Burgund). Am Niederrhein wird es erst seit 1140 gebräuchlich und in Sachsen um 1200.

Über polygonalen Zentralräumen oder über quadratischen Räumen mit Trompen wird aus gekrümmten Flächen (Wangen), die durch Grate voneinander getrennt sind und unmittelbar auf der Umfassungsmauer aufsitzen (einer Kuppel ähnlich), das Klostergewölbe gebildet (Abb. 431), das seit karolingischer Zeit (Aachener Pfalzkapelle, Abb. 438) angewandt wird, in Mittel- und Südfrankreich bis ins 13. Jh.

c) Das Kreuzrippengewölbe
ist ein Kreuzgewölbe, dessen Grate durch plastische Unterlagen, die Rippen, unterstützt sind (Abb. 23, 106, 439, 461). Die frühen Rippen haben ein einfaches, bandartiges Profil (Bandrippen) und stehen nicht im Verband mit dem aufgelegten Gewölbe. Erst nach und nach werden sie mit der Kappenmauerung verzahnt und der Scheitelstein (Schlußstein) wird für den Ansatz der Rippen kreuzförmig ausgebildet (Abb. 448, 449). Neben der konstruktiven Aufgabe kommt den Rippen auch eine strukturierende als Fortsetzung der Wandvorlagen zu (Normandie 11./12. Jh.). Das übliche Gewölbefeld eines Rippengewölbes besteht aus den Gurtbogen (Transversalbogen) als Trennung der einzelnen Joche, den Scheidbogen als Trennung der parallelen Schiffe eines Hallenraumes oder den Schildbogen als Anschluß an die Seitenmauern (Abb. 439).
Erste Rippen entstehen um 1100 in der Lombardei in Bandform ohne

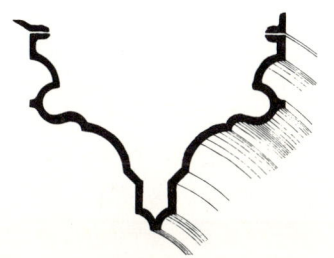

446 Paris, Saint-Séverin, Langchor, 15. Jh.

167

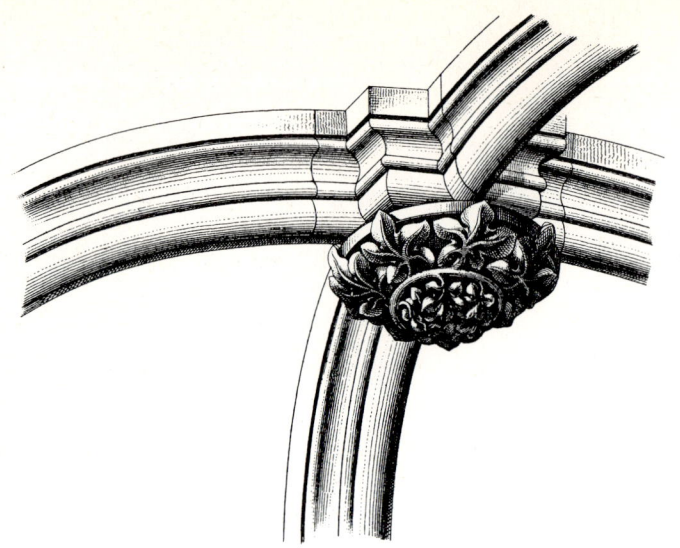

447 Mühlhausen, Pfarrkirche St. Blasius, um 1270–1350, Hängeschlußstein.

448 Erfurt, Dom, Kreuzgang-Westflügel, 14. Jh., Schlußstein.

Schlußstein, in gleicher Weise in Südost- und Mittelfrankreich, hauptsächlich in Türmen und Vorhallen, ähnlich in England, schließlich im Elsaß und im Niederrhein-Maas-Gebiet im zweiten Drittel des 12. Jh. Eine reichere Durchbildung erfährt das Kreuzrippengewölbe in der Ile de France, wo die Rippen mit Einführung des Spitzbogens im zweiten Viertel des 12. Jh. in plastisch verzierten Schlußsteinen zusammenlaufen und selbst profiliert werden mit Wulst, Kehle, Grat und Steg (Abb. 6, 106, 443). Seit etwa 1150 gibt es auch mandelförmige Wülste, die in ihrem Querschnitt an Spitzbogen erinnern (Abb. 441, 443). Wird der Ansatz der Mandel an den Unterzug durch eine Kehle verschliffen, so erhält man ein Birnstabprofil, das im 13. Jh. weit verbreitet ist (Abb. 445). Im fortschreitenden 14. Jh. nimmt die Bedeutung der Hohlkehle zu. Die Kehlen greifen immer tiefer, die Schattenlinien werden stärker; die Kehlen werden aus Segmenten von Kreisen mit verschiedenen Mittelpunkten zusammengesetzt (Abb. 446). Die Rippen werden nach ihrer Lage im Gewölbe unterschieden in Wand- oder Schildrippen, Quer- oder Gurtrippen, Grat-, Diagonal- oder Kreuzrippen, Kehlrippen, Scheitelrippen, Tiercerone (vom Kämpfer aufsteigende Nebenrippen) und Lierne (weder vom Kämpfer noch vom Schlußstein ausgehende Nebenrippen, Abb. 452).

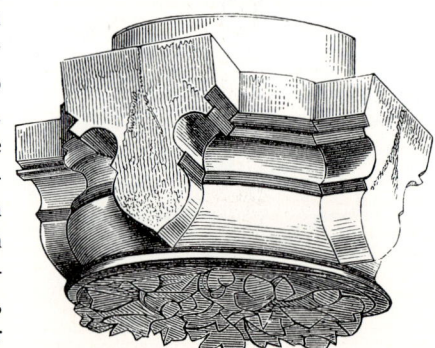

449 Schlußstein eines Kreuzrippengewölbes.

450 Marienburg in Ostpreußen, Deutschordensburg, Großer Remter, um 1380/98.

451 Bacharach am Rhein, Pfarrkirche St. Peter, Seitenschiff, um 1230/40.

d) Das vielteilige Rippengewölbe

entsteht bei Teilung der vier Gewölbekappen des Kreuzrippengewölbes durch weitere zumeist von den Kämpfern aufsteigende Rippen. Ist das Kreuzrippengewölbe in der Querrichtung durch ein vom Kämpfer der Zwischenpfeiler zum Schlußstein aufsteigendes Rippenpaar unterteilt, so entsteht ein sechsteiliges Gewölbe (Abb. 440). Besitzt die Längsachse auch eine Scheitelrippe, so spricht man von einem achtteiligen Gewölbe, aus dem bei starker Busung ein Dominikalgewölbe entsteht (besonders in Aquitanien seit Mitte des 12. Jh.), das zumeist kuppelförmig ausgebildet ist (Rippenkuppel). Sechsteilige Gewölbe finden wir zwischen 1150 und 1200 in der Ile de France (Abb. 410–414), in Burgund und etwas später im Rheinland (Abb. 116). Im Vorchor und in den Querhausarmen kommt zur Auszeichnung des Raumes trotz fehlender Zwischenpfeiler ein sechsteiliges Gewölbe zur Anwendung, hier ist zumeist das zusätzliche Rippenpaar nur dekorativ dem Gewölbe unterlegt. Besonders in gotischen Chorumgängen werden bei den dort vorhandenen dreieckigen Jochen Dreistrahlgewölbe mit drei Kappen aufgesetzt (Abb. 108).

Im Vierungsjoch entstehen zunächst die Sterngewölbe, indem in jede Kappe des Kreuzrippengewölbes drei winkelteilende Rippen, der Dreistrahl (Abb. 48, 49), eingelegt werden (Abb. 50, 175). Bei Anwendung einer Scheitelrippe wird der Stern vielteiliger. Diese Form wird besonders in England im zweiten Viertel des 13. Jh. ausgebildet und ist auch in der Normandie verbreitet. Beim Fächergewölbe (auch Strahlen- oder Palmengewölbe) strahlt eine Vielzahl von Rippen (Tiercerone) von einem Kämpfer oder vom Scheitel fächerförmig ohne Hervorhebung aus. Besonders verbreitet ist dieses Gewölbe in englischen Kirchen und bei Hallenräumen, die nur eine Mittelstütze (im Skizzenbuch des Villard d'Honnecourt um 1235) haben (Abb. 184), auch in Kapitelsälen und bei den Bauten des Deutschen Ritterordens (Abb. 450).

Mit der fortschreitenden Gotik des 14. und 15. Jh. verlieren die Gewölbe in dem Bestreben, die Raumabschnitte zu vereinheitlichen, ihre Trennung durch Gurtbogen und Zentrierung durch Schlußsteine. Die Kappen verschmelzen zu einer Tonne, die Schnittpunkte der Rippen haben kein Zentrum mehr. Die Rippen des ganzen Gewölbes bilden ein zusammenhängendes Netz (Netzgewölbe, Abb. 111, 168, 452) mit Tiercerone und Lierne und sind nicht mehr konstruktiv-tragend, sondern ornamental. Die Rippen sind zumeist nur unter die tragende Gewölbeschale untergeblendet, können sich sogar vom Gewölbe lösen und herab-

452, 453 Annaberg, St. Annen, 1499 bis 1519 u. a. durch Peter von Pirna erbaut. Innenansicht nach Osten, Grundriß (1:1200).

454 Perigueux, Kathedrale Saint-Front, 2. Viertel 12. Jh.

455 Kuppel.

hängende Schlußsteine (Abhängling, Hängezapfen, Abb. 113, 447, 451) besitzen. Netzgewölbe finden sich vor allem in England, im Deutschordensland, in Sachsen und Böhmen, in den Niederlanden, in Burgund und in Spanien. Sind die Rippen auch im Grundriß kurviert, so entsteht die gewundene Reihung (Kurvatur) in spätgotischen, besonders südostdeutschen Kirchen.

Das Schirmgewölbe ist über kreisförmigem Grundriß errichtet und durch Grate und Rippen in segmentförmig geschwungene und gekrümmte Kappen gegliedert. Ein Zellengewölbe entsteht, wenn bei einem Netz- oder Sterngewölbe die Kappen prismatisch vertieft und die Grate (ohne vortretende Rippen) scharfkantig sind. Eine Sonderform hierzu ist das Stalaktitengewölbe der islamischen, auch auf Spanien einwirkenden Architektur.

e) Die Kuppel

ist eine Gewölbeform, deren Mantelfläche in der Regel ein Kugelabschnitt ist, über kreisförmigem, seltener ovalem Grundriß. Im Aufriß unterscheidet man Flachkuppel (Kugelsegment), Halbkugelkuppel, Spitzkuppel und Zwiebelkuppel. Zur Überhöhung des Raumes kann die Kuppel auf einen zylindrischen oder polygonalen Tambour gesetzt werden, der oft durchfenstert ist (in der frühchristlichen Baukunst und in der Renaissance). Bei dem häufig überkuppelten quadratischen Grundriß bieten sich vier Möglichkeiten:

1. Bei der Hängekuppel ist die Basis der Kuppel ein gedachter Kreis, der das Grundrißquadrat umschreibt; die über das Quadrat hinausgehenden seitlichen Kugelsegmente sind als abgeschnitten vorzustellen;
2. Ähnlich ist die Böhmische Kappe, Platzelgewölbe oder Stutzkuppel, bei der die zu überwölbende Fläche kleiner als das Grundquadrat ist;
3. Bei der Trompenkuppel ist der Basiskreis der Kuppel dem Grundrißquadrat einbeschrieben, dessen Ecken so gekappt werden, daß ein Oktogon entsteht; die Ecken werden mit Trompen übermauert. Diese Trompenkuppel wird auch als Trichtergewölbe bezeichnet mit Trichternischen (Abb. 1, 45, 113, 456, 458). In der Form eines halben Hohlkegels mit nach unten gekehrter Öffnung dienen sie der Überleitung zur Kuppel;
4. Die Pendentifkuppel ist so zu denken, daß eine Hängekuppel über den Bögen horizontal abgeschnitten und die so entstandene Kreisfläche mit einer Halbkugel überwölbt wird (Abb. 454, 455). Die dabei ent-

171

stehenden sphärischen Dreiecke (Kugelstücke) nennt man Pendentifs, Hängezwickel oder Eckzwickel (Abb. 457). Sie werden von drei Viertelkreisbogen begrenzt, von denen der obere waagerechte ein Viertel des Fußkreises der Kuppel bildet.

Pendentif und Trompe ist gemeinsam, daß sie in den Winkel zweier aufeinanderstoßender, vom Boden oder über Gurtbogen aufsteigender Mauern eingesetzt sind. Da aber die Trompen zu einem Achteck und die Pendentifs zu einem Kreis überleiten, so ergibt sich daraus ihre unterschiedliche Anwendung: die Trompe bei achteckigen Vierungstürmen (Abb. 458) und Klostergewölben, das Pendentif bei Kuppeln (Abb. 454, 455); allerdings ist es auch möglich, das Achteck durch weitere Überleitungen zu einem Kuppelfuß zu runden.

Neben der Massiv- oder Schalenkuppel gibt es die Rippenkuppel, die Faltkuppel, die Kassettenkuppel und die Zweischalen- oder Hohlkörperkuppel (aus zwei durch Stege miteinander verbundenen Schalen, Florentiner Domkuppel von Brunelleschi als Klostergewölbe, Abb. 54). Auch das einfache Klostergewölbe kommt als Überdeckung polygonaler Räume vor (Abb. 438). Zur Belichtung kann die Kuppel im Scheitel eine Öffnung (Auge, Opaion) und darüber noch eine runde oder polygonale, durchfensterte Laterne haben (Abb. 191).

Besondere Verbreitung haben Kuppeln in der byzantinischen Baukunst gefunden. Im Abendland verwendet man die Kuppel in byzantinisch beeinflußten Landschaften (Abb. 44), wie bei den Kirchen Aquitaniens im 12. Jh., hier jedoch als Flachkuppel (Abb. 1, 454). In Deutschland zeigen vor allem westfälische Kirchen des 12. und 13. Jh. kuppelige Gewölbeformen, jedoch sind reine Kuppeln selten. Reiche Entwicklung und Gestaltung finden Kuppeln zunächst in Italien mit Beginn der Renaissance (in Florenz ab 1436 mit Brunelleschis Bauten), dann in ganz Europa als beherrschende Bauform an Kirchen und auch Schlössern der Renaissance, des Barock und des Klassizismus; wobei gerade im Barock sehr unterschiedliche kuppelige Wölbungskonstruktionen angewandt werden (Guarini, Dientzenhofer, Neumann).

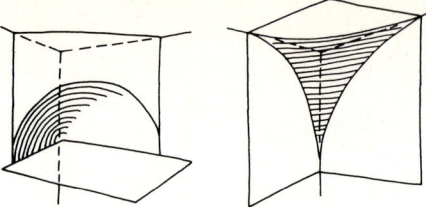

456, 457 Trompe und Pendentif.

458 Worms, Dom, um 1170/80, Vierung mit Trompen.

459 Reims, Kathedrale, Chor, Strebepfeiler, 1210–1244
(A) Wasserspeier; (B–C) Tabernakel; (C–D) Fiale mit vier Nebenfialen.

460 Köln, Dom, Chor, 1248–1322.

173

f) Das Strebewerk

gotischer Kirchen bildet konstruktiv mit den Rippen eine unlösbare Einheit, die aus dem queroblongen Kreuzrippengewölbe des Mittelschiffjoches und dessen vier Pfeilern, je einem (bei fünfschiffigen Kirchen je zwei, Abb. 22) Kreuzrippengewölbe der Seitenschiffjoche und den jeweils zwei Strebpfeilern mit ihren Strebebogen besteht (Abb. 461). Diese Einheit ist als Travée zu bezeichnen im Unterschied zum romanischen kreuzgratgewölbten Joch. Das Kreuzrippengewölbe sammelt die Auflager- und Schubkräfte auf die vier Fußpunkte der Rippen, deren Auflager auf der Hochschiffmauer besonders ausgebildet sein müssen, um die konzentrierten Kräfte aufnehmen zu können. Die zwischen den Auflagern liegende Mauer ist weitgehend unbelastet und kann – wie schon am Speyerer Dom 1080/1106 vorbereitet – ausgehöhlt und verdünnt werden. Die zur Verstärkung der Mauer an den Auflagern angebrachten senkrechten, dem Kräfteverlauf entsprechend über Kaffgesimsen abgetreppten Strebpfeiler (Abb. 321) stehen zumeist nach außen vor, sind in die Mauer eingebunden und bilden mit den inneren Wandvorlagen (Diensten) eine konstruktive Einheit (Abb. 6, 7, 97, 461, 462, 464). Die Strebpfeiler können auch nach innen gezogen sein (Wandpfeilerkirche, Einsatzkapellen, Abb. 15, 16, 111). Sie enden entweder mit einem kleinen Pultdach, das als Wasserschlag dient, oder sind turmartig ausgebildet mit Satteldach (Abb. 464) oder Fiale (Abb. 461, 463, 465), auch mit einem Tabernakel und eingestellten Figuren (Abb. 459, 462). In der Hochgotik werden sie zusätzlich mit Maßwerk verblendet (Abb. 285, 459, 460, 463), und die über das Traufgesims des Daches reichenden Strebpfeiler werden durch eine, auch von Wimpergen unterbrochene und von Fialen bekrönte Maßwerk-Brüstung verbunden (Abb. 368, 425).

Um den Gewölbeschub des Mittelschiffes bei Basiliken auf die Außenmauern mit ihren Strebpfeilern übertragen zu können, werden zunächst Quermauern über den Gurtbogen der Seitenschiffgewölbe gespannt, die unter dem Pultdach unsichtbar bleiben. Diese Aufgabe können auch die Gewölbe von Seitenschiffemporen übernehmen (Schwibbogen in der Normandie; Halbtonnen in der Auvergne, Abb. 429; Kreuzgewölbe in der Provence, Ile de France, Lombardei, Niederrhein, 12. Jh., Abb. 413). Der Strebebogen, ein ansteigender Halbbogen zur Ableitung des Gewölbeschubes, ist frei über die Seitenschiffdächer hinweg auf die Strebpfeiler gespannt (Abb. 459–464). Er wird seit etwa 1160 zunächst bei Umgangschören in der Normandie und Ile de France angewandt, dann auch beim

174

461 Amiens, Kathedrale, Langhaus 1220–1236, Querschnitt (1:500).

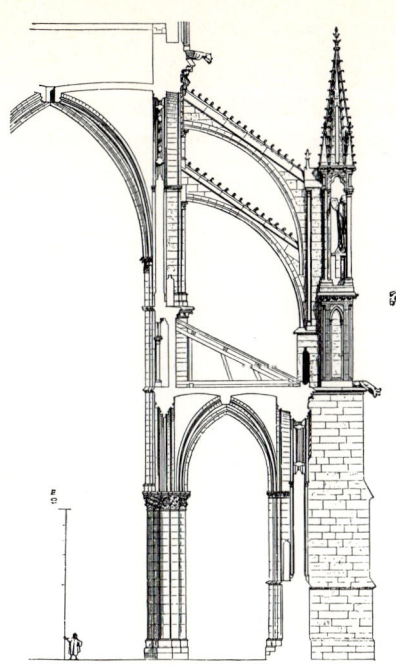

462 Reims, Kathedrale, Langhaus,
1210–1228, Querschnitt (1:500).

465 Amiens, Kathedrale Notre-Dame,
Chor, 1258–69.

463 Abbeville, Kollegiatskirche Saint-
Vulfran, um 1500.

464 Soissons, Kathedrale, Chor, 1212
geweiht.

Langhaus, wo der Fortfall der Emporen eine Steigerung der Vertikal-
tendenz zur Folge hat. Bei zunehmender Höhe des Mittelschiffs und bei
fünfschiffigen Kirchen sind zwei Strebebogen übereinander (Abb. 422,
424, 459–462, 464) oder auch drei zur Abstützung notwendig. Der Strebebogen kann auch von kleinen Arkaden oder Maßwerk durchbrochen sein
(schwebende Arkade, Maßwerkbrücke, Abb. 463, 465). Er ist mit einer
Platte oder Sattelsteinen abgedeckt (Abb. 464) und mit Krabben besetzt
(Abb. 462, 463). Der Strebebogen verliert seine Bedeutung mit dem Ende
der Gotik; in Deutschland wird er schon seit dem ausgehenden 14. Jh. mit
der Ablösung der Basilika durch die Halle oder den Saal kaum noch
eingesetzt.

175

11. Das Dach

H. Vogt: Dach. In: RDK 3, 1954, 911 bis 968, mit Lit.

Die Hauptformen des Daches als oberer Abschluß eines Bauwerkes sind (Abb. 466): das Pultdach mit nur einer schrägen Dachfläche (Abb. 91), auf kreisförmigem Grundriß als Ringpultdach. Das Sattel- oder Giebeldach zeigt zwei schräg gegeneinander gestellte Dachflächen und zwei Giebel; mehrere parallel nebeneinander gestellt ergeben das Paralleldach. Beim Walmdach sind die Giebel des Satteldaches durch schräge Dachflächen ersetzt (Abb. 367), beim Krüppelwalmdach nur die Giebelspitze, beim Fußwalmdach nur der Giebelfuß. Das Mansarddach ist ein Knickdach, dessen unterer Teil steiler ist als der obere; es kommt auch in Untergruppen wie beim Walmdach vor. Ist das Dach um ein senkrechtes Stück über das Obergeschoß erhoben, nennt man diesen Teil Drempel oder Kniestock. Die Fortsetzung des Hauptdaches über einem Anbau erfolgt durch ein Schleppdach. Das Abdach ist ein auskragendes Vordach.

Bei Kirchenbauten wird in der Regel das Mittelschiff mit einem Satteldach überdeckt (Ausnahmen die aquitanischen Kuppelkirchen). Das romanische, verhältnismäßig flach geneigte Dach kann bis zu 0,90 m überstehen. In der Gotik wird es steiler, bis es im 15. Jh. fast die Höhe des Unterbaues erreicht und Träger ornamentaler Gestaltung werden kann (Gratziegel mit Krabben, Abb. 578). Auch das Querhaus ist fast immer mit einem Satteldach gedeckt, das in karolingischer Zeit nur selten die Höhe des Mittelschiffes erreicht, dann aber bei Ausbildung der ausgeschiedenen Vierung im 11. Jh. gleiche Höhe hat. Bei den Seitenschiffen ist das Pultdach üblich, seit dem 13. Jh. auch das Satteldach (zur Belichtung des Triforiums), oder über jedem Seitenschiffjoch quergestellte Satteldächer, meist mit Abwalmung. In der Spätgotik wird das Satteldach des Mittelschiffes auch über die Seitenschiffe abgeschleppt. Über der Vierung wird seit der Renaissance statt des Vierungsturmes eine Kuppel errichtet. In der Renaissance und im Barock verliert im Sakralbau das Dach seine beherrschende Bedeutung. Das Dach wird wieder niedriger und hinter einer Attika oder einer Balustrade versteckt oder mit Lukarnen aufgelockert (Abb. 356); ferner wird das giebellose Walmdach verwendet (Abb. 362, 367).

Auf Türmen gibt es außerdem weitere abgeleitete Dachformen (Abb. 466). Das romanische Pyramiden- oder Zeltdach besteht aus vier oder acht gleichen Dreieckflächen (Abb. 72, 128, 143, 144). Das seit hochroma-

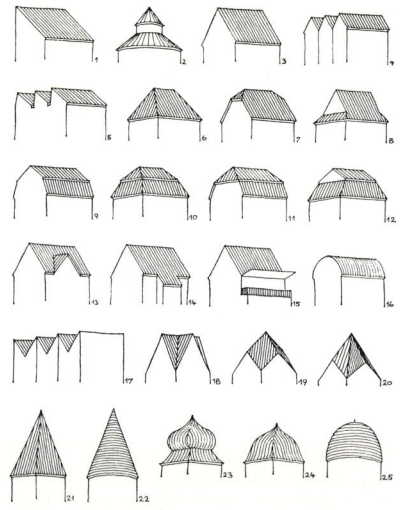

466 Dachformen
(1) Pultdach; (2) Ringpultdach; (3) Satteldach; (4) Paralleldach; (5) Sheddach; (6) Walmdach; (7) Krüppelwalm-, Schopfwalmdach; (8) Fußwalmdach; (9) Mansardgiebeldach; (10) Mansardwalmdach; (11) Mansarddach mit Schopf; (12) Mansarddach mit Fußwalm; (13) Zwerchdach; (14) Schleppdach; (15) Kragdach; (16) Tonnendach; (17) Grabendach; (18) Kreuzdach; (19) Rhombendach; (20) Faltdach; (21) Pyramidendach; (22) Kegeldach; (23) Zwiebeldach; (24) Glockendach; (25) Kuppeldach.

nischer Zeit verwendete Kreuzdach hat vier zum First hochgezogene Giebel und sich überkreuzende Firstlinien (Abb. 140). Das spätromanisch-gotische Helm-, Rhomben- oder Rautendach setzt mit vier niedrigeren Giebeln an, von denen Grate zu einer häufig sehr hohen Spitze aufsteigen (Abb. 69, 142, 144, 467). Beim gleichzeitigen Faltdach ist die rhombische Fläche des vorigen nach innen gebrochen, und es entsteht eine Kehle (Abb. 142, 467). Das Zwiebeldach, Haubendach oder die Welsche Haube (16.–18. Jh.) setzen konkav an, holen dann in weitem Schwung konvex aus, um konkav in die Spitze auszulaufen (Abb. 120, 336). Der Grundriß ist rund, quadratisch oder polygonal. Das Kegeldach (besonders in Südwestfrankreich, Abb. 31, 36, 72, 96), das Kuppeldach, das die Rundung der inneren Kuppel widerspiegelt (aquitanische Kuppelkirchen, Renaissance, Barock, Klassizismus, Abb. 2, 35, 191), und das Glockendach sind über rundem Grundriß konstruiert.

Zur Belichtung und Belüftung des Dachraumes dienen Dachaufbauten. Das Froschmaul ist eine leichte Erhebung der Dachfläche. Die Schleppgaube mit senkrechter Fensterwand und Seitenwänden hebt die Dachhaut nur geringfügig an (Abb. 367). In größerer Form nennt man sie Gaube oder Gaupe (Abb. 578); bei geschoßhohem Ausbau über der Traufe in der Hausflucht wird sie zur Lukarne oder zum Zwerchhaus, das besonders in der Renaissance und im Barock reich gegliedert und zu beherrschender Größe und vielgestaltigem Umriß gesteigert wird (Abb. 289, 336, 363). Auf dem First kann bei Zisterzienserkirchen und bei gotischen Kirchen, die den Vierungsturm nicht mehr kennen, ein Dachreiter aus leichter Holzkonstruktion für Glocken aufsitzen (Abb. 120, 150). Die Dachflächen werden oben vom First, unten von der waagerechten Traufe und am Giebel vom Ort oder Ortgang begrenzt. Bilden zwei Dachflächen mit ihrer Traufe eine ausspringende Ecke, so wird ihre Schnittlinie zum Grat, bei einspringender Ecke zur Kehle mit Kehlrinne. Ein Grat, der zwei verschieden hohe Firstpunkte verbindet, heißt Verfall.

Auf der Dachfläche liegt die Dachhaut aus verschiedenen witterungsbeständigen Materialien: Steinplatten, dünne Holzbretter oder Schindeln, Stroh oder Ried, Schiefer, Blei- oder Kupferplatten, Ziegel als Biberschwänze oder Flachziegel, die mittels einer Nase auf ihrer Unterseite in die Lattung eingehängt werden, als Pfannen mit s-förmigem Querschnitt oder als Mönch und Nonne oder Klosterdeckung: Halbzylinder, die abwechselnd nach oben als Nonne und nach unten als Mönch ineinandergreifend verlegt werden.

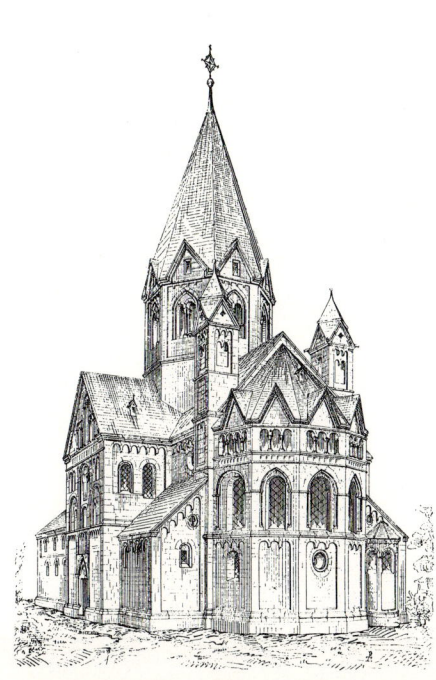

467 Sinzig am Rhein, Pfarrkirche St. Peter, Südostansicht, um 1220/35.

12. Der Fußboden

Der Fußboden besteht aus einer gegen Verschleiß und Abnutzung widerstandsfähigen Schicht; durch Farbe und Struktur kann er den Raumeindruck entscheidend beeinflussen.

Estrich aus einer weich aufgetragenen Masse (Kalkmörtel, Gips); als Kalkmörtelestrich bereits bei den Römern bekannt, wurde er vor allem in den fränkischen und karolingischen Kirchen nördlich der Alpen verwendet und hielt sich in Dorfkirchen und Wohnhäusern bis ins 18. Jh.; als Gipsestrich seltener und lokal begrenzt, im 9. Jh. nachgewiesen und im 12./13. Jh. inkrustiert, im 17./18. Jh. weiß poliert und mit Ölfarbe angestrichen (Frankreich), oder in der Masse gefärbt als Stuckmarmor und Terrazzo (16.–18. Jh. in Italien, seit Ende des 18. Jh. auch nördl. der Alpen).

Stiftmosaik verschiedenfarbige Naturstein-, Ton- oder auch Glasstifte eng nebeneinander in Mörtel gedrückt, von den Römern und bis ins 12./13. Jh. verwendet. Ähnlich das Kleinsteinmosaik aus eng nebeneinander in Mörtel verlegten Kieselsteinen, in Gartensälen und Grotten oder Innenhöfen des 17./18. Jh.

Plattenmosaik aus regelmäßigen Plättchen verschiedener Form und Größe auf einer Mörtelbettung zusammengesetzt, bis zum 11./12. Jh. aus Natursteinen, 13.–16. Jh. ausschließlich aus Tonfliesen, danach aus Naturstein oder auch Holz.

Parkett ist eine Form des Plattenmosaiks in Holz. Dabei werden Tafeln (frz. parquet) vorgefertigt, die, in Rahmen gefaßt, ein aus Holzplättchen zusammengeleimtes Muster enthalten; diese Tafeln werden dann nebeneinander verlegt. Im 17. Jh. in Frankreich entwickelt und im 18. Jh. auch in Deutschland verwendet.

Inkrustationen, Einlegearbeiten, gibt es von Stein in Stein (selten im Mittelalter, 17./18. Jh. in Italien und Frankreich), von gefärbtem Kitt oder Blei in Stein (Frankreich 12./13. Jh.), von hellem in dunklen Ton oder umgekehrt (Frankreich und England 13.–16. Jh.), von verschieden gefärbter Gipsmasse in einen Gipsestrich (Harzgebiet 12./13. Jh., im 18. Jh. verbreitet) und Holzintarsien (Marketerie, in Frankreich und Deutschland Ende 17./18. Jh.); gemeinsam ist ihnen, daß in einen festen Untergrund Linien oder ganze Figuren eingeritzt werden, die mit den verschiedenen Materialien ausgefüllt und abgeschliffen werden, so daß eine glatte Oberfläche entsteht.

H. Kier: Der mittelalterliche Schmuckfußboden. Düsseldorf 1970 mit Lit. – H. Kier: Schmuckfußböden in Renaissance und Barock. München 1976, mit Lit.

R. Huber, R. Rieth: Glossarium artis 1, Burgen und feste Plätze. Tübingen ²1977.

O. Piper: Burgenkunde. München-Leipzig ³1912 (Reprint 1967). – B. Ebhardt: Der Wehrbau Europas im Mittelalter. Bd. I. Berlin 1939; Bd. II. Stollhamm 1958. – H. Graf Caboga: Die mittelalterliche Burg. Rapperswil 1951. – K. H. Clasen in: RDK 3, 1954, 126 bis 173, 221–225. – A. Tuulse: Burgen des Abendlandes. Wien-München 1958. – H.-J. Mrusek: Burgen in Europa. Leipzig 1973. – W. Hotz: Kleine Kunstgeschichte der deutschen Burg. Darmstadt ⁴1979, mit Lit. – H.-M. Maurer: Burgen. In: Die Zeit der Staufer. Katalog. Stuttgart 1977. Bd. 3, 119 bis 128.

D. DER PROFANBAU

Der Profanbau ist eine im Mittelalter zumeist vom Kirchenbau abhängige und diesem künstlerisch untergeordnete Bauaufgabe mit eigenen Gesetzen. In der Renaissance und im Barock nimmt er eine dem Sakralbau durchaus ebenbürtige, ja sogar überlegene Stellung ein. Seine Gliederungen und Einzelformen, seine Bauelemente und Gestaltungsgesetze sind in vieler Hinsicht denen des Kirchenbaus gleich oder wechselseitig voneinander beeinflußt, und das trifft besonders für die bürgerliche Architektur zu. Sie ist deshalb auch nicht gesondert behandelt.

1. Die Burg

Die Burg ist ein bewohnbarer Wehrbau, den eine Person oder eine Gemeinschaft zu ihrem Schutz als ständigen oder zeitweiligen Wohnsitz errichtet. Hervorgegangen ist sie in Nordeuropa aus der nur in Notzeiten aufgesuchten, dem Gelände angepaßten vor- und frühgeschichtlichen Fliehburg (Burgwall) und dem mehr oder weniger geschützten fränkischen Herrenhof oder, besonders in Frankreich, Italien und Spanien, aus dem regelmäßigen, von Türmen flankierten römischen Kastell. Voraussetzung für ihre Entstehung ist das mittelalterliche Feudalwesen mit seiner Verselbständigung örtlicher Gewalten („Ritterburg"). Neben der Wehrhaftigkeit als Ausdruck des Herrschaftsanspruchs hat die Burg als Wohnsitz des Territorialherrn auch Repräsentationsaufgaben, die auf die Gestaltung Einfluß nehmen. Der Burgenbau beginnt am Ende des 9. Jh., u. a. hervorgerufen durch die Normannen- und Ungarnbedrohung (Abb. 468, 469), und erreicht seinen Höhepunkt im 12. und 13. Jh. zur Zeit der staufischen Herrscher. Seit dem 15. Jh. vollzieht sich der Übergang von der Burg zum Schloß bzw. zur Festung. Ursache hierfür sind einmal die Weiterentwicklung der Kriegstechnik, die eine weitere fortifikatorische Verwendung der mittelalterlichen Burgen unmöglich machte, und zum anderen das Bedürfnis zum komfortableren Wohnen.

Für die europäische Burg lassen sich allgemeine Grundformen erkennen. Nach der Lage werden unterschieden: die Höhenburg, auf schwer zugänglichem Berggipfel mit Rundsicht, als Gipfelburg (Abb. 472, 475), Kammburg (Abb. 468, 486), Spornburg (Abb. 477, 516) oder Hangburg (Abb. 496) und die Niederungsburg, zumeist mit Wasser umgeben, als

Wasserburg (Abb. 473, 480) oder Turmhügelburg (Hausberg, Motte; Abb. 470, 477). Hinsichtlich ihrer Bauherren unterscheiden sich die Volks- und Fluchtburg, Pfalz und Reichsburg, Fürstenburg, Grafenburg, Hochadels- (Ritter-), Ministerialen- oder Dienstmannenburg, Stadtburg und Kirchenburg. Nach der Form gliedern sich die Burgen in:

A. Zentralanlagen:
1. Turmhügelburg (Hausberg, Motte; Abb. 470)
2. Ring- oder Randhausburg (Gadenburg)
   a) ohne Turm (Abb. 474)
   b) mit Mittelturm (Abb. 471, 472, 475)
   c) mit radialem Turm (Abb. 473)
   d) mit mehreren Türmen (Abb. 476)
3. a) Turmburg (Abb. 478)
   b) Wohnturmburg (Abb. 509)
   c) Palasburg (Abb. 477)
4. a) quadratische Burg (Abb. 480)
   b) regelmäßig mehreckige Burg (Abb. 482)
B. Axialanlagen:
1. reckteckige Burg
   a) mit Zentralturm (Abb. 481)
   b) mit Frontturm (Abb. 479, 516)
2. mehreckige Burg
   a) mit Frontturm (Abb. 493, 494)
   b) mit mehreren Türmen (Abb. 483)
3. ovale Burg
   a) mit Mittelturm (Abb. 484)
   b) mit zwei Türmen (Abb. 485, 486)
   c) ohne Turm (Abb. 469)
4. Schildmauerburg
   a) ohne Frontturm
   b) mit Frontturm (Abb. 488, 489, 516)
   c) mit zwei flankierenden Fronttürmen (Abb. 496)
5. keilförmige Burg (Abb. 490)
6. mehrgliedrige Burg ohne beherrschenden Turm (Abb. 468, 487)
7. Abschnittburg (Abb. 490)

Die dem Gelände angepaßten nordischen Höhen- und Wasserburgen lassen in staufischer Zeit – unter italienischem und arabischem Einfluß – das Bemühen erkennen, geometrische Grundformen anzustreben (Abb. 473,

180

G. Binding u. a.: Burg und Stift Elten am Niederrhein. Düsseldorf 1970. – Ders.: Schloß Broich in Mülheim/Ruhr. Düsseldorf 1970 (= Kunst und Altertum am Rhein Nr. 23). – H. Wäscher: Feudalburgen in den Bezirken Halle und Magdeburg. Berlin 1962. – W. Bornheim gen. Schilling: Rheinische Höhenburgen. Neuss 1964. – G. Anghel: Mittelalterliche Burgen in Transsilvanien. Bucureşti 1973. – S. Toy: The Castles of Great Britain. London ³1963. – R. A. Brown: English Mediaeval Castles. London 1954. – C. Rocolle: 2000 ans de fortification française. 2 Bde. Limoges-Paris 1973. – C. Meckseper: Ausstrahlungen des französischen Burgenbaus nach Mitteleuropa im 13. Jh. In: Beitrr. z. Kunst des MA. Festschr. H. Wentzel. Berlin 1975, 135–144. – E. Gall: Deutschordensburg. In: RDK 3, 1954, 1304–1312.

W. Bleyl: Der Donjon. Aachen 1973. – H.-K. Pehla: Wehrturm und Bergfried im Mittelalter. Diss. Aachen 1974. – G. Gozzadini: Delle torri gentilizie di Bologna e delle famiglie alle quali prima appertennero. Bologna 1875. – R. Strobel: Das Bürgerhaus in Regensburg. Tübingen 1976, 32–50 (Geschlechtertürme). – A. Antonow: Burgen des süddeutschen Raums im 13. und 14. Jh. unter besonderer Berücksichtigung der Schildmauern. Bühl 1978. – R. Gutbier: Zwinger und Mauerturm. In: Burgen und Schlösser 17, 1976, 21–29. – F. Arens: Staufische Pfalz- und Burgkapellen. In: Die Burgen im deutschen Sprachraum. Hrsg. H. Patz. Sigmaringen 1976. Bd. I, 197–210.

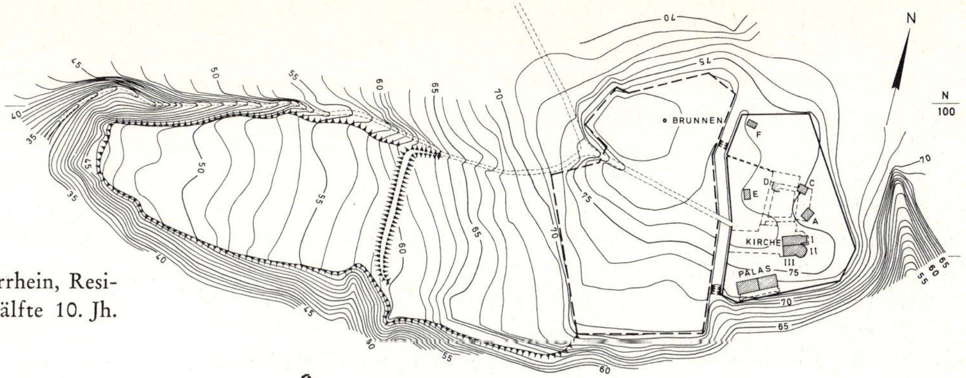

468 Hochelten am Niederrhein, Residenz der Gaugrafen, 1. Hälfte 10. Jh. (1:2000).

469 Broich in Mülheim/Ruhr, Reichsburg gegen die Normannen, 883/84 (1:1000).

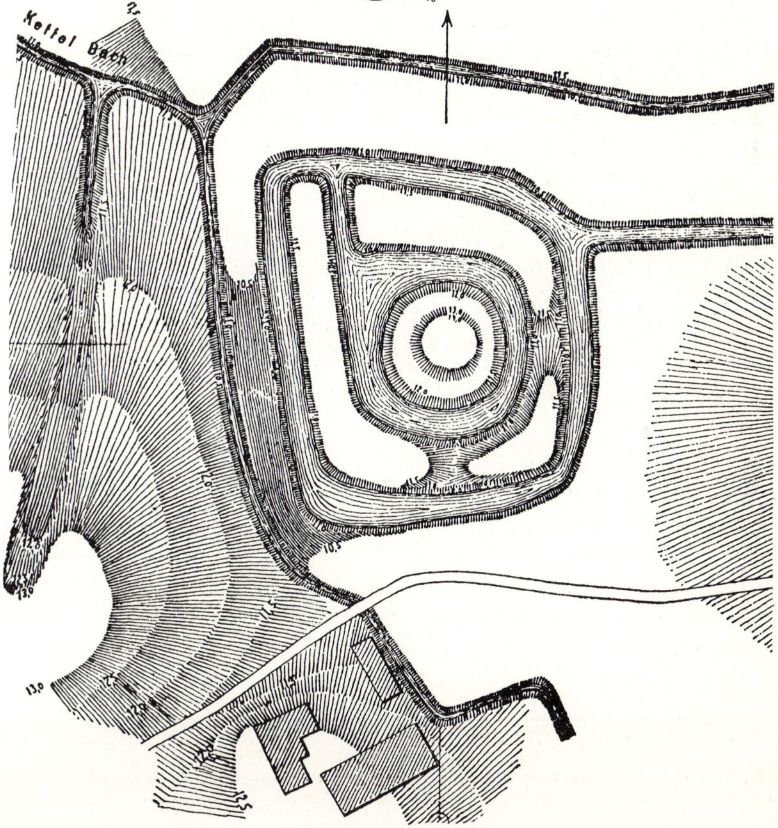

470 Ickt in Düsseldorf-Lohausen, Motte, 2. Hälfte 12. Jh., im 15. Jh. ausgebaut (1:2000).

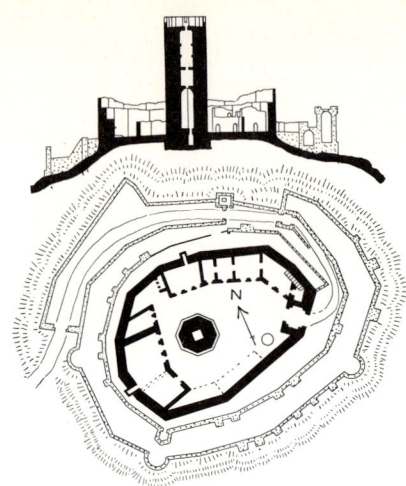

471, 472 Steinsberg bei Sinsheim/Kraichgau, Ministerialenburg, Mitte 13. Jh., Zwinger um 1436, Ansicht, Querschnitt und Grundriß (1:2000).

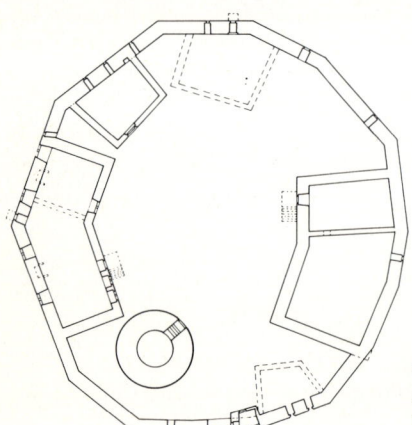

473 Büdingen bei Frankfurt, Ministerialenburg als Wasserburg, letztes Drittel 12. Jh. (1:1000).

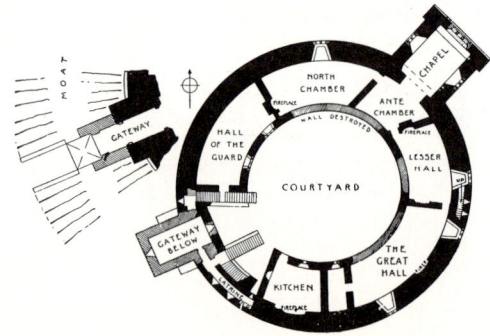

474 Restormel in Cornwall/England, Motte, 11. Jh., im 13. Jh. ausgebaut (1:1000).

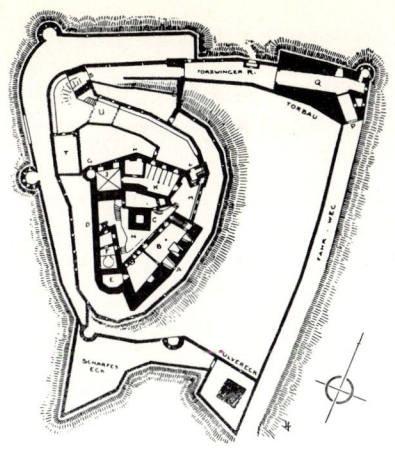

475 Marksburg über Braubach/Rhein, Gipfelburg, 13./14. Jh. (1:2000).

476 Hanstein im Eichsfeld, Burg, nach 1308 (1:2000).

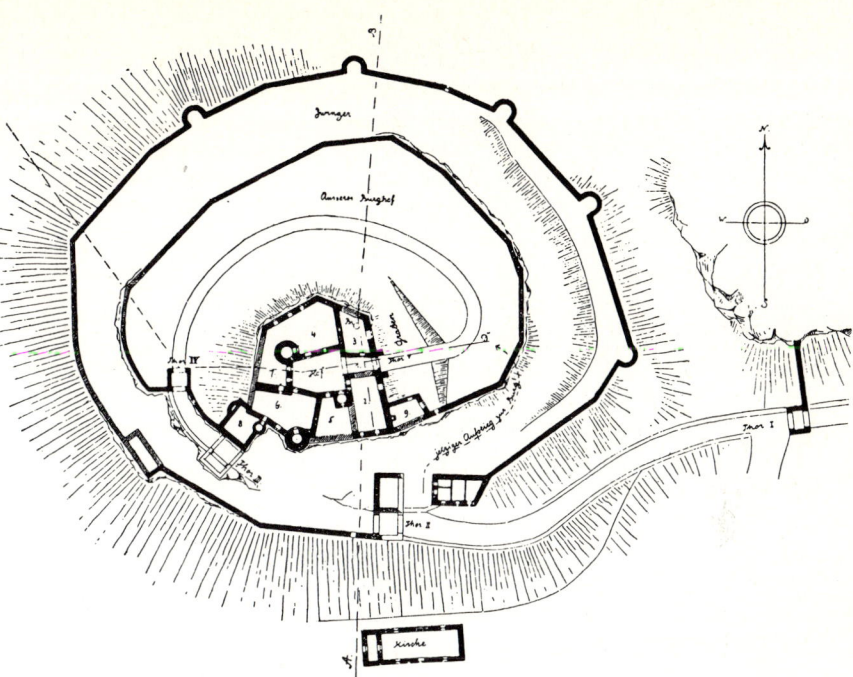

477 Balduinstein im Taunus, Burg, um 1320 (1:1000).

478 La Roche-Guyon an der Oise, Turmburg, 1. Drittel 12. Jh. (1:1000).

479 Gutenfels am Rhein, Spornburg, 1. Hälfte 13. Jh. (1:2000).

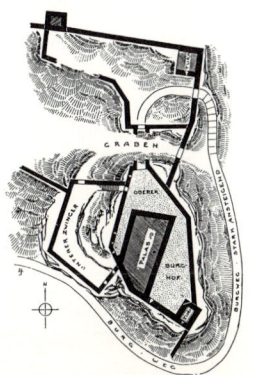

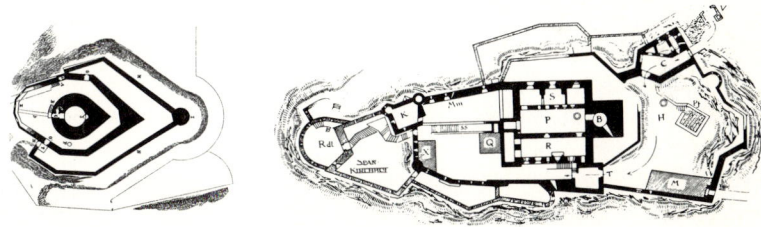

479, 482, 516, 538–541). Die Entwicklung von der ottonisch-salischen (Abb. 468) zur spätstaufischen Burg (Abb. 479, 482) bedeutet räumliche Konzentration, Vereinfachung des Grundrisses, Aneinanderrücken weniger Bauten, fortifikatorische Verstärkung, vor allem durch Erhöhung der Ringmauer.

183

a) Die Ringmauer

auch Zingel und bei besonderer Höhe Mantel genannt, umschließt den Burgbering. Ihr vorgelagert ist ein Wasser- oder Trockengraben, letzterer als Sohlgraben mit u-förmigem oder als Spitzgraben mit v-förmigem Querschnitt ausgebildet. Bei Höhenburgen trennt der besonders tiefe und breite Halsgraben (Abb. 477, 493) die Burg vom anschließenden Bergrücken. Zwischen Mauer und Graben kann ein Absatz, die Berme (Abb. 493), die Verteidigungszone verbreitern. Als vorgeschobenes Hindernis dienen Gebücke aus verwachsenen Sträuchern und Hecken oder Palisaden aus dicht nebeneinander eingeschlagenen Pfählen. Seit den Kreuzzügen werden die Verteidigungsringe verstärkt und vervielfacht. Dem inneren Bering vorgelagerte Mauern bilden einen eingeebneten Zwischenraum, den Zwinger, der als Tier-Burggarten benutzt wird (Abb. 472, 476, 486). Aus der Flucht der Ring- und Zwingermauer vorspringende rechteckige (Abb. 487, 541) oder runde Türme (Abb. 483, 490, 540) ermöglichen eine seitliche Bestreichung. Sie überragen die Mauer nur wenig und sind häufig zur Innenseite offen (Schalentürme; Abb. 472, 486), um bei ihrer Erstürmung durch den Angreifer diesem keinen Schutz gegen die Verteidiger zu bieten. Im späteren Mittelalter werden die Mauern der Türme dicker und zur Aufstellung von Geschützen eingerichtet (Abb. 486).

Auf der Mauerkrone dient ein *Wehrgang* (Letze, Rondengang oder Mordgang) mit Brustwehr zum Schutz der Verteidiger. Er liegt entweder hinter einer Mauer als innen vorkragende Holzkonstruktion oder hinter einer steinernen Brustwehr (Abb. 488, 496), die auf Konsolen mit dazwischen geöffneten Bodenlöchern ruht (Maschikulis, Kreuzfahrereinfluß aus Palästina und Syrien, aber auch in Frankreich bereits im 11./12. Jh. angewendet; Abb. 501). Ebenso kann der Wehrgang auf der Mauer aufsitzen als beidseitig auskragender Holzaufbau (Hurde, Abb. 502, 503). Die Brustwehr hat entweder Schießscharten oder besteht aus wechselnd rechteckigen nicht überdeckten Maueröffnungen (Zinnenfenster, Zinnenscharte) und geschlossenen Mauerstücken (Zinne), die je nach Gegend und Zeit verschieden geformt sind: rechteckig (Abb. 496, 501, 504), schwalbenschwanzförmig (Kerbzinne, besonders in Italien in der zweiten Hälfte des 12. und im 13. Jh.) oder gestuft (Doppelzinne). In den Zinnen finden sich auch Schlitze als Spählöcher. Die Zinnen und Scharten werden in der zweiten Hälfte des 12. Jh. mehr nach Fernwirkung als für die Verteidigung bemessen. Im späteren Mittelalter werden die Zinnen häufig vermauert und mit Schießscharten versehen. Auf die Ecken der Ringmauer

184

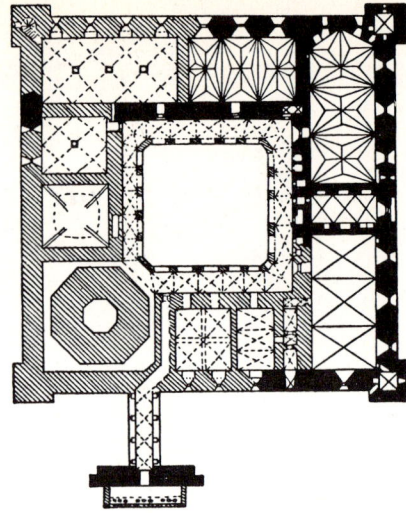

480 Rheden in Westpreußen, Deutschordensburg als Wasserburg, ab 1310 (1:1000).

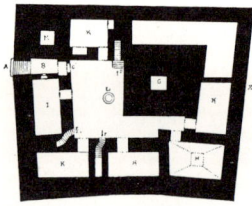

481 Rüdesheim am Rhein, Niederburg oder Brömserburg, Wasserburg, 12. Jh. (1:1000).

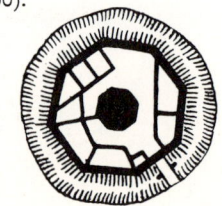

482 Egisheim im Elsaß, Wasserburg, 2. Hälfte 12. Jh. (1:2000).

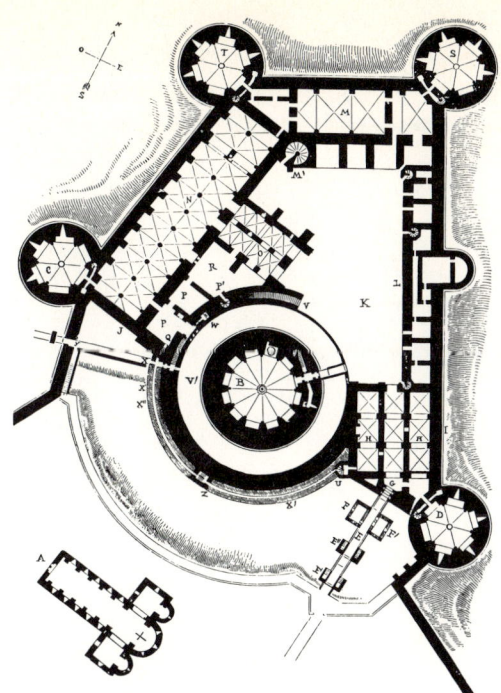

483 Coucy bei Paris, Burg, 13. Jh. (1:2000).

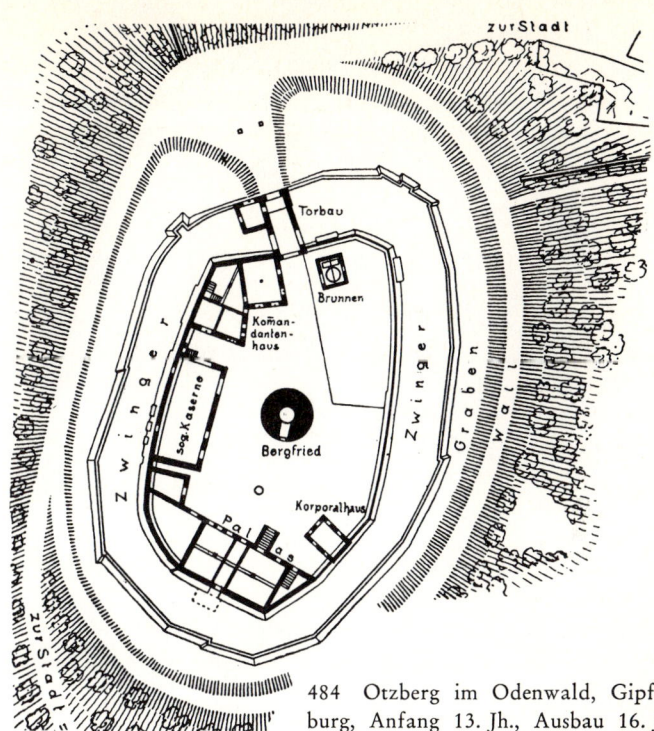

484 Otzberg im Odenwald, Gipfel-burg, Anfang 13. Jh., Ausbau 16. Jh. (1:2000).

485 Hohandlau im Elsaß, Burg, Mitte 13. Jh.

486 Münzenberg in der Wetterau, Ministerialenburg, um 1155/70, West-turm 1250, Zwinger Anfang 16. Jh. (1:2000).

185

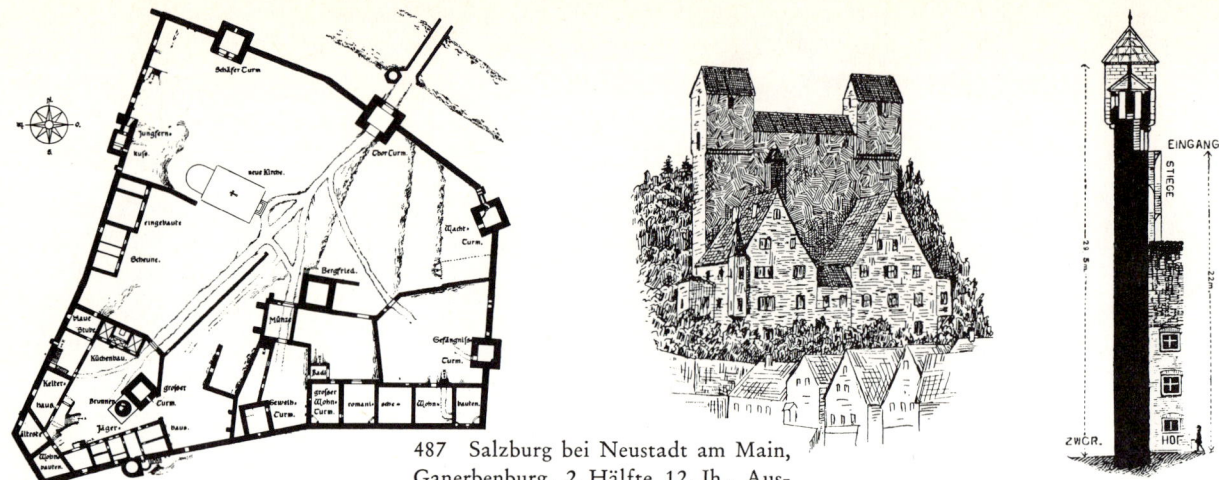

487 Salzburg bei Neustadt am Main, Ganerbenburg, 2. Hälfte 12. Jh., Ausbau 16. Jh. (1:2000).

488, 489 Burgschwalbach im Rhein-Lahn-Kreis, Burg, 1368–1371, Schnitt durch die Schildmauer (1:2000) und Ansicht.

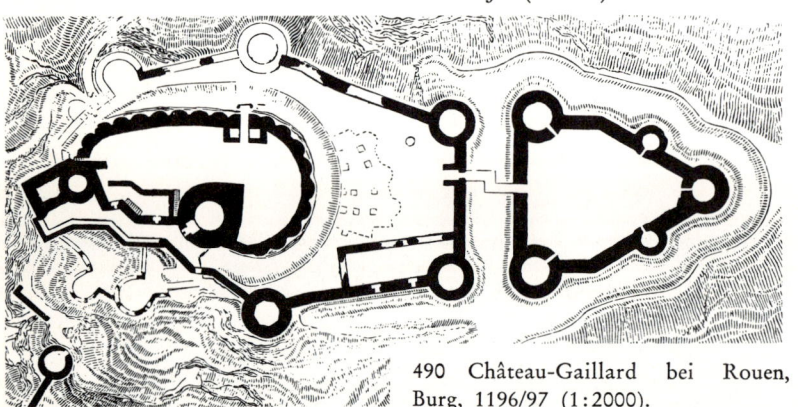

490 Château-Gaillard bei Rouen, Burg, 1196/97 (1:2000).

491, 492 Nollich bei Lorch am Rhein, Burg, 14. Jh.

werden kleine vorgekragte Türmchen aufgesetzt (Scharwachtturm, Hochwacht, Pfefferbüchse, Tourelle; Abb. 506). Die Wehrgänge können auch in der Höhe gestaffelt sein (Abb. 486).

In der Ringmauer und in den Türmen sind *Schießscharten* so angebracht, daß das Angriffsfeld von Pfeil- oder Armbrustschützen beherrscht wird. Um das Schießen mit der Armbrust und später mit Handfeuerwaffen in einem möglichst großen Winkel nach den Seiten und nach unten zu gestatten, sind die schlitzartigen Schießscharten innen oder nach außen

186

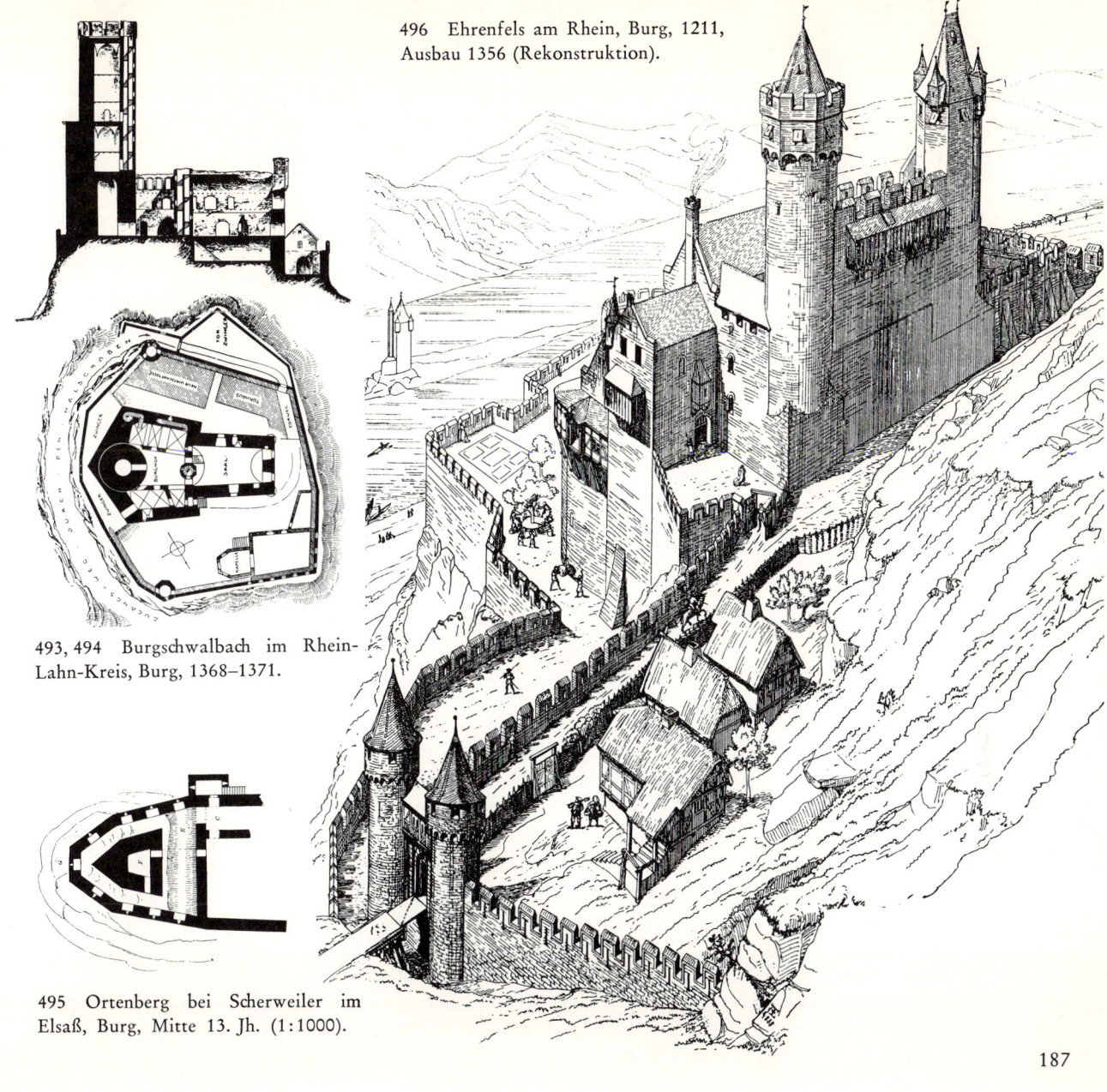

496 Ehrenfels am Rhein, Burg, 1211,
Ausbau 1356 (Rekonstruktion).

493, 494 Burgschwalbach im Rhein-
Lahn-Kreis, Burg, 1368–1371.

495 Ortenberg bei Scherweiler im
Elsaß, Burg, Mitte 13. Jh. (1:1000).

497 Pechnase.

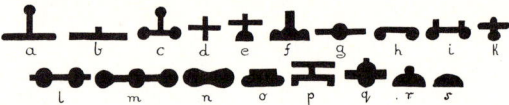

498 Schlüssellochscharten.

499 Maulscharten.

502 Carcassonne, Burg, 12. Jh., Wehrgang, Schnitt (1:200).

◀ 500 Landsberg im Elsaß, Burg, 2. Hälfte 12. Jh., Abtritt, Grundriß (1:200), Schnitt (1:100) und Ansicht.

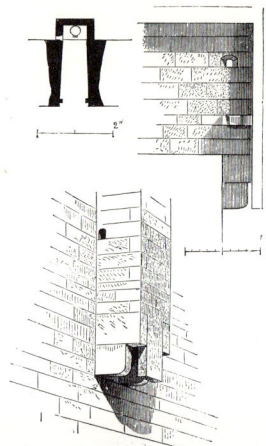

501 Royat bei Clermont-Ferrand, befestigte Kirche, Wehrgang mit Maschikulis, Ende 13. Jh. (1:200).

503 Hurde (Wehrgang), 15. Jh., Schnitt (1:200).

(Schartenmaul), auf beiden Seiten häufig auch nach unten, erweitert. Es finden sich auch große, breite, oft mit Sitzbänken ausgestattete Mauernischen, die nach außen durch eine Hausteinplatte mit Schartenschlitz verschlossen sind. Die älteren Scharten sind vorwiegend hochrechteckig, jüngere für Handfeuerwaffen haben die unterschiedlichsten Formen. Zu den häufigsten zählt die Schlüssellochscharte (Abb. 498), bei der die runde untere Öffnung zum Durchstecken des Büchsenlaufes, der darüberliegende Schlitz als Zielloch für den Schützen dienen, auch als Doppelschlüssellochscharte vorkommend. Die flache breite Maulscharte (Abb. 499) kann durch eine Schlüssellochscharte zur Schlüsselmaulscharte erweitert sein. Die Kreuzscharte (Ballistrarium; Abb. 499 d) kann auch mit der Maul- oder Schlüssellochscharte verbunden sein. Ist die Schießscharte nach unten gerichtet, wird sie Senkscharte genannt. Kugeln oder Zylinder, drehbar in die Scharte eingebettet, mit einem Loch zum Durchstecken des

188

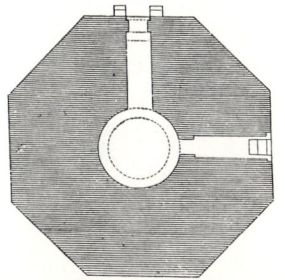

504, 505 Steinsberg bei Sinsheim/
Kraichgau, Bergfried, Mitte 13. Jh.,
Schnitt und Grundriß des Eingangs-
geschosses (1:33,3).

Büchsenlaufes, oder andere Holzlager zum Auflegen, dienen dem sicheren
Führen der schweren Büchsen.

Über Toren, Eingängen und an Türmen finden sich *Pechnasen* oder
Gußerker, kleine auf Kragsteinen oder Konsolen ruhende Erker, die nach
unten offen sind und nach vorne häufig ein Spähloch haben (Abb. 497).
Sie dienen zum Hinabschütten von heißem Wasser, Öl oder Pech. Mit den
Pechnasen häufig verwechselt, befinden sich in der Ringmauer über dem
Graben oder am Bergfried *Aborterker*, mannhohe, auf Konsolen auskragende, nach unten offene, mit Sitzbrett versehene Anlagen (Abb. 500,
532). Schräge, durch die Außenmauer geführte Röhren oder Schächte sind
seltener; aber auch durch mehrere Geschosse geführte Aortkanäle kommen vor.

Das *Burgtor* ist ein wichtiges und empfindliches Glied in dem Verteidi-
gungsring. Zunächst wird es als ein einfacher Torbogen mit eisenbeschla-
genen Holzflügeln, eingeschlagener Zugbrücke oder Fallgatter gestaltet,
dann als Zwingertor und als Torburg mit flankierenden Türmen. Schließlich bildet sich ein System von hintereinanderliegenden Torbefestigungen
und halbkreisförmiger, mit Schießscharten versehener Vormauer (Barbakane) heraus, die seit dem 15. Jh. vergrößert und mit Türmen versehen
wird (Bastille). Im Belagerungsfall kann ein versteckter Ausgang in der
Ringmauer oder auch ein kurzer Gang durch Mauerdicke und Wall
(Poterne) für einen Ausfall benutzt werden.

Erfordert die Lage der Burg – meist auf einem Bergrücken – einen
besonderen Schutz auf einer Seite, so wird dort die Ringmauer dicker
und höher ausgebaut als *Schildmauer*, die gleichzeitig die Aufgabe des
Bergfrieds übernehmen kann oder auch mit einem Bergfried verbunden
ist, der hinter ihr stehen, in sie eingebaut oder seitlich angebaut sein kann
(Abb. 488, 489, 496, 516). Die Schildmauer ist wie der Bergfried ein
selbständiger Verteidigungsbau, oben abgeschlossen von einem Wehrgang,
oft vorgekragt und zur Verteidigung nach allen Seiten eingerichtet. Wie
beim Bergfried liegt der Eingang hoch und ist nur über eine Leiter oder
einen Holzsteg zugänglich. Turmartig vorkragende Ausbauten (Scharwachtturm) können an beiden Enden der Mauer den Abschluß bilden.
Der Bau von Schildmauern setzt im Anfang des 13. Jh. ein, besonders in
Südwestdeutschland und in der Pfalz, erreicht in der zweiten Hälfte des
13. Jh. seinen Höhepunkt und geht im 14. Jh. zurück. Mit dem Aufkommen
der Pulvergeschütze werden in der zweiten Hälfte des 15. Jh. und
im 16. Jh. wieder mächtige Schildmauern gebaut. Der Schildmauer sind

189

schwächere und niedrigere Verteidigungsbauten oder ein Halsgraben vorgelagert, um den Angriff mit Mauerbrechern unmöglich zu machen.

Der von Bauten weitgehend freie Burghof dient auch für Kampfspiele (Turniere). Im Spätmittelalter ist er teilweise von Galerien umgeben (Arkadenhof), die die Zuschaumöglichkeit von Fenstern, Freitreppen und Holztribünen ersetzen und dann in Renaissanceschlössern reiche Ausgestaltung erfahren (Cortile).

b) Der Bergfried

ist der erst seit dem 19. Jh. so genannte Hauptturm einer Burg. Er dient als Ausguck, zur Verteidigung, als letzter Rückzugsort und nimmt auch die Wächterwohnung und vereinzelt die Kapelle auf. Bergfriede kommen auf deutschen Burgen vornehmlich von der Mitte des 12. bis zum Ende des 14. Jh. vor. Im sächsisch-thüringischen Raum beginnt die Entwicklung schon im 11. Jh., in West- und Süddeutschland erst im 12. Jh. Der Bergfried steht zumeist frei im Hof an der höchsten Stelle (Abb. 471, 475, 484) oder in der Nähe angriffsgefährdeter Bereiche (Abb. 473, 486, 516). Bei besonders langgestreckten Anlagen kann er verdoppelt werden (Abb. 485, 486), auch sind Türme durch Engstellung oder verbindende Mauer gekoppelt worden. Der zumeist runde (Sinwellturm; Abb. 483 bis 486, 506, 507), viereckige oder quadratische Grundriß (Abb. 475, 479) kann zur Feldseite eine spitzwinklige Verstärkung der besseren Abwehr von Belagerungsmaschinen und Geschossen wegen erhalten, so daß fünfeckige oder runde mit Spitze versehene Türme (Abb. 478, 490) entstehen. Quadratische Türme können, übereckgestellt, gleiche Wirkung erzielen (Abb. 516); vereinzelt finden sich auch polygonale, zumeist achteckige (Abb. 471, 472, 504, 505), halbrunde oder dreieckige Türme. Normalerweise sind die Turmmauern außen senkrecht. Geschoßweise Absätze im Innern führen zu einer Reduktion der Mauerdicke nach oben hin und dienen als Auflager für die Deckenbalken. Die Türme können sich aber auch außen verjüngen oder an Rücksprüngen Platz für Wehrgänge lassen (Butterfaßtürme). Runde Turmoberteile auf quadratischem Sockel sind selten. Die senkrechte äußere, 18 bis 30 m hohe Mauerfläche wird seit der Mitte des 12. Jh. zumeist mit Buckelquadern verkleidet, zunächst mit mächtig vortretenden rauhen Bossen, nach 1200 mehr und mehr abgearbeitet und schließlich kissenförmig und in ihren Dimensionen reduziert. Im Laufe des 14. Jh. werden die Türme schlanker und in verputztem Bruchsteinmauerwerk ausgeführt.

190

506, 507 Steinheim am Main, Bergfried der Burg, um 1430, Ansicht und Grundriß des Dachgeschosses.

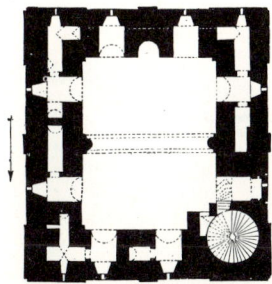

508–510 Hedingham in Essex/England, Keep, 1. Hälfte 12. Jh., erstes Obergeschoß innen, Ansicht und Grundriß (1:500).

Im zumeist ebenerdigen Untergeschoß mit bis zu 4 m dicken Mauern ist ein Vorratsraum oder das Burgverlies untergebracht, in dessen flacher oder gewölbter Decke eine Öffnung (Angstloch) als Zugang dient. Darüber, gewöhnlich 6 bis 12 m über dem Burghof, liegt das Eingangsgeschoß (Abb. 504), dessen Tür über eine im Belagerungsfall einziehbare Leiter oder über einen abwerfbaren Holzsteg von einem anschließenden Bau oder Wehrgang zugänglich ist. Zwei bis vier weitere Geschosse sind über Holzleitern oder auch Treppen in Mauerdicke erreichbar. In einem Geschoß finden sich im Aufenthaltsraum für den Turmwächter häufig ein Kamin und ein Abort, zuweilen auch eine Bettnische (Abb. 531, 532) und statt der üblichen schmalen Schlitzfenster etwas größere und auch durch eine eingestellte Säule reicher gestaltete Fenster. Der obere Boden (Wehrplatte) ist offen und mit einem Zinnenkranz umgeben oder mit einem Zelt- oder Satteldach überdeckt. Im 14. Jh. wird das Geschoß allseitig vorgekragt, mit Bogenfries abgeschlossen und im 15./16. Jh. mit Ecktürmen geziert (Abb. 496, 506, 507). Ein Wehrgang über Maschikulis dient der Verteidigung. In spätgotischer Zeit, besonders in Süddeutschland, wird ein nach allen Seiten ausladender hölzerner Aufbau (Obergaden) mit der Wohnung des Türmers aufgesetzt.

c) Die Turmhügelburg (Donjon, Geschlechterturm)

ist normannischer Prägung (Motte) und sicher nicht ohne Verarbeitung spätrömischer Vorbilder denkbar. Ein einfacher, zunächst hölzerner, dann steinerner Wohnturm steht auf einem natürlichen oder häufig künstlich aufgeschütteten Hügel und ist von einem oder später auch von mehreren Wassergräben sowie am Hang von einer Palisade oder Mauer umgeben (Abb. 470). Solche Anlagen werden bis ins 15. Jh. in England, Frankreich und Deutschland gebaut.

Aus diesen Anfängen entwickelt sich in Frankreich und auch in England der bewohnbare mächtige *Donjon oder Keep,* ein befestigter Wohnturm, der Wehr-, Wohn-, Repräsentations- und Wirtschaftsfunktionen vereint. Auch im Normannenreich Süditaliens finden sich Donjons, aber auch auf zahlreichen deutschen Burgen, häufig unter französischem Einfluß seit dem späteren 12. Jh. In Spanien spielen sie als Lehnstürme bei der Auseinandersetzung der christlichen Königreiche eine wichtige Rolle. In seiner Verteidigungsfunktion entspricht der Donjon dem Bergfried, wegen der Wohnnutzung ist er aber größer im Grundriß und mehrräumig. Im 10./11. Jh. sind es meist mächtige rechteckige Türme mit dicken Mauern, in die Wehrnischen und Treppensysteme mit Fallschächten und Wehrgängen eingefügt sind (Abb. 508–510). Dann wird ein Treppenturm oder ein kleiner Raum angebaut. Die Außenmauern werden durch Lisenen oder halbrunde Vorlagen gegliedert. Schließlich werden die Ecken und die Mittelachsen risalitartig betont (Abb. 511–513). Im Innern wird der Bau durch Längsmauern zweigeteilt (Abb. 511–514) und durch Zubau einer Kapelle bereichert (Abb. 514). In den dicken Mauern werden zusätzlich zu den Treppen kleinere Räume ausgespart. Im Untergeschoß, das nur vom ersten Obergeschoß zugänglich ist, befinden sich Lagerräume. Über einen hochgelegenen Eingang erreicht man durch einen Wachraum, häufig im Anbau, das erste Obergeschoß mit dem großen beheizten Saal. Im zweiten Obergeschoß liegen ebenfalls Säle und die Kapelle, im dritten Obergeschoß Schlafräume, darüber die Wehrplatte. Seit der Mitte des 12. Jh. entstehen auch runde Donjons, daneben Sonderformen wie fünfeckige, achteckige, zwölfeckige oder als Vierpaß (Abb. 515). Die Maße sind durchschnittlich 15×15 bis 15×25 m bei 30 m Höhe, der Durchmesser der Rundtürme beträgt zumeist etwa 15 m.

Der Geschlechterturm gehört nicht unmittelbar zum Burgenbau, ist aber vom Bergfried und Donjon beeinflußt. Diese Trutztürme des Adels wurden in großer Zahl im 12./13. Jh. und später gebaut und dienten bis ins

192

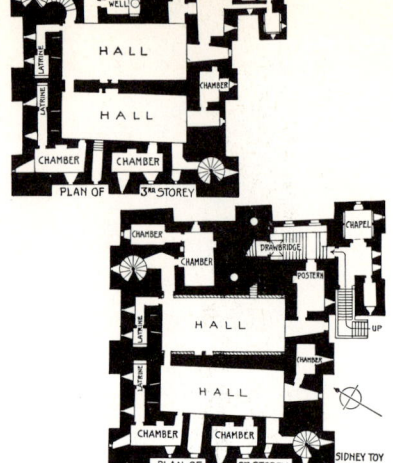

511, 512 Dover Castle in England, Keep, 12. Jh., zweites und erstes Obergeschoß (1:1000).

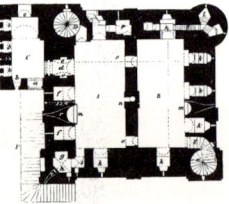

513 Rochester Castle in England, Keep, 1126–1139, erstes Obergeschoß (1:1000).

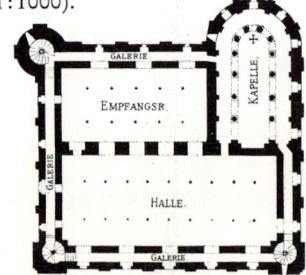

514 London, White Tower, Keep, um 1080, zweites Obergeschoß (1:1000).

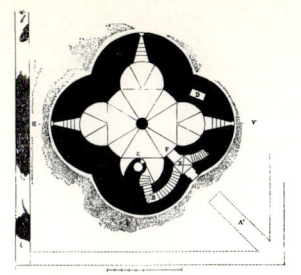

515 D'Étampes in Frankreich, Donjon, Ende 12. Jh., erstes Obergeschoß (1:500).

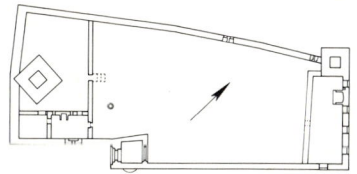

516 Wildenburg im Odenwald, Ministerialenburg, um 1170/80 (1:1000).

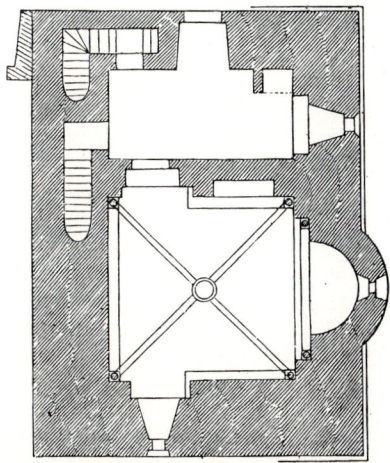

517 Trifels bei Annweiler in der Pfalz, Reichsburg, Bergfried, Anfang 13. Jh., erstes Obergeschoß mit Kapelle (1:200).

15. Jh. der architektonischen Repräsentation von politischer Souveränität. Sie standen stellenweise dichtgedrängt und erreichten Höhen bis zu 60 und 70 m, der Torre Asinelli in Bologna sogar 97 m. Die Form ist im Prinzip überall gleich: quadratischer Grundriß, Eingang im 1. oder 2. Geschoß. Häufig lag die Kapelle im Turm, der lose mit einem Wohnbau verbunden war.

d) Der Palas

beherbergt die Repräsentationsräume in mehreren Geschossen. Er ist oft aus sorgfältig behauenen Quadern und mit reich gegliederten Fenstern künstlerisch ausgestaltet (Abb. 518–522). Über einem nur wenig eingetieften Untergeschoß mit Wirtschafts- und Nebenräumen liegen – in der Romanik über eine äußere Freitreppe (Grede; Abb. 519) zugänglich – der ein- oder mehrschiffige Saal sowie repräsentative Wohnräume, die zumeist beheizbar sind (Abb. 520–524). Das zweite Obergeschoß ist durch enge Innentreppen, einläufig oder gewendelt, oder auch über eine Freitreppe zugänglich und enthält den großen in Arkaden geöffneten Hauptsaal, der – da unbeheizt – nur im Sommer zu nutzen ist. Zumeist in der Nähe des Palas oder mit diesem verbunden steht bei größeren Burgen ein gesonderter Wohnbau (Abb. 486, 516) mit kleinen beheizbaren Wohn- und Schlafräumen, der wegen seiner Heizmöglichkeit Kemenate oder Dürnitz genannt wird. Bei kleineren Burgen bilden Palas und Kemenate gemeinsam den Wohnpalas. Palas und Kemenate öffnen sich nicht nur zum Hof in reich verzierten Arkaden, sondern durchbrechen auch den oberen Bereich der Ringmauer als landschaftsorientierte und auf Fernwirkung berechnete Form. Die Doppelarkaden werden bis zu achtsäuligen Arkadenreihen erweitert. Die Hoffront erhält Kleeblattbogenportale und Arkadenreihen auch in mehreren Geschossen, dazu hölzerne oder steinerne Freitreppen (Abb. 518, 519). Im Innern finden sich reich verzierte Kamine, Gesimse und Nischen.

e) Die Kapelle

wird als Raum für den Gottesdienst in dem in sich geschlossenen Wohnbezirk der Burg aus der religiösen Bindung des mittelalterlichen Lebens heraus verlangt. Bei der räumlichen Enge mancher Burg ist er oft nur von geringen Ausmaßen. Er kann als kleiner verschließbarer Altarerker (Chörlein) in den Saal einbezogen sein (Abb. 523, 524) oder als eigener Raum im Palas erscheinen, so auch bei Deutschordensburgen in groß-

193

518, 519 Münzenberg in der Wetterau, Ministerialenburg, Palas um 1160/
1165, Hofansicht (1:200), Rekonstruktion (1:400).

◀520 Wartburg in Thüringen, Landgrafenburg, Palas um 1170/80, erstes
Obergeschoß (1:400).

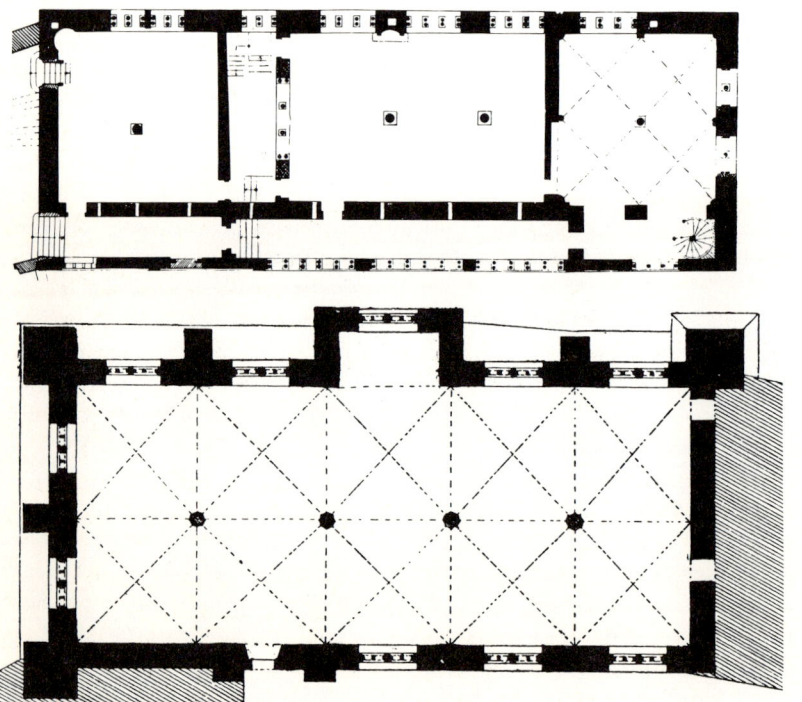

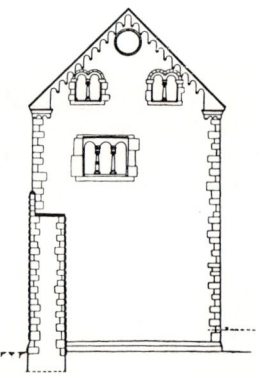

522 Büdingen bei Frankfurt, Ministerialenburg, Palas, um 1180/1200,
Giebel (1:400).

◀521 Marburg, Landgrafenburg, Palas, ▶
Ende 13. Jh., erstes Obergeschoß
(1:400), Lageplan.

194

524 Eltz an der Mosel, Ganerbenburg, Palas des Hauses Groß-Roden-
dorf, erstes Obergeschoß (Fahnensaal)
mit Kapellenerker, vor 1540. ▶

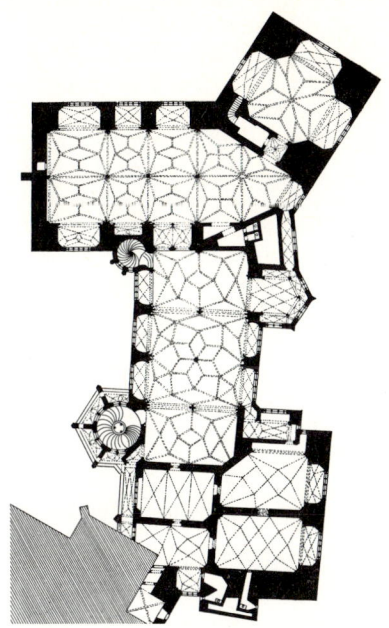

523 Meißen, Albrechtsburg, 1471/85,
Palas, erstes Obergeschoß (1:1000).

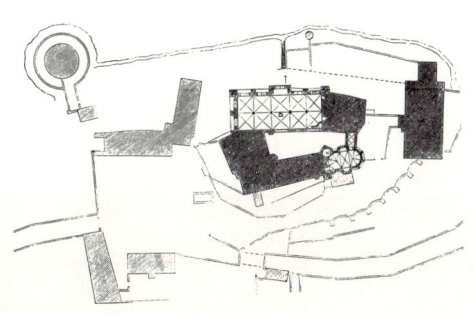

artiger Ausprägung (Abb. 480). Auch im Bergfried (Abb. 517) oder in
einem Mauerturm kann die Kapelle untergebracht sein, häufiger jedoch
im Torturm (Abb. 516), hier sogar zweischiffig (Abb. 529) oder in komplizierten Raumformen. Bei der Turmlage steht der Altar häufig in einem
auskragenden Erker (Chörlein, Abb. 516, 517). Bei großräumigen Burgen
schließt die Kapelle als selbständiges Gebäude an den Palas an (Abb. 486)
oder steht frei im Hof, als einfache Saalkirche mit Chor, auch mit Westempore, oder als Doppelkapelle, auch mit zusätzlicher Empore im Obergeschoß. Vereinzelt liegt die Kapelle auch in der Vorburg.

f) Die Nutzbauten
für Gesinde, Wirtschaft und Vieh sowie die Küche mit großem Kamin,
häufig als Fachwerkbauten, sind zumeist an die geschlossene Ringmauer
angelehnt (Abb. 486), oder sie befinden sich in der Vorburg. Wichtig für
jede Höhenburg ist der Brunnen, der bis zu 110 m tief in den Felsen
gehauen oder gemauert werden mußte. Er liegt vereinzelt auch unter
gesonderten, auch außerhalb der Burg gelegenen Türmen. Bei zu großer
Höhe oder ungeeigneten Bodenverhältnissen genügt eine Zisterne, ein
zumeist unterirdischer Raum zum Sammeln von Regenwasser. Wasser-
leitungen zu Burgen kommen erst im 16. Jh. auf.

195

2. Die Pfalz

Die Pfalz hat im frühen und hohen Mittelalter mehrere Aufgaben: sie besorgt als Wirtschaftshof die Hofhaltung des in seinem weiten Reich herumziehenden, nicht in einer festen Residenz herrschenden fränkischen Königs, ist Mittelpunkt der Verwaltung für den umliegenden Reichsbesitz und dient als Stätte der Jurisdiktion. Hier werden auf Synoden und Reichsversammlungen Gesetze erlassen und Privilegien ausgesprochen. Nicht zuletzt ist die Pfalz eine symbolische und baukünstlerische Darstellung der deutschen Königsmacht. Seit ottonischer Zeit wird diese Bauform zugleich mit einem Teil der Pfalz-Funktionen auch von Bischöfen übernommen. Mit den von Karl dem Großen errichteten Pfalzen beginnt der künstlerische Ausbau. Seit der Mitte des 13. Jh. bilden sich für den König feste Residenzen aus. Die Pfalzen werden veräußert, meist an die Bürger der benachbarten Städte. Nur die Bischofspfalzen bleiben in ihrer Funktion bestehen, werden aber den gewandelten Wohnansprüchen angepaßt.

Für das Bauprogramm der Pfalzen gibt es keine Grundregeln; je nach Ort, Zeit und Bauherr werden sehr unterschiedliche Anlagen geschaffen. Die Pfalz besteht gewöhnlich aus einem mehrschiffigen, ein- bis dreigeschossigen Saalbau (aula regia; Abb. 525–537), einem oder mehreren Wohnbauten (Abb. 529, 533), einer Toranlage, zuweilen auch einem Bergfried (Abb. 527, 533, 536) und Wirtschaftsgebäuden, die auch getrennt liegen können (curtis). Zu jeder Pfalz gehört eine Kapelle, zumeist freistehend im Hof (Abb. 536), seltener an den Palas angebaut (Abb. 533) oder über der Torhalle untergebracht (Abb. 529). In der Nachfolge der Aachener Pfalzkapelle (Abb. 525) erscheint sie als oktogonaler Zentralbau, als Saalkirche (Abb. 533) oder als Doppelkapelle (Abb. 536, 542, 543), die noch zusätzlich mit Westempore im Obergeschoß ausgestattet sein kann. Die Gesamtanlage ist von Mauern und Gräben geschützt. Die Pfalz gleicht weitgehend den größeren Burgen von Grafen oder Ministerialen, besonders in staufischer Zeit, anfangs in Streulage (Abb. 528) oder in achsialer Anordnung (Abb. 525, 526), dann als Randhausburg (Abb. 529, 533, 536). Eine gesonderte Gruppe bilden nach 1233 die königlichen Pfalzen und Burgen Friedrichs II. in Süditalien. Sie stellen eine Synthese von römischem Kastelltyp und zisterziensischer Wölbungstechnik dar (Abb. 540, 451) und entwickeln großartige Sonderformen (Abb. 538, 539).

196

A. Gauert: Zur Struktur und Topographie der Königspfalzen. In: Deutsche Königispfalzen. Veröff. d. Max-Planck-Inst. f. Gesch. 11, 2 Bde. Göttingen 1965, 1–60. – W. Sage: Zur archäologischen Untersuchung karolingischer Pfalzen in Deutschland. In: Karl der Große. Bd. 3. Düsseldorf 1965, 323 bis 335. – L. Falkenstein: Zwischenbilanz zur Aachener Pfalzenforschung. In: Zs. d. Aachener Geschichtsver. 80, 1970, 7–71. – K. Weidemann: Ausgrabungen in der karolingischen Pfalz Ingelheim. In: Ausgrabungen in Deutschland. Mainz 1975. Bd. 2, 437–446. – G. Binding u. a.: Burg und Stift Elten am Niederrhein. Düsseldorf 1970. – C. H. Seebach: Die Königspfalz Werla. Neumünster 1967. – P. Grimm: Tilleda. Berlin 1968. – U. Hölscher: Die Kaiserpfalz Goslar. Berlin 1927.

F. Arens: Die staufischen Königspfalzen. In: Die Zeit der Staufer. Katalog. Stuttgart 1977. Bd. 3, 129–142. – L. Bruhns: Hohenstaufenschlösser in Deutschland und Italien. Königstein 1959. – G. Binding: Pfalz Gelnhausen. Bonn 1965. – F. Arens: Die Königspfalz Wimpfen. Berlin 1967. – H. Hahn: Hohenstaufenburgen in Süditalien. München 1961. – C. A. Willemsen: Die Bauten der Hohenstaufen in Süditalien. Köln-Opladen 1968.

H. Wentzel: Aula. In: RDK 1, 1937, 1277–1279, mit Lit. – J. Hacker-Sück: La Sainte-Chapelle de Paris et les chapelles palatines du Moyen Age en France. In: Cahiers archéologiques 13, 1962, 217–257. – G. Bandmann: Doppelkapelle. In: RDK 4, 1958, 196–215.

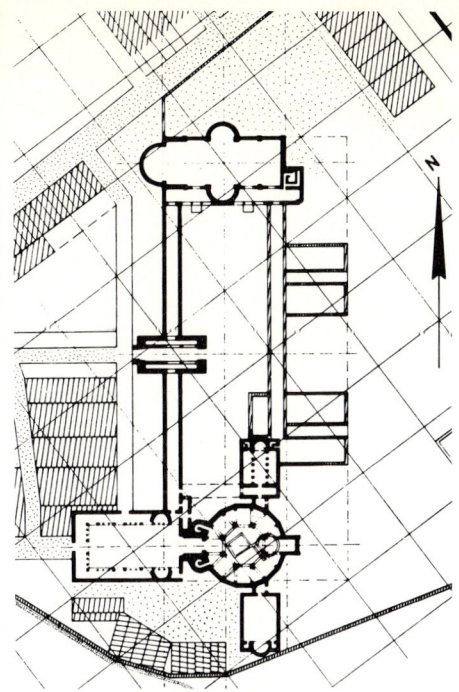

525 Aachen, Pfalz, 780–800 (1:3000).

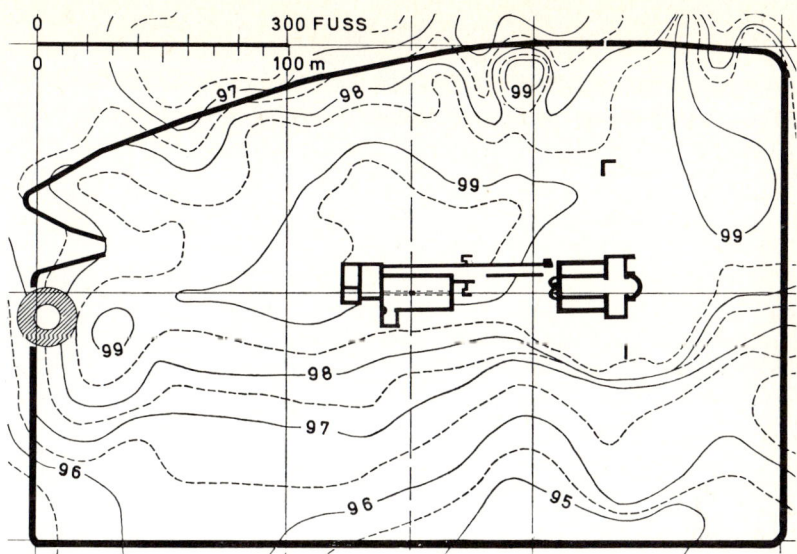

526 Frankfurt am Main, Pfalz, um
822 (1:3000).

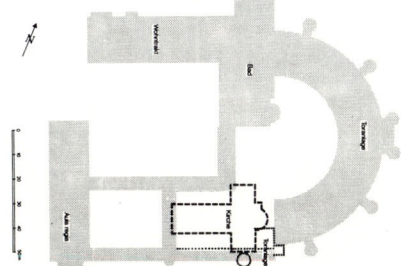

527 Ingelheim am Rhein, Pfalz, vor
787 (1:3000).

528 Werla im Ostharz, Pfalz, um ▶
900 (1:3000).

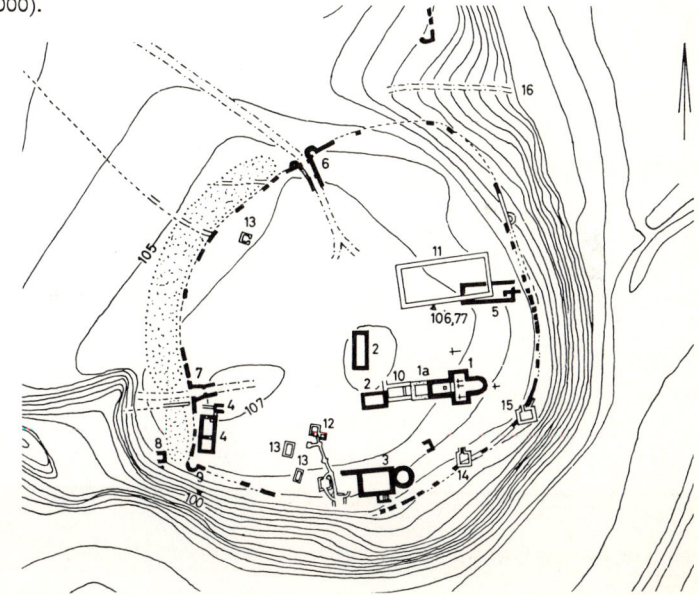

197

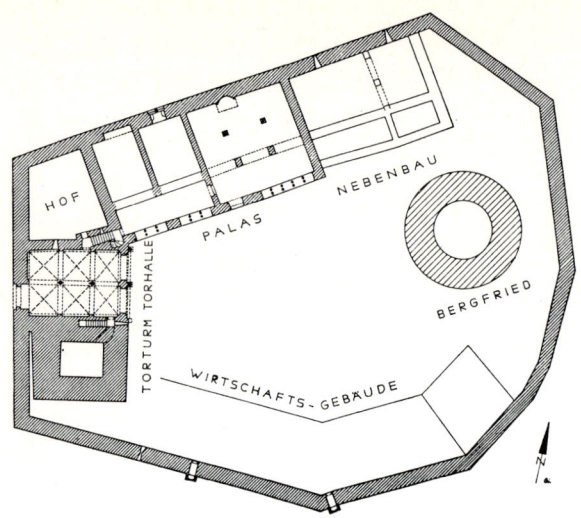

529 Gelnhausen an der Kinzig, Pfalz,
1160/70 (1:1000).

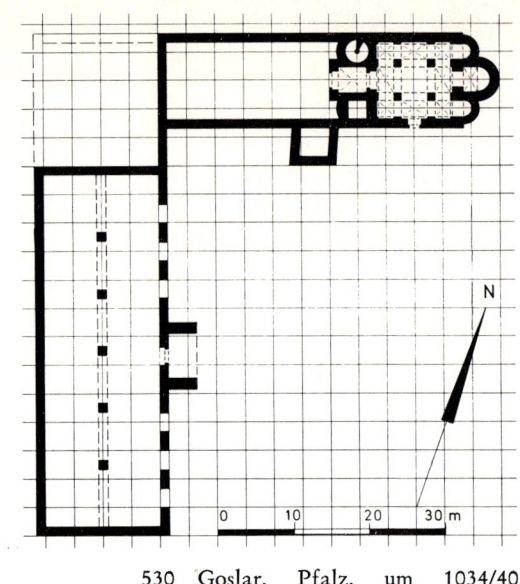

530 Goslar, Pfalz, um 1034/40
(1:1000).

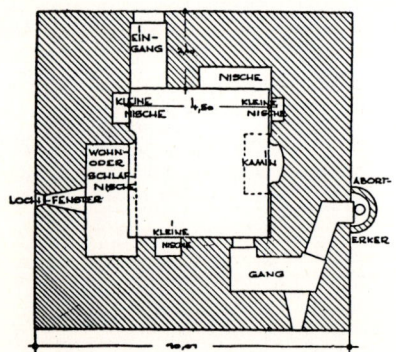

531, 532 Wimpfen, Pfalz, Roter Turm
(östl. Bergfried), Anfang 13. Jh., erstes
Obergeschoß.

533 Wimpfen am Neckar, Pfalz, um
1200/20 (1:4000).

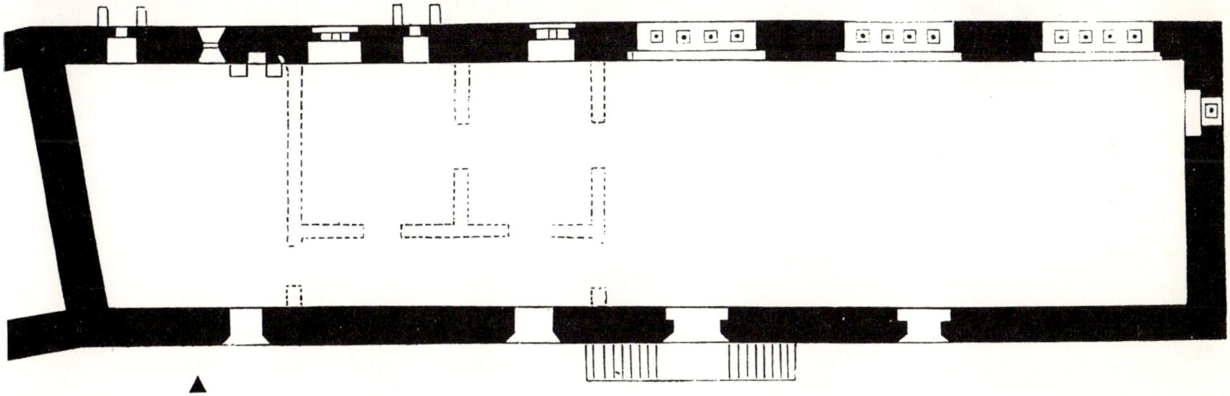

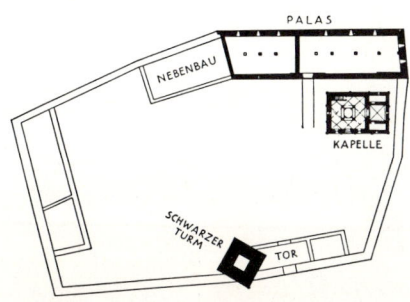

534, 535 Eger, Pfalz, Palas, Ende
12. Jh., Ansicht und Grundriß (1:300).

537 Gelnhausen, Pfalz, Palas, um
1160/70, Hofansicht ergänzt (1:300).

536 Eger, Pfalz, Ende 12. Jh. (1:2000).

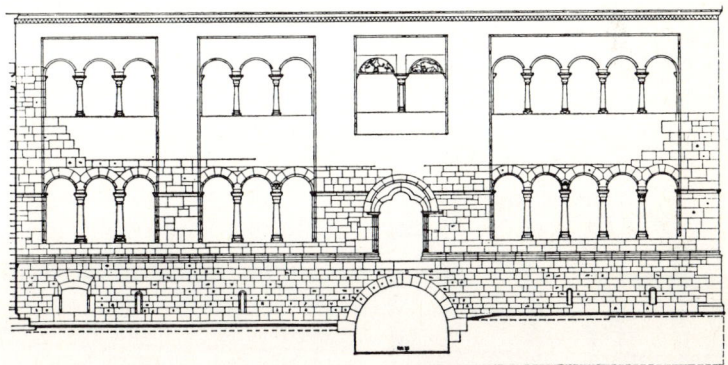

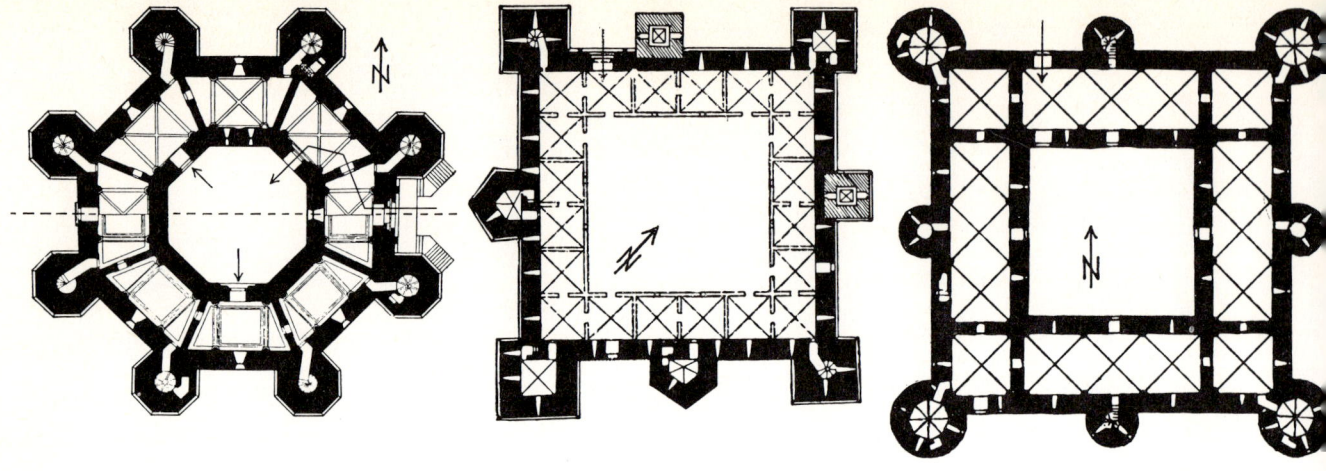

538 Castel del Monte in Apulien, um 1240, Erdgeschoß (1:1000).

539 Syrakus in Sizilien, Kastell Maniace, um 1240 (1:1000).

540 Catania in Sizilien, Kastell Ursino, 1239 begonnen (1:1000).

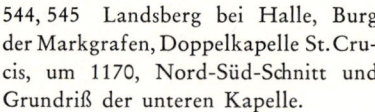

542, 543 Eger, Pfalz, Doppelkapelle, Ende 12. Jh., Innenansicht der oberen Kapelle, Grundriß der unteren Kapelle.

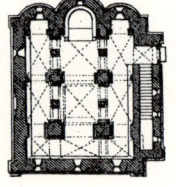

544, 545 Landsberg bei Halle, Burg der Markgrafen, Doppelkapelle St. Crucis, um 1170, Nord-Süd-Schnitt und Grundriß der unteren Kapelle.

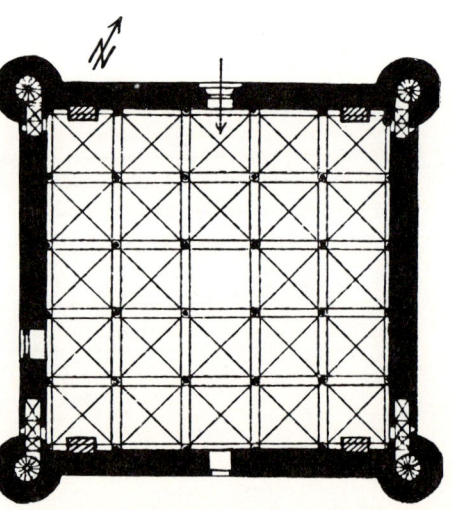

541 Prato in der Toskana, Kastell, um 1235/40 (1:1000).

200

W. Hotz: Kleine Kunstgeschichte der deutschen Schlösser. Darmstadt ²1974, mit Lit. – H. Boekhoff u. a.: Paläste, Schlösser, Residenzen. München o. J. – Ch. L. Frommel: Der römische Palastbau der Hochrenaissance. 3 Bde. Tübingen 1973. – S. von Moos: Turm und Bollwerk. Zürich 1974. – W. Hansmann: Baukunst des Barock. Köln 1978, mit Lit. – R. Zürcher: Rokoko-Schlösser. München 1977. – E. Berckenhagen: Barock in Deutschland – Residenzen. Berlin 1966. – R. Wagner-Rieger: Gedanken zum fürstlichen Schloßbau des Absolutismus. In: Fürst – Bürger – Mensch. Wien 1975, 42–70.

A. Gebessler: Der profane Saal des 16. Jh. in Süddeutschland und den Alpenländern. Diss. München 1957. – E. Herget: Die Sala terrena im deutschen Barock unter besonderer Berücksichtigung ihrer Entwicklung aus der abendländischen Grottenarchitektur. Diss. Frankfurt 1954. – H. Kreisel: Deutsche Spiegelkabinette. Darmstadt 1953. – W. Ohle: Die protestantischen Schloßkapellen der Renaissance in Deutschland. Diss. Leipzig, Stettin 1936. – F. V. Rauda: Schloßkirchen und Schloßkapellen des Barock in Österreich und Deutschland. Ms. Diss. TH Wien 1965. – H. A. Frenzel: Brandenburgisch-preußische Schloßtheater. Berlin 1959. – W. Götz: Deutsche Marställe des Barock. München-Berlin 1964.

546, 547 Vaux-le-Vicomte bei Melun/Paris, Schloß, 1657–1661 durch Louis Levau für den Finanzminister Nicolas Fauquet erbaut (1:500).

3. Das Schloß

Im Verlaufe des 15. Jh. löst das Schloß die Burg als repräsentativen Wohnbau des Adels ab und dient in sehr unterschiedlicher Größe auch dem bürgerlichen Patriziat als Wohnung in der Stadt (in Frankreich Hôtel), im Weichbild der Stadt oder auf dem Lande (in England Manor House, Cottage). Der Schloßbau ist in der Zeit des fürstlichen Absolutismus (17./18. Jh.) die wichtigste Bauaufgabe der Profanbaukunst. Der Stadtpalast gibt seine in Italien während der Renaissance entwickelte Blockform auf und öffnet sich häufig als achsenbezogenes Hufeisen auf einen Vorhof, der zumeist mit Gittern gegen die Straße abgeschlossen ist. Daneben gelangt das aus den italienischen Villen der Renaissance hervorgegangene Landschloß zu immer größerer Bedeutung, das charakterisiert ist durch reiche Treppen-, Tor- und Pavillonanlagen inmitten kunstvoller

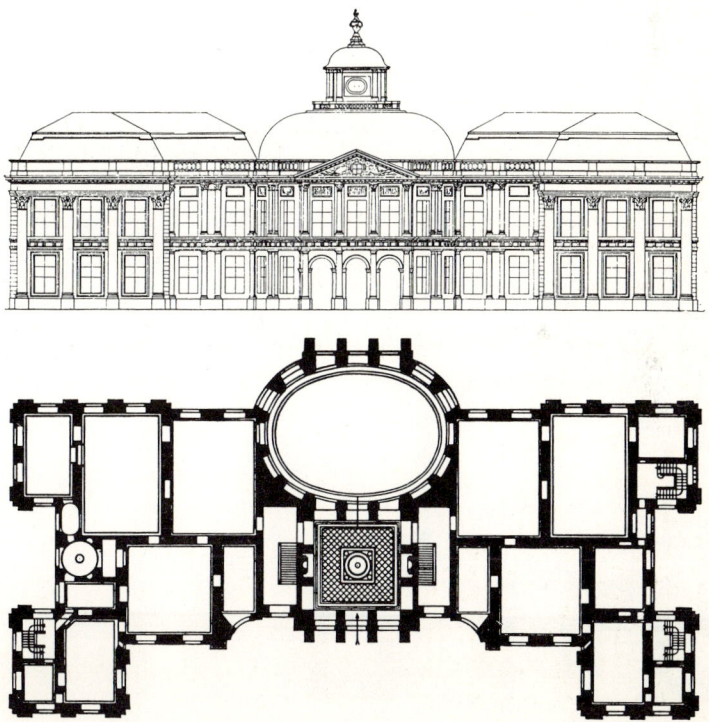

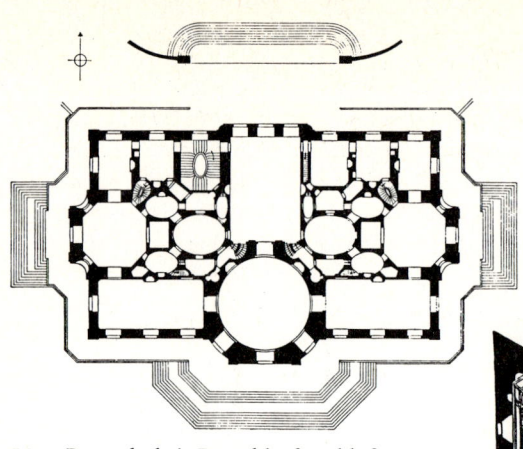

548 Benrath bei Düsseldorf, Schloß, 1756–1770 durch Nicolas de Pigage für den Kurfürsten Carl Theodor von der Pfalz erbaut (1:500).

549 Ancy-le-Franc bei Paris, Schloß, ab 1555 nach Plänen des Sebastiano Serlio für Antoine de Clermont, Comte de Tonnerre, erbaut (1:1000).

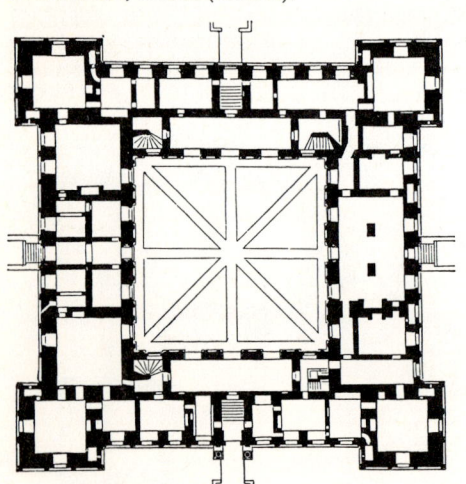

– L. Hager: Enfilade. In: RDK 5, 1967, 333–340. – L. Hager: Eremitage. In: RDK 5, 1967, 1203–1229. – E. Herget, W. Busch: Fasanerie. In: RDK 7, 1975, 437–461. – D. Henebo, A. Hoffmann: Geschichte der deutschen Gartenkunst. 3 Bde. Hamburg 1962–1965.

550 Prag, Schloß Stern, Bauherr und Entwurf Erzherzog Ferdinand, Sohn Kaiser Friedrichs I., ab 1555 von Italienern ausgeführt.

R. Huber, R. Rieth: Treppen und Rampen. Glossarium Artis 5. Tübingen-Strasbourg 1973, mit Lit. – M. Mielke: Die Geschichte der deutschen Treppe. Berlin-München 1966, mit Lit. – G. Becker: Die Raumverbindungen in den deutschen Wohnbauten des Mittelalters und der Renaissance. Ein Beitrag zur Entwicklungsgeschichte der deutschen Treppe. Ms. Diss. Berlin 1941. – R. Schmale: Treppenanlagen in Genueser Palästen des 16. Jh. Diss. Kiel 1970. – H. Reuther: Das Treppenhaus im Lustschloß Salzdahlum. Ein Beitrag zur Genese Barocker Stiegenanlagen. In: Niederdt. Beitrr. z. Kg. 16, 1977, 53–68.

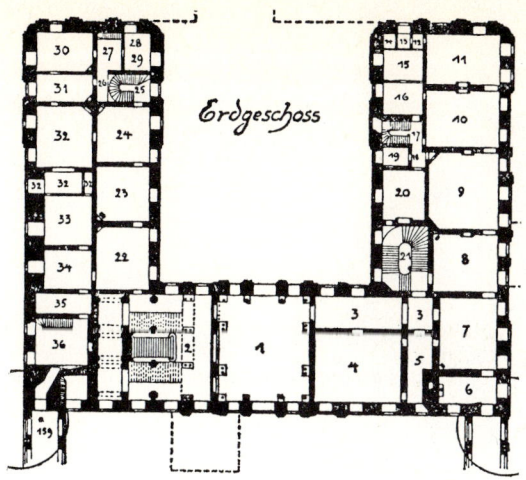

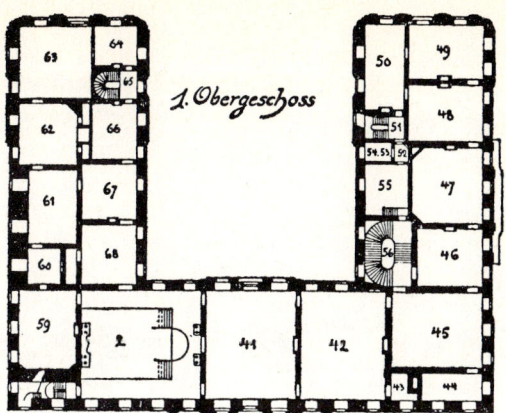

551, 552 Brühl bei Bonn, Schloß Augustusburg, 1725–1765 für den Kölner Kurfürsten Clemens August durch Johann Conrad Schlaun, François Cuvilliés und Balthasar Neumann erbaut (1:1000)

Erdgeschoß: (1) Vestibül; (2) Treppenhaus; (4) Sommerspeisesaal; (5) Anrichte; (6) Heiliggeistkapelle; (7–11) Sommerappartement; (15–20) Nebenräume; (22) Ritterstube; (23) 1. Vorzimmer des Blauen Winterappartement.

Obergeschoß: (41) Gardensaal; (42) Speise- oder Musiksaal; (43), (44) Nepomukkapelle; (45) 1. Vorzimmer; (46) 2. Vorzimmer; (47) Audienzsaal; (48) Schlafzimmer; (49) Kabinett; (50) Bibliothek; (52)–(55) Nebenräume; (59) Speisezimmer; (60) Kleines Kabinett; (61) Großes Kabinett; (62) Schlafzimmer; (63) Cabinet d'Affaire; (64) Indian. Lack-Kabinett; (66) Garderobe; (67) Audienzzimmer; (68) Vorzimmer.

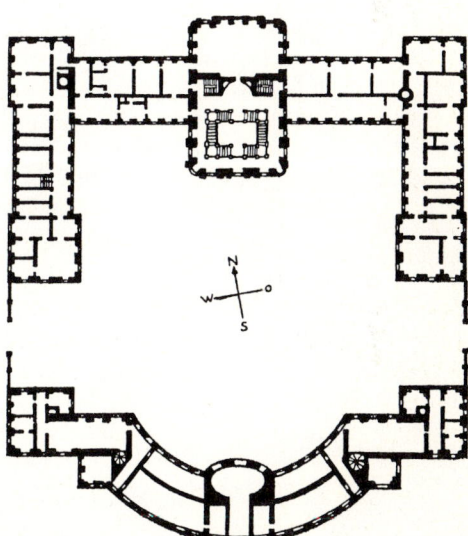

553 Pommersfelden bei Bamberg, Schloß, für den Mainzer Kurfürsten und Bamberger Bischof Lothar Franz von Schönborn durch Johann Dientzenhofer 1711–1716 erbaut (1:2000).

203

554 Würzburg, Schloß, Gartenseite, Mittelpavillon, 1735–1744 durch Balthasar Neumann als Residenz der Fürstbischöfe von Würzburg erbaut.

556 Kampan b. Mitterdorf/Bozen, Schloß, Innenhof, um 1600.

Gartenarchitektur mit oftmals aufwendigen Wasserspielen, die ihren Ursprung im Orient haben und über die maurischen Paläste in Spanien ihren Weg nach Europa fanden (Abb. 563). Als Typen sind zu nennen:
1. querrechteckiger Einflügelbau
   a) ohne Turm
   b) mit Türmen
   c) mit Risaliten (Abb. 546–548)
2. Zweiflügelbau
   a) ohne Turm
   b) mit Türmen
3. Geviertbau
   a) ohne Ecktürme
   b) mit Ecktürmen (Abb. 549)
4. zentrale Rund- oder Mehreck-Anlagen (Abb. 550)
5. offener Dreiflügelbau um einen Ehrenhof (Abb. 551–553, 557)
6. Kompositform oder unregelmäßige Anlage (Abb. 558)

Die Repräsentations- und Wohnräume liegen in dem Hauptbau (corps de logis), dessen Mittelbaukörper sowohl in der Wand- (Mittelrisalit) wie in der Dachzone (Frontgiebel, Frontispiz oder mit kuppelförmigem Dach

205

als Pavillon; Abb. 554) besonders hervorgehoben ist. Hier befinden sich im Erdgeschoß (Parterre) die Eingangshalle mit Garderobe (Vestibül) und der Gartensaal (sala terrena) als Zentralraum rund, oval oder polygonal (Abb. 546–548, 553, 554). Im 18. Jh. schließen an den Saal in der Art eines Appartement double weitere Räume an, die in je einem Gartensaal enden können (Abb. 548), oder auch Eckpavillons (Abb. 547). Im Obergeschoß (Belétage, Piano nobile) liegt ein Vorsaal oder der meist durch zwei Geschosse reichende Festsaal. Treppen sind vor, neben oder zu beiden Seiten des Hauptsaales angeordnet und teilweise in monumentaler Steigerung künstlerisch ausgeschmückt (Abb. 551–553, 562). Auch die Ecken des Hauptbaus sind betont, entweder als Eckrisalit mit durchlaufendem Dach oder als Eckpavillon mit zentralisierendem, zumeist kuppelförmigem Dach (Abb. 546, 553). Das Schema eines rechteckigen Kernbaus mit niedrigen, vorgeschobenen Seitenflügeln geht von Palladio aus und ist über Norditalien nach England und Frankreich vorgedrungen. Die Franzosen modifizierten diesen Typ, indem sie den von den Flügelbauten eingeschlossenen Hof als cour d'honneur ausgestalteten. In dieser

556a Heidelberg, Schloß, Ottheinrichsbau, 1556–1562 wohl von K. Fischer erbaut, besonders unter italienischem Einfluß von S. Serlio, aber auch von C. Floris und P. Flötner. Hoffront 31,50 m lang.

557 Frederiksborg bei Kopenhagen, Schloß der dänischen Könige, bis 1610 erbaut.

Form finden wir zahlreiche deutsche Schlösser des Hochbarock. Bildgalerie und Bibliothek sind in vielen Schlössern und schloßartigen Klosteranlagen eingebaut als kleines, zwischen anderen Zimmern gelegenes und vom Flur nicht zugängliches Zimmer (Kabinett), als einseitig beleuchteter Korridor (Abb. 559) oder als ineinanderführende Zimmerflucht (Enfilade). Die Bibliothek kann aber auch als Prunksaal ausgestaltet sein. Dazu kommen die Wohn- und Schlafräume, häufig mit zwei bis drei hintereinander gelegenen Vorzimmern (Antichambre) als Warte-, Empfangs- oder Botenzimmer (Abb. 551, 552).

Die *Treppe* in deutschen und österreichischen Schlössern des Hochbarock im Zentrum des Corps de logis nimmt den größten Raum des Schlosses ein. Im Mittelalter war die Treppe ohne künstlerische Bedeutung, reiner Zweckbau, entweder als Außentreppe oder in einer Ecke als Wendel-

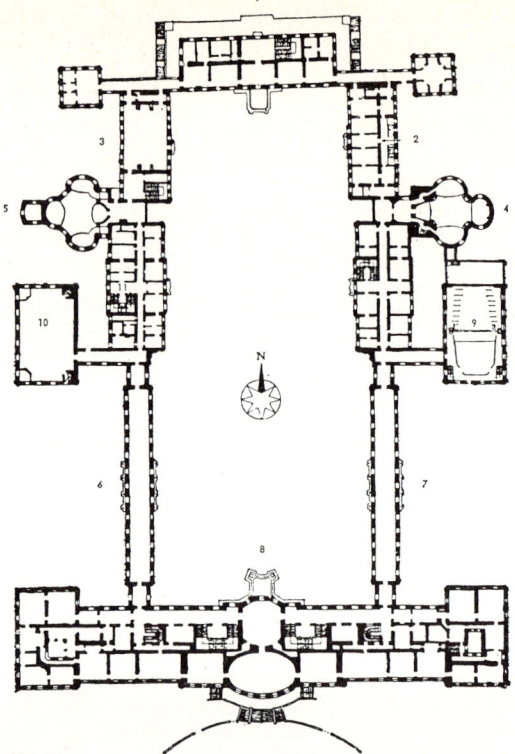

◀ 558 Ludwigsburg, Schloß der Herzöge von Württemberg, 1704–1713 durch J. F. Nette erbaut, ab 1715 durch D. G. Frisoni erweitert
(1) Altes Corps de Logis; (2) Riesenbau; (3) Ordensbau; (4) Hofkapelle; (5) Ordenskapelle; (6) Bildergalerie; (7) Familiengalerie; (8) Neues Corps de Logis; (9) Theater; (10) Festinbau.

558 a Chenonceaux bei Loches, Schloß, 1515/23 erbaut für Thomas Bohier.

treppe. Erst in der letzten Phase der Gotik werden die Treppenanlagen reicher gestaltet als Wendeltreppen in durchbrochenen Treppentürmen in der Front des Schlosses, in einem Winkel oder als Innentreppen, auch mit zwei parallel geführten Spiralläufen (Leonardo da Vinci). In der italienischen Renaissance sind die Treppen allgemein ein zweiarmiger, von Mauern umgebener Lauf mit Zwischenpodest (Abb. 16). Von Francesco di Giorgio Martini (1439–1502) entworfen, aber in Spanien erst zu Anfang des 16. Jh. ausgeführt, ist ein offenes, rechteckiges Treppenhaus mit drei aufeinanderfolgenden Stiegen, die jeweils an einer Seite des Quadrates angelegt sind, die vierte Seite führt zur Plattform vor dem Eingang ins erste Geschoß. Auch t-förmige Treppen entstammen seinen Entwürfen. Gleichzeitig und wohl von Leonardo da Vinci beeinflußt entstand die „Kaisertreppe": der Grundriß des Treppenhauses ist ein weiträumiges Rechteck. Vom Erdgeschoß bis zum Absatz auf halber Höhe steigt ein

559 Fontainebleau bei Paris, Schloß, Galerie König Franz I. von 1528/41.

559 a Maisons bei Saint-Germain-en-Laye, Schloß, 1642/51 von F. Mansart erbaut.

gradlinig die Mittelachse des Rechtecks überquerender Treppenarm auf, um dann, nach einer Wendung von 180° und nun in zwei Armen gegabelt, das obere Geschoß zu erreichen. Die beiden Gegenzüge laufen parallel neben und über den Wangen des ersten Treppenabschnittes (Abb. 553). Eine Abwandlung dieses Schemas setzt mit zwei Parallelläufen an, welche sich nach dem Treppenabsatz zu einem Arm zusammenschließen. Der Typ der Kaisertreppe erscheint zum ersten Mal im Escorial (1563–84 von Juan Baptista de Toledo und Juan de Herrera) und dann in den deutschen und österreichischen Barockschlössern bis etwa 1760 (Lukas von Hildebrand, Balthasar Neumann).

Der innere Hof kann durch mehrgeschossige Bogenstellungen (Arkadenhof, Laubenhof; Abb. 556) oder Säulenstellungen (Abb. 555) reich geziert sein, ferner durch Portalrahmungen, Erker, Balkone und Terrassen, die Außenansicht zusätzlich noch durch Giebel und Zwerchhäuser. Die italienischen Palazzi der Renaissance greifen in der Fassadengliederung auf die mehrgeschossigen Säulenordnungen römischer Bauten zurück (Abb. 556). In Frankreich und Deutschland hingegen sind weniger die antikisierenden Architekturelemente als eine zum Barock hin zunehmende Fülle von Ornamenten wesentliches Charakteristikum der Fassadengestaltung.

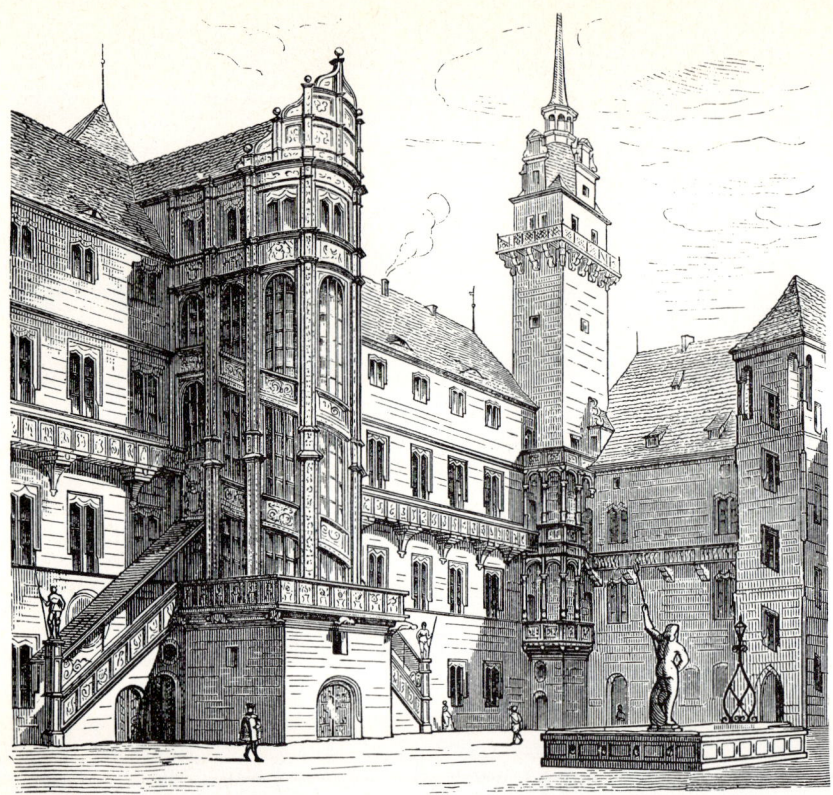

Häufig in einem Seitenflügel oder als gesonderter Bau ist die Schloßkapelle als eigenständiger Bau gestaltet (Abb. 558), beginnend mit den protestantischen Schloßkapellen des 16. Jh. Hinzu kommt seit dem 17. Jh. das Schloßtheater, zunächst im Schloß, seit dem 18. Jh. ebenfalls als eigener Bau (Abb. 558). Die künstlerische Ausbildung des Tores war von Anfang an eine wichtige Aufgabe (Abb. 553, 557). Unmittelbar zu dem Schloß gehört der Garten mit offenen Pavillons (Kiosk), Gewächshaus (Orangerie), Terrasse und Aussichtspunkt (Belvedere). Als italienischer Garten ist er in geometrisch gebundenen Formen gestaltet (Abb. 563), als englischer Garten in freier Anlehnung an die Natur oder als Landschaftsgarten. Im 18. Jh. werden kleine Garten- oder Lustschlösser in ländlicher Abgeschiedenheit (Eremitage, Belvedere, Bellevue; Abb. 563) und Jagdschlösser (Abb. 550, 561) beliebt.

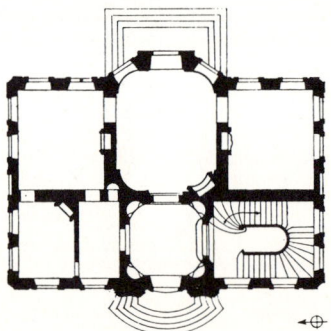

561 Brühl bei Bonn, Schloß Falkenlust, 1729–1737 nach Plänen von François Cuvilliès erbaut (1:500).

210

562 Genua, Palazzo Balbi, Treppe durch Gregorio Petondi 1780 erbaut.

563 Nymphenburg bei München, Schloß der bayerischen Kurfürsten, 1. Hälfte 18. Jh., besonders durch Joseph Effner 1715–1730 erbaut.

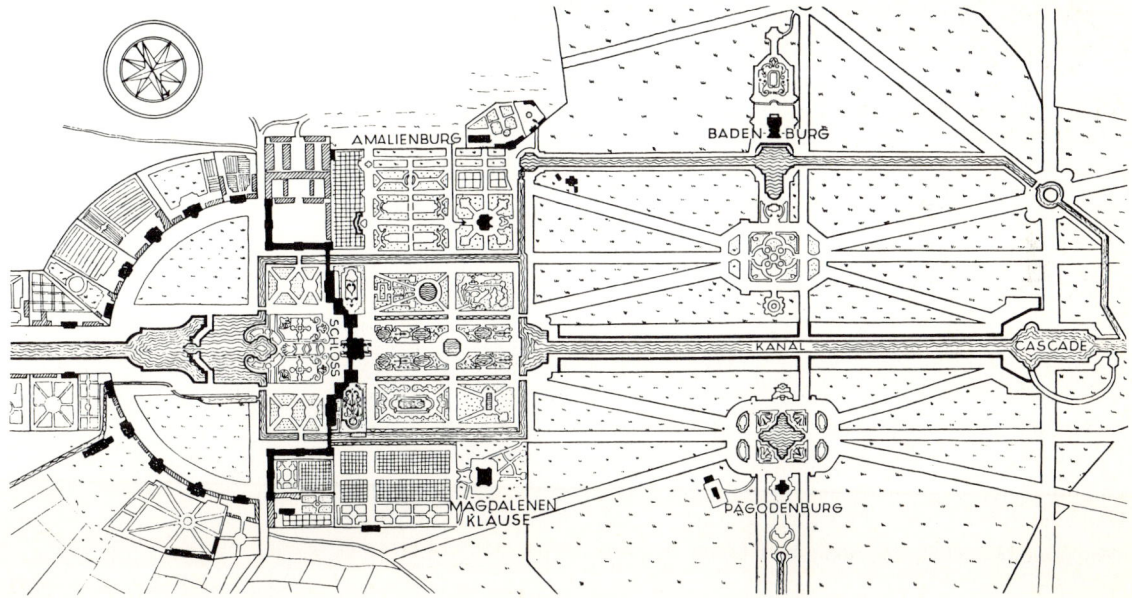

4. Die Festung

Die Festung, auch Veste genannt, ist ein ausschließlich zu Verteidigungszwecken errichteter Wehrbau, der zumeist aus mehreren untergeordneten Anlagen besteht und in Form und Ausbildung von der Entwicklung der Feuerwaffen abhängig ist. Die Festung ist zunächst in Italien (Francesco di Giorgio Martini 1439–1502, Francesco de Marchi 1504–1577) und Frankreich entwickelt, dann aber auch in Deutschland und den angrenzenden Ländern verbreitet mit Ausnahme von England, das Festungen kaum kennt. Ihren Höhepunkt erreicht sie unter Ludwig XIV. und dessen Baumeister Vauban (1633–1707) in Frankreich. Im ausgehenden 19. Jh. werden die Einzelfestungen zugunsten von Gruppenfestungen mit Forts und Festungsfronten aufgegeben. Die Werke der Festungsbaukunst unterscheiden sich von den Feldbefestigungen durch größere Vollkommenheit und Verwendung von Mauerwerk und entstehen im allgemeinen in Friedenszeiten. Ihre Formen werden auch für Stadtbefestigungen übernommen. Es kam zu Entwürfen der für die Renaissance typischen Idealstadtanlagen, deren Planschemata nach mathematisch-geometrischen Gesetzmäßigkeiten mit Lineal und Zirkel konstruiert wurden (Abb. 565, 572).

Die Festung wird durch einen aufgeschütteten Wall und davor ausgehobenen Graben gesichert (Abb. 564). Die Außenseite der geböschten (dossierten) Umwallung (Escarpe) ist zumeist bis zur Grabensohle gemauert, ebenso die Gegenseite des Grabens (Contrescarpe). In breiten Gräben oder an der Böschung der Escarpe können halb in die Erde eingegrabene, überdeckte und mit Schießscharten versehene kleine Erdwerke, die Caponnièren, angelegt werden, oder die Enveloppes als schmale Außenwerke im Graben oder an der Contrescarpe. Hinter der Escarpe mit ihrer Abdeckung (Cordonstein) liegt ein Bankett für die Schützen und der gedeckte Rondengang, darunter häufig Kasematten, überwölbte und zusätzlich durch Erdaufschüttung geschützte, teilweise mehrgeschossige Räume zur Unterbringung von Besatzungen, Kanonen und Munition. Den oberen Abschluß bilden erhöhte Plattformen (Kavaliere) zu Beobachtungszwecken und zur Aufstellung von Kanonen. Um die Annäherung des Feindes zu erschweren und ihn mit seinen schweren Schußwaffen möglichst auf Distanz zu halten, wird ein leicht abfallendes unbebautes Gelände, das Vorfeld oder Glacis, angelegt. Zwischen Glacis und Contreescarpe liegt zumeist ein gedeckter Gang.

M. Le Bond: Elemens de Fortification. Paris 1756, ⁸1786. – Kleines Kriegswörterbuch. Frankfurt am Mayn 1794. – A. v. Zastrow: Handbuch der vorzüglichsten Systeme und Manieren der Befestigungskunst. Berlin 1828. – O. Mothes: Illustrirtes Baulexikon. Bd. 2. Leipzig-Berlin 1875, 293–299. – E. Egli: Geschichte des Städtebaus. Zürich-Stuttgart 1967. Bd. 3, mit Lit. – C. Rocolle: 2000 ans de fortification française. 2 Bde. Limoges-Paris 1973. – K.-H. Clasen: Bastion. In: RDK 2, 1948, 1508–1512. – S. von Moos: Turm und Bollwerk. Zürich 1974. – H. Neumann: Bemerkungen zur Notwendigkeit der Festungsforschung und Festungsnutzung in der Bundesrepublik Deutschland. Mit Bibliographie. In: Burgen und Schlösser 19, 1978, 63–70. – J. R. Kenyon: Castles, Town Defences and Artillery Fortifications in Britain: a Bibliography 1945–1974. London 1978 (= Research Report 25).

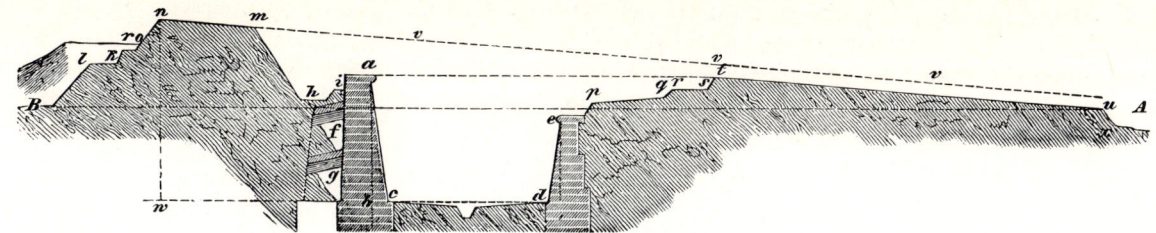

564 Festung, Schnitt durch die Umwehrung
(ΛB) Bauhorizont; (acde) Graben;
(ac) Escarpe; (a) Cordonstein; (b)
Anzug; (c) Mauerfuß; (de) Contrescarpe; (fg) Strebepfeiler oder Brech-
bogen; (h) Rondengang; (i) Bankett;
(mno) Brustwehr auf dem Wall; (ro)
Bankett; (kl) Stückbank; (tu) Glacis;
(rs) gedeckter Weg; (nw) Aufzug =
Höhe des Werkes über der Grabensohle.

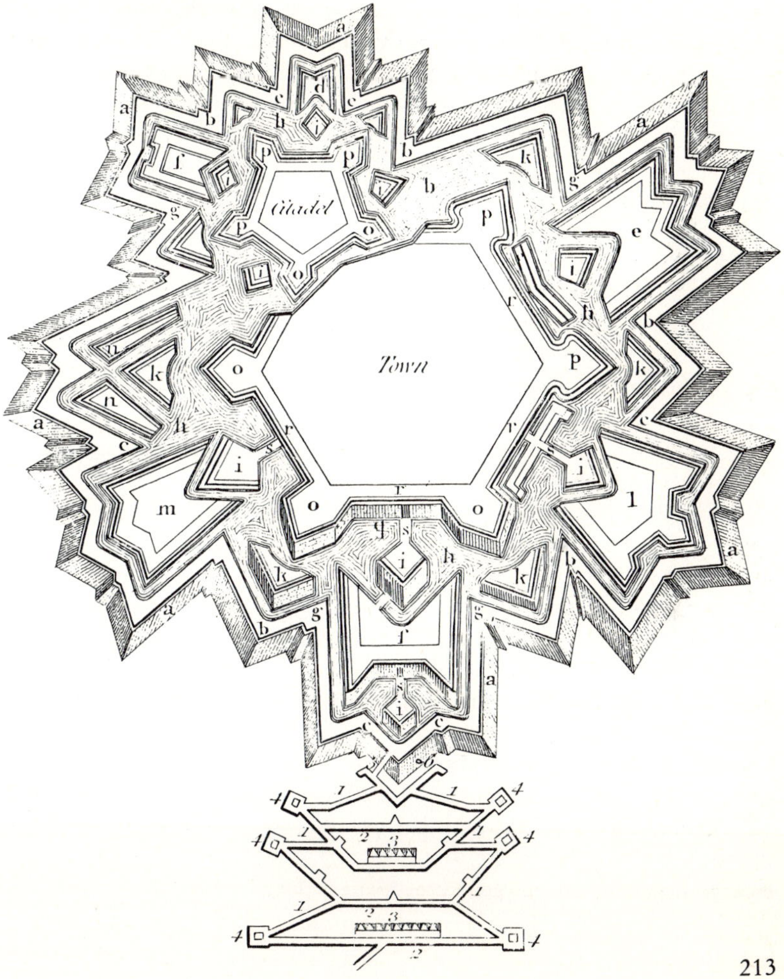

565 Festung, Grundriß
(a) Glacis; (b) gedeckter Gang; (c)
Contrescarpe; (d) einfache Tenaille;
(e) doppelte Tenaille; (f) Hornwerk;
(g) gedeckter Gang; (h) Graben; (i)
Ravelin oder Redan; (k) Halber Mond
oder Flesche; (l) Kronwerk; (m) doppelte Tenaille; (n) Contregarde; (o)
Lünette oder Bastion; (p) Lünette mit
gerundeten Flanken; (q) Escarpe; (r)
Wall mit Brustwehr; (s) Brücke.

213

Um jeden Teil der Festungsmauer mit Feuerwaffen bestreichen zu können, werden Wall und Graben so gebrochen, daß man von dem vorspringenden Teil, den Bastionen, den anschließenden Mauerabschnitt (Kurtine) schützen kann. Aus ursprünglich runden Bastionen (Abb. 566) entwickelt sich über winkelförmige (seit 1450/60) die Anlage mit zwei spitz zulaufenden Facen (Frontlinien) und eingezogenen Flanken (ital. Befestigung). So entsteht zunächst ein Typ mit vorstehenden Eckbastionen (bastionierter Grundriß), später der sternförmige mit einspringenden Winkeln (tenaillierter Grundriß), der im französischen Festungsbau durch stärkere Betonung der Bastionen variiert wird (Vauban 1633–1707). Die italienische Befestigungsweise mit den spitzwinkligen Bastionen verändert der Straßburger Daniel Speckle 1589, indem er den von Albrecht Dürer 1527 entwickelten kasemattierten Wall mit kleinen Caponnièren auf die Bastionen überträgt, 90° für den ausspringenden Winkel wählt und die Bollwerke vergrößert (Abb. 565).

566 Bastion (Moseltor in Metz).

Zur besseren Sicherung des Glacis und der inneren Umwehrung können Außenwerke verschiedener Größe angelegt werden, die, der Kurtine vorgelagert, Teile der Hauptfestung sind und mit dieser sowie untereinander durch schmale, gegen Beschuß geschützte Gänge (gedeckter Weg) verbunden sind. Sie werden gebildet aus zwei Facen (Frontlinien) und können mit Flanken an die Kurtine angebunden sein.

I. Offene Schanzen (Abb. 565, 568, 572):

1. Schulterwehr als gerade Linie mit Seitendeckung durch stumpf angesetzte Flügel.

2. Zange oder Tenaille als einspringender Winkel aus zwei Facen (Abb. 565).

3. Redan oder Flesche (auch Halbmond) als ausspringender Winkel aus zwei Facen; in etwas größerer Form Ravelin genannt, dem Contregarden, zwei parallel zum Hauptwall verlaufende Facen, vorgelagert sein können (Abb. 571, 569).

4. Lünette, auch Brille oder detachierte Bastion genannt, ist ein Ravelin mit kurzen eingezogenen Flanken, durch einen gedeckten Gang mit der Festung verbunden.

5. Offene Polygonalschanze oder offene Redoute ist z. B. aus fünf Seiten eines Achtecks gebildet.

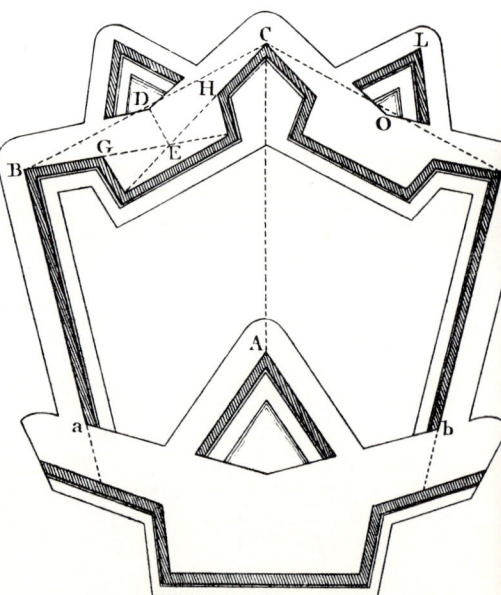

567 Kronwerk vor einem Ravelin, vor der Kurtine je ein Redan.

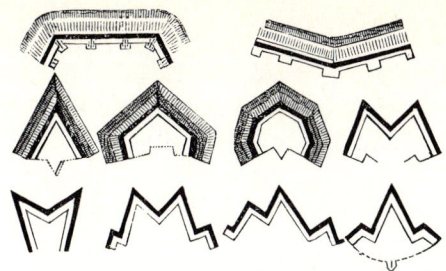

568 Offene und halboffene Schanzen
1. Reihe: I 1, I 2; *2. Reihe:* I 3, I 4,
I 5, II 1a; *3. Reihe:* II 1b, II 1c, II 2,
II 4.

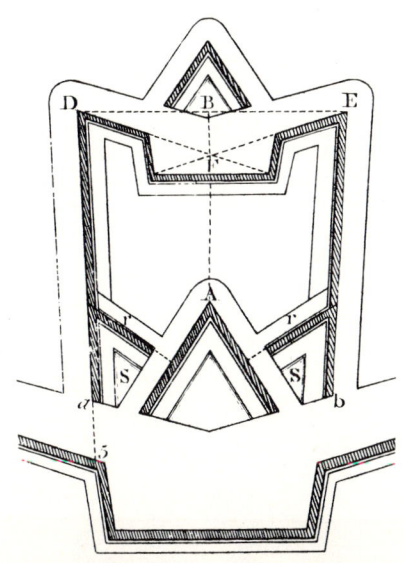

569 Hornwerk vor einem Ravelin,
an der Spitze ein Redan vorgelagert.

II. Halboffene Schanzen mit Flankierung (Abb. 565, 568, 572):
1. Einfache Tenaille (Scheer- oder Zangenwinkel)
   a) mit divergierenden Flanken als Pfaffenmütze,
   b) mit konvergierenden Flanken als Schwalbenschwanz und
   c) mit angesetzten Schultern zur Flankierung als geschulterte Zange.
2. Doppelte Tenaille mit zwei einspringenden und dazwischen einem ausspringenden Winkel mit oder ohne Schultern.
3. Tenaillon, ein Ravelin mit zwei halben Contregarden (vor jeder Face eine), die einen eingehenden Winkel bilden und durch einen Redan oder ein anderes Außenwerk gedeckt sind (Abb. 570).
4. Geschulterter Redan mit drei ausspringenden Winkeln, von denen der mittlere der längste ist.
5. Hornwerk, zwei halbe Bollwerke sind in der Front mit einer Kurtine verbunden und mit zwei langen parallelen Flügeln an eine Kehle des Festungswerkes angeschlossen (Abb. 569).
6. Kronwerk entspricht dem Hornwerk, jedoch ist die Kurtine in der Mitte durch eine Lünette unterbrochen, die mit der Spitze vor die halben Bollwerke vorsteht (Abb. 567).

Um das besonders gefährdete Tor zusätzlich zu schützen, wird eine ringförmige Befestigung (Bastille; Abb. 566) mit Türmen in Weiterentwicklung der Barbakane vorgelegt oder ein kleineres flankierendes Werk (Eschif), das die Zugänge zum Tor verteidigt und den Graben bestreicht, oder ein runder dicker Turm bzw. eine halbkreisförmige Bastion (Rondell) angelegt.

Die Entwicklung der Kriegs- und Waffentechnik macht es erforderlich, den Feind in immer größerer Entfernung von der Hauptfestung zu stellen. So entsteht die Schanze als kleines geschlossenes Festungswerk mit Bastionen, als trapezförmiges oder polygonales Vorwerk auch Redoute genannt. Eine größere, von der Hauptfestung unabhängigere Schanze ist ein Fort, zumeist mehrere im Vorgelände einer Festung gelegen (detachierte Forts). Das Innere der Festung wird zusätzlich durch eine Zitadelle befestigt oder wenigstens durch ein Réduit (Versteck, Rückzugswerk). Die Zitadelle kann ähnlich wie die Hauptfestung gesichert sein. Ihr ist ein künstlich eingeebnetes freies Schußfeld (Esplanade) vorgelegt.

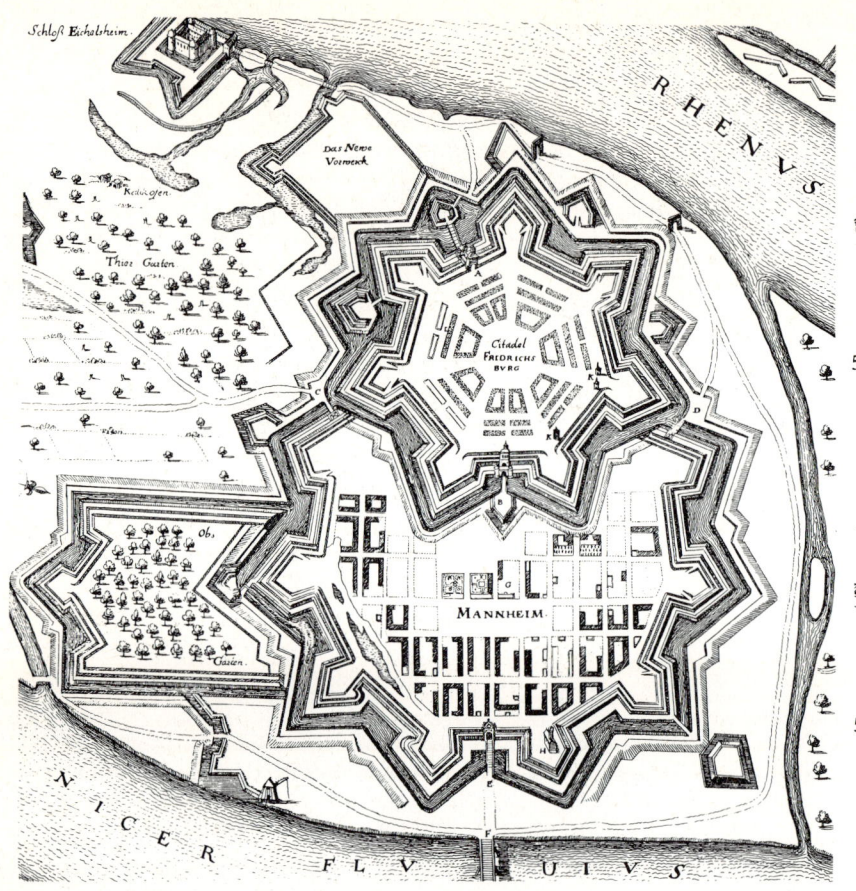

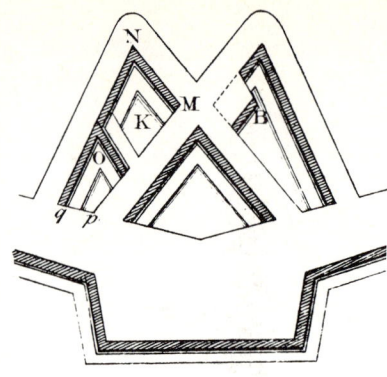

570 Tenaillon.

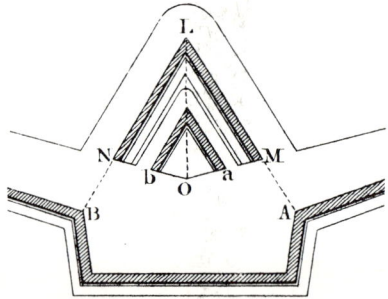

571 Ravelin mit Contregarden.

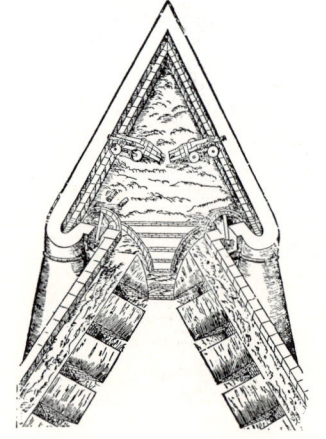

572 Mannheim, Zitadelle Friedrichs-
burg und Bürgerstadt, 1606 von Kur-
fürst Friedrich IV. von der Pfalz angelegt.

573 Bastion (« fronte bastionato ») ▶
aus: Girolamo Maggi, Degli ingegneri
militari, Nat.-Bibl. Florenz Ms. Palat.
464, 16. Jh.

216

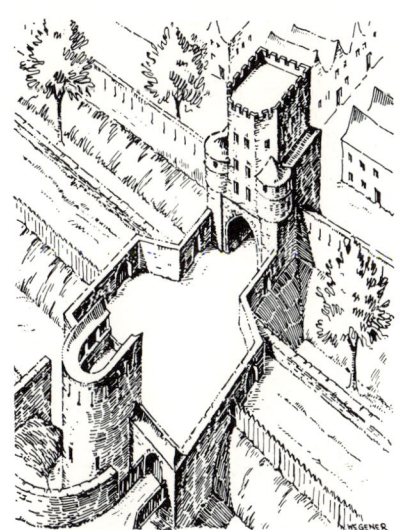

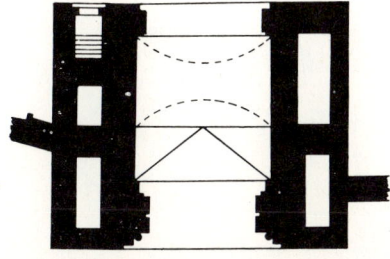

574 Köln, Stadtmauer, Severinstor,
viergeschossiges Turmtor, Untergeschoß
Ende 12. Jh., Aufbau und feldseitiger
Vorbau Mitte 13. Jh.

E. GLOSSAR

Das Glossar wurde erstellt auf der Grundlage der vorzüglichen Werke: H. Koepf: Bildwörterbuch der Architektur. 2. Aufl. Stuttgart 1974, und N. Pevsner, J. Flemming, H. Honour: Lexikon der Weltarchitektur. München 1971. – Für zusätzliche Angaben wurden u. a. benutzt: F. Baumgart: DuMont's kleines Sachlexikon der Architektur. Köln 1977. – W. Koch: Kleine Stilkunde der Baukunst. München-Gütersloh 1967. – A. Müller, O. Mothes: Illustrirtes Archäologisches Wörterbuch der Kunst. 2 Bde. Leipzig-Berlin 1877. – O. Mothes: Illustrirtes Baulexikon. 4 Bde. 4. Aufl. Leipzig-Berlin 1881–83. – J. Britton: A Dictionary of the Architecture and Archaeology of the Middle Ages. London 1838. – Kleines Kriegswörterbuch. Frankfurt am Mayn 1794. – Für die Ausdrücke in anderen Sprachen sei verwiesen auf: H. Otte: Archäologisches Wörterbuch. Leipzig 1857 (dt., engl., frz.). – M. de Vogüe, J. Neufville: Glossaire de termes techniques. Zodiaque 1965 (frz., dt., engl., span., it.). – J.-M. Pérouse de Montclos u. a.: Principes d'analyse scientifique, Architecture, méthode et vocabulaire. Paris 1972 (hrsg. Ministère des affaires culturelles). – C. M. Harris (Hrsg.): Dictionary of Architecture and Construction. New York 1975.

Im Glossar sind bis auf wenige Ausnahmen *nicht die abgeleiteten Formen* aufgeführt wie z. B. Adlerkapitell, Kaffgesims oder Rippengewölbe, die vielmehr unter dem Oberbegriff Kapitell, Gesims oder Gewölbe erklärt werden. Es fehlen Bau- und Kirchenausstattung, Städtebau und Gartenanlagen sowie der gesamte Holzbau, für den auf das Glossar verwiesen sei in G. Binding, U. Mainzer, A. Wiedenau: Kleine Kunstgeschichte des deutschen Fachwerkbaus. 2. Aufl. Darmstadt 1977. Die Bautechnik wurde nur in Auswahl berücksichtigt.

575 Romanik: Köln, St. Aposteln,
Ostansicht des Dreikonchenchores mit
Winkeltürmen und Vierungsturm, um
1200–1220.

576 Romanik: Köln, St. Gereon, Ost- ▶
apsis mit Chorflankentürmen, 1151/56.

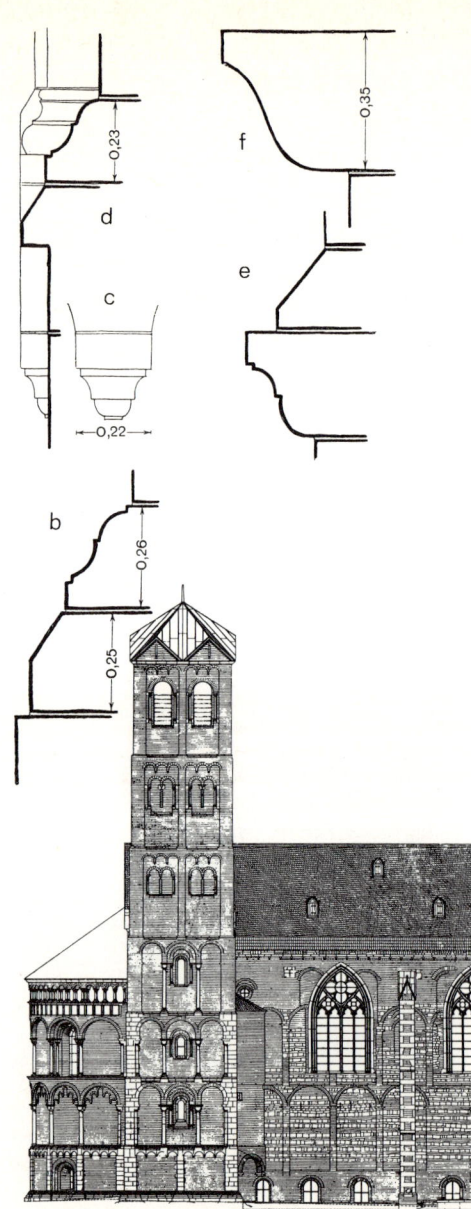

Jedem Stichwort wurden *Hinweise auf Abbildungen
und Text* im Hauptteil beigegeben, bei umfangreicherer Behandlung nur der Seitenverweis „ff.".

Faltdach
doppeltes Giebeldreieck mit profiliertem Ortganggesims
Traufgesims mit Wulst-Kehlen-Profil
Rundbogenfries auf Eck- und Mittellisenen

Doppelarkaden unter Blendbogen auf eingestellten Ecksäulen

zweites Turmobergeschoß, wie 1. OG. gegliedert

Rundbogenfries auf Eck- und Mittellisenen
gekuppelte Blendbogen, in der Mitte auf Konsole, seitlich auf eingestellten
    Säulen; unter der Konsole Schlitzfenster
Giebel mit drei halbrunden Nischen, abschließend mit wulstförmigem Ort-
    ganggesims
Zwerggalerie von mittlerem Pfeiler und Zwischenpfeilern geteilt, jeweils
    zwei mittlere Bogen gestelzt

halbes Kegeldach
Traufgesims mit steigendem Karnies-Profil (f)
Zwerggalerie mit Brüstungsmauer und umlaufendem Tonnengewölbe
Plattenfries

Blendbogen auf Säulen mit Kelch-Block-Kapitellen, in jedem zweiten Feld
    Rundbogenfenster mit einfach gestuftem Gewände

Stockgesims mit Wulst-Kehlen-Profil (e)

gestufter Rundbogenfries auf Konsolen unter halbrunden Blendbogen

dreiviertelrunde Säulen: attische Basen mit Eckzehen, Würfelkapitelle, pro-
    filierte Kämpfer
Rücksprung über attischem Profil (d)
Lisenen mit Rundbogenfries auf Konsolen (c)

Rundbogenfenster in doppeltgestufter Blende

gestufter Sockel mit attischem Profil (b)

219

577 Gotik: Köln, Dom St. Peter,
Westansicht, 1322 – um 1400, 1842 bis
1880 vollendet.

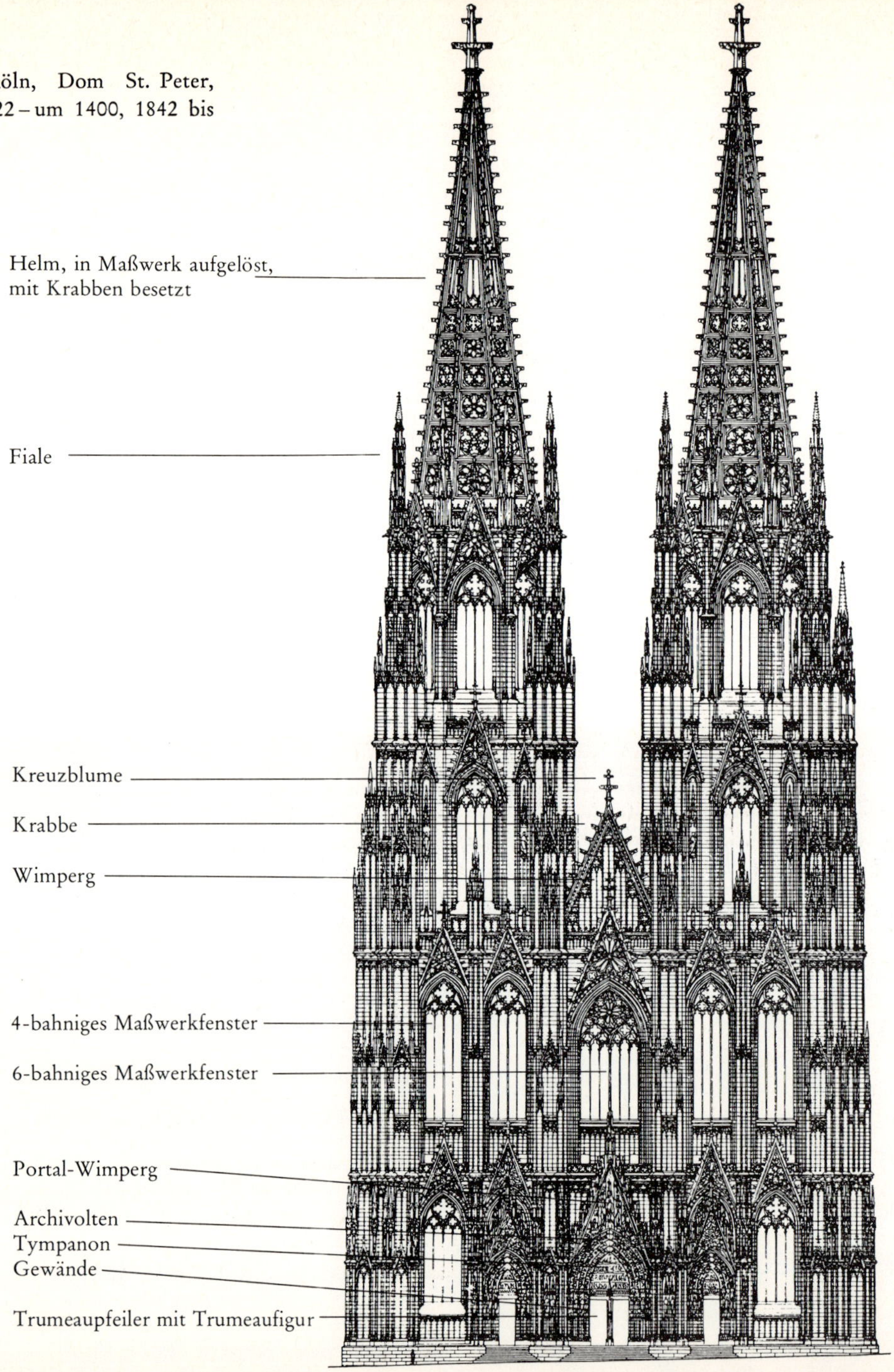

Helm, in Maßwerk aufgelöst,
mit Krabben besetzt

Fiale

Kreuzblume

Krabbe

Wimperg

4-bahniges Maßwerkfenster

6-bahniges Maßwerkfenster

Portal-Wimperg

Archivolten

Tympanon

Gewände

Trumeaupfeiler mit Trumeaufigur

220

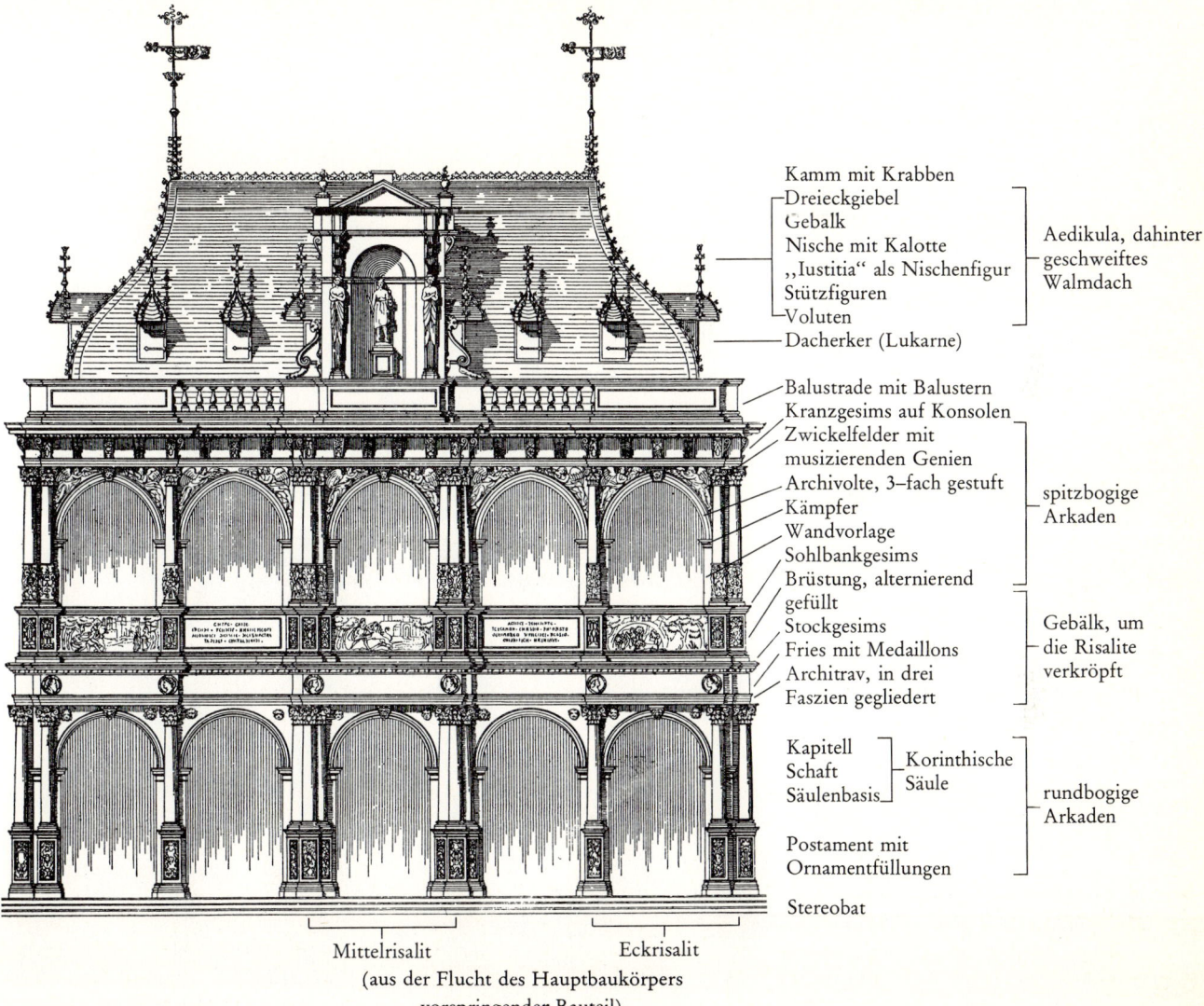

578 Renaissance: Köln, Rathaus, Vorhalle, 1569–1573, 1617/18 verändert
(1:150). Vgl. Abb. 582, S. 262.

Kamm mit Krabben
Dreieckgiebel
Gebalk
Nische mit Kalotte
„Iustitia" als Nischenfigur
Stützfiguren
Voluten

Aedikula, dahinter
geschweiftes
Walmdach

Dacherker (Lukarne)

Balustrade mit Balustern
Kranzgesims auf Konsolen
Zwickelfelder mit
musizierenden Genien
Archivolte, 3–fach gestuft
Kämpfer
Wandvorlage
Sohlbankgesims
Brüstung, alternierend
gefüllt

spitzbogige
Arkaden

Stockgesims
Fries mit Medaillons
Architrav, in drei
Faszien gegliedert

Gebälk, um
die Risalite
verkröpft

Kapitell
Schaft
Säulenbasis

Korinthische
Säule

rundbogige
Arkaden

Postament mit
Ornamentfüllungen

Stereobat

Mittelrisalit   Eckrisalit
(aus der Flucht des Hauptbaukörpers
vorspringender Bauteil)

221

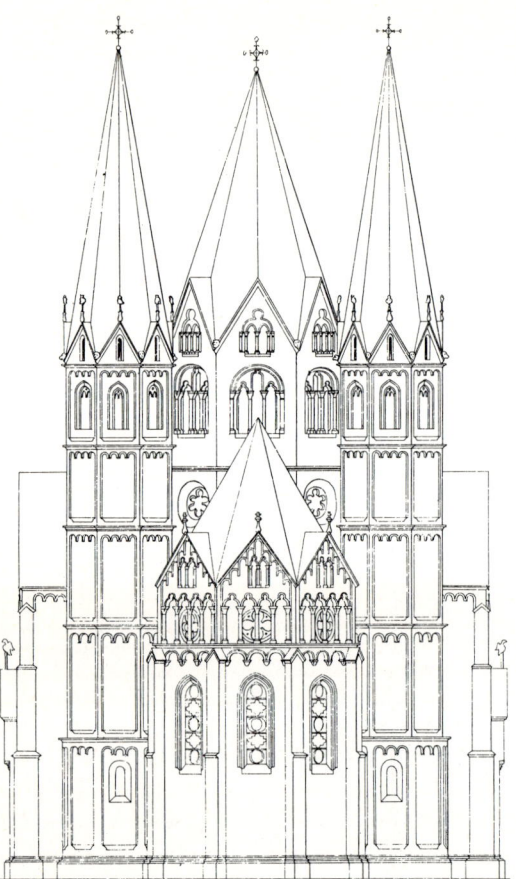

579 Spätromanik: Gelnhausen, Marienkirche, Ostansicht mit zentralisierendem Polygonchor, achteckigen Chorwinkeltürmen und Vierungsturm, um 1225/40.

580 Backsteingotik: Brandenburg, Katharinenkirche, Fronleichnamskapelle, Nordfassade, 1434 geweiht (1 : 200).

Abakus, der (lat.): Deckplatte, oberer Abschluß des Kapitells (Abb. 230–252); beim korinthischen und Komposit-Kapitell sind die Seiten konkav geschwungen, häufig mit einer Blume oder Rosette (A.blume) in der Mitte (Abb. 230, 232, 233). – S. 90.

Abaton, das (gr.): das Allerheiligste östlich hinter der Ikonostasis in orthodoxen Kirchen.

abfasen: → Fase.

Abhängling, der, Hängezapfen: knaufartiger, herabhängender Schlußstein an Rippengewölben (Abb. 113, 447, 451) oder an der Kreuzung von Deckenbalken. – S. 169 ff.

Ablauf, der: konkave Vermittlung zwischen einem vorspringenden oberen und einem zurücktretenden unteren Bauglied (Abb. 253 d). Gegenteil → Anlauf.

Abort, der: → Abtritt.

Abseite, die: ältere Bezeichnung für Seitenschiff.

Abside, die: → Apsis.

Abtei, die: → Kloster unter Leitung eines Abtes oder einer Äbtissin.

Abtritt, der, Abort, Latrine: als Erker vorkragend (Abb. 500, 505, 529, 531), als Anbau (Abb. 469, 525), auch zweigeschossig (Abb. 469), als schräge Röhre z. T. durch die Mauer oder durch einen hohlen Pfeiler von Burgmauern geführt; in den Städten ähnlich oder als Sitzbrett zwischen den Häusern; in Klöstern eigenes, durch einen Gang mit dem Kloster verbundenes Gebäude (Abb. 182); bei Deutschordensburgen in einem gesonderten, über einem Wasser errichteten Turm (Dansker) (Abb. 480). – S. 189.

Abtshaus, das: Wohn- und Repräsentationshaus des Abtes, auch mit Kapelle und Kreuzgang, außerhalb der Klausur eines Klosters gelegen (Abb. 176, 182). – S. 67.

Achteck, das: → Oktogon.

Achtort, der, Achtspitz, Achtuhr: zwei, einem Kreis einbeschriebene, übereckgestellte Quadrate (→ Proportion).

Aedikula, die (lat.): Rahmung von Portalen, Fenstern und Nischen mittels zweier Säulen, Pfeiler oder Pilaster, die ein Gebälk und einen Dreieck- oder Segmentbogengiebel tragen (Abb. 278, 312, 363, 370, 388, 395, 556 a, 578). – S. 104, 112.

Akanthus, der (gr.-lat.): große, ausgezackte, an der Spitze leicht eingerollte Blätter einer im Mittelmeergebiet verbreiteten Distelart (Bärenklau), als Ornament verwendet (Abb. 232, 233, 384).

Akroter, das (gr.): bekrönendes Element auf der Spitze und an den Ecken des Giebeldreiecks (Abb. 189, 337, 338 a, 352, 357, 397, 399). – S. 139, 157.

Alcázar, der oder das (arab.): bewehrtes span. Schloß.

Alkoven, der (arab.): meist als Schlafstelle benutzter, fensterloser Nischenraum eines größeren Gemaches (Abb. 351, 352).

Almaria, die (lat.), auch der Almer: → Sakristei.

Almenor, das (arab.): → Bema.

Altan, der (it.), Söller: im Gegensatz zum frei vorkragenden Balkon, ein bis zum Erdboden unterbauter, mit einer Brüstung versehener Austritt an oberen Geschossen (Abb. 404).

Altarhaus, das: → Chor, → Apsis.

Ambitus, der, Deambulatorium, das (lat.): → Chorumgang oder → Kreuzgang.

– Schmaler Umraum zwischen Kirche und Grenzmauer.

Angstloch, das: runde oder quadratische Öffnung im Scheitel des Gewölbes über dem als Kerker benutzten Untergeschoß des Bergfrieds (Abb. 504). – S. 191.

Anker, der: Holzbalken oder Eisenstange zur Aufnahme von Zugkräften, auch als Ringanker.

Anlauf, der: konkave Vermittlung zwischen einem vorspringenden unteren und einem zurücktretenden oberen Bauglied (Gegenteil → Ablauf).

Anschlag, der, Falz: bei Türen und Fenstern ein schmaler, um die Öffnung laufender Absatz, in den der hölzerne Blendrahmen und auch der Schlagladen eingefügt sind oder eingeschlagen (Abb. 280).

Ansitz, der: leicht befestigter Wohnsitz eines Adeligen in Süddeutschland oder in den Alpenländern.

Antichambre, das (frz.): Vorzimmer in Schloßbauten, oft zwei bis drei hintereinander, als Warte-, Empfangs- oder Botenzimmer (Abb. 552). – S. 207.

Anuli, die (lat.): scharf eingeschnittene Ringe am unteren Teil des Echinus als unterer Abschluß des dorischen Kapitells am Übergang zum Säulenschaft. – S. 139.

Apsidiole, die: kleine, nebengeordnete Apsis (Abb. 71, 107). – S. 36.

Apsis, die, Pl. Apsiden (gr.): halbkreisförmig, mit einer Halbkuppel überwölbt, einem Hauptraum ein- oder angebaut und meist in voller Breite und Höhe zu diesem geöffnet, zumeist im Osten einer Kirche mit dem Altar oder als Teil des → Chores (vgl. → Konche, → Exedra). Die halbkreisförmige Apsis kann gestelzt sein, oder sie hat einen mehr als halbkreisförmigen Grundriß (Hufeisen-A.), sie ist häufig um Mauerdicke oder mehr eingezogen und kann abgeschnürt sein, vereinzelt ist sie rechteckig ummantelt. – S. 34 ff.

Arabeske, die (it.): Ornament aus stilisiertem Blatt- und Rankenwerk (jedoch naturalistischer als die Maureske), auch Köpfe, Masken oder Figuren eingefügt. – S. 148.

Architrav, der (lat.), Epistyl (gr.): auf Stützen aufliegender, tragender Hauptbalken, kann in Faszien gegliedert sein (Abb. 17, 36, 60, 191–193, 250, 356 bis 363, 388, 397, 554, 578). – S. 97, 136 ff.

Archivolte, die (it.): profilierter oder dekorierter Bogen; in ma. Stufenportalen Fortsetzung der Gewändegliederung, oft mit Skulpturen (A.figuren). – S. 99.

Arkade, die (lat.): Bogen mit seinen beiden Stützen oder eine Reihe von Bogen (Arkaden, auch Arkatur). – S. 99 f., 110.

Arkadenhof, der, Laubenhof: Innenhof mit meist mehrgeschossigen Bogenstellungen (Abb. 556). – S. 190, 209.

Arkatur, die: → Arkade.

Aron, der: → Synagoge.

Arsenal, das (arab.-it.): → Zeughaus.

Astragal, der (gr.): schmaler, halbrund profilierter, als Perlschnur gebildeter Stab als Grenzlinie zwischen Bau- oder Ornamentgliedern; an der ion. Säule zwischen Schaft und Kapitell (Abb. 231, 258). – S. 148.

Astwerk, das: spätgot. Ornament aus laublosen Ästen (Abb. 284). – S. 148.

Atelier, das (frz.): urspr. Werkstatt, dann Künstlerwerkstatt.

Atlant, der (gr.): männliche Figur anstelle von Stützen (→ Karyatiden).

Atrium, das (lat.), Paradies, Galilaea, Vestibulum, Quadriporticus: ungedeckter Vorhof einer Kirche, auf drei oder vier Seiten von einem Säulenumgang (Peristyl) umgeben, oft mit einem Brunnen (Kantharus) in der Mitte (Abb. 37, 41, 170–173, 182, 525). – S. 64 f.

Attika, die (gr.): niedriger, gegliederter Aufbau über dem Hauptgesims einer Säulen- oder Pilasterordnung, zur Verdeckung des Dachansatzes (Abb. 192, 360, 362, 363, 370, 546, 554, 555, 578); im Barock auch als durchfenstertes Halbgeschoß. – S. 144 f., 176.

Auditorium, das (lat.): Empfangsraum in Kloster.

Auge, das, Opäum, Opaion: kreisrunde Lichtöffnung im Scheitel einer Kuppel (Abb. 1, 54, 60). – S. 172.
– Lichtspindel einer Wendeltreppe.

Aula, die (lat.): Hauptbau einer Pfalz (aula regia, Abb. 525–530). – S. 196.
– In der altchristlichen Basilika der mittlere Teil der Vorhalle.
– Festsaal einer Schule oder Universität (Abb. 186).

Ausleger, der: → Gerüst.

Auslucht, die, Utlucht: vom Erdboden aufsteigender,

meist mehrgeschossiger, durchfensterter, erkerartiger Vorbau an einer oder zu beiden Seiten der Haustür bes. niederdt. Häuser (Abb. 337, 338, 386, 557). – S. 122.

Ausschuß, der: hölzerne, überkragende Maueraufbauten mit Schießscharten.

Außenwerk, das: zur Sicherung des Glacis von Festungen (Ravelin, Redan, Hornwerk), der Kurtine vorgelagert, Teil der Hauptfestung (Abb. 567–572). – S. 214 f.

Azulejos, die (span.-arab.): glasierte, bemalte Wandfliesen zur Außen- und Innenverkleidung.

Backstein, der: aus Ton oder Lehm geformter, gebrannter Baustein (Abb. 197, 580). Als Dachdeckung → Ziegel. Lohstein, got. Gewölbestein, besonders leicht durch Beimengung von Gerberlohe, die durch den Brennvorgang zerstört wird und dadurch Hohlräume entstehen läßt. – S. 83.

Badia, die (it.): → Abtei.

Baldachin, der (arab.): auf Stützen ruhender, dachartiger Aufbau über Kultgegenständen, auch steinerne, auskragende, auch von Konsolen getragene, zumeist polygonale Überdachung von Figuren (Abb. 277, 284 a, 285). – S. 106.

Balkon, der: ungedeckter, frei auskragender Austritt mit Balustrade oder Geländer auf vorgestreckten Deckenbalken oder Kragsteinen (Abb. 334, 367, 560).

Ballei, die: spätmittelalterl. Bezeichnung für Burghof.

Ballenblume, die (engl.): knospenähnliches Ornament in Hohlkehlen von Gewänden und Gesimsen.

Ballistrarium, das (lat.): → Schießscharte.

Baluster, der (gr., it.): kleine, untersetzte Stütze mit stark profiliertem Schaft von rundem oder polygonalem Querschnitt an steinernen → Brüstungen (Abb. 36, 193, 360, 578) oder Geländern (→ Docke).

Balustrade, die (it., frz.): aus aneinandergereihten Balustern mit Deckplatte gebildetes Geländer an

Treppen (Abb. 562), Terrassen und Balkonen (Abb. 36, 191, 193, 336, 554, 556, 557), auch als Gliederung einer Attika (Abb. 360, 363, 370, 555, 578). – S. 144.

Bandelwerk, das: symmetrische, geschwungene Bänder, die rankenähnl. Ornamente bilden. – S. 148.

Bandgeflecht, das: → Flechtband.

Bankett, das (frz.): untere Verbreiterung der Fundamentmauer.

– Absatz an der hinteren Böschung einer Brustwehr zur Aufstellung der Schützen (Abb. 564). – S. 212.

Baptisterium, das (gr., lat.): Taufkirche, zumeist ein Zentralbau. – S. 20 ff.

Barbakane, die (arab., frz.): schmale, nach hinten erweiterte Schießscharte für Bogenschützen.

– Bei ma. Burgen und Stadtbefestigungen eine meist halbkreisförmige, mit Schießscharten versehene Vormauer zur Verteidigung des Tores (Abb. 566) oder als Brückenkopf (→ Bastille). – S. 189, 215.

Barren, die: → Gerüst.

Basilika, die (gr., lat.): christl. B., meist nach Osten gerichtet, drei oder fünfschiffig, Mittelschiff höher als die Seitenschiffe und selbständig belichtet durch Fenster im Obergaden (→ Hallenkirche, → Staffelhalle). – S. 15 ff.

Basis, die, Pl. Basen (gr.): ausladender Fuß einer Säule oder eines Pfeilers, zumeist mit Wulst (Torus) und Kehle (Trochilus) profiliert, auf einer rechteckigen Unterlegplatte (Plinthe). – „Attische B." aus einer Hohlkehle zwischen zwei Wülsten, von denen der obere niedriger und weniger ausladend ist als der untere; im MA bes. von der roman. Baukunst häufig verwendet und um Eckzier bereichert. – S. 86 ff.

Bastei, die: → Bastion.

Bastide, die (frz.): kleine, befestigte Ansiedlung auf dem Lande, die in Kriegen als Stützpunkt dienen konnte.

Bastille, die (frz.): einem Burg- oder Stadttor vorgelagerte, ringförmige Befestigung mit Türmen, größer als → Barbakane. – S. 189, 215.

Bastion, die (frz.), seit 16. Jh. auch Bastei: aus der Kurtine von Festungen rund vorspringendes Werk zur Aufstellung von Geschützen, später winkelförmig (Sternschanzen) mit zwei Flanken das Vorfeld, die Gräben und die benachbarten B. beherrschend (Abb. 565, 566). – S. 214 f.

Bauhof, der: städt. Vorratshof für Baugeräte und Materialien, zugleich Zimmerplatz.

Bauhütte, die: Werkstattverband der an größeren Bauvorhaben tätigen Bauleute; im MA eigene Hüttenordnungen. – S. 78.

Befestigung, die: → Burg, → Festung.

Beffroi, Beffroy, der (frz.): → Belfried.

Beinhaus, das: → Karner.

Beischlag, der: als Sitze ausgebildete Wangen der drei- bis vierstufigen Freitreppe vor dem Hause in Norddeutschland und im Ostseeraum.

Beletage, die (frz.), Piano nobile (it.): Hauptgeschoß eines Gebäudes mit den Repräsentationsräumen, meist über dem Erdgeschoß (Abb. 552). – S. 206.

Belfried, der, Beffroi (frz.): hoher, schlanker Rathausturm, eingebaut oder freistehend (Abb. 154, 155). – S. 50.

Belvedere, das (it.), Bellevue (frz.): Aussichtsterrasse auf dem Dach (Abb. 356).
– Architektonisch gestalteter Aussichtspunkt in Parkanlagen. – S. 210.
– Schön gelegenes Lustschloß (Abb. 561, 563).

Bema, das (gr.): um eine oder mehrere Stufen erhöhtes Presbyterium der altchristl.-byzant. Basilika.
– auch Almenor, in der Synagoge die erhöhte Kanzel zur Vorlesung aus der Tora-Rolle (Abb. 188). – S. 74.

Bergfried, der, Berchfrit (1836 von H. Leo eingeführt): hoher, mächtiger, rechteckiger, runder oder polygonaler Turm der ma. Burg, Ausguck und letzte Zuflucht für die Burgbewohner; er diente nicht, wie der → Donjon, zum dauernden Wohnen, auch wenn

er in den oberen Geschossen häufig mit Kamin und Abtritt ausgestattet war; bei eingezogenem, oberen Aufbau Butterfaß, bei Rundturm auch Sinwellturm genannt. – S. 180, 190 ff.

Bering, der: der von Mauern umschlossene Bereich einer Burg. – S. 179 ff.

Berme, die: Absatz zum Graben am Fuß des Walles oder der Mauer zur Verbreiterung der Verteidigungszone (Abb. 493). – S. 184.

Beschlagwerk, das: Ornament aus symmetr. angeordneten Bändern und Leisten, häufig durch angedeutete Nagel- und Nietköpfe betont (→ Rollwerk). – S. 89, 148.

Beton, der (frz.): Gußmauerwerk in einer Schalung aus Mauerung oder Holzbohlen, bestehend aus festen Zuschlagstoffen und mit Wasser aufbereiteten Bindemitteln (meist Zement). – S. 83.

Biberschwanz, der: flacher Dachziegel, der mittels einer Nase an die Dachlatte gehängt wird. – S. 177.

Bibliothek, die (gr.): Raum oder Gebäude, in dem Bücher verwahrt werden (Abb. 184, 186, 360). – S. 73.

Bima, die (hebr.): → Bema.

Binder, der: im Mauerverband mit seiner Schmalseite (Haupt) parallel zur Mauerflucht liegender Stein (Abb. 192; → Läufer). – S. 83.

Birnstab, der: stabartiges Bauglied der Gotik als Rippe oder Dienst mit birnenförmigem Querschnitt (Abb. 441, 443, 445). – S. 168.

Bischofskirche, die: Hauptkirche am Sitz eines Bischofs. In Frankreich, Spanien und England Kathedrale genannt, in Deutschland Dom oder Münster.

Blatt, das: beim got. Maßwerk spitzbogig abgeschlossenes Element (Abb. 319, 322, 327), das hauptsächlich in krummlinig begrenzte (sphärische) Dreiecke oder Quadrate eingesetzt ist (Dreib., Vierb. und dgl.). – S. 118.

Blätterstab, der: mit Blättern (Wasserlaub, Herzlaub

oder Akanthus) besetzter Viertelstab.

Blende, die: flaches, rechteckiges, rundes oder ovales, der Mauer aufgelegtes architekton. Motiv (Blendbogen, Blendarkade, Blendfenster, Blendmaßwerk u. ä.). – S. 150.

Bogen, der: Überbrückung einer Maueröffnung mit gemauerten Steinen; die Bogensteine sind zwischen zwei Widerlagern auf Druck beansprucht. Fugen zum Krümmungsmittelpunkt gerichtet. Die B.linie beginnt in den → Kämpferpunkten, die durch Kämpfersteine betont sein können. Die Verbindung zwischen den Kämpferpunkten heißt Kämpferlinie, ihr Abstand ist die Spannweite. Der höchste Punkt des B. mit dem Schlußstein ist der → Scheitel. Die B.höhe, der → Stich, ist der senkrechte Abstand zwischen Kämpferlinie und Scheitel. B.schenkel sind die B.hälften zwischen Kämpfer und Scheitel. Die Fläche zwischen der B.linie und der Kämpferlinie ist das B.feld, das auch geschlossen und reliefiert sein kann (Tympanon, Lünette). Die Innenfläche nennt man B.laibung (B.tiefe). Die vordere Ansichtsfläche heißt B.haupt oder B.-stirn, deren Höhe die B.dicke (Abb. 254).

Die meisten in der Baukunst angewandten B.formen sind aus dem Kreis entwickelt oder aus mehreren Kreissegmenten zusammengesetzt (Abb. 255). Der Rundb. kann als Halbkreisb. oder aber auch als Flach-, Stich- und Segmentb. auftreten; der gestelzte Rund- oder Spitzb. setzt mit beiden B.schenkeln zunächst über der Kämpferlinie senkrecht an. Giebelb. oder Dreiecksb. besteht aus zwei schräg aneinandergelegten Steinen; obwohl er von zwei Geraden gebildet wird, erfüllt er konstruktiv die Voraussetzungen eines echten B.

Außer zur Überspannung von Öffnungen dienen B. zur Entlastung von nicht genügend tragfähigen Bauteilen (Entlastungsb.), zur Vergrößerung der Standfläche auf schlechtem Baugrund (Erdb.), zur Übertragung von Horizontalschub (Schwibb.), zum Gliedern

und Unterteilen von Innenräumen (Transversalb.), zur Übertragung von Gewölbeschub (Strebeb.) und zur Gliederung von Wandflächen (Blendb., B.fries). Die übrigen B. (Schild-, Gurt-, Scheid-, Grat-, Kreuz-, Diagonalb.) sind Bestandteile des → Gewölbes. – S. 97 f., 163 ff.

Böhmische Kappe, die: → Kuppel.

Bollwerk, das: eine mit Bohlen befestigte, zumeist runde Erdaufschüttung als behelfsmäßiges Verteidigungswerk, danach allgemein eine vorgeschobene Verteidigungsanlage (→ Barbakane, → Bastille, → Bastion). – S. 214.

Börse, die: Handelshalle.

Böschung, die, Dossierung: schräge Seitenwand eines Walles oder Grabens (Escarpe, Contrescarpe; Abb. 564). – S. 212 ff.

Bosse, die (frz.): Rohform einer Steinmetzarbeit (Abb. 185). – S. 81.

bossieren: → Steinbearbeitung.

Brandmauer, die: gegen ein angebautes Nachbarhaus gerichtete, nicht durchbrochene Abschlußmauer eines Bauwerks, in die wegen Brandschutzes auch keine Holzteile einbinden dürfen.

Brauttür, die: an got. Kirchen ein Nordportal, vor dem der Priester die Eheschließung und den Ringwechsel vornahm; gewöhnlich überdacht oder mit einer Vorhalle versehen und mit Bogenfeld- oder Gewändeskulpturen geschmückt (Abb. 277). – S. 101.

Brille, die: → Lünette.

Bruchstein, der: natürlicher Stein, der zur Vermauerung nicht oder nur wenig (Haustein, hammerrechter Bruchstein) bearbeitet wurde (Abb. 194). – S. 80.

Brunnenhaus, das: rundes oder polygonales Gebäude über einem Brunnen, bes. bei Kreuzgängen (Abb. 175–178). – S. 67.

Brüstung, die, auch Parapet (it.-frz.): waagerechte, brusthohe Sicherung von Fenstern, Terrassen u. ä. (Abb. 309–311). – S. 110.

Brustwehr, die: geböschte Aufschüttung oder brusthohe Mauer mit Schießscharten oder Zinnen zum Schutz der Verteidiger, besonders als oberer Abschluß einer Mauer oder Wehrplatte (Abb. 472, 501–504, 564). – S. 184 ff.

Bukranion, das (gr.): Stierschädel mit Girlanden oder mit Rosetten in den Zwischenräumen, zu einem Fries vereinigt (Abb. 384). – S. 148.

Burg, die: befestigter Wohnsitz eines Feudalherrn; hervorgegangen aus der vor- und frühgesch. Fliehburg (Burgwall, Ringwall), die nur zu Notzeiten aufgesucht wurde. Nach der Lage Höhenb. oder Niederungsb., letztere zumeist mit Wasser umgeben (Wasserb., Motte). Bei mehreren Besitzern Ganerbenb.; durch Gräben und Mauern in mehrere befestigte Abschnitte geteilt (Abschnittsb.). – S. 179 ff.

Bürgerbau, der: den Gemeinschaftsaufgaben dienendes, öffentliches Gebäude der Bürger einer Stadt: → Rathaus, → Kaufhaus, → Schranne (Markthalle), → Börse, → Münze, → Zeughaus, → Zunfthaus, → Gewandhaus, → Kornhaus, Weinhaus, → Bauhof, → Hospital, Ballhaus, Hochzeits- bzw. Tanzhaus, Schauspielhaus, → Speicher u. ä. – S. 71 f., 179.

Bürgerhaus, das: Wohn- und Geschäftshaus eines Bürgers (Abb. 190, 289–292, 301, 310, 334–337, 338, 385–387, 402, 403). – S. 179.

Burse, die (lat.): gemeinschaftl. Wohnhaus für unbemittelte Studenten. – S. 73.

Bußkapelle, die: kleine, meist rechteckige Kapelle an der Ostseite des Querschiffes oder Chores einer Zisterzienserkirche für die Bußübungen der Mönche.

Busung, die: → Gewölbe.

Butterfaß, das: → Bergfried.

Calefactorium, das (lat.): Wärmestube, bes. im Zisterzienserkloster. – S. 66.

Camarin, der (span.): kleine Kapelle hinter oder über dem Hochaltar span. Kirchen.

Campanile, der (it.): freistehender Glockenturm it.

Kirchen (Abb. 57, 127, 137, 138, 172). – S. 50, 352.

Camposanto, der (it.): Friedhof, meist recteckiger Grundriß, von hohen Mauern und teilweise von Arkaden umgeben.

Capilla Mayor, die (span.): in span. Kirchen der Altarraum im mittleren Teil des Chores, vom Chorumgang und dem Gemeinderaum durch hohe steinerne, reliefierte Schranken getrennt.

Caponniere, die (frz.): halb in die Erde eingegrabenes, überdecktes, mit Schießscharten versehenes, kleines Werk im Graben oder an dessen Böschung einer Festung. – S. 212, 214.

Cella trichora, die (lat.): → Dreikonchenbau.

Certosa, die (it.): → Kartause.

Chapter House (engl.): → Kapitelhaus.

Chor, der (gr.): der für den Chorgesang und das Gebet der Geistlichen und Mönche bestimmte, etwas erhöhte Platz zumeist im Osten der Kirche (Presbyterium). Häufig ein quadratischer Raumteil (C.quadrat, Vorc.) mit anschließender Apsis, oder polygonal (Polygonc.) oder gerade (platter C.) abschließend. Er kann von einem C.umgang (Ambitus, Deambulatorium) und dieser von einem Kapellenkranz umgeben und von C.schranken oder Lettner vom Laienraum abgeschlossen sein. Über dem C.quadrat kann sich ein C.turm erheben. (→ Doppelchor). – S. 34 ff.

Chörlein, das: ein erkerartig vorkragender Bauteil, der den Altarraum einer im OG eingebauten Hauskapelle in Burgen, Schlössern und Patrizierhäusern umschließt (Abb. 123–126, 517, 524). – S. 45.

Chorscheitelrotunde, die: ein in der Kirchenachse östl. des Chores angebauter oder vorgelagerter Rundbau, zumeist Marien- oder Heilig-Grab-Kapelle (Abb. 9, 50, 90). – S. 20, 23 f.

Chorus major, der (lat.): in Hirsauer- oder Cluniazenserkirchen der den Mönchen vorbehaltene Chor. – S. 34.

Chorus minor, der (lat.): das an den Chorus major

anschließende östl. Langhausjoch (Abb. 407). – S. 34.

College, das (engl.): Körperschaft von Studenten und Dozenten engl. Universitäten. Gebäude meist um mehrere Höfe und um eine Kapelle gruppiert, Haupträume, Bibliothek und Speisesaal.

Coemeterialkirche, die (gr.-lat.), Martyrium, Memoria: Kirche auf einem Friedhof, meist nahe oder über einem Märtyrergrab (Abb. 41, 42, 47, 79).

Coemeterium, das (gr.-lat.): Friedhof.

Communs, die (frz.): für wirtschaftl. Zwecke und zur Unterbringung der Dienerschaft bestimmte Nebengebäude zu beiden Seiten des Ehrenhofes frz. Landschlösser und Hôtels.

Confessio, die (lat.): Vorkammer vor einem unter dem Altar liegenden Märtyrergrab, häufig mit einer Öffnung, um Annäherung oder Berührung des Grabes zu ermöglichen, oft in Verbindung mit einer → Krypta (Abb. 156, 169, 182). – S. 60 f.

Contregarde, die (frz.): zwei bis an den Ravelin-Graben verlängerte Facen ohne inneren Raum, die mit den Facen des Hauptwalles (Bollwerk, Ravelin usw.) parallel laufen und mit einer Brustwehr versehen sind (Abb. 565). – S. 214.

Contrescarpe, die (frz.): äußere, meist gemauerte Grabenwand (Abb. 564). – S. 212.

Corbel Table (engl.): an normann. Bauten Reihe von Kragsteinen (Corbels) direkt unter dem Traufgesims. – S. 147.

Cordonstein, der (frz.): Rundstab als Werksteingesims am oberen Abschluß einer Sockelschräge oder Escarpe (Abb. 564). – S. 212.

Corps de logis, das (frz.): das hervorgehobene mittlere Hauptgebäude eines Schlosses für Wohn- und Repräsentationszwecke (Abb. 553, 558). – S. 205.

Cortile, der (it.): von Arkaden umgebener Innenhof (Abb. 556). – S. 209.

Cosmatenarbeit, die (it.): dekorative Marmoreinlegearbeit unter Verwendung von Mosaiksteinen, Glas und Goldauflage in der it. Baukunst (Abb. 196).

Cottage, das (engl.): Landhaus.

– C. orné: künstlich rustikal gestaltetes Landhaus.

Cour d'honneur, der (frz.): von drei Flügeln umschlossener „Ehrenhof" eines Schlosses (Abb. 551 bis 553, 557, 558, 563). – S. 206 f.

Courtine, die (frz.): → Kurtine.

Curtis, die (lat.): mittelalterlicher Wirtschaftshof, vielleicht befestigt.

Dach, das: oberer Abschluß eines Bauwerks gegen Witterungseinflüsse. Die Hauptformen sind (Abb. 466): Pultd. mit nur einer schrägen D.fläche, auf kreisförmigem Grundriß als Ringpultd.; Sattel- oder Giebeld. aus zwei schräg gegeneinander gestellten D.-flächen und zwei Giebeln, mehrere parallel nebeneinander als Paralleld.; beim Walmd. sind die Giebel des Satteld. durch schräge D.flächen ersetzt, beim Krüppelwalmd. nur die Giebelspitze, beim Fußwalmd. nur der Giebelfuß; Mansardd. ist ein Knickd., dessen unterer Teil steiler ist als der obere, auch in den Untergruppen wie beim Walmd.; ist das Dach um ein senkrechtes Stück über das Obergeschoß erhoben, nennt man dieses Stück Drempel oder Kniestock; Schleppd. Fortsetzung eines Hauptd. über einem Anbau; Abd. ein auskragendes Vord. Auf Türmen gibt es außerdem noch weitere abgeleitete Formen: Pyramiden- oder Zeltd. mit vier oder acht gleichen Dreieckflächen; Kreuzd. mit vier zum First hochgezogenen Giebeln und sich überkreuzenden Firstlinien; Helm-, Rhomben- oder Rautend. mit vier niedrigeren Giebeln, von denen Grate zu einer Spitze aufsteigen; beim Faltd. ist die rhombische Fläche des vorigen nach innen gebrochen, und es entsteht eine Kehle; Zwiebeld., Haubend. oder Welsche Haube setzt konkav an, holt dann in weitem Schwung konvex aus, um konkav in die Spitze auszulaufen, Grundriß rund, qaudratisch oder polygonal; Kegeld., Kuppeld. und Glockend. über rundem Grundriß.

Zur Belichtung und Belüftung des D.raumes dienen D.aufbauten: Froschmaul als leichte Erhebung der D.fläche; Schleppgaube mit senkrechter Fensterwand und Seitenwänden, aber nur geringe Anhebung der D.haut; in größerer Form Gaube oder Gaupe; bei geschoßhohem Ausbau über der Traufe in der Hausflucht Lukarne oder Zwerghaus. Auf dem First kann ein D.reiter aus leichter Holzkonstruktion für Glocken aufsitzen.

Die D.flächen werden begrenzt: oben vom First, unten von der waagerechten Traufe, am Giebel vom Ort oder Ortgang; bilden zwei D.flächen mit ihrer Traufe eine ausspringende Ecke, so wird ihre Schnittlinie zum Grat, bei einspringender Ecke zur Kehle mit der Kehlenrinne. Ein Grat, der zwei verschieden hohe Firstpunkte verbindet, heißt Verfall. Auf der D.fläche liegt die D.haut aus verschiedenen witterungsbeständigen Materialien: Steinplatten, dünne Holzbretter oder Schindeln, Stroh oder Ried, Schiefer, Blei- oder Kupferplatten, Ziegel als Biberschwänze (Flachziegel, die mittels einer Nase auf ihrer Unterseite in die Lattung eingehängt werden), als Pfannen (S-förmiger Querschnitt) oder als Mönch und Nonne oder Klosterdeckung (Halbzylinder, die abwechselnd nach oben als Nonne und nach unten als Mönch ineinandergreifend verlegt werden). Die verschiedenen hölzernen Dachstuhlkonstruktionen gehören zum Holzbau. – S. 176 f.

Dachreiter, der: → Turm.

Dansker, der, Danzke, der: → Abtritt.

Deambulatorium, das (lat.): → Kreuzgang oder → Chorumgang.

Decke, die: meist waagerechter, oberer Abschluß eines Raumes. Balkend. mit sichtbaren Balken; Kassettend. mit sich kreuzenden Balken und zurückliegenden Feldern; Stuckd. flach oder profiliert auf Putzträger. Zwischen Decke und Wand das D.gesims, konkav gerundete D.kehle, Voute oder Kehlleiste. D.spiegel mittleres von Profilen gerahmtes Feld einer Decke (Spiegeld.).

Deckplatte, die: → Abakus.

Dekagon, das (gr.): zehneckiger Zentralbau.

Dekoration, die: Anwendung von Ornament auf einem Ornamentträger (Bau, Bild); dekorativ bedeutet eine bestimmte Anwendungsmöglichkeit. – S. 145 ff.

Deutsches Band, das: vornehmlich im Backsteinbau verbreiteter Fries aus übereckgelegten Steinen (Sägeschicht), deren vordere Kante in der Mauerfläche liegt (Abb. 378, 384). – S. 147.

Diakonikon, das (gr.): Raum südl. neben dem Chor für die Diakone sowie liturgischen Gewänder und Geräte (→ Prothesis, → Pastophorien). – S. 36.

Diamantierung, die: kleine, aneinandergereihte, in der Form von Edelsteinfacetten ausgemeißelte Ornamentform an Baugliedern (Abb. 383, 384). – S. 147.

Diele, die: Hauptraum (Flett) des niedersächs. Bauernhauses und großer Hauptraum des norddt. Bürgerhauses, als Wohnraum, Werkstatt und Verkaufsraum.

Dienst, der: in der got. Baukunst viertel- bis dreiviertelkreisförmiges oder birnenförmiges, schlankes Säulchen, das Gurte, Rippen oder Archivolten aufnimmt. Der D. ist in der Regel an einen Pfeilerkern angegliedert oder um ihn herum angeordnet (Bündelpfeiler), oder der Wand vorgelegt, einzeln (Wanddienst) oder mehrere (Dienstbündel). Die dickeren heißen alte D., die dünneren junge D. In der Spätgotik haben sie häufig kein Kapitell. – S. 142.

Dirnitz, Dürnitz: → Kemenate.

Docke, die: hölzerner Baluster.

Dom, der: → Bischofskirche.

Donjon, der (frz.): zentraler, wehrhafter Hauptturm bes. frz. Burgen, der dem → Bergfried entspricht, jedoch wie der engl. → Keep zum dauernden Wohnen eingerichtet ist (Abb. 483, 515). – S. 192.

Doppelchor, der: Kirche mit östl. und west. Apsis

oder Chor (Abb. 63, 70–72, 73 a, 142, 148, 151, 153, 170, 171, 182, 407). – S. 49.

Doppelkapelle, die: bei Pfalzen und Burgen des MA zwei übereinanderliegende, durch eine mittlere Öffnung verbundene Kapellen mit eigenen Eingängen. Oberkap. für die Herrschaft, vereinzelt mit Empore, Unterkapelle für die „familia" oder als Grablege (Abb. 530, 536, 542–545). – S. 196.

Doppelkirche, die: zwei meist nebeneinander, manchmal auch achsial hintereinander liegende Kirchen.

Dorment, der: Gang vor den Zellen eines Klosters, danach auch Bezeichnung für das → Dormitorium. – S. 66.

Dormitorium, das (lat.): auch Dorment, Schlafsaal der Mönche, meist im OG des östl. Klosterflügels (Abb. 182). – S. 66.

Dorsale, das (lat.): Rückwand des Chorgestühls, kann in Stein monumental gestaltet sein.

Dossierung, die: → Böschung.

Doxale: → Lettner.

Dreiapsidensaal, der: Saalkirche mit drei fast gleich großen Apsiden an der Ostmauer (Abb. 78–84). – S. 36.

Dreiblatt, das: → Blatt.

Dreikonchenbau, der, Trikonchos, Cella trichora: Kirche mit drei, etwa gleichgroßen, halbrunden oder polygonalen Konchen nach drei Richtungen, im Grundriß ein regelmäßiges Kleeblatt, meist als Chor an Basiliken (Abb. 53, 114–116, 142, 575) oder Hallen (Abb. 24), aber auch als Kapelle mit wesentlich kleinerem Rechtecksaal (Abb. 112). – S. 45.

Drempel, der: Kniestock → Dach.

Drudenfuß, der: → Pentagramm.

Dürnitz, der (slaw.): → Kemenate.

Echinus, der (gr.): wulstartiger, im Querschnitt kreisförmiger Teil des dor. Kapitells, der zwischen dem Abakus und dem Säulenschaft vermittelt (Abb. 357). – S. 139.

Eckzier, die: Eckblatt, -klaue, -knolle, -sporn, verschiedenartig gestaltete Verzierung an den vier Zwickeln zw. Plinthe und Torus der Säulenbasis (Abb. 211–213, 241). – S. 86 f.

Ehrenhof, der: → Cour d'honneur.

Eierstab, der: konvexe Zierleiste aus wechselnd senkrecht stehenden, eiförmigen und pfeilspitzartigen Gebilden, unten und auch oben von einer Perlschnur (Astragal) abgeschlossen. – S. 90.

Einblendung, die: Säulen, Pilaster u. ä. in nischenartiger Mauervertiefung.

einhüftig: ein „halber" Bogen oder „halbes" Gewölbe, bei dem die Kämpferpunkte nicht in derselben Höhe liegen (Abb. 429).

Einsatzkapellen, die: als Kapellen dienende rechteckige oder trapezförmige Räume, die zwischen eingezogenen Strebepfeilern liegen, bes. bei spätgot. → Wandpfeilerkirchen (Abb. 15, 17, 109–111, 141). – S. 14, 174.

Einziehung, die: Verengung des Querschnitts, bezogen auf die Längsachse.

Empore, die: galerie- oder altanähnl. Einbau, der sich zu einem Innenraum öffnet, häufig über dem Seitenschiff (Abb. 17, 339–340 a, 364, 408–414) oder über dem Chorumgang (Abb. 341), über dem Umgang von Zentralbauten (Abb. 45, 438), in Westwerken (Abb. 130–136) oder im Westen des Mittelschiffs oder Saales (Nonnene., Sängere.; Abb. 62, 85, 90).

Unechte Empore: Öffnung in den Dachboden über dem Seitenschiff; halbechte Empore: Öffnungen in ein Drempelgeschoß (Abb. 428, 429); Scheinempore: emporenartige Arkadenöffnungen zum Seitenschiff, dessen Gewölbe über den Öffnungen liegt (Abb. 342, 343). – S. 49, 126 ff.

Enfilade, die (frz.): Zimmerflucht, bei der die Türen in einer Achse liegen, bes. in barocken Schlössern und Hôtels (Abb. 551–553, 558). – S. 207.

Engen, die: → Rathaus.

231

Entasis, die (gr.): leichte Schwellung des Säulenschaftes, die kurz unterhalb der Schaftmitte am größten ist. – S. 88, 139.

Entresol, der (frz.): → Mezzanin, → Geschoß.

Enveloppe, die (frz.): schmales Außenwerk in einem breiten Hauptgraben der Festung oder an deren Contrescarpe. – S. 212.

Epistelseite, die: die rechte, südl. Seite des Kircheninneren = Männerseite (→ Evangelienseite).

Epistyl, das (gr.): → Architrav.

Eremitage, die (frz.): Garten- oder Lustschloß in ländl. Abgeschiedenheit. – S. 210.

Erker, der: ein- oder mehrgeschossiger, geschlossener Vorbau an der Fassade oder Ecke (Ecke.) eines Gebäudes, in einem höheren Geschoß frei auskragend oder auf Konsolen (Abb. 332–336) → Chörlein. – S. 122.

Escarpe, die (frz.): geböschte oder senkrechte Mauer der Umwallung auf der Innenseite des Grabens (Abb. 564, 565) → Contrescarpe. – S. 212.

Eschif, der (lat.-frz.): kleines flankierendes Festungswerk, das die Zugänge zu einem Tor verteidigt und von dem man einen Graben bestreichen kann. – S. 215.

Eselsrücken, der: → Bogen.

Eselsturm, der: an roman. Kirchen mit gewendelter Rampe, auf der das Baumaterial von Eseln hinaufgetragen wurde.

Esplanade, die (lat.-frz.): in Festungen künstl. eingeebnetes, freies Schußfeld zwischen Zitadelle und Stadt. – S. 215.

– breite Straße zumeist an Stelle der eingeebneten Stadtbefestigung.

Estipite, der (span.): ein nach unten verjüngter Pilaster. – S. 136.

Estrade, die (frz.): ein- oder mehrstufige Fußbodenerhebung in einer Nische oder einem Raumteil.

Estrella, die (span.): → Fensterrose.

Estrich, der (gr.-lat.): fugenloser Fußboden aus weich aufgetragenem Lehm, Asphalt oder Mörtel mit verschiedenen Zuschlagsstoffen. – S. 178.

Etage, die (frz.): → Geschoß.

Euthynterie, die (gr.): oberste geglättete und ausgeglichene, aus dem Boden ragende Kante des Quaderfundaments (Stereobat) des griech. Tempels, Unterlage für die Krepis (Abb. 357).

Evangelienseite, die: linke, nördl. Seite des Kircheninneren = Frauenseite (→ Epistelseite).

Exedra, die (gr.): Bezeichnung für die Apsis oder jede andere halbrunde Nische.

Face, die (frz.): die beiden Frontlinien der winkelförmigen Bastion (Abb. 567–571). – S. 214 f.

Falz, der: → Anschlag.

Faschine, die (frz.): Reisigbündel zur Gründung von Schanzen in sumpfigem Gelände oder zur Herstellung von Festungsbauten als selbständige Schanzen.

Fase, die: abgeschrägte Kante; gekehlte F., wenn die abgefaste Fläche konkav ist (Abb. 198). – S. 84.

Fassade, die (lat.): Schauseite eines Bauwerks, zumeist Haupteingangsseite, bei Kirchen gewöhnl. die Westseite. – S. 152 ff.

Faszien, die (lat.): drei, seltener zwei, übereinanderliegende, von unten nach oben leicht vorspringende Streifen, die den Architrav der ionischen und korinthischen Ordnung waagerecht unterteilen, auch auf der Bogenstirn (Abb. 358, 578). – S. 139.

Feld, das: viereckige, polygonale oder krummlinig umrahmte Fläche an Wänden, Decken oder Gewölben.

Fenestella, die (lat.), auch Fenestrella: kleine fensterartige Öffnung zwischen Kirchenschiff und Krypta zum Einblick in die → Confessio.

Fenster, das (lat.): Maueröffnung zur Belichtung und Belüftung der Innenräume. Begrenzt oben durch den geraden Sturz oder durch einen Bogen, unten durch die waagerechte Sohlbank und seitlich durch das senkrecht oder schräg eingeschnittene, auch profilierte Gewände (Laibung). Außen auch von einer vorspringenden Rahmung (F.einfassung) umgeben und von einem vorstehenden Bogen oder Giebel überdacht (Verdachung). Unter dem F. die Brüstung, auch dünner als die Mauer und eine F.nische bildend. Die F.öffnung kann unterteilt sein durch einen hölzernen oder steinernen waagerechten (Kämpfer) oder einen senkrechten (Pfosten) Stock oder durch einen Kreuzstock (F.kreuz), an den die F.flügel oder die feste Verglasung anschlagen oder durch eine oder mehrere eingestellte Säulen (Arkaden) oder durch Stäbe und Maßwerk. Die F.öffnung ist normalerweise rechteckig (Rechteckf.) oder oben bogenförmig abgeschlossen (Rundbogenf., Kleeblattbogenf., Lanzettf. usw.), sehr schmal (Schlitzf.), mit Säulen unterteilt als Arkadenf., gekuppelt als Drillingsf. oder F.band; Fächerf.; Schlüssellochf.; ferner Rundf. (Okuli) mit speichenförmig angeordneten Stäben (Radf.), mit mehreren randlichen Kreisteilen (Paßf.) oder mit Maßwerk (F.rose) oder oval (Ochsenauge). Die F.öffnung wird mit Glas oder/und bei profanen Gebäuden mit hölzernen Schlag-, Zug- oder Schiebeläden geschlossen. – S. 110 ff.

Feston, der (it.-frz.): meist plastische Dekoration in Form einer durchhängenden Girlande aus Laub, Blumen, Früchten, oft mit flatternden Bändern an den beiden Enden oder mit Bändern kreuzweise umwunden (Abb. 360). – S. 148.

Festung, die, Veste: ausschließlich zu Verteidigungszwecken errichteter Wehrbau, häufig aus mehreren untergeordneten, voneinander mehr oder weniger unabhängigen Anlagen bestehend (→ Fort, → Bastion, → Schanze). – S. 212 ff.

Fiale, die (lat.): schlankes, spitz auslaufendes Türmchen auf Strebepfeilern und Wimpergen; ihr unterer Teil, der meist vier- oder achtseitige Leib, ist häufig mit Maßwerk verblendet und über jeder Seite mit einem Giebel abgeschlossen; darüber erhebt sich der pyramidenförmige Helm oder Riese, der an den Kanten meist mit Krabben besetzt und von einer Kreuzblume bekrönt ist (Abb. 6, 149, 150, 154, 285, 394, 422–425, 460–464). – S. 150.

Firmarie, die (lat.): Krankenstube auf Ordensritterburgen (→ Infirmarie).

First, der: die obere Linie, an der zwei Flächen eines Sattel- oder Walmdaches zusammentreffen. – S. 177.

Firstblume, die: → Kreuzblume.

Fischblase, die: → Schneuß.

flächen: → Steinbearbeitung.

Flamboyant (frz.): Bezeichnung für die letzte Stufe der Spätgotik in Frankreich; der kurvig in die Länge gezogene Schneuß des Maßwerks wird als Flamme gedeutet. – S. 120.

Flanke, die: Seitenfläche einer Bastion zwischen Face und Kurtine. – S. 214 f.

Flechtband, das: aus einem oder mehreren Bändern geflochtenes Ornament (Abb. 384). – S. 147.

Flesche, die (frz.): → Redan.

Flett, das: → Diele.

Fliese, die: vier- oder mehreckige Platten zum Bekleiden von Wänden oder Fußböden, meist aus gebranntem oder glasiertem Ton, teilw. bemalt oder mit eingeritztem oder eingepreßtem Muster, aber auch aus Stein. – S. 178.

Flowing tracery (engl.): im Decorated Style der engl. Gotik angewandte Maßwerkform in bewegter Linienführung. – S. 118.

Flügel, der: Baukörper, die an einen Hauptbau anschließen, paarweise, auch in Winkeln angeordnet, z. B. beim Cour d'honneur (Abb. 551–553, 557, 558). – S 206 f.

Fort, das (frz.): kleine, selbständige Festung, deren mehrere einer Festung oder Stadtbefestigung als Gürtelf. (detachierte Forts) vorgelegt sein können (Abb. 572). – S. 215.

Französische Ordnung, die: von dem frz. Architekturtheoretiker der Renaissance, Philibert Delorme, erfundene Manier, die Säulenschäfte mit breiten Rustikaringen zu gliedern oder sie aus verschieden ornamentierten Trommeln zusammenzusetzen (Abb. 250, 363). – S. 141.

Fries, der: schmaler Streifen zur Abgrenzung oder Gliederung von Flächen, vornehmlich der waagerechte, ornamentierte Streifen. Die F. werden nach ihrem Ornament bezeichnet. – S. 145 ff.

Frontispiz, das (frz.): Giebeldreieck über dem Mittelrisalit eines Gebäudes, auch über Türen und Fenstern (Abb. 191, 356, 388, 397, 546). – S. 157, 205.

Froschmaul: → Dach.

Fuge, die: zumeist mit einem Bindemittel gefüllter Raum zwischen zwei aneinanderliegenden Elementen; die waagerechte F. im Mauerwerk heißt Lagerfuge, die senkrechte Stoßfuge; die Anordnung der Fugen nennt man Fugenschnitt. – S. 80.

Fundament, das (lat.), Bankett, Grundmauer: Unterbau eines Gebäudes im Erdreich.

Fußboden, der: gegen Verschleiß und Abnutzung widerstandsfähige Schicht als untere Begrenzung des Raumes. – S. 178.

Futtermauer, die: meist geböschte Mauer als Stützmauer gegen Erddruck.

Gaden, der: Fensterzone im oberen Teil des Mittelschiffes einer Basilika (Abb. 18, 23). – S. 15 f.

– Einräumiges Bauwerk zur Aufbewahrung von Vorräten.

Galerie, die (lat.-frz.): langer, gedeckter, seitlich offener Gang als Laufgang an einer Fassade, auch als Zierform (→ Zwergg.). – S. 130 ff.

– Langgestreckter, einseitig belichteter Verbindungsgang in einem Schloß, auch zum Aufhängen von Bildern genutzt (Abb. 558, 559). – S. 207.

Galilaea, die (lat.): Vorkirche, Narthex, auch Vorhof (Atrium, Paradies) einer Kirche, wo sich die Ungetauften aufhalten durften. – S. 48, 64 f.

Gang, der: schmaler Verkehrsraum zwischen den einzelnen Räumen eines Geschosses; im Gebäudeinnern Korridor oder Flur, an der Front und seitlich offen Laubeng. oder Galerie genannt.

Garderobe, die (frz.): Kleiderkammer.

Gaube, Gaupe, die: stehendes Dachfenster (→ Dach), zumeist im Walmdach (Abb. 334, 336, 338 a, 578). – S. 177.

Gebälk, das: der obere Teil einer Säulenordnung, bestehend aus Architrav, Fries und Kranzgesims. – S. 136 ff.

Gebück, das: dicht verwachsene Sträucher und Hekken als Annäherungshindernis.

Gebundenes System, das: quadratischer, auf das Vierungsquadrat zurückgehender Schematismus, der dem Grundriß einer roman. gewölbten Basilika zugrunde liegt; einem quadrat. Mittelschiffjoch entsprechen in den beiden Seitenschiffen je zwei quadrat. Joche von halber Seitenlänge (Abb. 21, 116). – S. 166.

Gehrung, die: Zusammentreffen zweier Gesimse o. ä., die um eine Ecke laufen.

Geison, das (gr.): Kranzgesims des antiken Tempels entlang der Traufe; das die Giebelschräge (Ortgang) begleitende G. wird Schrägg. genannt (Abb. 250, 357, 358). – S. 139.

gekuppelt: unmittelbar nebeneinanderliegende, einander betont zugeordnete und durch ein gemeinsames Glied verbundene Bauelemente: Säulen (Abb. 142, 260, 361), Fenster (Abb. 290, 298), Portale usw. – S. 110 f.

Geländer, das: leichter Abschluß in Brüstungshöhe aus Stein, Holz oder Metall an Treppen, Balkonen, Altanen u. ä., gewöhnlich durchbrochen und von Pfosten, Stäben, Docken oder Balustern unterteilt und oben von einem Holm (Handlauf) abgeschlossen (Abb. 336, 562).

Gerüst, das: hölzerne Vorrichtung, auf der die Bauleute bei der Arbeit stehen; die einzelnen Arbeitsböden werden über Leitern oder Laufschrägen erreicht.

a) Standg. oder Stangeng. aus senkrecht oder wenig schräg gestellten Rüststangen oder Rüstbäumen, an denen in etwa 1,50 m Abstand waagerecht, parallel zur Mauer die Streichstangen oder Barren gebunden sind, auf denen die Netzriegel liegen, die die Laufbohlen aufnehmen; bei nur einer Reihe von Rüstbäumen liegen die Netzriegel in viereckigen Mauerlöchern (Rüstlöchern).

b) Bockg., auf Holzböcken liegen die Bohlen auf.

c) Auslegerg. oder fliegendes G., Ausleger werden in geeigneten Abständen quer auf die Mauer gelegt, außen und innen etwa gleich überstehend und mit Bügen abgestrebt, oder durch einige Mauerschichten belastet; auf den Auslegern liegen die Bohlen; beim Abrüsten werden die Ausleger abgesägt.

d) Hängeböden an Seilschlaufen werden nur selten und zu Reparaturen verwendet.

Geschlechterturm, der: schlanker, hoher Turm der Patrizier in einer Stadt, zumeist neben einem Wohnbau. – S. 192 f.

Geschoß, das: durch Decken begrenzter Ausschnitt eines Gebäudes (im Sprachgebrauch wird fälschlich der aus dem Holzbau stammende Begriff Stockwerk analog verwendet). Ein niedriges Zwischeng. heißt Entresol oder Mezzanin (Abb. 555), das Hauptg. eines größeren Gebäudes Beletage oder Piano nobile. Die G.höhe ist das Maß zwischen den Fußbodenoberkanten zweier G.

Gesims, das: meist waagerechtes Bauelement, das eine Mauer in einzelne Abschnitte gliedert: Fuß- oder Sockelg.; Gurt-, Stock- oder Kordong. zwischen den Geschossen; Fenster-, Sohlbank- oder Brüstungsg.; Kämpferg. als Fortsetzung der Kämpfer; Kaffg. – Wasserschlag; Dach-, Haupt- oder Kranzg. als Abschluß des Baues, auch als Konsoleng.; Traufg. am Dachfuß; Ortgangg. (Schräggeison) am Giebel. – S. 144.

Getäfel, das: Wandverkleidung, durch Leisten geteilte Bretter mit ungefugten Wandschränken, auch verziert mit Schnitzerei (Abb. 559).

Gewände, das: schräg geführte Einschnittfläche (Laibung) von Fenstern oder Portalen. Das G. kann auch profiliert oder gestuft (Stufenportal) sein. – S. 101 ff., 110 ff.

Gewandhaus, das: Tuchhalle, Zunfthaus der Tuchmacher (Abb. 155).

Gewölbe, das: krummflächiger, oberer Abschluß eines Raumes, gewöhnlich aus Natur- oder Backsteinen, die sich zwischen Widerlagern verspannen. Wie beim Bogen müssen die Fugen zwischen den Steinen auf einen oder mehrere Mittelpunkte ausgerichtet sein. G. mit waagerechten Fugen, also mit vorkragenden Schichten, sind unechte G. (Kragg.). Das G. besteht aus einer tragenden G.schale, oder Rippen (Rippeng.) übernehmen die Lasten, dazwischen sind die Kappen gespannt. Das übliche G.feld eines Rippeng. besteht aus dem Gurtbogen (Transversalbogen) als Trennung der einzelnen Joche, den Scheidbogen als Trennung der Schiffe einer Hallenkirche oder der Schildbogen als Begrenzung zu den Seitenmauern oder dem Obergaden. Ansonsten sind die einzelnen Bezeichnungen ähnlich wie bei dem Bogen. Schneiden in ein G. andere Wölbungen ein, deren Scheitel quer zum Scheitel des Hauptg. verlaufen, so nennt man sie Stichkappen (z. B. über Fenstern beim Tonneng.).

G.-Formen:

1. Tonneng. mit halbkreis-, segment-, spitz- oder parabelförmigem Querschnitt (Rund-, Flach-, Spitz- oder Parabeltonne), jeweils auch als einhüftiges G. oder Horng. vorkommend. Über kreisförmigem Grundriß (Zentralbau, Chorumgang) als Ringtonne, auch ansteigend als Spiral-, Spindel- oder Schneckeng.

(Wendeltreppe). Beim Gurtg. ist das Tonneng. durch Gurtbögen in Joche geteilt.

2. Kreuzg. bei Durchdringung von zwei Tonneng. gleicher Höhe; wegen der dabei entstehenden Grate auch Kreuzgratg. genannt.

3. Ist der Scheitelpunkt höher als die Gurt- und Scheid-/Schildbögen, so steigen die Gewölbekappen an und es entsteht eine Busung (gebustes G.).

4. Kreuzrippeng. (vierteiliges) Verstärkung der Grate durch Rippen, die die Lasten des G. aufnehmen. Ist das Kreuzrippeng. in der Querrichtung durch ein vom Kämpfer zum Schlußstein aufsteigendes Rippenpaar unterteilt, so entsteht ein sechsteiliges G. Besitzt die Längsachse auch eine Scheitelrippe, so spricht man von einem achtteiligen G., bei starker Busung ein Domikalg., zumeist kuppelförmig ausgebildet (Rippenkuppel).

5. Dreistrahlg. mit drei Kappen über dreieckigem Grundriß (bei got. Chorumgängen).

6. Sterng., Rippen als sternförmige Figuration, wobei die Jocheinteilung erhalten bleibt.

7. Beim Netzg. bilden die Rippen des ganzen G. ein zusammenhängendes Netz mit Tiercerone (vom Kämpfer aufsteigende Nebenrippen) und Lierne (weder vom Kämpfer noch vom Schlußstein ausgehende Nebenrippen). Die Rippen sind zumeist nur unter die tragende G.schale untergeblendet. Sind die Rippen auch im Grundriß kurviert, so entsteht die gewundene Reihung (Kurvatur).

8. Beim Fächerg. (auch Strahleng. oder Palmeng.) strahlen eine Vielzahl von Rippen (Tiercerone) von einem Kämpfer oder vom Scheitel fächerförmig aus.

9. Schirmg. über kreisförmigem Grundriß errichtet und durch Grate und Rippen in segmentförmig geschwungene und gekrümmte Kappen gegliedert.

10. Ein Zelleng. entsteht, wenn bei einem Netz- oder Sterng. die Kappen prismatisch vertieft und die Grate (ohne hervortretende Rippen) scharfkantig sind. Eine Sonderform ist das Stalaktiteng. der islam. Baukunst.

11. Klosterg. aus gekrümmten Flächen (Wangen), die durch Grate voneinander getrennt sind und unmittelbar auf den Umfassungsmauern polygonaler Bauten aufsitzen (einer Kuppel ähnlich).

12. Muldeng., eine Tonne mit gewölbten Enden. Ist der Scheitel abgeschnitten, so entsteht ein Spiegelg. mit flachem Deckenspiegel. – S. 163 ff.

Giebel, der: Abschluß eines Satteldaches, auch Bekrönung von Türen, Fenstern oder Nischen, dreieckig, segmentbogenförmig, auch oben nicht geschlossen (gesprengter G.), abgetreppt (Treppeng. Staffelg.), aufgeschultert (Schulterg.), in mehreren Winkeln gebrochen (Knickg.) oder kurvenförmig, auch mit Voluten geschmückt (Voluteng.), gegenüber den Seitenteilen zurücktretend (gekröpfter G.). Entspricht der G. nicht dem Dachquerschnitt, dann nennt man ihn Blendg. oder Zierg. Der G. über dem Mittelrisalit heißt Frontg. oder Frontispiz. Das G.feld (Tympanon) kann dekoriert sein (Relief, Maßwerk). – S. 157.

Girlande, die (frz.): → Feston.

Glacis, das (frz.): flaches, unbebautes, meist leicht fallendes Gelände als Vorfeld einer Festung (Abb. 564, 572). – S. 212.

Goldener Schnitt, der: Teilung einer Strecke in zwei Teile, die sich zueinander verhalten wie der größere zur Gesamtstrecke; seit dem Altertum für die Festlegung von Proportionen verwendet. – S. 78.

Gotischer Verband: → Mauerwerk.

Graben, der: in den gewachsenen Boden eingegrabene, langgestreckte, künstliche Vertiefung, mit U-förmigem Querschnitt Sohlg., mit V-förmigem Querschnitt Spitzg.; Halsgraben zumeist trockener breiter Sohlgraben, der eine Burg vom anschließenden Bergrücken trennt. – S. 184, 212.

Grabeskapelle, die: → Mausoleum.

Grat, der: scharfe Kante, die beim Zusammentreffen zweier Flächenteile entsteht (Dach, Gewölbe).

Grede, die (lat.): Freitreppe am Palas (Abb. 519). – S. 193.

Groteske, die (it.): Ornament aus Rankenwerk (→ Arabeske) mit Blattwerk, Früchten und figürlichen Elementen. – S. 148.

Gurt, der, Gurtbogen: quer zur Längsachse eines Gewölbes verlaufender, konstruktiver oder gliedernder Bogen (Abb. 430, 431, 435, 439). – S. 166.

Guttae, die (lat.): nagelkopfartige Tropfen am Gebälk der dorischen Ordnung; sie sind unter den Mutuli in drei Reihen zu je sechs, an den Regulae in einer Reihe zu sechs angebracht (Abb. 36, 357, 360, 361, 554). – S. 139.

Hagioskop, das (gr.): kleine fensterartige Öffnungen in der Südmauer des Kirchenschiffes oder Chores, die den Blick auf den Altar von außen erlauben.

Halle, die: ein weiter Raum, über eingestellten Stützen gedeckt und durch die Außenmauern belichtet (Abb. 16, 175, 176, 179, 450, 480, 483, 520, 521, 523, 530, 541). – S. 18 f., 66 f.

Hallenkirche, die: mehrschiffige Kirche mit gleicher oder annähernd gleicher (Stufenh., → Staffelh.) Deckenhöhe der einzelnen Schiffe u. Belichtung nur durch die Seitenschiffenster (→ Basilika), ebenso Hallenchor u. Hallenkrypta (Abb. 24–30, 158–169, 452, 553). – S. 18 f., 61 ff.

Hals, der: Teil des Säulenschaftes unmittelbar unter dem Kapitell (Abb. 208, 209, 220–229). – S. 86.

Handlauf, der, Griffleiste, Holm: oberer Abschluß des Geländers.

Hängezapfen, der: → Abhängling.

Hängezwickel, der: → Pendentif.

Hausberg, der: → Motte.

Helices, die (lat.): in einer Volute endende Stengel, die aus geriefelten Blatthülsen zwischen den Akanthusblättern des korinth. Kapitells herauswachsen und die Ecken des Abakus stützen (Abb. 230, 232). – S. 90.

Helm, der: → Dach.

Herme, die (gr.): Kopf oder Oberkörper, urspr. des Gottes Hermes, auf einem verjüngten Pfeiler (H.-pfeiler) oder auf einem Pilaster (H.pilaster, auch ohne Kapitell; Abb. 362, 578).

Hochwacht, die: → Scharwachtturm.

Holm, der: → Handlauf.

Hornwerk, das: zur Sicherung des Glacis angelegtes, mit der Kurtine durch lange, parallele Flügel verbundenes, hornförmiges (zwei halbe Bollwerke mit Kurtine verbunden) Außenwerk (Abb. 565, 569; → Ravelin, Redan). – S. 215.

Hospital, das (lat.), Hospiz, Spital: Krankenhaus, Altersheim, auch Herberge in Städten und Klöstern (Abb. 183–185). – S. 71 f.

Hôtel, das (frz.): in Frankreich Stadthaus der Adeligen oder Absteige für die Mönche eines Klosters (→ Pfleghof); ein Corps de logis bildet mit schmäleren Flügeln einen Hof, der zur Straße hin von einer Mauer, einem Gitter oder einem Wirtschaftsbau mit mittlerem Eingangstor abgeschlossen ist. – S. 201.

Hundszahn, der, dogtooth: Ornament der engl. Frühgotik aus einer Reihe vierzackiger Sternchen, die auf der Spitze stehen und pyramidenförmig aufliegen (Abb. 384). – S. 147.

Hurde, die: auf ausgekragten Balken oder Konsolen liegender hölzerner Wehrgang (Abb. 502, 503). – S. 184.

Hypokausten, die (gr.): Fußbodenheizung (→ Calefactorium).

Ikonostasis, die, Ikonostase (gr.): Bilderwand zwischen Altar- und Gemeinderaum einer orthodoxen Kirche.

Infirmarie, die (lat.): Krankenhaus (Hospital) in einem Kloster für kranke Mönche (→ Firmarie). – S. 71 f.

Inkrustation, die (lat.): Verkleidung des rohen Mauerwerks mit verschiedenfarbigen Platten aus edlerem

Material (Stein, Marmor, Ton; Abb. 196). – S. 83.

Interkolumnium, das (lat.): lichter Säulenabstand (Vitruv), auch von Achse zu Achse gemessen. – S. 86.

Joch, das (frz. Travée): der einem Gewölbefeld entsprechende Raumteil innerhalb einer Folge gleichartiger Gewölbeabschnitte, die in Richtung der Längsachse gezählt werden. – S. 166, 174.

Kabinett, das (frz.): kleines, zwischen anderen Zimmern gelegenes, vom Flur nicht zugängliches Nebenzimmer (Abb. 552). – S. 207.

Kachel, die: flach (Flachk.) oder gemuldet (Napfk.), glasiert oder matt, aus gebranntem Ton zur Bekleidung von Öfen (→ Fliese).

Kälberauge, das: dem Eierstab ähnl. Ornament am Echinus eines Kapitells.

Kämpfer, der: Zone, an der die Krümmung eines Bogens oder eines Gewölbes beginnt (K.linie, K.stein, → Bogen), häufig betont durch eine vorspringende, profilierte K.platte (Abb. 208, 209, 235, 249–254, 458). – S. 96 f.

Kämpferblock, der, Pulvinus (lat.): würfelähnlicher, auch trapezoider oder sattelartig sich erweiternder Aufsatz über einem Kapitell (Abb. 234,8 u. 19). – S. 96.

Kalathos, der (gr.): Blattkelch des korinth. Kapitells (Abb. 230, 232). – S. 90.

Kalefaktorium, das: → Calefactorium.

Kalotte, die (frz.): Kugelabschnitt (→ Kuppel).

Kamin, der: offene Feuerstelle, oft mit vorkragenden Seitenwangen, Sturz und schräger Verdachung (Mantel, Schurz, Rauchfang); auch volkstümliche, unrichtige Bezeichnung für den Schornstein (Abb. 504, 510, 524, 531, 532). – S. 193.

Kandel, das: Dachrinne.

Kanneluren, die (frz.): senkrechte, konkave Rillen am Schaft einer Säule oder eines Pilasters (kannelierter Schaft; Abb. 193, 205, 228, 231, 233, 288, 355, 357, 358); sie können im unteren Teil des Schaftes mit Rundstäben, sog. Pfeifen, gefüllt sein (Verstäbung). – S. 139.

Kante, die: Linie, in der sich zwei, einen Körper begrenzende Flächen treffen (→ Fase).

Kantenblume, die: → Krabbe.

Kantenschlag, der: → Randschlag.

Kantharus, der (gr.-lat.): Reinigungsbrunnen im Atrium (Abb. 172, 173). – S. 64.

kantoniert: Pfeiler und Mauern, die an ihren abgeschrägten Kanten Halb- oder Dreiviertelsäulen oder Dienste haben (Abb. 199). – S. 84.

Kapelle, die (lat.): kleinere Kirche ohne Pfarrechte, für bes. Zwecke (Tauf-, Grab-, Burg-, Votiv-, Friedhofsk.) oder An- oder Einbau: Einsatzk. zwischen eingezogenen Strebpfeilern, Chork., Scheitelk. als Ostk. eines K.kranzes am Chorumgang (auch Lady Chapel), K.nischen in der Mauerdicke. – S. 12, 14, 20 ff., 193 ff.

Kapitelhaus, das, Chapter House (engl.): runder oder polygonaler, mit dem Kreuzgang oder Chor einer engl. Kathedrale durch einen Stichgang verbundener, freistehender Bau (Abb. 65). – S. 24, 66.

Kapitell, das (lat.): ausladendes Kopfstück einer Säule oder eines Pilasters, bestehend aus Abakus, Körper (auch Rumpf oder Kelch = Kalathos) und Halsring (Abb. 207–209, 220–252). – S. 90 ff.

Kapitelsaal, der: Raum in einem Kloster, meist im Ostflügel, in dem Weisungen an die Mönche erteilt und Kapitel aus der Klosterregel verlesen wurden; auch Versammlungsraum eines Domkapitels (Abb. 116, 175, 176, 181). – S. 66.

Kappe, die: der zwischen zwei Graten oder Rippen befindliche Teil des Gewölbes (Abb. 434–440). – S. 165 ff.

Karner, der (lat.), Beinhaus, Ossarium: meist zweigeschossige Friedhofskapelle als Zentralbau mit Apsis; im UG Aufbewahrung der Gebeine, im OG Kultraum (Abb. 31–33, 46, 141). – S. 20, 23.

Karnies, der (gr.): S-förmiges Profil aus einem konvexen (Stab) und einem konkaven (Kehle) Element; bei einem stehenden oder steigenden K. als Zwischenglied an einem Gesims oder Kämpfer ist der obere Teil konkav und der untere konvex, bei einem fallenden K. an einem Sockel ist der obere Teil konvex und der untere konkav.

Kartause, die, Certosa (it.), Kartäuserkloster: die Mönche wohnen in einzelnen, kleinen Häusern, die durch den Kreuzgang verbunden sind.

Kartusche, die (frz.): aus Roll-, Knorpelwerk oder Rocaille gebildeter Zierrahmen für Wappen, Inschriften usw.

Karwan, der: Zeughaus auf Ordensritterburgen.

Karyatide, die (gr.), Kore, Kanephore: Mädchengestalt mit korb- oder polsterförmigem Kopfputz, anstelle von Stützen (Abb. 356, 556 a). Vgl. → Atlant.

Kasematten, die: gegen Beschuß durch Erdaufschüttung gesicherte, überwölbte, teilw. mehrgeschossige Räume in der Umwehrung von Festungen, Forts und Zitadellen mit Schießscharten, auch mit erhöhter Plattform (Kavaliere) zur Aufstellung von Geschützen. – S. 212.

Kassette, die (frz.): vertieftes, quadratisches, rautenförmiges oder polygonales Feld in Decke (Abb. 559), Bogenlaibung (Abb. 2, 17, 193) oder Gewölbe (Abb. 2, 17, 193).

Kastell, das (lat.): → Burg, Schloß.

Kasten, der: zumeist zweigeschossiger, freistehender Speicherbau des süddeutschen Bauernhofes.

Kathedrale, die (gr.): → Bischofskirche.

Kaufhaus, das, Kaufhalle: städt. Gebäude, häufig in Verbindung mit dem Rathaus, mit großen Hallen zum Auslegen und festen Gewölben zum Speichern der Waren.

Kavalier, die (frz.): erhöhte Plattform auf den Kasematten der Festungen zur Beobachtung und zum Aufstellen von Kanonen. – S. 212.

Keep, der (engl.): Hauptturm der engl. Burg, der dem → Bergfried entspricht, jedoch wie der frz. → Donjon zum dauernden Wohnen eingerichtet ist (Abb. 508–514). – S. 192.

Kehle, die: konkaves Profil (Abb. 253 a, d).

Kehlleiste, die: → Decke.

Kehlrinne, die: Rinne in der Dachkehle (Abb. 467). – S. 177.

Keller, der: mehr oder weniger in den Boden eingetieftes, zumeist gewölbtes unterstes Geschoß in Wohngebäuden.

Kemenate, die (lat.), Dürnitz: heizbarer Wohnraum in einer Burg, speziell Frauengemach, auch ein beheizbares Gebäude. – S. 193.

Kerbschnitt, der: Ornament, dessen Kerben scharfkantig aneinandergrenzen.

Kiosk, der: offener Gartenpavillon. – S. 24.

Kirchenburg, die: Kirche mit verteidigungsfähigem Schiff oder Chor, auch nur mit befestigtem Turm (Wehrkirche) oder von einer Ringmauer umgeben (Kirchenhofsburg).

Klangarkaden, die: → Schallöffnung.

Klause, die (lat.): Wegsperre in Gebirgstälern.

Klausur, die (lat.): nur den Mönchen zugänglicher Teil des Klosters. – S. 67 f.

Kloster, das (lat.): abgeschlossene Anlage für Mönchs- und Nonnengemeinschaften, besteht aus der Kirche und dem meist im Geviert um den Kreuzgang liegenden Gebäuden: Kapitelsaal, Refektorium, Dormitorium, Parlatorium, Calefactorium, Brunnenhaus, Tonsurkapelle, Küche und Vorratsräume. (→ Abtei, → Priorat, → Propstei). – S. 66 ff.

Kniestock, der: Drempel → Dach.

Knorpelwerk, das: Ornament (ähnl. dem Ohrmuschelwerk) aus knorpelähnlichen Elementen, manchmal von naturalist. Formen (Fratzen) durchsetzt. – S. 148.

Kollegiatkirche, die: → Stift.

Kolonnade, die (frz.): Folge von Säulen mit Architrav (Abb. 60, 191, 357, 358), im Gegensatz dazu → Arkade. – S. 97, 158.

Kolossalordnung, die: Säulen oder Pilaster, die samt ihrem Sockel mehrere Geschosse einer Fassade übergreifen (Abb. 338 a, 362, 546). – S. 141.

Konche, die (gr.-lat.): halbrunder Anraum mit Halbkuppel wie → Apsis, jedoch ohne Altar, auch an profanen Räumen (Abb. 41, 44, 47, 51, 525). → Dreikonchenbau.

Königsgalerie, die: Folge von Statuen unter Arkaden, in Nischen oder unter Baldachinen an der Fassade got. Kathedralen (Abb. 139, 145, 353, 394). – S. 135.

Konsole, die (frz.): vorkragender, zumeist profilierter oder figürlicher Tragstein (Abb. 123, 179, 200, 278, 332, 366, 372–383, 426, 554, 578).

Konterescarpe, die: → Contrescarpe.

Kornhaus, das: städt. Speicherbau für Korn.

Korridor, der (frz.): im Gebäude gelegener Verbindungsgang.

Krabbe, die, Kriechblume: Ornament in Form eines plastischen Blattes an den Kanten von Fialen, Wimpergen u. ä. (Abb. 149, 150, 317, 368, 371, 389–391, 459). – S. 150.

Kragstein, der: vorstehender Tragstein, einfachere Form der Konsole.

kreneliert: mit Zinnen versehen (Abb. 471, 496, 504). – S. 184.

Krepis, die (gr.): der zumeist dreistufige Unterbau des griech. Tempels (Abb. 357). – S. 139.

Kreuz, das: als Bauform griech. K. mit gleich langen Armen, lat. K. mit längerem Hauptarm, Antoniusk. als T-förmiges Gebilde, Andreask. als X-förmiges Gebilde.

Kreuzarme, die: ungenaue Bezeichnung für Querhausarme.

Kreuzblume, die, auch Firstblume: in Grund- und Aufriß kreuzförmiges, stilisiertes Blattgebilde als

Krönung von Fialen, Wimpergen, Turmpyramiden usw. (Abb. 149, 150, 317, 368, 371, 389, 392, 393, 459, 464). – S. 150.

Kreuzgang, der, Ambitus: um den Rechteckhof der Klausur eines Klosters angelegter, in Arkaden geöffneter Gang (Abb. 85, 116, 175, 176, 180, 182, 184, 185, 303). – S. 66 ff.

Kreuzstock, der: Fensterstock mit Kämpferholz und Pfosten, die ein Fensterkreuz bilden (Abb. 289, 292, 308–310). – S. 116.

Kriechblume, die: → Krabbe.

krönen: → Steinbearbeitung.

Kronwerk, das: große halboffene Schanze, die dem Hornwerk entspricht, jedoch mit mittlerer, vorstehender Lünette (Abb. 365, 367, 368). – S. 215.

Kröpfung, die: → Verkröpfung.

Krypta, die (gr.): Raum unter dem Chor der Kirche, aus unterirdischen Grab- und Reliquienkapellen (→ Confessio), über denen der Altar errichtet war, hervorgegangen; zunächst ein gewölbter Gang (Stollenk.), der Apsis folgend auch ringförmig (Ringk.), später mehrschiffig (Hallenk.); auch außerhalb des Kirchengrundrisses (Außenk.). – S. 60 ff.

Kuppel, die: Gewölbe- oder Dachform, deren Mantelfläche in der Regel ein Kugelabschnitt ist, über kreisförmigem, seltener ovalem Grundriß; im Aufriß Flachk. (Kugelsegment), Halbkugelk., Spitzk. und Zwiebelk.; zur Überhöhung des Raumes kann die K. auf einen zylindrischen Tambour gesetzt werden, der oft durchfenstert ist. Bei dem häufig überkuppelten quadratischen Grundriß bieten sich vier Möglichkeiten:

1. bei der Hängek. bildet die Basis der K. ein gedachter Kreis, der das Grundrißquadrat umschreibt; die über das Quadrat hinausgehenden, seitlichen Kugelsegmente sind als abgeschnitten vorzustellen;

2. ähnlich ist die Böhmische Kappe, Platzlgewölbe oder Stutzk., bei der die zu überwölbende Fläche

kleiner als das Grundquadrat ist;

3. bei der Trompenk. ist der Basiskreis der K. dem Grundrißquadrat einbeschrieben, dessen Ecken so gekappt werden, daß ein Oktogon entsteht; die Ecken werden mit → Trompen übermauert;

4. die Pendentifk. ist so zu denken, daß eine Hängek. über den Bögen horizontal abgeschnitten und die so entstandene Kreisfläche mit einer Halbkugel überwölbt ist; die dabei entstehenden sphärischen Dreiecke nennt man → Pendentifs oder Hängezwickel. Neben der Massiv- oder Schalenk. gibt es die Rippenk., die Faltk., die Kassettenk. und die Zweischalen- oder Hohlkörperk. (aus zwei durch Stege miteinander verbundenen Schalen). Auch das Klostergewölbe (→ Gewölbe) kommt als Überdeckung polygonaler Räume vor. Zur Belichtung kann die K. im Scheitel eine Öffnung (Auge, Opaion) und darüber noch eine → Laterne haben. – S. 171 f.

Kurie, die (lat.): Wohnung eines Kanonikers oder Stiftsherrn (Abb. 124–126).

Kurtine, die (frz.): der Wall zwischen den Bastionen einer Festung, davor die Außenwerke (Abb. 567). – S. 214.

Kyma, das (gr.), Kymation: Profilleiste aus stilisierten Blattornamenten zur Abgrenzung einzelner Bauteile: das dor. K. als unterschnittene Profilleiste; das ion. K., bei dem die Ovalformen (Eierstab) durch schmale Hohlstege getrennt sind (Abb. 358, 366); das lesb. K., bei dem herzförmige Blätter und Zwischenspitzen ein konvex-konkaves Profil bilden. Aus diesen Grundformen haben sich Kymatien mit Akanthus, Palmetten u. a. entwickelt. – S. 139.

Laden, der: Holzverschluß eines Fensters als Schlag-, Klapp-, Fall-, Zug- und Schiebe-L. oder eines Verkaufsraumes, der urspr. mit horizontal geteiltem L. (Verkaufstisch und Regen-, Sonnenschutz) verschlossen war. – S. 120 f.

Lady Chapel, die (engl.): Maria geweihte, nach Osten vorstehende Scheitelkapelle engl. Kathedralen (Abb. 65). – S. 40.

Laibung, die: senkrechte, zumeist schräg verlaufende Schnittfläche (Gewände) in einer Mauer an Türen und Fenstern, auch innere Fläche eines Bogens oder Gewölbes (→ Gewände).

Landwehr, die: vorgeschobene Sperre (Mauern, Gräben, Wälle, Gebück, Palisade) zur Sicherung eines Gebietes.

Langhaus, das: Teil der Kirche zwischen Westbau und Vierung oder Chor, kann einschiffig (Saalkirche) oder mehrschiffig (Basilika, Hallenkirche) sein.

Laterne, die (lat.): runder oder polygonaler, durchfensterter Aufbau über einer Decken- bzw. Gewölbeöffnung, meist über dem Auge einer Kuppel oder eines Klostergewölbes, auch auf einem kuppelförmigen Dach (Abb. 1, 36, 60, 147, 336, 338 a, 575). – S. 172.

Latrine, die: → Abtritt.

Laube, die, Loggia (it.): gewölbter Bogengang oder Halle auf Pfeilern oder Säulen an der Front eines Gebäudes (Loggia), auch im Hof (L.hof), auch zweigeschossig (Abb. 309, 404, 578).

Lauf, der: ununterbrochene Stufenfolge einer Treppe zwischen zwei Geschossen oder Podesten (Abb. 562). – S. 207 ff.

laufender Hund, der: abgewandelter Mäander, dessen Linien in Form eines wellenförmigen Spiralbandes verlaufen (Abb. 384). – S. 147.

Läufer, der: im Mauerverband der mit seiner Langseite parallel zur Mauerflucht liegende Stein (→ Binder). – S. 83.

Laufgang, der: Gang in der Mauerdicke, auf einem Mauerrücken oder auf vorkragenden Konsolen in den oberen Teilen der Fassade (→ Galerie) oder im Obergaden einer Kirche (→ Triforium). – S. 130 ff.

Lehrgerüst, das: hölzernes Hilfsgerüst zum Bau eines Gewölbes oder Bogens.

Leib, der: unterer Teil einer → Fiale.

Lettner, der (lat.): niedrige, durchbrochene und meist gegliederte Mauer zwischen dem Chor der Mönche und Geistlichen und dem Laienraum, mit zwei Durchgängen und einer über Treppen vom Chor zugänglichen Bühne (Doxal) zur Vorlesung des Evangeliums und zur Aufstellung von Chören (Abb. 75, 176). – S. 34.

Letze, die: → Wehrgang.

Lichtgaden, der: → Obergaden.

Lierne, die: Nebenrippe im Fächer- und Netzgewölbe, die weder von einem Kämpfer noch von einem zentralen Schlußstein ausgeht (Abb. 452). – S. 168.

Lisene, die: schwach vortretende, senkrechte Mauervorlage, selten mit Basis und kleinem Kämpfer, häufig durch Blendbogen oder Bogenfries verbunden. – S. 142 f.

Loge, die (frz.): zum Innenraum geöffnete, kleine Empore (Abb. 17). – S. 129.

Loggia, die (it.): → Laube.

Lohstein, der: → Backstein.

Luchte, die: → Zwerggiebel, → Auslucht.

Lukarne, die (frz.): → Dach.

Luke, die: durch Klappe zu verschließende Luftöffnung oder Fenster ohne Glas.

Lünette, die (frz.): meist dekoriertes Bogenfeld über Türen und Fenstern (Abb. 308, 352, 359).

– auch Brille, ein aus zwei Facen und zwei kurzen, eingezogenen Flanken bestehendes, vorgerücktes Werk, das durch einen gedeckten Gang mit der Festung verbunden ist (Abb. 565, 568). – S. 214.

Mäander, der (gr.): rechtwinklig gebrochenes Zierband (Abb. 384). – S. 147.

Manor House, das (engl.): unbefestigtes, mittelgroßes engl. Landhaus.

Mansarde, die (frz.): ausgebautes Dach, das geknickt und im unteren Teil steiler geneigt ist (Abb. 466). – S. 176.

Mantelmauer, die: → Ringmauer.

Martyrium, das: → Coemeterialkirche.

Maschikuli, die (frz.): Ausgußöffnung für heißes Pech und Öl zwischen den Konsolen des vorkragenden Wehrganges (Abb. 501). – S. 184.

Maßwerk, das: geometrisch konstruiertes Bauornament zur Aufteilung des über der Kämpferlinie gelegenen Bogenfeldes von Fenstern, später auch zur Gliederung von Wandflächen (Blendm., Schleierwerk) und für Brüstungen. Die Grundformen sind der Paß, das Blatt und der Schneuß, die zumeist in Gruppen auftreten (Drei . ., Vier . . usw.). Unter der Kämpferlinie setzt sich das M. als Stabwerk fort. – S. 118 ff.

Mauerwerk, das: aus natürlichen oder künstlichen Steinen aufgesetzte massive Konstruktion (im Unterschied zu der aus Holz mit Gefachfüllung bestehenden Wand):

a) Trockenmauerwerk (ohne Bindemittel)

b) Lehmmauerwerk (Lehm als Bindemittel)

c) Mörtelmauerwerk (Kalk oder Traß als Bindemittel)

1. Mauerwerk aus natürlichem Stein = opus italicum
   a) Bruchsteinmauerwerk = opus antiquum, incertum
      ährenförmiges Mauerwerk = opus spicatum
   b) Feldsteinmauerwerk
   c) Hausteinmauerwerk
      Zyklopen- oder Polygonalmauerwerk
   d) Quadermauerwerk = opus romanum
      opus isodomum (regelm. Quader in gleichhohen Schichten)
      opus pseudoisodomum (wechselnde Schichthöhen)
      opus quadratum (quadratische Steine)
      opus rusticum (Rustikamauerwerk = grob behauene Buckelquader)
      Buckelquader-, Bossen- und Polstermauerwerk

2. Mauerwerk aus gemischten Materialien

a) Verblendmauerwerk = opus reticulatum (einbindende Steine)
Füllmauerwerk = opus emplectum
b) Steinfachwerk = opus gallicum
c) Schichtmauerwerk = opus mixtum
3. Mauerwerk aus Guß- und Stampfmasse
opus caementicium (Beton)
opus fusile (Gußwerk)
opus emplectum (Füllwerk)
4. Mauerwerk aus gebrannten oder ungebrannten, künstl. Steinen (Backsteine) = opus latericium.
Steine, deren Schmalseite in der Mauerflucht liegt, nennt man Binder, deren Langseite in der Mauerflucht liegt, Läufer; die Anordnung in einer Schicht ist die Schar, die Ordnung in der Schicht und von Schicht zu Schicht der Mauerverband. – S. 80 ff.

Maureske, die: streng stilisiertes, lineares Pflanzenornament (→ Arabeske ist im Vergleich dazu naturalistischer). – S. 148.

Mausoleum, das (lat.): prächtig ausgestattetes, monumentales Grabmal oder Grabkapelle (Abb. 50, 88, 90, 172, 173).

Medaillon, das (frz.): kreisförmiges Schmuckglied mit Flachrelief (Abb. 251, 308, 334, 578).

Memoria, die: → Coemeterialkirche.

Metope, die (gr.): annähernd quadratisches, häufig reliefiertes Feld zwischen zwei → Triglyphen am Fries des dor. Tempels (Abb. 36, 357, 360, 361, 554, 556 a). – S. 139.

Mezzanin, das (it.): Entresol, Halb- oder Zwischengeschoß, meist über dem Erdgeschoß, oft auch unter dem Kranzgesims (Abb. 338 a, 554, 555).

Mikwe, die (hebr.): jüdisches Reinigungsbad, zumeist ein senkrechter Schacht mit Treppen zum Badebecken im Grundwasser (Abb. 187, 188). – S. 74.

Modul, der (lat.): unterer halber Durchmesser einer Säule als Verhältnismaß für den zu errichtenden Bau oder eine andere, die Proportionen bestimmende Grundstrecke. – S. 78.

Mönch und Nonne: → Dach.

Mönchsgang, der: schmaler Gang in der Mauerdicke im Chorbereich einer Kirche.

Monopteros, der (gr.): offener Säulen-Rundtempel als Gartenpavillon genutzt. – S. 24.

Mordgang, der: → Wehrgang.

Mörtel, der (lat.): Mischung von Sand, Zement (oder Kalk, Gips, Lehm) und Wasser als Bindemittel für Mauerwerk. – S. 80.

Mortuarium, das (lat.), Sepultur: Bestattungsort, hauptsächlich der Kreuzgang in Klöstern oder ein mit diesem verbundener Bauteil. – S. 66.

Mosaik, das (gr.): aus kleinen, bunten, künstlichen oder natürlichen Steinen oder aus Glas in ein Mörtelbett gesetzte Bilder oder geometrische Muster. – S. 83, 178.

Motte, die (frz.), Hausberg, der: natürlicher oder häufig künstlich aufgeschütteter Hügel, zumeist in der Ebene und von Wassergräben und Palisaden umgeben, darauf runder oder eckiger Turm oder Turmhaus (Abb. 470, 474). – S. 192.

Münster, das (lat.): ursprünglich jedes Kloster (monasterium), dann auch für andere, größere Kirchen (→ Bischofskirche).

Münze, die: Gebäude oder Raum für die Münzaufsicht und Prägung.

Muschelwerk, das: aus muschelähnl. Formen gebildetes Ornament. – S. 148.

Mutulus, der (lat.): rechteckige Steinplatte an der Unterseite des Geisons der dor. Ordnung, jeweils über der Metope und Triglyphe, an der Unterseite mit drei Reihen von je sechs runden Tropfen (Guttae) besetzt (Abb. 357). – S. 139.

Nagelkopf, der: → Diamantierung.

Narthex, der (gr.): → Galilaea.

Nase, die: vorspringende Spitze, die durch das Zusammentreffen zweier Pässe beim got. Maßwerk gebildet wird (Abb. 325). – S. 118.

– Vorsprung an der Unterseite des Dachziegels zur Aufhängung an den Dachlatten. – S. 177.

Nische, die: halbrunde, rechteckige oder polygonale, oben geschlossene Vertiefung in einer Mauer (Abb. 2, 36–38, 116, 173, 337, 458, 556 a, 578). – S. 149.

Noviziat, das (lat.): der Bereich des Klosters, in dem die Novizen wohnen.

Obelisk, der (gr.): quadrat., nach oben leicht verjüngter und von einer kleinen Pyramide abgeschlossener Steinpfeiler (Abb. 337, 360, 370).

Obergaden, der, Lichtgaden: Fensterzone im oberen Teil des Mittelschiffes einer Basilika. – S. 15.

– nach allen Seiten ausladender hölzerner Aufbau auf Bergfrieden mit der Wohnung des Türmers. – S. 191.

Ochsenauge, das (frz. œil-de-bœuf): kleines, ovales Fenster (Abb. 147, 191, 378, 398); als Rundfenster → Okulus. – S. 117.

Ogive, die (frz.): Verstärkungsrippe der Kreuzgurte, dann allgemein Spitzbogen.

Ohr, das: oben seitlich überstehender Teil von Tür- oder Fensterumrahmung (Abb. 147, 289, 316). – S. 116.

Ohrmuschelwerk, das: pflanzenähnliches Ornament, das an Knorpel bzw. Ohrmuschel erinnert. – S. 148.

Oktogon, das (gr.), Achteck: Zentralbau mit achteckigem Grundriß (Abb. 9, 44–52, 65, 170, 437, 505, 538). – S. 24.

– geometrische Ornamentfigur. – S. 78.

Okulus, der (lat.): kleines Rundfenster (Abb. 54, 191, 290, 351, 356, 399, 402); als ovales Fenster → Ochsenauge. – S. 112, 117.

Opäum, das (lat.), Opaion, das (gr.): → Auge.

Oppidum, das (lat.): befestigter Platz, der in Kriegszeiten als Zufluchtsstätte (Fliehburg) aufgesucht wurde.

Opus . . ., das (lat.): Sammelbegriff für die Arbeitstechniken der röm. Antike, → Mauerwerk.

Orangerie, die (frz.): Gewächshaus oder ebenerdiges Gartenhaus.

Oratorium, das (lat.): kleine Privatkapelle, auch eine gegen den Hauptraum meist durch Fenster abgeschlossene Empore im Chor oder auch im Langhaus einer Kirche.

Ornament, das (lat.): Schmuck, Muster auf Grund (A. Riegl); O. ist der Rapport, die Wiederholbarkeit von Schmuckformen in gleichbleibendem Rhythmus (Ordnungsprinzip). Ornamental heißt schmückend, verzierend; dabei ist die Eigenschaft der Gattungsstruktur gemeint (→ Dekoration). – S. 145 ff.

Ort, der: Spitze (→ Achtort) als Abschluß der Dachdeckung am Giebel = Ortgang. – S. 177.

Ossarium, das (lat.): → Karner.

Palais, das (frz.): kleines Schloß, auch Hôtel.

Palas, der (lat.): Wohn- bzw. Saalbau einer Burg oder Pfalz. – S. 193.

Palast, der (lat.), Palazzo, der (it.): → Schloß.

Palisade, die (lat.-frz.): Befestigung aus nebeneinander eingeschlagenen Pfählen. – S. 184.

Palmette, die (frz.): abstrakt vegetabilisches Ornament mit fächerförmig angeordneten Blättern. – S. 147.

Paradies, das (persisch): → Atrium.

Parapet, das (frz.): → Brüstung.

Parlatorium, das (lat.): Sprechraum in einem Zisterzienserkloster. – S. 66.

Parterre, das (frz.): Erdgeschoß.

Paß, der: Kreisbögen, die durch → Nasen getrennt und zu mehreren einem Kreis eingefügt sind, als Fenster oder im got. Maßwerk verwendet: liegender Drei- oder Vierpaß (Abb. 96, 145) oder stehender Drei- oder Vierpaß (Abb. 154, 285, 303, 317, 342, 344, 347, 353, 368, 389, 426) oder Fünf-, Sechspässe usw. (Abb. 74, 93, 96, 319–321, 347, 368, 389). – S. 112, 118 ff.

Pastophorien, die, Pl. (gr.): Chornebenräume, → Diakonikon, → Prothesis. – S. 36.

Pavillon, der (frz.): kleiner, freistehender oder mit einem Schloß durch eine Galerie oder unmittelbar verbundener Baukörper, durch eigenes Dach abgesetzt, dadurch vom Risalit unterschieden (Abb. 546, 547, 554, 559 a). – S. 201, 206.

Pavimentum, das (lat.): Fußbodenbelag aus bunten Platten. – S. 178.

Pechnase, die: kleiner, erkerartiger Vorsprung mit Bodenöffnung für heißes Pech oder Öl über dem Tor einer Burg oder Stadtmauer (Abb. 497), → Maschikuli. – S. 189.

Pendant, das (frz.): → Symmetrie.

Pendentif, das (frz.), Hängezwickel, Eckzwickel: ein sphärisches Dreieck (Kugelstück) zur Überleitung vom quadrat. Grundriß des Unterbaus zum Fußkreis der Kuppel; von drei Viertelkreisbogen begrenzt, von denen der obere, waagerechte ein Viertel des Fußkreises der Kuppel bildet (Abb. 1, 2, 454, 455, 457). – S. 171 f.

Pentagramm, das (gr.), Drudenfuß: aus dem Fünfeck entwickelte, sternförmige und in sich geschlossene, auch von einem Kreis umgebene Proportions- und Symbolfigur. – S. 78.

Peristyl, das (gr.): die einen Hof umgebende Säulenhalle (→ Atrium).

Perlstab, der: → Astragal.

Pervete, das: → Abtritt.

Pfalz, die (lat.): königlicher oder bischöflicher Verwaltungssitz, zumeist befestigt. – S. 196 ff.

Pfarrkirche, die: Kirche für die Seelsorge eines zugeordneten Sprengels mit dem Recht, die Sakramente zu spenden: Taufe, Abendmahl, Firmung, Beichte, Ehe, letzte Ölung und Bestattung auf dem um die Kirche gelegenen Friedhof.

Pfefferbüchse, die: → Scharwachtturm.

Pfeife, die: kleiner Rundstab am Säulenschaft oder am Kapitell, auch den unteren Teil der Kanneluren füllend (Verstäbung). – S. 89.

Pfeil, der: → Stich.

Pfeiler, der: Stütze aus Mauerwerk zwischen Öffnungen (Arkaden, Türen, Fenstern u. ä.), mit rechteckigem, quadrat. oder polygonalem Querschnitt, auch rund (jedoch keine Verjüngung und kein Kapitell wie bei der Säule). Der Pf. kann Basis, muß Kämpfer haben (sonst Mauerrest). Je nach Lage und Ausbildung eines Pf. spricht man von Freipf., Wandpf., Eckpf., Kreuzpf., kantoniertem Pf. und bei der Bündelung verschiedener Dienste und Vorlagen von einem Bündelpf. Der Strebepf. dient zur Aufnahme des schräg gerichteten Gewölbeschubes (→ Strebewerk). Dem Pf. können Halbsäulen o. ä. vorgelegt sein (Pf.vorlage). – S. 84.

Pfleghof, der: Stadthaus eines auswärtigen Klosters (Absteigequartier, Stapelplatz für Handelsgüter).

Pforte, die (lat.): kleines Tor, meist für den Klostereingang gebraucht.

Piano nobile, das (it.): → Beletage.

Piedestal, das (frz.): → Postament.

Pilaster, der (lat.): Wandpfeiler mit Basis und Kapitell, meist auch Kämpfer; der rechteckige Schaft kann, wie bei der Säule, kanneliert sein. – S. 136.

Piscina, die (lat.): Taufbecken des → Baptisteriums. – Steinernes Becken mit Ausguß für liturgische Waschungen, meist an Chor- oder Sakristeimauer (→ Sacrarium).

Platte, die: meist rechteckiges Bauelement geringer Dicke (→ Plinthe, → Abakus) oder zur Verkleidung (→ Azulejos).

Platzlgewölbe, das: → Kuppel.

Plinthe, die (gr.): quadratische Unterlagsplatte der → Basis. – S. 86 ff.

Podest, das (lat.): Treppenabsatz zwischen zwei Treppenläufen. – S. 207 f.

Polster, das: → Echinus.

Polychromie, die (gr.): Vielfarbigkeit durch Bemalung oder verschiedenfarbiges Baumaterial. – S. 83.

Polygon, das (gr.): Vieleck.

Portal, das (lat.): monumentales Tor, meist mit besonderer architektonischer Rahmung; in die abgetreppte Laibung (Stufenp.) können Säulen (Säulenp.) eingestellt sein. – S. 101 ff.

Portikus, der (lat.): eine von Säulen getragene Vorhalle (Abb. 38, 41, 60, 397, 404, 578). – S. 48.

Postament, das (lat.), Piedestal: Unterbau als Sockel von Säulen, Pfeilern oder Statuen; besteht gewöhnlich aus dem Grundstein (Plinthe), dem Sockel, dem Würfel und dem Gesims (Abb. 226–229, 356, 361 bis 368, 388, 404, 578). – S. 88.

Poterne, die (frz.): versteckter Ausgang in der Mauer einer Burg oder Festung, auch mit einem kurzen Gang durch Mauerdicke oder Wall. – S. 189.

Prälatur, die (lat.): Amtswohnung eines Prälaten (höherer geistlicher Würdenträger).

Presbyterium, das (gr.): für die Priester vorbehaltener Raumteil der Kirche im Bereich des Hauptaltars. – S. 34 ff.

Priorat, das: Kloster unter Leitung eines Priors, abhängig vom Mutterkloster.

Privet, das: → Abtritt.

Profil, das (it.): Querschnitt eines Bauelementes (Gewände, Rippe, Gesims usw.).

Proportion, die (lat.): Maßverhältnisse einzelner Bauteile zueinander und zum Ganzen, ausgehend von dem Grundmaß (Modul, Goldener Schnitt) oder von Grundfiguren (Triangulatur, Quadratur, Pentagramm). Bei der harmonischen P. wird die Architektur mit der Musik in Verbindung gesetzt. – S. 77 f.

Propstei, die: Wohnsitz eines Propstes, Kloster unter der Leitung eines Propstes, abhängig vom Mutterkloster.

Prothesis, die (gr.): Raum nördl. neben dem Chor zur Vorbereitung des Meßopfers (→ Diakonikon).

Pseudobasilika, die: → Staffelhalle.

Putz, der: Mörtelüberzug der Mauer aus Zement, Kalk oder Gips mit feinen Zuschlagsstoffen. – S. 83.

Quader, der: Hau- oder Werkstein in regelmäßiger Form mit meist glatten, parallelen Flächen, deren Spiegel (Fläche) von einem 1,5–4,0 cm breiten Randschlag umgeben ist. Sonderformen mit unebener Sichtfläche sind Bossenq. oder Rustika (Spiegel weitgehend unbehauen, Randschlag meist vorhanden), Buckelq. (Spiegel roh behauen, buckelförmig vorstehend), Diamantq. (Spiegel einem Facettenschliff ähnlich vorstehend). – S. 81 f.

quadratischer Schematismus, der: → Gebundenes System.

Quadratur, die: Proportionsschlüssel zur Bestimmung der Maßverhältnisse: ein Quadrat, dem ein zweites diagonal einbeschrieben ist usw., also jeweils ein Quadrat mit entsprechend kleineren Seitenlängen (→ Triangulatur), zur Feststellung der relativen Maße der einzelnen Teile von Fialen, Kreuzblumen, Pfeilern usw. – S. 78.

Quadriporticus, der (lat.): → Atrium.

Querhaus, das, die Transepte: quer zum Langhaus verlaufender Bauteil, der aus mehreren, unterschiedlich hohen Einzelräumen zusammengesetzt sein kann. Bei einheitlicher, dem Mittelschiff entsprechender Deckenhöhe Querschiff; der mittlere Teil, der sich zum Mittelschiff, Q. und zum Chor öffnet, ist die Vierung, die nach Norden und Süden anschließenden Teile sind die Querschiffarme. An den Ostseiten der Q.-Arme können Apsiden (Q.-Apsiden, Querschiffapsiden) anschließen. Querschiffe können auch dreischiffig sein. Bei dem sog. röm. Querschiff fehlt die Aussonderung einer Vierung. – S. 29 ff.

Querschiff, das: → Querhaus.

Rampe, die: schräg ansteigende Auffahrt.

Randschlag, der: genaue Zurichtung der Kanten eines Quaders mit dem Schlageisen (→ Steinbearbeitung). – S. 81 f.

Rapport, der: regelmäßige oder rhythmische Wiederkehr derselben Form, bes. beim Ornament. – S. 145 f.

Rathaus, das: städt. Verwaltungsgebäude; im Obergeschoß Ratssitzungszimmer mit den Engen (Sektionszimmer) und einigen Schreibstübchen, außerdem ein großer Festsaal; im Erdgeschoß geräumige Halle für Verkaufstische und Lohnschreiber, dazu Wach- und Arrestlokale (Abb. 16, 154, 249, 304, 333, 338 a, 367, 370, 401, 578).

Rauchfang, der: → Kamin.

Raute, die: schiefwinkliges Parallelogramm (→ Rhombus).

Ravelin, der (frz.): zur Sicherung des Glacis der Kurtine vorgelegtes Außenwerk in Form eines Halbmondes; die Facen sind zu den Schulterpunkten des Bollwerkes gezogen, die Kehlen des R. liegen an der Contrescarpe. Eine kleinere Anlage nennt man Redan oder Flesche (Abb. 565, 571). – S. 214 f.

Redan, der (frz.): → Ravelin.

Redoute, die (frz.): Tanzsaal.
– Kleines trapezförmiges oder polygonales Vorwerk einer Festung (Abb. 568). – S. 214 f.

Réduit, der (frz.): Versteck oder Rückzugswerk (Turm) in einer Festung (→ Zitadelle). – S. 215.

Refektorium, das (lat.): Speisesaal in einem Kloster (Abb. 175, 176, 179). – S. 66.

Regula, die (lat.): Platte mit sechs Guttae unter der vorspringenden Taenia des Architravs der dor. Ordnung und jeweils unter den Triglyphen (Abb. 357). – S. 139.

Rempart, der (frz.): an der Innenseite der Ringmauer angeschütteter Wall.

Remter, der: Speisesaal in Deutschordensburgen (Abb. 450). – S. 66.

Rhombus, der: gleichseitiges, schiefwinkliges Parallelogramm (→ Raute).

Rhythmus, der (gr.): Aufeinanderfolge immer wiederkehrender Gruppen von Grundelementen gleicher oder unterschiedlicher Länge bzw. Art. – S. 77 f., 145.

Riefelung, die: parallel geführte, vertikale Rillen oder Kerben.

Riese, der: pyramidenförmiger, meist krabbenbesetzter und in einer Kreuzblume endigender Helm einer Fiale. – S. 150.

Ringmauer, die, Mauerring, Bering, Zingel: Umfassungsmauer einer Burg oder Stadt; bei besonderer Höhe Mantelmauer (→ Schildmauer). – S. 184 ff.

Rippe, die, Ogive (frz.): vorstehender, gurtähnlicher Bogen eines Gewölbes, zwischen der R. die nichttragenden Kappen. Je nach Lage der R. unterscheidet man: Wandr. oder Schildr.; Querr. oder Gurtr.; Gratr., Diagonalr. oder Kreuzr., Kehlr.; Scheitelr. Nach dem Querschnitt Bandr. (rechteckig), Rundstabr., Birnstabr. u. ä. (Lierne, Tierceron, Gewölbe). – S. 167 ff.

Risalit, der (it.): ein in voller Höhe des Baues vor dessen Flucht tretender Bauteil, der mit einem Giebel abschließen kann: Mittelr., Seitenr. oder Eckr. (Abb. 338 a, 546, 555); Vorbau bei nicht voller Höhe; Flügel bei weiter vorgezogenen Eckbauten; Pavillon bei gesonderter, zentralisierender Dachform.

Riß, der: maßstäblich gezeichnete Ansicht (Aufriß) oder Grundriß. – S. 77.

Rocaille, die (frz.): Muschelformen ähnliches, asymmetrisches Ornament. – S. 148.

Rollschicht, die: eine Schicht auf die Längsseite gestellter Mauersteine, zumeist als Mauerabdeckung (Abb. 197). – S. 83.

Rollwerk, das: Rahmen-Ornament aus dreidimensionalen, verschlungenen und aufgerollten Bandformen (ähnlich dem → Beschlagwerk). – S. 89, 148.

Rondell, das: runder, dicker Turm, runde Bastion oder halbkreisförmiges Vorwerk vor einem Tor. – S. 215.

Rondengang, der (frz.): gedeckter Gang hinter dem inneren Wall einer Festung (Abb. 564). – S. 212.

Rose, die: mit Maßwerk gefülltes Rundfenster (Abb. 68, 96, 139, 145, 285, 328, 331). – S. 120.

Rosette, die (frz.): kleines, rundes von der Mitte ausstrahlendes Blatt- oder Blütenornament (Abb. 230). – S. 90.

Rotunde, die (lat.): Zentralbau auf kreisförmigem Grundriß. – S. 21 ff.

Rumpf, der: Schaft der Säule oder Leib der Fiale. – S. 88 f., 150.

Rustika, die (lat.): → Quader.

Saal, der: großer, oft monumentaler Raum, zumeist mit Kamin. Als S.bau ein Gebäude, das im Hauptgeschoß nur einen S. enthält. Als S.kirche eine Kirche, deren Innenraum nicht durch Stützen unterteilt ist. – S. 12 ff.

Sacrarium, das (lat.): Grube mit durchlochter Deckplatte südl. vom Altar oder in der Sakristei zur Aufnahme von Wasserresten der liturgischen Waschungen und von Resten oder Asche heiliger Gegenstände.

Sakristei, die (lat.): Nebenraum zumeist südl. des Chores, der zum Ankleiden der Priester und zur Aufbewahrung der kirchl. Gewänder und der Kultgeräte dient (→ Pastophorien); auch Treskammer (Schatzkammer) oder Almaria, Almer (Schrankraum) genannt (Abb. 9, 17, 22, 85, 95, 108, 111). – S. 37.

Sala terrena, die (it.): Gartensaal im Erdgeschoß eines Schlosses (Abb. 547, 548, 554). – S. 206.

Sanktuarium, das (lat.): → Chor.

Sargwand, die: Außenseite des Obergadens oberhalb der Seitenschiffdächer.

Säule, die: Stützglied mit kreisförmigem, mehreckigem oder profiliertem Grundriß, bestehend aus Basis, Schaft und Kapitell. Der Schaft (Rumpf) kann aus einem Stück (monolith) oder aus Trommeln bestehen, er hat zumeist eine Verjüngung zum Hals hin und bisweilen eine Entasis, in halber Höhe kann eine ringförmige Unterbrechung eingesetzt sein (Bund, Schaftring, Wirtel). Die Schäfte können geknotet (Knotens.), gedreht, zickzackverziert, rautiert oder kanneliert sein. Es gibt freistehende S. und Wands. (meist Halb- oder Dreiviertels.), die nur bei großer Höhe und geringem Querschnitt als Dienst bezeichnet werden. Sie können auch in Gruppen auftreten: Doppels. (gekuppelte S.) und Bündels. Säulenabstand → Interkolumnium. – S. 86 ff.

Schaft, der, Schaftring: → Säule.

Schallöffnung, die: Maueröffnung an Türmen in der Höhe des Glockenstuhles, häufig als gekuppelte Arkaden oder maßwerkgefüllte Fenster; um das Eindringen des Regens zu verhindern, mit hölzernen Schallläden, Schalldächern oder Schallbrettern versehen (Abb. 1, 96, 137, 138, 140–153, 576).

Schanze, die: kleines Festungswerk mit Brustwehr und Graben, entweder geschlossen (Redoute, Sternschanze) oder offen (Redan, Hornwerk). – S. 212 ff.

Schar, die: Schicht eines Mauerverbandes oder eine Folge von Dachziegeln, die in derselben Reihe liegen. – S. 83.

scharrieren: → Steinbearbeitung.

Scharte, die: → Schießscharte.

Schartenzeile, die, Schartenpfeiler, der: → Zinne.

Scharwachtturm, der, Hochwacht, Pfefferbüchse, Tourelle: an der Ecke eines Turmes, eines Daches oder einer Burg- oder Festungsmauer erkerartig vorkragendes Türmchen (Abb. 401, 488, 489, 506). – S. 184 ff., 189.

Scheidemauer, die: in Basiliken die seitlichen Umfassungsmauern des Mittelschiffs mit Triforium und Obergaden.

Scheitel, der: höchster Punkt eines Bogens oder eines Gewölbes, die Linie entlang des S. ist die S.linie, dort die S.rippe. – S. 97 f., 167 ff.

Scheitelhöhe, die: bei Bogen und Gewölben die Höhe zwischen Fußboden und Scheitel, also die Summe aus Kämpferhöhe und Stichhöhe. – S. 97 f.

scheitrechter Sturz oder Bogen, der: ein echter Bogen

trotz waagerechter Unterkante, denn die Fugen sind auf einen Mittelpunkt ausgerichtet. – S. 98.

Schenkel, der: die Bogenhälfte zwischen Kämpfer und Scheitel. – S. 97 f.

Schicht, die: → Schar.

Schießscharte, die: entweder offen als Zwischenraum zwischen zwei Zinnen oder als schmaler Schlitz in einer Wehrmauer; die äußere Öffnung (Schartenmaul) meist hochrechteckig, auch mit unterer Ausweitung (Schlüssellochsch., Maulsch.) oder kreuzförmig für Armbrustschützen (Ballistrarium); häufig innen trichterförmig erweitert, auch nach unten gerichtet (Senksch.). – S. 186 ff.

Schiff, das, Kirchenschiff: Innenraum in Langbauten: Mittelsch., Seitensch. (→ Basilika, → Hallenkirche).

Schildmauer, die: Stirnmauer unter einem Schildbogen und einer Schildrippe.
– Hoher, dicker, in der Verteidigung selbständiger Wehrmauerabschnitt einer Burg (Abb. 488, 489, 493 bis 496, 516). – S. 189 f.

Schindel, die: dünnes, zur Dachdeckung und äußeren Wandverkleidung verwendetes Brettchen. – S. 177.

Schleierwerk, das: Maßwerk, das entgegen dem Blendmaßwerk frei einer geschlossenen Mauer vorgehängt ist (Abb. 145, 277, 285). – S. 120, 150.

Schloß, das: zumeist unbefestigter Herrensitz monumentalen Ausmaßes, um einen Innenhof oder einseitig offen um einen Cour d'honneur oder Ehrenhof, gegliedert mit Risaliten oder Pavillons. – S. 201 ff.

Schlot, der: → Schornstein.

Schlußstein, der: Scheitelstein eines Bogens oder Hauptknotenpunkt der Rippen (→ Abhängling). – S. 97 f., 167 ff.

Schmiege, die: aus einfacher Schräge bestehendes Profil (Abb. 253 b) von Gesimsen und Kämpfern (→ Fase). – S. 144.

Schnecke, die: spiralförmig gewundenes Ornament, besonders die Voluten eines Kapitells (Abb. 230–233),

häufig mit einer Scheibe im Zentrum (Sch.auge).
– Eine spiralförmig ansteigende Treppe (Wendeltreppe) auf einem entsprechenden Gewölbe. – S. 207 f.

Schneuß, das, Fischblase: Ornamentmotiv im Maßwerk, das dem Umriß der Schwimmblase der Fische ähnelt (Abb. 277, 283). Das S. kann auch S-förmig geschwungen und in Gruppen angeordnet sein (Abb. 322–324, 331, 333); drei S. in einem Kreis zusammengestellt ergeben eine Wirbelform, das Dreischneuß (Abb. 322). – S. 120.

Schornstein, der, Schlot: (fälschlich auch Kamin), gemauerter Rauchabzugsschacht, über Dach abgedeckt mit der Sch.haube oder dem Sch.hut (Abb. 356). Die Schrägführung eines Sch. nennt man Ziehung (gezogener Sch.).

Schranne, die: mit Schranken oder Gittern eingefaßter Ort, bes. Markthalle.

Schweifwerk, das: Ornament aus c- und s-förmigen an zumeist einem Ende anschwellenden und kontrahierten Schweifkörpern, in der Fläche symmetrisch um eine Mittelachse zu einem durch Stege verknüpften Gerüst geordnet. – S. 148.

Schwelle, die: untere Begrenzung der Türöffnung.

Sepultur, die (lat.): → Mortuarium.

Serliana, die, Serlio-Arkaden: Wandgliederung, bei der eine mittlere Arkade, gerahmt von zwei schmalen Öffnungen, welche von einem Architrav in Kämpferhöhe des Mittelbogens abgeschlossen sind, zwischen breiten Pfeilern steht, denen eine Kolossalordnung vorgeblendet sein kann. – S. 100.

Sexagon, das: Sechseck, Grundriß von Zentralbauten (Abb. 112, 183). – S. 24.

Sima, die (gr.-lat.): hochgestellte Abschluß- und Rinnleiste des griech. Tempels entlang dem → Geison (Abb. 250, 357, 358, 366). – S. 139.

Skelettbau, der: eine Bauweise, bei der im Gegensatz zum Massivbau alle tragenden und stützenden Funktionen auf ein System tragfähiger Glieder, für die der

Kräfteverlauf formbildend und maßgebend ist, beschränkt werden (besonders in der Gotik); der Raumabschluß wird von nichttragenden Füllungen (z. B. Glas) übernommen.

Sockel, der: etwas vorspringender Unterbau einer Säule (Abb. 105, 106, 288) (→ Postament) oder eines Gebäudes (Abb. 97, 147, 154, 189, 191, 337, 362, 363, 367, 556 a, 559 a), mit einem Gesims (S.gesims) abschließend, vereinzelt als Bank ausgebildet (Banks.; Abb. 195), auch als niedriges Geschoß (S.geschoß; Abb. 192, 338 a, 397). – S. 88.

Sohlbank, die, Fensterbank: unterer waagerechter Abschluß eines Fensters, nach außen zumeist abgeschrägt und vorkragend, kann von Fenster zu Fenster durchlaufen (S.gesims). – S. 110.

Söller, der: → Altan.

Soufflet, der (frz.): langgezogenes Vierblatt, dessen eines Blattpaar in Spitzen ausläuft, im Maßwerk des Flamboyant-Stil.

Souterrain, das (frz.): Untergeschoß, zumeist in den Boden eingetieft, → Sockelgeschoß.

Spannweite, die: Stützweite, Abstand zwischen den Auflagern eines Bogens oder Gewölbes. – S. 97 f.

Speicher, der, Spieker: mehrgeschossiges Gebäude zur Aufbewahrung von Vorräten, auch dazu verwendeter Dachboden.

Spiegel, der: → Gewölbe, → Steinbearbeitung, → Quader.

Spindel, die: mittlerer, zylindrischer Teil einer Wendeltreppe.

Spirale, die: Ornament als Schneckenlinie → laufender Hund; um ein Auge als Zentrum → Volute.

Spital, das: → Hospital.

spitzen: → Steinbearbeitung.

Spolie, die (lat.): wiederverwendete Bauteile (zumeist Säulen, Gesimse, Steine).

Stab, der: ein stabförmiges Konstruktions- und Zierglied (Runds., Viertels.).

Stabwerk, das: senkrechte Stäbe zur Unterteilung der Glasflächen unter dem Maßwerk, nach Lage und Dicke als Haupt- und Nebenstäbe unterschieden (Abb. 320–327, 347). – S. 118.

Staffelgiebel, der, Treppengiebel, Stufengiebel: Giebel mit abgetreppter Kontur (Abb. 290, 292, 385, 400, 402). – S. 157.

Staffelhalle, die, Staffelkirche, Pseudobasilika: mehrschiffige Hallenkirche mit stufenförmig nach der Mitte zu ansteigenden Decken bzw. Gewölben in den einzelnen Schiffen, jedoch ohne direkte Belichtung des Mittelschiffs wie bei der Basilika (Abb. 428, 429). – S. 18 f.

Statik, die (gr.): Wissenschaft vom Gleichgewicht der Kräfte, die auf feste, starre Körper einwirken; erst seit der empirischen Festigkeitsmessung im 18. Jh. anwendbar, bis dahin Erfahrungswerte über Belastbarkeit von Konstruktionen und Kenntnisse vom Verlauf der Kraftlinien. – S. 78.

Steinbearbeitung, die: Oberflächenbehandlung von Werksteinen. Bossieren bzw. Spitzen = grobes Abarbeiten mit dem Spitzeisen oder der Spitze (beidhändig geführte spitze Hacke); Flächen = feines Abarbeiten des Spiegels mit der beidhändig geführten, beilähnlichen Fläche; Scharrieren = feines Abarbeiten des Spiegels mit einem breitschneidigen Schlageisen, wodurch schmale, parallele Rillen entstehen; Kröneln = feines Überarbeiten mit einem Kröneleisen, das aus einer senkrecht angeordneten Reihe von Spitzen besteht; Stocken = Überarbeiten mit dem aus vielen Pyramidenspitzen bestehenden Stockhammer. – S. 81.

Steinmetzzeichen, das: meist geometrisches, auch monogrammartiges Zeichen als persönliches Signum eines Steinmetzen, als Gütezeichen und wohl auch zur Abrechnung (Abb. 196 a). – S. 82.

Stelzung, die: kurze Weiterführung der Vertikalen zwischen Kämpferlinie und Krümmung bei Bogen und Gewölben.

Stereobat, der (gr.): Unterbau des griech. Tempels aus Fundament, Euthynterie, Krepis und Stylobat (Abb. 357). – S. 139.

Stich, der, Pfeil: Höhe des Scheitels eines Bogens oder Gewölbes über der Kämpferlinie. – S. 97 f.

Stichkappe, die: Gewölbe, das quer zur Achse des Hauptgewölbes verläuft und in dieses einschneidet, zumeist über Fenstern (Abb. 431). – S. 163.

Stiege, die: → Treppe.

Stift, das: mit Grundbesitz und eigenem Rechtsstatus ausgestattete Klerikergemeinschaft (Kanoniker, Chorherren) an einer Domkirche (Domstift) oder einer nicht klösterlichen Kirche (Kollegiatst.). Bauliche Gestaltung ähnlich dem Kloster. In Österreich auch Bezeichnung für Klöster anderer Orden.

Stil, der: auf wesentlichen Eigenschaften beruhende Gleichartigkeit künstlerischer Mittel; die Einbindung des Individuellen ins Allgemeine: die Eigenheit einer Künstlerpersönlichkeit (Individualstil), einer Landschaft (Raum-, Nationalstil), einer Zeit (Zeitstil, wie Romanik, Gotik, Renaissance, Barock) oder eines Materials (Materialstil). Nach L. Dittmann ist die Bedeutung des Stilbegriffs ästhetisch-normativ, historisch-deskriptiv, individuell und generell. – S. 1 ff.

Stock, der: in Österreich Bezeichnung für Turm oder Edelsitz.

stocken: → Steinbearbeitung.

Stockwerk, das: aus dem Holzbau stammende Bezeichnung für eine obere Etage; fälschlich im Steinbau für → Geschoß gebraucht.

Stoß, der: Verbindungsstelle zweier Konstruktionselemente (→ Fuge).

Strebe, die: schräges Bauglied zur Ableitung von Widerlager- oder Schubkräften (waagerecht verlaufend = Schwibbogen → Bogen).

Strebesystem, das: bei der got. Kathedrale bestehend aus queroblongem Kreuzrippengewölbe des Mittelschiffjoches und dessen vier Pfeilern, je einem (bei fünfschiffigen Kirchen je zwei) Kreuzrippengewölbe der Seitenschiffjoche und den jeweils zwei Strebepfeilern mit ihren Strebebogen; diese Einheit kann als Travée im Unterschied zum → Joch bezeichnet werden. – S. 174 f.

Strebewerk, das: aus Strebepfeilern und Strebebögen zur Ableitung des Gewölbeschubes im got. Skelettbau. Die Strebepfeiler stehen senkrecht zur Außenwand und verjüngen sich meist unter Einschaltung eines Kaffgesimses, können aber auch nach innen gezogen sein, wobei sich Einsatzkapellen zwischen ihnen bilden. In Basiliken werden die Strebepfeiler über die Seitenschiffdächer hochgeführt, um die zum Obergaden des Mittelschiffs aufsteigenden Strebebögen, auch zwei übereinander, aufzunehmen. – S. 174 f.

Streichstange, die: → Gerüst.

Stuck, der: mit Leimwasser gemischter Gipsmörtel, zum Herstellen von freitragenden Dekorationen und zum Ziehen von Profilen verwendet. – S. 83.

Stufe, die, Tritt, der: → Treppe.

Sturz, der: waagerechter oberer Abschluß einer Maueröffnung (→ scheitrechter Sturz). – S. 97.

Stütze, die: stützendes Bauglied, je nach Ausformung Säule oder Pfeiler genannt. – S. 84 ff.

Stützenwechsel, der: wiederkehrender Wechsel von Pfeilern und Säulen; Pfeiler-Säule-Säule-Pfeiler = sächsischer St. – S. 86.

Stylobat, der (gr.): oberste Stufe des antiken Tempelunterbaus (Stereobat), auf der die Säulen stehen (Abb. 36, 357).

Supraporte, die (lat.): dekorierte und gerahmte Fläche über dem Sturz einer Innentür.

Symmetrie, die (gr.): Ausgewogenheit im Verhältnis des Ganzen zu seinen Teilen, später nur noch die Spiegelgleichheit auf eine Mittelachse bezogener Teile (Pendant) eines Ganzen. – S. 77 f.

Synagoge, die (gr.): Versammlungsstätte der Juden für Gebet und Lehre; in der Mitte eine Estrade

(Bema, Almenor), von der die Tora-Vorlesung erfolgt; an der nach Jerusalem ausgerichteten Wand der Tora-Schrein (Aron) vor einer Konche (Abb. 188). – S. 74.

Tabernakel, das (lat.): von Stützen getragener Überbau eines Altares (Abb. 75); in der got. Baukunst ein von Säulen und Spitzdach gebildeter, zumeist viereckiger Aufbau mit oder ohne eingestellter Statue (Abb. 68, 146, 294, 459). – S. 174.

Tabor, der: mit Wällen umgebenes Lager der Hussiten, später in Österreich und auf dem Balkan kastellartiger Burgtyp, auch Kirchenburg.

Tabulariummotiv, das, römisches Joch: Wandgliederung aus Pfeilerarkaden, denen Halbsäulen auf Postamenten mit Architrav vorgeblendet sind. – S. 100.

Täfelung, die: → Getäfel.

Taenia, die (gr.-lat.): Abschlußleiste am Architrav der dor. Ordnung (Abb. 357). – S. 139.

Tambour, der (frz.): zylinderförmiger oder polygonaler Unterbau einer Kuppel, auch mit Fenstern (Abb. 1, 36, 54, 60, 113, 458). – S. 171.

– Torschanze, Sperrbefestigung aus Palisaden mit Schießlöchern, häufig vorhofartig vor einem Tor, Vorläufer der Barbakane.

Taufkapelle, die, Taufkirche: → Baptisterium.

Tektonik, die: Zusammenfügen starrer Teile zu einem Gefüge.

Tenaille, die (frz.), Zange: niedriges, vor der Kurtine im Hauptgraben gelegenes Außenwerk aus zwei Facen, die einen einspringenden Winkel bilden (Abb. 565, 568, 572). – S. 214 f.

Tenaillon, das (frz.): ein Ravelin mit zwei halben Contregarden (vor jeder Face eine), die einen eingehenden Winkel bilden und durch einen Redan oder ein anderes Außenwerk gedeckt sind, ähnlich den großen Lünetten (Abb. 570). – S. 215.

Terrakotta, die (it.): gebrannter Ton als Baukeramik, meist dekoriert und mit Reliefs geschmückt.

Terrasse, die (lat.): nicht überdeckte, künstlich geebnete, waagerechte Fläche vor einem Gebäude, zumeist über das Gelände erhoben.

Tetrakonchos, der (gr.): → Zentralbau (Abb. 55).

Tierceron, der (frz.): vom Kämpfer aufgehende Nebenrippe im Fächer- oder Netzgewölbe (Abb. 450, 452). – S. 168 f.

Tonne, die: → Gewölbe.

Tor, das: breite Durchfahrt durch eine Mauer oder durch ein Gebäude (z. B. → Turmtor). Bei einem Doppeltor entsteht ein Fanghof (Kammertor) mit Wehrgängen (Torburg; Abb. 574). – S. 189.

Torturm, der: → Turmtor.

Torus, der (lat.): die beiden konvexen (wulstförmigen) Zierglieder der attischen Basis. – S. 86 f.

Tourelle, die (frz): → Scharwachtturm.

Trakt, der: deutlich abgesetzter Teil eines größeren, gegliederten Baukörpers (Mittelt., Vordert., Hintert., Hoft., Seitent.).

Transept, der (frz.) oder das (lat.): durch Schranken abgeteilter, nördl. Querhausflügel, auch für das ganze → Querhaus gebraucht. – S. 29.

Traufe, die: untere waagerechte Begrenzung eines Daches (→ Ortgang). – S. 177.

Travée, die (frz.): Gewölbefeld bei got. Kathedralen, auch eine Einheit des → Strebesystems. – S. 174.

Traverse, die (frz.): Querwall vor einer Festung oder auf dem Hauptwall.

Treppe, die, Stiege: Verbindung von zwei, auf verschiedenen Höhen liegenden Ebenen. Z. T. mehrläufig mit Podest oder um eine Spindel gewendelt (Wendelt.), besteht aus Stufen, den einzelnen Steigungselementen (Antrittsstufe, Austrittsstufe) zwischen Wangen und wird seitlich abgesichert durch das Geländer mit Handlauf (Holm). – S. 207 ff.

Treskammer, die: → Sakristei.

Triangulatur, die (lat.): Proportionsschlüssel zur Bestimmung der Maßverhältnisse: ein gleichseitiges

Dreieck, dem ein zweites diagonal einbeschrieben ist usw. (→ Quadratur). – S. 78.

Trichorum, das (lat.): → Dreikonchenbau.

Trichtergewölbe, das: → Trompe.

Triforium, das (lat.): in der Mauer ausgesparter Laufgang zwischen den Arkaden oder der Empore und der Fensterzone einer Basilika in der Höhe der Seitenschiffdächer. Beim Blendt. entfällt der Gang, und der Mauer sind nur Blendbögen vorgelegt; beim durchlichteten T. ist die Rückseite des Ganges von Fenstern durchbrochen. – S. 130 ff.

Triglyphe, die (gr.): Steinplatte im Fries der dor. Ordnung mit zwei vollen und zwei äußeren halben Rillen zwischen den Metopen (Abb. 36, 357, 360, 361, 554, 556 a). – S. 139.

Trikonchos, der (gr.): → Dreikonchenbau.

Triumphbogen, der: Ehrenbogen für einen Kaiser oder Feldherrn als freistehender Torbau mit Durchgängen.
– Transversalbogen zw. Mittelschiff bzw. Vierung und Chor.

Trochilus, der (gr.): Hohlkehle der attischen Basis. – S. 86.

Trommel, die: zylindrisches Einzelelement eines Säulenschaftes. – S. 88 f.

Trompe, die (frz.), Trichtergewölbe, Trichternische: in der Form eines halben Hohlkegels mit nach unten gekehrter Öffnung, zur Überleitung vom Quadrat zur Kuppel oder zum achtteiligen Klostergewölbe (Abb. 1, 45, 113, 436, 456, 458). – S. 171 f.

Trumeau, der (frz.): mittlerer Steinpfeiler eines Portales, der das Tympanon unterstützt (Abb. 281), auch mit vorgesetzter Figur (T.-Figur; Abb. 145, 283, 284 a, 285, 394, 577).

Tuchhalle, die: → Gewandhaus.

Tudorblatt, Tudorblume (engl.): einem Efeublatt ähnliche Dekorationsform der engl. Gotik.

Tür, die: kleinere Durchgangs- und Eingangsöffnung in Mauern, mit Sturz, Schwelle und Laibung (Abb. 36, 333, 335, 385). – S. 101.

Turm, der: ein zur Grundfläche verhältnismäßig hohes Bauwerk, das frei stehen oder in eine Kirche oder Verteidigungsmauer einbezogen sein kann. In den Städten → Geschlechtert., Mauert., → T.tor; in den Burgen → Bergfried, → Donjon, → Keep und ebenfalls Mauer- und T.tor. An Kirchen im Westen Einturm- oder Zweiturmfassade, auch einen Mittelt. flankierender Treppent. (→ Westwerk), über der Vierung der Vierungst., zwischen Querarmen und Chorjoch Chorwinkelt., zu seiten des Polygonalchores oder der Apsis Chorflankent., über dem Chorjoch der Chort., ferner Treppent. an den Stirnseiten der Querarme und schließlich auf dem Dach der Dachreiter. Freistehend neben der Kirche der Glockent. (→ Campanile). – S. 50 ff., 184, 190 ff.

Turmtor, das: zumeist als Stadttor, über quadratischem oder rechteckigem Grundriß in mehreren Geschossen aufragender und im Erdgeschoß von einer Durchfahrt bestimmter Baukörper, allseitig in massiver Bauweise Viermauertor (Abb. 400, 574), stadtseitig in Fachwerk oder offen Dreimauertor. Liegt der Turm seitlich eines Mauertores, so nennt man diesen Torturm, ist das Tor von zwei Türmen als Schalen, Röhren oder Zylinder flankiert, ist es ein Doppelt. (Abb. 396).

Turnierhof, der: größerer, rings von Zuschauergalerien umgebener Hof. – S. 190.

Tympanon, das: Bogenfeld über einem Portal oder Fläche in einem Giebel, oft mit Reliefs (Abb. 68, 145, 174, 191, 261, 263, 266–271, 279, 284 a, 285, 394, 577). – S. 99, 105 ff., 157.

Überhang, der: auskragender Teil eines Gebäudes.

Überzimmer, das: vorkragende Erker und Galerien aus Holz an Gebäuden und Wehrmauern.

Ummantelung, die: Verkleidung oder Verstärkung von Bauteilen.

Veranda, die (span.): gedeckter, auch verglaster Anbau eines Wohnhauses.

Verband, der, Mauerverband: → Mauerwerk.

Verdachung, die: vorspringendes Bauglied über einem Fenster oder einer Tür in Form von Gesimsen und Giebeln (Abb. 287, 289, 313, 316, 398, 554, 555, 556 a, 557). – S. 112 ff.

Verfall, der: Grat, der verschieden hohe Firstpunkte miteinander verbindet. – S. 177.

Verjüngung, die: das Abnehmen des Durchmessers, z. B. eines Säulenschaftes vom unteren zum oberen Querschnitt. – S. 88 f.

Verkröpfung, die: Vorziehen eines Gebälks samt Fries und Gesims oder eines Gesimses und dgl. über einem vorstehenden Bauteil (Abb. 147, 193, 341). Die vorstehende Kante des verkröpften Elements heißt Kropfkante. Der Höhe nach verkröpft, z. B. um eine Maueröffnung, wird aufgekröpft genannt (Abb. 367).

Verlies, das: ein durch eine Deckenöffnung (Angstloch) zu erreichendes, meist unterirdisches Gefängnis, bes. im Bergfried (Abb. 504). – S. 191.

Verputz, der: → Putz.

Versatzbosse, die: an Steinblöcken, z. B. Säulenschäften, stehengelassener Vorsprung, der ein Abrutschen der Hebetaue beim Versetzen verhindert, zumeist paarweise angeordnet.

Verstäbung, die: → Pfeife.

Veste, die: → Festung, Burg.

Vestiarium, das (lat.): Kleiderkammer in einem Kloster. – S. 67.

Vestibül, das (lat.): Vorhalle eines Hauses, meist mit Garderobe.

Vestibulum, das (lat.): → Atrium.

Viertelstab, der: Stab mit einem Viertelkreisprofil.

Vierung, die: bei kreuzförmigen Kirchen auftretend, über rechteckigem Grundriß, ist mit den anschließenden Räumen durch je eine weite Bogenöffnung über Pfeilervorlagen oder Mauerzungen verbunden. Die angrenzenden Räume sind so breit, daß ihre Mauern mit den Seiten fluchten und so die V.ecken nach außen nicht in Erscheinung treten lassen.

Ausgeschiedene Vierung: erhebt sich über quadratischem Grundriß; ihre V.bogen sind gleich hoch und ruhen auf Pfeilervorlagen, deren Tiefe geringer ist als ihre Breite; außerdem fluchten alle vier angrenzenden Räume mit den V.seiten.

Abgeschnürte Vierung: die vier Bogenöffnungen der V. über rechteckigem Grundriß müssen annähernd gleich hoch sein; daraus folgt, daß die an die V. anschließenden Räume in ihrer Höhe nicht wesentlich voneinander abweichen; die Bogenöffnungen nach den Querhausarmen können aus der V.achse versetzt sein.

Virtuelle Vierung: Kreuzbauten mit unbetonter Mitte besitzen keine Mauerzungen oder Pfeilervorlagen. – S. 29 ff.

Villa, die: (herrschaftliches) Landhaus.

Visierung, die: werkvorbereitende Zeichnung.

Volute, die (frz.): spiral- oder schneckenförmiges Bau- oder Ornamentglied. – S. 90.

Vorburg, die: befestigte Anlage vor dem Tor einer Burg, häufig mit Wirtschaftsbauten (Abb. 468, 476).

Vorhalle, die: Vorbau vor einem Gebäudeeingang. – S. 48.

Vorlage, die: Gliederung oder Verdickung einer Mauer oder eines Pfeilers durch Wandpfeiler, Pilaster, Halbsäulen, Dienste, Lisenen.

Vorwerk, das: → Bastide.

Voute, die (frz): → Decke.

Wall, der: geböschte Erdaufschüttung einer Befestigung, meist mit einem Graben davor.

Walm, der: → Dach.

Wand, die: Raumabschluß aus Holz, Fachwerk oder Glas im Gegensatz zur massiven → Mauer, häufig nicht tragend. – S. 80.

Wandpfeilerkirche, die: einschiffige Kirche mit nach innen gezogenen Strebepfeilern und überwölbten Einsatzkapellen dazwischen, durch die die Belichtung des Schiffes erfolgt (Abb. 15, 17, 141). – S. 14.

Wange, die: seitl. Einfassung eines Einbauteils, z. B. Treppe, Kamin.

Warte, die, Wachtturm, Wartturm, Burgwarte: Turm mit Plattform zur Beobachtung herannahender Feinde, häufig an der Grenze eines Hoheitsbereiches.

Wassernase, die: Tropfleiste an der vorderen Kante eines Wasserschlages.

Wasserschlag, der, Kaffgesims: unterschnittenes Gesims mit Wassernase und Hohlkehle zur Wasserabweisung an Bauwerken (bes. als Sohlbankgesims und an Strebepfeilern) (Abb. 6, 67, 321, 368, 460, 461). – S. 144.

Wasserspeier, der, Abtraufe: wasserabführendes Rohr (Kandel) aus Blech oder Stein an einer Rinnleiste, oft in figuraler Ausführung (Abb. 6, 150, 343, 368, 459, 462, 463).

Wehrbau, der: der Verteidigung dienender Zweckbau (→ Burg, → Kirchenburg, → Festung).

Wehrgang, der, Letze, Rondengang, Mordgang: Verteidigungsgang auf einer Burg- oder Stadtmauer. Der W. kann hinter einer Mauer als innen auskragende Holzkonstruktion errichtet und gegen die Feindseite durch Schießscharten oder Zinnen geöffnet sein, aber auch über Konsolen mit zwischenliegenden Maschikulis und Zinnen darüber nach außen auskragend (→ Hurde). – S. 184 ff.

Wehrkirche, die: → Kirchenburg.

Welsche Haube, die: → Dach.

Werkmaß, das: Länge der Grundstrecke bei der Vermessung von Bauten; angegeben als Fuß, zumeist im Duodezimal-, aber auch Dezimalsystem. – S. 78.

Werkstein, der, Haustein: von einem Steinmetz zugerichteter Naturstein.

Westbau, der: aus Baukörpern gebildete Westfront einer Kirche: Westturm, Doppelturmfront, Querriegel, mit Türmen und dgl. (→ Westwerk). – S. 48 ff.

Westwerk, das: im Westen an eine Bischofs- oder Klosterkirche angeschobener, architektonisch und liturgisch selbständiger Baukörper aus mittlerem, turmüberhöhtem Raumschacht und von Emporen umgeben, die über Treppentürme zugänglich sind; kann auch über einem über vier Stützen gewölbten Erdgeschoß erhoben sein (Vollwestwerk genannt). – S. 49.

Widerlager, das: Auflager eines Bogens oder Gewölbes, das auf Druck und Schub beansprucht ist.

Wimperg, der: giebelförmige Bekrönung got. Portale und Fenster, die oft Maßwerkschmuck zeigt und von Krabben, Fialen und Kreuzblumen abgeschlossen wird (Abb. 75, 285, 317, 368, 389, 394, 577). – S. 150.

Wirtel, der: → Säule.

Wölbung, die: → Gewölbe.

Wohnturm, der: ständig oder vorübergehend bewohnbarer Turm in Städten (→ Geschlechterturm) und auf Burgen (→ Donjon, → Keep). – S. 192 f.

Zahnschnitt, der: Fries aus sechseckigen, regelmäßig gesetzten, vorspringenden Steinen in der ion., korinth. und toskan. Ordnung (Abb. 358). – S. 139.

Zarge, die: rahmenartige, hölzerne Einfassung von Türen und Fenstern.

Zelle, die: Aufenthalts- und Schlafraum eines Mönches oder einer Nonne. – S. 66.

Zentralbau, der: Baukörper mit gleich oder annähernd gleich langen Hauptachsen; Grundformen sind Kreis, Quadrat, regelmäßiges Vieleck, daran anschließend Konchen (Tetrakonchos) oder rechteckige Räume (kreuzförmiger Z.). – S. 20 ff.

Zeughaus, das: Arsenal, Gebäude, das dem Waffenlager einer Stadt oder Burg dient (Abb. 398).

Ziegel, der: im Unterschied zum Backstein der Dachziegel: Biberschwanz, Mönch und Nonne, Pfanne und

Sonderformen wie Grat-, First- und Ortz. (→ Dach). – S. 177.

Zingel, der: → Ringmauer.

Zinne, die: Brustwehr an Wehrgängen aus wechselnd rechteckigen, nicht überdeckten Maueröffnungen (Zinnenfenster, → Scharte) und geschlossenen Mauerstücken (Zinnen; Abb. 471, 496, 501, 504), auch schwalbenschwanzförmig (Kerbz.) oder abgestuft (Doppelz.) u. a.; in ihrer Folge Z.kranz genannt. – S. 184.

Zisterne, die: gedeckter, zumeist unterirdischer Raum zum Sammeln von Regenwasser.

Zitadelle, die (it.): eine besonders befestigte Hauptverteidigungsanlage einer Festung, und von dieser noch durch Gräben und ein Schußfeld (Esplanade) getrennt (Abb. 565, 572). – S. 215.

Zither, der: aus Stein errichtete Schatzkammer von Kirchen zur Aufbewahrung von Kirchenschätzen und Archiven.

Zunfthaus, das: Gesellschaftshaus einer Handwerkerzunft in der Stadt (Abb. 155, 359).

Zwerggalerie, die: unter der Traufe herumgeführter Laufgang, der sich in Säulenarkaden, auch zwischen Pfeilern, öffnet und mit einer Längstonne (niederrhein. Z.) oder mit Quertonnen (ital.-oberrhein. Z.) überdeckt ist. – S. 133 ff.

Zwerggiebel, der, Zwerghaus: → Dach.

Zwerghaus, das: → Dach.

Zwickel, der: dreiseitig begrenzte Fläche, z. B. zwischen Bogen und Rahmung (Bogenz.), ähnlich beim Gewölbe (Gewölbez. und Hängez.), → Pendentif, → Trompe.

Zwinger, der (lat.): Bereich zwischen zwei Wehrmauern oder Wällen, zumeist zwischen Ring- und Vormauer. – S. 184.

581 Rouen, Kathedrale Notre-Dame, Attika-Wimperg, um 1250.

BAUTEN-VERZEICHNIS
(Abbildungen)

582 Köln, Rathaus, Vorhalle, 1569 bis 1573, 1617/18 verändert.

ABBILDUNGSNACHWEIS

F. Arens, R. Bührlen: Die Kunstdenkmäler in Wimpfen am Neckar. Mainz ²1958. – Abb. 531. 532.

S. Asche: Die Wartburg. Berlin 1962. – Abb. 520.

Ausgrabungen in Deutschland 1950–1975. Mainz 1975. – Abb. 527.

H. Beseler, H. Roggenkamp: Die Michaeliskirche in Hildesheim. Berlin 1954. – Abb. 72.

Ch. Beutler: Paris und Versailles. Stuttgart 1970 (Reclams Kunstführer Frankreich). – Abb. 59. 60.

G. v. Bezold: Die Baukunst der Renaissance in Deutschland, Holland, Belgien und Dänemark. Stuttgart 1900 (Hdb. d. Arch. II 7). – Abb. 16. 17. 39. 40. 48. 186. 226–229. 309–316. 337. 398.

B. Bilzer: Begriffslexikon der Bildenden Künste. Rororo 1971. – Abb. 255.

G. Binding: Burg und Stift Elten am Niederrhein. Düsseldorf 1970. – Abb. 180. 468. 525. 526. 528. 530.

G. Binding, B. Löhr: Kleine Kölner Baugeschichte. Köln 1976. – Abb. 22. 42. 43. 47. 70. 71. 114. 116. 154. 156. 157. 234. 240–242. 290. 291. 369. 408. 423–425. 574. 576. 578. 582.

G. Binding/U. Mechmann – Abb. 10–13. 78–84. 86–90. 132 bis 136. 194. 196 a. 230. 456. 457. 469. 473. 486. 516. 518. 519. 529. 533. 537.

O. Böcher: Die Alte Synagoge zu Worms. Worms 1960. – Abb. 187. 188.

L. Bruhns: Hohenstaufenschlösser. Königstein 1941. – Abb. 536.

H. Busen: Kloster und Klosterkirche zu Corvey. In: Kunst und Kultur im Weserraum 800–1600. Ausstellung Corvey 1966, Bd. 1. – Abb. 130. 131.

Chambers 1786 – Abb. 565. 567. 569–571.

P. Clemen: Die Kunstdenkmäler der Rheinprovinz 3, 2. Düsseldorf 1894. – Abb. 470.

U. Craemer: Das Hospital als Bautyp des Mittelalters. Köln 1963. – Abb. 183. 185.

G. Dehio, G. v. Bezold: Die kirchliche Baukunst des Abendlandes. Stuttgart 1884–1901. – Abb. 50. 63–65. 92–98. 109–113. 117–119. 140–144. 152. 182. 203–205. 211–213. 220–225. 257–260. 285. 318. 328–330. 339. 341–343. 351. 364. 372–383. 405. 406. 410–422. 430. 431. 434–436. 439. 440. 443. 452. 453. 455. 467.

Dehio, Gall: Deutschordensland Preußen. München-Berlin 1952. – Abb. 480.

Dehio: Hdb. d. dt. Kunstdenkmäler: Baden-Württemberg. München 1964. – Abb. 175.

J. Durm: Die Baukunst der Renaissance in Italien. Leipzig ²1914 (Hdb. d. Arch. II 5). – Abb. 195. 306. 307. 332.

B. Ebhardt: Der Wehrbau Europas im Mittelalter. Bd. I Berlin 1939. – Abb. 487.

A. v. Essenwein: Die Kriegsbaukunst. Leipzig 1889 (Hdb. d. Arch. II 4, 1). – Abb. 481. 495. 496.

A. v. Essenwein, O. Stiehl: Der Wohnbau des Mittelalters. Leipzig ²1908 (Hdb. d. Arch. II 4, 2). – Abb. 184. 491. 492. 514. 521. 523.

B. Grueber: Die Kunst des Mittelalters in Böhmen. Wien 1871–1879. – Abb. 34. 35. 333. 535. 543.

W. Hager: Barock Architektur. Baden-Baden 1968. – Abb. 547.

H. Hahn, A. Renger-Patzsch: Hohenstaufenburgen in Süditalien. München 1961. – Abb. 538–541.

W. Hansmann: Schloß Augustusburg zu Brühl. Neuss 1977. – Abb. 551. 552.

G. Heider: Mittelalterliche Kunstdenkmale des Österreichischen Kaiserstaates Bd. II, Stuttgart 1860. – Abb. 181.

A. Frhr. v. Helfert: Atlas archäologischer Denkmäler des Mittelalters im Österreichischen Kaiserstaate. Wien 1872. – Abb. 8. 9. 20. 26. 27. 31–33. 46. 48. 49. 168.

H. Holtzinger: Die altchristliche Architektur in systematischer Darstellung. Stuttgart 1889. – Abb. 44. 45.

H. Holtzinger: Altchristl. und byzantin. Baukunst. Leipzig ³1909 (Hdb. d. Arch. II 3, 1). – Abb. 38. 172. 173.

W. Hotz: Staufische Reichsburgen am Mittelrhein. Berlin 1937. – Abb. 522.

W. Hotz: Kleine Kunstgeschichte der deutschen Schlösser. Darmstadt ²1974. – Abb. 548–550. 553. 561. 563.

W. Hotz: Kleine Kunstgeschichte der deutschen Burg. Darmstadt ⁴1979. – Abb. 484.

G. Kallenbach: Chronologie der deutsch-mittelalterlichen Baukunst. München ²1847. – Abb. 403. 426.

Th. Kempf: Grundrißentwicklung und Baugeschichte des Trierer Domes. In: Das Münster 21, 1968. – Abb. 73.

263

H. Koepf: Bildwörterbuch der Architektur. Stuttgart ²1974. – Abb. 197. 384. 466.

G. H. Krieg v. Hochfelden: Geschichte der Militär-Architektur in Deutschland. Stuttgart 1859. – Abb. 504. 505. 508–510. 513. 517.

H. E. Kubach: Der Dom zu Speyer. Darmstadt 1974. – Abb. 159.

P. Letarouilly: Édifices de Rome Moderne. Paris 1857. – Abb. 36. 37. 193.

W. Lübke: Denkmäler der Kunst. Stuttgart 1864; und Kunsthistorischer Bilderbogen. Leipzig ³1879. – Abb. 2. 6. 7. 14. 15. 18. 19. 21. 23–25. 51–56. 58. 61. 66. 68. 76. 85. 91. 109. 113. 120–123. 127–129. 137–139. 145. 147–149. 151. 153. 155. 170–171. 191–192, 196. 198–200. 206–210. 216–218. 229 a. 235–239. 244–253. 256. 277. 278. 284. 284 a. 286–289. 292. 299. 300. 305. 308. 317. 323. 324. 326. 327. 334–336. 338. 338 a. 340–344. 350. 352. 354. 356. 359–363. 366. 367. 370. 385–397. 399–402. 404. 407. 409. 428. 429. 432. 437. 438. 442. 444–446. 450. 451. 454. 460. 471. 542. 554. 555. 557–560. 562. 575. 579. 580.

W. Lübke: Vorschule zum Studium der kirchlichen Kunst des deutschen Mittelalters. Leipzig ⁵1866. – Abb. 231 bis 233.

M. Merian 1672 – Abb. 572.

O. Mothes: Illustrirtes Bau-Lexikon, Bd. II, Leipzig-Berlin 1882. – Abb. 564. 568.

E. Paulus: Die Cisterzienser-Abtei Bebenhausen. Stuttgart 1887. – Abb. 150. 276.

E. Paulus: Die Cisterzienser-Abtei Maulbronn. Stuttgart 1890. – Abb. 174. 176. 179. 214. 215.

N. Pevsner: Europäische Architektur. München ³1973. – Abb. 43. 101. 115. 546.

N. Pevsner, J. Flemming, H. Honour: Lexikon der Weltarchitektur. München 1971. – Abb. 182. 254. 357. 358.

O. Piper: Burgenkunde. München-Leipzig ³1912. – Abb. 482. 485. 488. 489. 497–499. 506. 507. 524. 534.

L. Puttrich: Systematische Darstellung der Entwicklung der Baukunst in den obersächsischen Ländern. Leipzig 1852. – Abb. 4. 5. 62. 124–126. 160–167. 263–275. 293–298. 319. 322. 331. 433. 544. 545. 583. 584.

RDK 3, 1954. – Abb. 472. 475–477. 479. 493. 494.

L. Reynaud: Traité d'architecture. Paris 1858. – Abb. 1. 189.

S. Toy: The Castles of Great Britain. London ³1963. – Abb. 474. 511. 512.

G. Ungewitter: Lehrbuch der gotischen Konstruktionen. Leipzig ³1890. – Abb. 67. 69. 282. 303. 447–449.

M. Viollet-le-Duc: Dictionnaire raisonné de l'architecture Française du XIᵉ au XVIᵉ siècle. 10 Bde. Paris 1858 bis 1868. – Abb. 3. 55. 74. 75. 77. 99. 100. 102–108. 146. 158. 177. 178. 190. 201. 219. 243. 261. 262. 279–281. 283. 300–302. 304. 320. 321. 325. 344–349. 353. 355. 365. 368. 371. 427. 441. 458. 459. 461–465. 478. 483. 490. 500–503. 515. 566. 581.

W. Zimmermann: Das Münster zu Essen. Essen 1965. – Abb. 169.

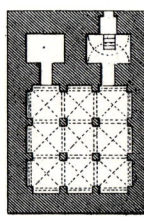

583, 584 Göllingen/Thüringen, Benediktiner-Propstei, Krypta im Westchorturm, um 1170, Grundriß (1:200) und Innenansicht nach Osten.